वेदस्तुति दीपिका

वाणी प्रकाशन
नयी दिल्ली-110002

वेदस्तुति दीपिका

लेखक

डॉ. वा. ना. पंडित

अनुवाद

डॉ. विद्या राजेन्द्र सहस्रबुद्धे

ISBN : 978-81-7055-363-2

वाणी प्रकाशन
21-ए, दरियागंज, नयी दिल्ली-110002
द्वारा प्रकाशित

प्रथम संस्करण : 1995 मूल्य : 195.00

मानस टाइप सैटर, दिल्ली-31
द्वारा लेज़र कम्पोज़

विशाल ऑफसेट प्रिंटर्स, दिल्ली-32
द्वारा मुद्रित

VEDSTUTI DIPIKA
by Dr. V. N. Pandit

भाग : एक

भूमिका

वेदान्त का अध्ययन करने वाले कई आधुनिक विद्वानों तथा प्राचीन पंडितों के मन में पुराणों के प्रति विशेष आदर की भावना नहीं दिखाई देती । उनकी दृष्टि में पुराणों की अपेक्षा वेदों का महत्त्व अधिक होता है क्योंकि पुराणों के विषय में उनका दृष्टिकोण पूर्वग्रहदूषित होता है । यदि वे पूर्वग्रह से मुक्त होकर अवलोकन करें, तो उन्हें इस बात का सहज आकलन होगा कि उपनिषदों में भी इतिहास तथा पुराणों को वेदों के समान श्रेष्ठत्व प्रदान किया गया है । इस संबंध में विभिन्न वचनों को उद्धरण-रूप में प्रस्तुत किया जा सकता है—

(ऋग्वेदं भगवोऽध्येमि यजुर्वेदं सामवेदमाथर्वणं चतुर्थमितिहासपुराणं च पंचमं वेदानां वेदम् । (छां. अ. 7) 'इतिहासपुराणानि पंचमो वेद उच्यते', 'इतिहासपुराणं च पंचमं वेदमीश्वरः', 'वेदानध्यापयामास महाभारतपंचमान्'

भगवान शंकराचार्य जैसे युक्तितर्कश्रेष्ठों ने तो स्पष्ट रूप से कहा है कि वेदों का अर्थ इतिहास (महाभारत) और पुराणों के अनुसार ही किया जाना चाहिए ।

(इतिहासपुराणाभ्याम् वेदार्थमुपबृहयेत्)

उन्होंने स्वयं भी पुराणों के अनुसार ही श्रुतियों का अर्थ लगाया है । जो व्यक्ति इस वैदिक परंपरा से परिचित नहीं है, उन्हें इसके विषय में किसी भी प्रकार का ज्ञान न होना स्वाभाविक है । आचार्य स्पष्ट शब्दों में कहते हैं, "चाहे कितना भी बड़ा वैज्ञानिक क्यों न हो, उसे केवल अपनी बुद्धि के बल के आधार पर श्रुतियों का अर्थ नहीं करना चाहिए ।" आचार्य के प्रस्तुत कथन की पृष्ठभूमि को हमें उचित रीति से समझ लेना चाहिए ।

(शास्त्रज्ञोऽपि न स्वातन्त्र्येण ब्रह्मान्वेषणं कुर्यात् ।)

विषयों से पूर्णतः निवृत्त बनी शुद्धबुद्धि को ही आत्मज्ञान हो सकता है, विषयों में निमग्न होने वाली अशुद्ध बुद्धि को नहीं । अतः केवल साक्षात्कारी संत-महात्माओं को ही वेदों का अर्थ आकलन हो सकता है । उस अर्थ को उन्हीं

के मुख से श्रवण करते हुए हमें उसे समझने का प्रयास करना चाहिए । वेदों के अर्थ को सहज रूप में समझाने के लिए ही पुराणों की निर्मिति हुई है । उनके द्वारा हमें कई जटिल एवं गहन प्रश्नों के उत्तर मिल सकते हैं । साक्षात्कारी संतमहात्मा भगवत्स्वरूप बन जाते हैं, अत: ईश्वर के समान उन्हें भी वेदों के रहस्य का पूर्ण ज्ञान होता है । इसीलिए श्री तुकाराम महाराज कहते हैं—

'वेदांचा तो अर्थ आम्हासीच ठावा ।
इतरांनी वहावा भार माथा ।'

हमें सदैव इस बात का ध्यान रखना चाहिए कि वेदान्त अनुभूति का शास्त्र है, पांडित्य का क्षेत्र नहीं । आचार्य भी भगवद्भक्तों के वचनों को भगवान के वेदवचनों के समान प्रमाण-रूप में स्वीकार करते हैं—

वेदस्येश्वरवाक्यत्वाद्यथार्थत्वे न संशय: ।
मुक्तस्येश्वररूपत्वाद् गुरोर्वार्तापि तादृशी ।।

(सर्ववेदान्त सिद्धान्तसंग्रह, श्लोक 216-17)

(1) श्रीमद्भागवत का श्रेष्ठत्व

समस्त पुराणों में श्रीमद्भागवत का स्थान अनन्यसाधारण है । उसमें समस्त वेदों का सार है । इस पुराण से जीव को रसस्वरूप सगुण ईश्वर की अनुभूति प्राप्त होती है । संसार-चक्र में उलझे हुए जो व्यक्ति इस घने अज्ञानांधकार से उबरना चाहते हैं, उनके लिए तो यह पुराण जैसै एक अद्वितीय द्वीप ही है । ऐसे लोगों पर अनुग्रह करने की इच्छा से ही श्रीशुकाचार्य जैसे जन्मजात बिरक्त व्यक्त ने भी इसमें ईश्वर की लीलाओं का वर्णन किया है । 'वस्तुत: श्रीशुकाचार्य आत्मानंद में निमग्न थे। इस अखंडित अद्वैतास्थिति में उनकी भेददृष्टि तो पूर्णत: नष्ट हो गई थी । परंतु ऐसी स्थिति में भी ईश्वर की अमृतमय और मंगलमय लीलाओं ने उनके चित्त को आकर्षित किया और उसी आनंद का अनुभव जगत् के अन्य प्राणिमात्रों को कराने के उद्देश्य से ही उन्होंने ईश्वर के रसरूपस्वरूप का वर्णन करने वाले इस महापुराण का विस्तार किया ।'

(य: स्वानुभावमखिल श्रुतिसारमेक मध्यात्मदीपमतितितीर्षतां तमोन्धम्। संसारिणां करुणयाऽऽह पुराणगुह्य । त व्याससूनुमुयापयामि गुरुं मुनीनाम्। 1-2-3) ,स्वसुखनिभृतचेतास्तद् व्युदस्तान्यभाववोप्योजितरुचिरलीलाकृष्टसारस्तदीयम् । व्यतनुत कृपया यस्तत्वदीपं पुराणं । तमखिलवृजिनघ्नं व्याससूनुं नतोऽस्मि ।(12-12-68)

(2) भागवतप्रेमी शंकराचार्य

जिस प्रकार श्रीमद्भगवत्गीता में हम कर्म, ज्ञान और भक्ति का अनुपम संगम

देख सकते हैं, उसी प्रकार श्रीमद्भागवत में भी इन तीन तत्त्वों की एकरूपता दिखाई देती है । श्रीरामानुज, श्रीवल्लभ और श्रीमध्व भक्तिवादी होने के कारण उनके साहित्य में सगुण ईश्वर के प्रति प्रेम का प्रकट होना सर्वथा स्वाभाविक है और भगवत्प्रेम का साकार स्वरूप 'श्रीमद्भागवत' का उल्लेख भी स्वाभाविक रूप से उनके साहित्य का सारतत्त्व है । परंतु जो भगवान श्रीशंकराचार्य केवल द्वैती और निर्गुणवादी के रूप में ख्यातिप्राप्त हैं, उनके स्तोत्रसाहित्य में भी जब हम भक्तिरस के अखंड प्रवाहमान प्रवाह को देखते हैं, तब हमारे मन में यह संदेह उत्पन्न होने लगता है कि सगुण-निर्गुण, द्वैत-अद्वैत, निरुपाधिक-सोपाधिक आदि शब्दों से उत्पन्न होने वाली संकल्पनाओं को हम किस हद तक उचित रूप में समझ पाए हैं? भगवान शंकराचार्य के 'प्रबोध सुधाकर' नामक प्रकरण-ग्रंथ में इन संकल्पनाओं का कुछ मात्रा में स्पष्ट विवेचन किया गया है । परंतु भारत के वैष्णव संत-महात्माओं ने जिस प्रकार भगवान श्रीकृष्ण की बाललीलाओं का वर्णन किया है, उसी प्रकार का वर्णन भगवान आचार्य के प्रकरण ग्रंथों में देखकर हमें आश्चर्य होता है । कई प्राचीन और आधुनिक विद्वान् शंकराचार्य की अद्वैत भूमिका तथा सगुण भगवान के प्रति प्रेम में समन्वय करने में असमर्थ हो जाते हैं, अतः वे यह प्रतिपादित करने में भी नहीं हिचकिचाते, कि 'प्रबोध सुधाकर' ग्रंथ आचार्य का है ही नहीं । परंतु आचार्य के पीठों ने इस ग्रंथ की मान्यता को नकारा नहीं है । वस्तुतः ये वादविवादकुशल पंडित भाष्यादि ग्रंथों की अपेक्षा प्रकरणग्रंथ तथा स्तोत्रसाहित्य को महत्त्वपूर्ण नहीं मानते और इसीलिए उन ग्रंथों के अध्ययन की ओर उनका उतना ध्यान नहीं रह पाता जितना कि रहना आवश्यक है । परिणामस्वरूप यह साहित्य लगभग उपेक्षित ही रह गया है ।

भाष्यादि ग्रंथों में प्रतिपक्ष का खण्डन करके भगवान आचार्य ने जिस सच्चिदानंदरूप पर ब्रह्म का प्रतिपादन किया, उस चिदानंदरूप परब्रह्म की अनुभूति को भगवान आचार्य ने प्रस्तुत स्तोत्रसाहित्य में शब्दांकित किया है । इसीलिए अद्वैतज्ञान की प्राप्ति के पश्चात् आत्मप्रीतिरूप ईश्वर के प्रति उनका परमप्रेम परब्रह्म के समान ही अखंड रूप से यथावत् रहता है—यह बात प्रस्तुत स्तोत्रसाहित्य से स्पष्ट हो जाती है और उसमें कोई आश्चर्य की बात नहीं है ।

(3) सूतसंहिता और श्रीशंकराचार्य

शंकराचार्य के अद्वैतवाद में भक्ति के स्थान का विचार करते समय कई लोगों के ध्यान में एक बात नहीं आती कि शंकराचार्य स्वयं शैव थे । वे त्रिपुरसुंदरी के उपासक थे । उनका 'सौंदर्यलहरी' ग्रंथ श्रीविद्या की उपासना का ही पवित्र ग्रंथ है । सैंकड़ों वर्षों से लेकर आज तक समस्त पीठों में श्रीचक्र की उपासना की जाती है । यह बात सभी जानते हैं कि सूतसंहिता का अठारह बार अध्ययन करने

के पश्चात् ही उन्होंने 'शारीरक भाष्य' की रचना की ।

तामष्टादशधालोक्य शंकरः सूतसंहिताम् ।
चक्रे शारीरकं भाष्यं सर्ववेदान्तनिर्णयम् ।।

सूतसंहिता प्राचीन शिवाद्वैत संप्रदाय का ग्रंथ है । माधवारण्य अथवा विद्यारण्य ने उस पर टिप्पणी-ग्रंथ लिखा है । उसमें मायावादाधिष्ठित अद्वैतवाद के प्रतिपादन के साथ ही यह कहा गया है कि ज्ञान के अनन्तर शिवजी की भक्ति यथावत् रहती है।

(4) ज्ञानोत्तरभक्तिवादी बाबा पाध्ये

वेदस्तुति की 'श्रीधरी-टीका' पर लिखे गए अपने 'श्रीधरी प्रकाश भाष्य' के द्वारा इस सूतसंहिता के वचन प्रस्तुत करते हुए धर्मसिन्धुकार श्री बाबा पाध्येजी ने प्रतिपादित किया है कि यदि ज्ञानेश्वर भगवान शिव के विषय में ज्ञानी की प्रियबुद्धि न रहे, तो उसे पशु कहना पड़ेगा । केवल इतना ही नहीं तो वह ज्ञानी न रहते हुए 'भ्रांत' ही है, इसमें कदापि संदेह नहीं है ।

विशुद्धज्ञानमुत्पन्नं यस्य तस्य महात्मनः । शिवरुद्रमहादेव ब्रह्मेशानादिनामसु । शिवस्य लिंगपूजायां शिवस्थानेषु सुव्रता । प्रियबुद्धिः प्रजायेत स्वभावादेव सर्वदा । यस्य विज्ञानिनस्तेषु प्रद्वेषो वापि जायते। उपेक्षा वा न स ज्ञानी पशुर्विज्ञानवञ्चकः।

बाधिताकारतो वापि यस्यबुद्धिः स्वतो नहि ।

एष्वसौ नैव विज्ञानी भ्रान्त एवं न संशयः ।। (श्रीधरी प्रकाशिका 219)

बाबा पाध्येजी का यह भी कहना है कि श्रुती के अनुसार ईश्वर तथा श्रीगुरु के स्थान पर जिनकी समान पराभक्ति है, ऐसे ही लोगों को ब्रह्मात्मैक्यज्ञान की प्राप्ति होती है । इस संदर्भ में ज्ञानोत्तर भक्ति पर आपत्ति उठाने वाले लोग पूर्ण रूप से दृष्टिहीन हैं । "यस्य देवे पराभक्तिः" श्रुतीं से स्पष्ट होता है कि केवल ज्ञानोत्तर भक्ति करने वाले ही ब्रह्मैक्य की अनुभूति को ग्रहण कर सकते हैं और इसके विपरीत, जो व्यक्ति ज्ञानोत्तर भक्ति नहीं करते, उन्हें ब्रह्मैक्य का अनुभव प्राप्त नहीं होता ।

यस्य देवे पराभक्तिरित्यादिश्रुतिदर्शने गाढ़मन्धोऽसि । अस्यां हि श्रुतौ तस्य भक्तिमतः ते कथिता अर्था ब्रह्मात्मैकादयः प्रकाशन्ते साक्षात्कृताभवन्ति इत्यन्वयोक्तौ भक्तिहीनस्य गुरुणा कथिता अप्यर्था न प्रकाशन्त इति व्यतिरेकसिद्धेः स्पष्टत्वात् । (श्रीधरी प्रकाशिका 27-14)

(5) पराप्रीति के लिए अद्वैतज्ञान की आवश्यकता

प्रस्तुत आत्मप्रीति रूप पराभक्ति के स्वरूप का वर्णन श्रीमद्भागवत में किया

गया है, अतः अद्वैत-वेदान्त की दृष्टि से यह महापुराण अत्यंत महत्त्वपूर्ण है । अद्वैतज्ञान के सिवा ईश्वर के स्थान पर परमप्रेम उत्पन्न ही नहीं हो सकता । इसीलिए पराप्रीति के अत्यावश्यक पूर्वांग के रूप में अद्वैतज्ञान की आवश्यकता होती है और यही आचार्य के अद्वैतवेदान्त का सारतत्त्व है ।

भगवान आचार्य के अनुयायियों में प्रमुख रूप से दो वर्ग दिखाई देते हैं । प्रथम वर्ग है वाचस्पति मिश्रादि केवल निर्गुणवादी पंडितों का, तो दूसरा वर्ग है प्रकांडपंडित मधुसूदन सरस्वती, श्रीमद्भागवत के टीकाग्रंथकार श्रीधराचार्य अर्थात् श्रीधरस्वामी तथा अप्पयदीक्षित आदि विद्वानों का । दूसरे वर्ग के अनुयायी प्रखर आचार्यभक्त होने के साथ-साथ साक्षात्कारी भी थे । इसीलिए इन दो वर्गों के अद्वैत-दृष्टिकोण में अंतर दिखाई देता है । महाराष्ट्र के समस्त संप्रदायों के संतों के समान दूसरे वर्ग के ये अधिकारी पुरुष निर्गुण के साथ सगुण को भी स्वीकार करते हैं । उनकी मान्यता भी यही थी कि ब्रह्म सगुण तथा निर्गुण दोनों प्रकार का होता है । यही कारण है कि अद्वैतज्ञान के अनन्तर भी अवतार-शरीर को धारण करने वाला रामकृष्णादि सगुण ब्रह्म उनकी पराप्रीति का आलम्बन हो सकता है ।

अधिकतर विद्वान इ. स. आठवीं शताब्दी को भगवान शंकराचार्य का आविर्भाव काल स्वीकार करते हैं । अन्य ग्रंथों से प्राप्त प्रमाणों के आधार पर ग्यारहवीं शती के अंतिम काल को श्रीधरस्वामी का काल माना जाता है । ये विद्वान इस बात को स्वीकार करते हैं कि आचार्य के तीन सौ साल बाद श्रीधराचार्य का आविर्भाव हुआ । आचार्य की परंपरा में पले श्रीधराचार्य ने पर मत का खंडन करने का अधिक प्रयास न करते हुए आचार्य के दर्शन के रहस्य को आम शिक्षित समाज तक पहुँचाने का महान् कार्य किया । गीताभाष्य के आरंभिक श्लोक में ही स्वामी जी बड़े गौरव के साथ कहते हैं कि वे भाष्यकार के मतानुसार गीता का व्याख्यान करने जा रहे हैं—

> भाष्यकारमतं सम्यक् तद्व्याख्यातृगिरस्तथा ।
> यथामति समालोच्य गीताव्याख्यां समारभे ।

श्रीमद्भागवत पर लिखे गए अपने टीकाग्रंथ में स्वामीजी ने अद्वैतज्ञानोत्तर भक्ति का प्रतिपादन किया है । अतः उनके शांकरमतानुयायी होने में संदेह उपस्थित करने के लिए कोई गुंजाइश नहीं रहती ।

(6) अद्वैतज्ञानोत्तर भक्तिवादी आचार्य के अनुयायियों का वर्ग

श्रीमध्वाचार्य और विजयध्वज के टीका-ग्रंथों में यह उल्लेख पाया जाता है कि श्रीधराचार्य के समान आचार्य संप्रदाय के महान पंडित चित्सुखीकार चित्सुखाचार्य ने भी भागवत पर टीका लिखी है । परंतु दुर्भाग्य से वह टीका प्राप्त नहीं होती, अतः

आज हम नहीं बता सकते कि भागवत के प्रति चित्सुखाचार्य का दृष्टिकोण क्या था? परंतु ऐसा प्रतीत होता है कि स्वामी के समान सगुण ईश्वर के प्रेम के प्रति उनका झुकाव था, इसलिए उन्हें भागवत पर टीका-ग्रंथ लिखने की स्फूर्ति प्राप्त हुई।

सोलहवीं शती में आचार्य की परंपरा में दो महान दिग्गज पंडितों का आविर्भाव हुआ—मधुसूदन सरस्वती और अप्पय दीक्षित । 'अद्वैतसिद्धि' नामक ख्यातिप्राप्त ग्रंथ के कारण मधुसूदन सरस्वती जी का नाम भारतीय दर्शन के इतिहास में चिरस्मरणीय बन गया है । अपने युग में वे संन्यासी संप्रदाय के प्रमुख नेता थे। "समस्त वेदान्त का अर्थ व्यास-महर्षि ने ब्रह्मसूत्रों का आधार ग्रहण करते हुए भी उचित पद्धति से ग्रथित नहीं किया, इसलिए मैं व्यास जी की स्तुति नहीं करता, बल्कि काव्य तथा वार्तिकों की निर्मिति से वेदान्त के समस्त अर्थ को सूत्रों के बिना ग्रंथित करने वाले शंकराचार्य और सुरेश्वराचार्य को मैं प्रणाम करता हूँ ।"

न स्तौमि तं व्यासमशेषमर्थं सम्यङ् न सूत्रैरपि यो बबन्ध ।
विनापि तैः संग्रथिताखिलार्थं ते शंकरं नौमि सुरेश्वरं च ।।(सिद्धान्तबिन्दु)

प्रस्तुत कथन के द्वारा उन्होंने आचार्य के प्रति अपनी प्रखर निष्ठा को अभिव्यक्त किया है । अद्वैतज्ञान की परिणति पराभक्ति में होती है और वही परम पुरुषार्थ है, इस तथ्य को शास्त्रीय दृष्टि से सिद्ध करने के लिए आचार्यनिष्ठ मधुसूदन सरस्वती जी ने 'अद्वैतसिद्धि' के पश्चात् गीता पर 'गूढ़ार्थदीपिका' नामक टीका और 'भक्तिरसायन' नामक स्वतंत्र ग्रंथ की रचना की ।

अस्य च ज्ञानयोगस्य भक्तियोगोऽवधिः ।
भक्तियोग इति तं परमं निरतिशयं पुरुषार्थं वदन्ति रसज्ञाः । (भक्तिरसायन)

अद्वैतज्ञानोत्तर भक्ति का शास्त्रीय विवेचन करते समय अपने प्रतिपादन की पुष्टि के लिए उन्होंने अपने श्रद्धास्थान भगवान शंकराचार्य और सुरेश्वराचार्य के वचन स्थान स्थान पर उद्धृत किए हैं ।

भगवत्पूज्यापादानामियमुक्तिः सयुक्तिका ।
तथा वार्तिककारैरप्ययमर्थो निरूपितः । (श्लो. 23. भक्तिरसायन)

इसीलिए आचार्य के अद्वैत-दर्शन से स्वतंत्र किसी अलग दर्शन का प्रतिपादन स्वामी जी करते हैं, ऐसा संदेह उपस्थित करने के लिए कोई कारण नहीं बचता ।

(7) आचार्य-वेदान्त में भागवत का प्रामाण्य

सगुण और निर्गुण के ऐक्य को प्रतिपादित करते हुए ज्ञानोत्तर भक्ति का प्रमाणसहित विवेचन करने वाला 'भागवत' के समान अन्य कोई ग्रंथ नहीं है । अतः सगुण अवस्था में भी निर्गुण रहने वाले भगवान श्रीकृष्ण की रसमयी लीलाओं का वर्णन करने वाला भागवत ग्रंथ यदि इस संदर्भ में स्वामी जी को अत्यंत प्रिय

एवं प्रमाणभूत प्रतीत होता हो, तो उसमें कोई आश्चर्य करने योग्य बात नहीं है। इसीलिए स्वामी जी ने 'भक्तिरसायन' में अपने प्रतिपादन की पुष्टि के लिए अपने संप्रदाय के अन्य पूर्वकालीन श्रेष्ठ लोगों के वचनों के साथ स्थान-स्थान पर श्रीमद्भागवत के कई श्लोकों को उद्धरणों के रूप में प्रस्तुत किया है । अब तक प्रस्तुत किए गए विवेचन से स्पष्ट होता है कि श्रीमधुसूदन और श्रीधराचार्य—दोनों आचार्यानुयायी श्रीमद्भगवत्गीता के समान श्रीमद्भागवत ग्रंथ को भी प्रमाण मानते थे ।

अप्पय दीक्षित स्वयं महान मीमांसक होते हुए भी आचार्य-दर्शन के समर्थक थे। आचार्य के समान वे शिव जी के भक्त थे । परंतु भामतीकारादि पंडितों के समान वे एकपक्षीय निर्गुणवादी नहीं थे । उन्होंने अपने 'आनंदलहरी' ग्रंथ में आचार्य के ब्रह्मसूत्रभाष्य का विश्लेषण करते हुए यह सिद्ध किया है कि आचार्य ने निर्गुण परब्रह्म के साथ सगुण ब्रह्म का भी प्रतिपादन किया है । केवल इतना ही नहीं तो अप्पय दीक्षित ने यह भी सोदाहरण और सप्रमाण दर्शाया है कि निर्गुण की अपेक्षा सगुण के अर्थ के स्थल शांकरभाष्य में अधिक हैं ।

(8) दीक्षित के मतानुसार आचार्य सगुण-निर्गुण वादी हैं

कुछ विद्वानों को यह आभास भी होने लगता है, कि कुल मिलाकर अप्पय दीक्षित का प्रतिपादन श्रीकंठाचार्य के भेदाभेदवाद के समान है । परंतु श्रीकंठाचार्य और श्रीशंकराचार्य में होने वाले भेद को स्पष्ट करते हुए अप्पय दीक्षित स्वयं अपने 'आनंदलहरी' ग्रंथ में कहते हैं, कि भगवान शंकराचार्य ने 'ब्रह्मसूत्रभाष्य' में सूत्र के अनुसार जिस स्थान पर आवश्यक हो, वहाँ सगुण ब्रह्म का प्रतिपादन किया है, परंतु श्रीकंठाचार्य ने निर्गुणब्रह्मपरक सूत्रों का भी बलपूर्वक सगुण ब्रह्मपरक अर्थ लगाने का प्रयास किया है ।

> इयांस्तु विशेषः । शंकराचार्यः सगुणमपि ब्रह्म तत्र तत्र सूत्राधिरूढ़ं कृतम्। श्री कंठाचार्यैस्तु निर्गुणं क्वचिदपि सूत्राधिरूढ़ं न कृतं प्रत्युत् निरगुणविषयतया स्पष्टं प्रतीयमानान्यपि सूत्राणि बलेन सगुणविषयतया योजितानि । (आनंदलहरी, पृ. 143-144 मद्रास प्रति)

दीक्षित जी के उपर्युक्त कथन से स्पष्ट होता है कि वे भेदाभेदवादी श्रीकंठाचार्य के मत के पक्षधर नहीं थे ।

(9) मधुसूदन जी के मतानुसार भक्ति पचंमपुरुषार्थ है

परंतु फिर भी भामतीकार वाचस्पति मिश्र जैसे पंडितों के समान वे केवल निर्गुणाभिनिवेशी भी नहीं थे । भगवान शंकराचार्य के समान वे भी ब्रह्म को सगुण तथा निर्गुण—दोनों रूपों में स्वीकार करते थे । परंतु उनका सगुण द्वैतवादियों के

सगुण के समान निर्गुणरहित नहीं था, अपितु वह सगुणावस्था में भी निर्गुण रहने वाला था । भगवान आचार्य के स्रोतसाहित्य से प्रकट होने वाले आचार्य के सगुण भगवान की पराप्रीति के माधुर्य का इन तीनों साक्षात्कारी महापंडित अनुयायियों ने रसानुभव ग्रहण किया था और इसीलिए श्रीमधुसूदन सरस्वती कहते हैं कि अद्वैतज्ञान के अनन्तर सगुण ईश्वर की पराप्रीति के संबंध में विद्वानों की असंभावना और विपरीत भावना को नष्ट करने के लिए ही तथा शास्त्रीय दृष्टिकोण से इस पराप्रीतिरूप पंचम पुरुषार्थ का प्रतिपादन करने के लिए मैं 'भक्तिरसायन' ग्रंथ लिख रहा हूँ ।

साधूनां हि तुष्टि: स्वाभाविकी ।

अन्येषामप्येतद्ग्रन्थोकतयुक्तिभिरसंभावनाविपरीतभावनादिनिवृत्त्याऽन्त: करणशुद्धिहेतोरित्यभिप्राय: । (भक्ति 2, पृ. 16)

समाधिसुखस्येव भक्तिसुखस्यापि स्वतंत्रपुरुषार्थत्वात् । तस्मात् पुरुषार्थचतुष्टयान्तर्गतत्वेन वा स्वातंत्र्येण वा भक्तियोग: पुरुषार्थ: परमानन्दरूपत्वादिति निर्विवादम् । (भक्ति, पृ. 15)

'चहुं पुरुषार्थांशिरी । भक्ति जैसी ।'—कहने वाले श्रीज्ञानेश्वर जी का दर्शन किसका उत्तराधिकारी है, इस प्रश्न का उत्तर उपर्युक्त विवेचन से आसानी से प्राप्त हो सकता है । कई आधुनिक विद्वानों की समझ में यह बात नहीं आती कि भगवान आचार्य के संप्रदाय में श्रीमद्भगवत्गीता जैसा ही प्रामाण्य श्रीमद्भागवत को भी है ।

(10) ज्ञानोत्तर भक्ति के बिना जीवन्मुक्ति दुर्लभ है

महाराष्ट्र के श्रीज्ञानेश्वरादि भागवत धर्मानुयायी संत अद्वैतवादी होकर भी सगुण भगवान की पराप्रीति के समर्थक थे । इसका कारण यह है कि मधुसूदनादि अनुयायियों के समान वे भी ज्ञानोत्तर भक्ति को आचार्य के दर्शन का सारतत्त्व मानते थे । श्रीमधुसूदन सरस्वती श्रीमद्भगवत्गीता के अपने उपोद्घात में कहते हैं, "अद्वैतज्ञान की प्राप्ति के पश्चात् भी सगुण ईश्वर के प्रेम में जब तक वृत्तियाँ विलीन नहीं हो जातीं, तब तक जीवन्मुक्ति दुर्लभ है ।" तथा "ईश्वर से प्रेमभाव अद्वेष्टृवादि धर्म के समान ज्ञानी भक्तों का स्वभावधर्म ही होता है ।"

अन्यथाविघ्नबाहुल्यात् जीवन्मुक्ति: सुदुर्लभा ।
अद्वेष्ट्त्वादिवत्तेषां स्वभावो भजनं हरे: ।

भगवान शंकराचार्य के तीन सौ साल बाद आविर्भूत हुए आचार्य संप्रदाय के श्रीधरस्वामी द्वारा लिखित भागवत की टीका को भारत के जनसामान्यों में अत्यंत आदर का स्थान प्राप्त हुआ था । जिस प्रकार दर्शन के इतिहास में दर्शन के साथ शंकराचार्य का नाम जुड़ा है, उसी प्रकार श्रीमद्भागवत पर लिखी गई टीका के साथ

श्रीधराचार्य का नाम संबद्ध है । अन्य संप्रदायों के लोग भी उनकी टीका का सम्मान करते हैं । महाराष्ट्र के संदर्भ में कहा जा सकता है कि महाराष्ट्र के समस्त संप्रदायों के संत-महात्मा श्रीमद्‌भगवद्‌गीता और भागवत को वेदों के समान मानते हैं और ये दोनों ग्रंथ भागवत धर्मानुयायी वारकरी संप्रदाय के तो आधारस्तंभ ही हैं ।

(11) भगवद्‌गीता जाग्रतश्रुती है

भगवद्‌गीता के रूप में अर्जुन को और भागवत के एकादश स्कंध के रूप में उद्धव को लीलाविग्रहधारी परब्रह्मरूप भगवान श्रीकृष्ण ने अपने मुख से जो अद्वैतज्ञान प्रतिपादित किया है, उसे मुमुक्षु तक पहुँचाने का कार्य वारकरी तथा नाथ-संतों ने किया । उनकी पराप्रीति के आलंबनस्वरूप भगवान श्रीकृष्ण ने स्वयं उसे प्रतिपादित किया है, अत: संतों की दृष्टि से उसका महत्त्व वेदों से भी बढ़कर है । जिस प्रकार गहरी नींद में हमारी साँस अनायास चलती रहती है, उसी प्रकार वेद भी पुराणपुरुष की साँसों में से अनायास ही प्रस्फुटित हुए हैं । परंतु वही पुराणपुरुष अपनी निर्गुणता और अव्ययता को यथावत्‌ रखते हुए श्रीकृष्ण के रूप में अवतरित हुआ और अर्जुन को भगवद्‌गीता के द्वारा तथा उद्धव को श्रीमद्‌भागवत के एकादश स्कंध के द्वारा उसने यह उपदेश दिया कि अद्वैतज्ञान की परिसमाप्ति उसके परमप्रेम में है । इसीलिए श्री गुलाबराव महाराज ने भगवान के इन दोनों उपदेशात्मक ग्रंथों को 'जाग्रत्‌श्रुति' कहा है, वह वस्तुत: अत्यंत उचित है ।

इस विस्तृत विवेचन का उद्देश्य मात्र इतना है कि आचार्य-वेदान्त का अध्ययन करने वालों को इस बात का ज्ञान हो, कि अद्वैत-दर्शन में भक्ति को पंचम पुरुषार्थ मानने वालों में आचार्य के अनुयायियों का ही एक बड़ा प्रभावी वर्ग है । अद्वैतज्ञान और भक्ति में विरोध को स्वीकार करने वाले विवादकुशल पंडितों का वर्ग अलग है, और साक्षात्कारी पुरुषों का अनुभव उनसे भिन्न है, यह बात अपने आप स्पष्ट हो जाती है । श्रीज्ञानेश्वरमहाराजादि वारकरी, नाथ तथा संत—सभी साक्षात्कारी पुरुष थे । अत: स्वाभाविक रूप से उनके अनुभव में और श्रीमधुसूदन, श्रीधराचार्य और अप्पय दीक्षित के अनुभव में समानता दिखाई देती है ।

कृष्णात्परं किमपि तत्त्वमहं न जाने ।

मधुसूदन सरस्वती की यही अनुभूति वारकरी संतमहात्माओं की भी थी । इसलिए जब ज्ञानेश्वर जी ज्ञानेश्वरी में 'आचार्यांची पाऊले पुसत' कहते हुए अपना आचार्यानुयायित्व दर्शाते हैं, तब आधुनिक विद्वानों के मन में संदेह उत्पन्न होता है कि ये कौन से आचार्य हैं ? फिर इसी भ्रम के आवेश में कल्पना का सहारा लेकर ये विद्वान इस निष्कर्ष पर पहुँचते हैं, कि श्रीज्ञानेश्वर महाराज नाथ संप्रदाय के थे और उनके आचार्यत्व को कश्मीर के शैवागमी 'महार्थमंजरीकार महेश्वरानंद' के

प्रति बलपूर्वक समर्पित कर देते हैं । इसमें विशेष बात यह है कि यह सब कुछ आधुनिक अन्वेषण के नाम पर चलता है ।

(12) वारकरी संप्रदाय की विरासत शंकराचार्य की है

समस्त आधुनिक विद्वान संप्रदाय-पद्धति का विरोध करते हैं और उन्हें अपने बुद्धिवाद का वृथा अभिमान भी होता है । यदि संप्रदाय-पद्धति का उचित ज्ञान हो, तो इस बात को समझने में कोई कठिनाई नहीं होगी कि ज्ञानेश्वर जी ने कौन से आचार्य का उल्लेख किया है । मराठी के आदिकवि मुकुंदराज ने अपने नाथ संप्रदायित्व का प्रतिपादन करते समय अपनी संप्रदाय परंपरा का वर्णन किया है । वे कहते हैं कि उनकी परंपरा आदिनाथ से आरंभ होती है । उनकी परंपरा इस प्रकार है—आदिनाथ, हरिनाथ, रघुनाथ, मुक्तिनाथ (मुकुंदराज) ।

आदिगुरु श्रीआदिनाथु ।
तेथोनि श्रीहरिनाथु ।
तयाचा शिष्य श्रीरघुनाथु ।
जो गुणसिंधु, विवेक सिंधु । (7-147)

इस नाथपरंपरा को प्रतिपादित करने के पश्चात् मुकुंदराज बताते हैं कि प्रस्तुत ग्रंथ का विवेचन मैंने शंकराचार्य के दर्शन के अनुसार किया है अत: विद्वान इस बात का ध्यान रखें कि वह विवेचन शास्त्र के आधार पर किया गया है । उपर्युक्त कथन के द्वारा शंकराचार्य के प्रति आदरभाव तो प्रकट होता ही है, साथ ही मुकुंदराज जी ने यह भी स्पष्ट किया है कि नाथ संप्रदाय का दर्शन शंकराचार्य का केवलाद्वैत दर्शन है और वही इस संप्रदाय को स्वीकार है :

शंकरोक्तीवरी ।
मिया बोलिली ही वैरवरी ।
म्हणोनि धरावी चतुरी ।
शास्त्रबुद्धि । (विवे.सिं. 7-147)

श्रीमुकुंदराज भी अद्वैतज्ञानोत्तर पराभक्ति का प्रतिपादन करने वाले थे । परंतु कुछ विद्वान् भामतीकार वाचस्पति मिश्रादि पांडित्यपूर्ण ग्रंथों में प्रस्तुत निर्गुणाग्रही प्रतिपादन को ही आचार्य के दर्शन का सारतत्त्व समझ लेते हैं अत: उन्हें प्रतीत होता है कि श्रीमुकुंदराज ने जिन शंकराचार्य का उल्लेख किया है, वे शंकराचार्य कोई और ही है ।

श्रीज्ञानेश्वर महाराजादि नाथ संप्रदाय की परंपरा श्रीएकनाथ महाराज के एक अभंग में वर्णित है और इस संदर्भ में यह ध्यान में रखना आवश्यक है कि उस परंपरा का आरंभ भी आदिनाथ से ही होता है । यह परंपरा इस प्रकार

है—आदिनाथ-मच्छेंद्रनाथ-गोरक्षनाथ-गैनीनाथ-निवृत्तिनाथ और श्रीज्ञानेश्वर महाराज।

आदिनाथाहुनि गुज प्रगटले । मच्छेंद्रा लाधले सहजस्थिती ।।
मच्छेंद्राने मंत्र गोरक्षासी दिला । गोरक्षे बोधिला गैनीनाथ ।।
गैनीराये रवूण निवृत्तीसी दिली । तेणे कृपा केली ज्ञानराजा ।।
ज्ञानेश्वरे बोध ज्वगासि पै केला । एका जनार्दनी झाला पूर्ण बोधू ।।

जिस आदिनाथ से महाराष्ट्र में नाथ संप्रदाय की दो शाखाएँ प्रस्फुटित हुई और आदिनाथ से जो रहस्य इन दोनों शाखाओं को प्राप्त हुआ, उस रहस्य के स्वरूप को समझ लेने के बाद यह बात स्पष्ट हो जाती है कि संप्रदाय-पद्धति के अनुसार श्रीज्ञानेश्वर महाराज द्वारा उल्लेखित आचार्य कौन से हैं ?

(13) नाथ जी के द्वारा शंकाराचार्य को नमन

प्राचीन काल से ग्रंथ के आरंभ में संप्रदाय के पूर्वाचार्यों को नमन करने की पद्धति चली आई है । इस प्रकार के नमन में संप्रदाय के बाहर होने वाले आचार्यों का समावेश नहीं किया जाता । वारकरी नाथ संप्रदाय में श्रीएकनाथ महाराज को 'ज्ञान्याचा एका' कहा जाता है । एकनाथ जी ने भागवत की टीका के आरंभ में किए गए नमन में श्रीशंकराचार्य का उल्लेख किया है :

वंदू आचार्य शंकरू ।
जो ग्रंथार्थ विवेकचतुरु ।
सारुनि कर्मठतेचा विचारु ।
प्रबोध दिनकरु प्रकाशिला ।

भगवान शंकराचार्य का उल्लेख करके नाथ जी ने इस प्रश्न का स्पष्ट उत्तर प्रस्तुत कर दिया है कि वारकरी संप्रदाय के आचार्य कौन हैं ? साथ ही यह भी दिखाया गया है कि नाथ जी की दृष्टि से आचार्य का बड़प्पन किसमें था । श्रीशंकराचार्य के अतिरिक्त अन्य किसी भी व्यक्ति ने कर्मठता को महत्त्वपूर्ण मानने वाले मीमांसकों पर कड़ा प्रहार नहीं किया । श्रीएकनाथ वारकरी संप्रदाय के थे तथा वे श्रीज्ञानेश्वर जी को श्रीकृष्णस्वरूप मानने वाले थे । उन्होंने अपने अनेक अभंगों के द्वारा ज्ञानेश्वर जी के प्रति अपने असीम प्रेम को अभिव्यक्त किया है । इसीलिए ज्ञानेश्वर जी ने दृष्टान्त देकर नाथ जी को अपने पास बुला लिया और श्रीज्ञानेश्वरी की प्रति उनके हाथों में देकर उसके प्रसार का महान कार्य उन पर सौंप दिया ।

ज्ञानेश्वर जी के दर्शन पर विचार-विमर्श करने वाले आधुनिक विद्वान् उन्हें नामदेवादि समकालीन तथा एकनाथादि परवर्ती संतमंडली से भिन्न रखते हुए उनके दर्शन का विन्यास करना चाहते हैं । उनके इस कृत्य का मुख्य कारण है

शंकराचार्य के दर्शन के प्रति अरुचि । माध्वसंप्रदायानुयायियों को अपने संप्रदाय का अभिमान होना उचित ही है । श्रीज्ञानेश्वर महाराजादि महाराष्ट्र के संत भक्ति का प्रतिपादन करते हैं, इसलिए वे शंकराचार्य के अनुयायी नहीं हो सकते ऐसा प्रतिपादन करना हठधर्मिता है, अन्वेषण के बहाने शंकराचार्य के द्वेष से प्रेरित होना है तथा शांकर-दर्शन के प्रति अपने .अज्ञान को प्रकट करना है । यदि वे भामती और अद्वैतसिद्धि जैसे पांडित्यपूर्ण ग्रंथों के अध्ययन के साथ भागवत पर लिखी गई श्रीधरीटीका अथवा गूढ़ार्थदीपिका अथवा भक्तिरसायन आदि ग्रंथों का और संतसाहित्य का अध्ययन करें, तो वे सहजता से समझ पायेंगे नकि अद्वैतज्ञानाधिष्ठित पराभक्ति ही आचार्य के दर्शन का सारतत्त्व है ।

(14) श्रीज्ञानेश्वरी और एकनाथी भागवत

जैसा कि हमने पहले भी बताया है, वारकरी नाथ संप्रदाय का दर्शन श्रीमद्भगवत्गीता और श्रीमद्भागवत पर आधारित है । अतः गीता पर लिखित टीका 'ज्ञानेश्वरी' और भागवत के एकादश-स्कंध पर श्रीएकनाथ द्वारा लिखित टीका 'एकनाथी भागवत' के प्रामाण्य को वारकरी लोग वेदों के समान मानते हैं। समस्त संतों ने भगवान श्रीकृष्ण की लीलाओं का प्रेमपूर्वक वर्णन किया है । भागवत के द्वारा ही उन्हें लीलाविग्रहधारी भगवान श्रीकृष्ण की लीलाओं का अमृतपान करने का अवसर प्राप्त हुआ । श्रीज्ञानेश्वरी और एकनाथी भागवत—दोनों ग्रंथों में विवेचित दर्शन आचार्य के समान अद्वैत का प्रतिपादन करने वाला तथा उसके अपरिहार्य अंग के रूप में जगन्मिथ्यात्व को स्वीकार करने वाला है । परंतु फिर भी उससे उन्हें 'शून्यवादी' नहीं कहा जा सकता । रज्जु पर भासित होने वाले सर्प को मिथ्या सिद्ध कर देने पर क्या शून्यवाद उत्पन्न हो जाता है ? सर्प को मिथ्या सिद्ध कर देना अधिष्ठानरूप रज्जु के ज्ञान को स्वीकार करना है । उसी प्रकार हमें आज जगत् की अनुभूति जिस प्रकार प्राप्त होती है, वह मिथ्या, असत्य अथवा पूर्ण रूप से कल्पित सिद्ध होकर उसकी त्रैकालिक निवृत्ति होने के पश्चात् उस स्थान पर अधिष्ठानरूप सच्चिदानंदरूप ब्रह्म की अनुभूति प्राप्त होती है । इस अनुभूति में दुख कल्पित एवं पूर्णतः मिथ्या सिद्ध होने के कारण उस स्थान पर केवल परब्रह्म के आनंद का ही प्रत्यय शेष रहता है । असत् जड़ादिरूप साकारत्व के स्थान पर भगवत्साकारता भासमान होने लगती है । इसी से अद्वैतज्ञानाधिष्ठित पराप्रीति का आरंभ होता है ।

श्रीनिवृत्तिनाथ महाराज श्रीज्ञानेश्वर महाराज के सद्गुरु थे । आदिनाथ से प्राप्त रहस्य गैनीनाथ जी ने श्रीनिवृत्तिनाथ को दिया और वही श्रीनिवृत्तिनाथ ने ज्ञानेश्वर महाराज को दिया । किसी भी भारतीय संप्रदाय में यह परंपरा नहीं दिखाई देती

कि शिष्य स्वयं गुरु के दर्शन से अलग अपने स्वतंत्र दर्शन को प्रतिपादित करे । ऐसी स्थिति में श्रीज्ञानेश्वरमहाराज के दर्शन पर विचार करने वाले आधुनिक आलोचकों तथा अन्वेषक विद्वानों को श्रीनिवृत्तिनाथ महाराज के प्रसिद्ध अभंगों का विचार करने की आवश्यकता प्रतीत नहीं हुई । ज्ञानेश्वरजी के प्रत्येक शब्द को वेद के समान मानने वाले उन्हीं के संप्रदाय के समकालीन नामदेव महाराज, विठोबा रवेचर, सावतामाली अथवा गोरा कुंभार के साहित्य को भी उन्होंने नज़रअंदाज़ कर दिया । उसी प्रकार उनके परवर्ती तुकाराम महाराज, बहिणाबाई, एकनाथादि महात्माओं के साहित्य का अध्ययन करने की आवश्यकता भी इन महान विद्वानों को प्रतीत नहीं हुई, क्या यह आश्चर्य करने लायक बात नहीं है ? अध्यात्म के पथ पर अग्रसर होने वाला सामान्य व्यक्ति भी जानता है कि संप्रदाय का दर्शन एकरूप होता है ।

गैनीनाथ से प्राप्त जो रहस्य श्रीनिवृत्तिनाथ ने ज्ञानेश्वर महाराज को प्रदान किया, उसका स्वरूप देखने पर हम आसानी से समझ सकते हैं कि वारकरी संप्रदाय कौन से शंकराचार्य के दर्शन का अनुयायी है ।

निवृत्तीने गुज सांगितले ज्ञानदेवा विषयों के विष से अभिभूत होने के कारण जो सत्य है वह लोगों को दिखाई नहीं देता और जो वास्तव में नहीं है वह दिखाई देता है ।

> असे ते न दिसे, नसे ते आभासे ।
> विषयांच्या विषे मारलेसे । (अ. 295)

मायाजाल में उलझकर मन संसारसागर का दर्शन करता है ।

> मायाजाल गोवी ।
> भवसिंधु पावी (अ. 295)

भ्रांति के कारण आँखों पर जो अज्ञान का पर्दा आ गया है, उसके कारण यह प्रपंचरूप सृष्टि दिखाई देती है ।

> भ्रांतितिमिर पडळ पडली ते दृष्टि ।
> तेणे प्रपंच सृष्टि दिसतसे । (अ. 2)

इस प्रपंच का आडंबर मृगजल के समान है ।

> मृगजळमात्र लहरी अपारा ।
> हा प्रपंच पसारा । (अ. 47)

माया के वृक्ष को समूल नष्ट करते ही प्रपंच का भी समूल विनाश हो गया ।

> छेदिला हा वृक्ष तुटले ते मूळ ।
> प्रपंच समूळ उडाला हा । (अ. 151)

प्रपंच तो निंदक है और आदि कल्पना का समूल विनाश करने से माया का पटल नष्ट हो गया ।

प्रपंच टवाळ । उपटले मूळ । (अ. 178)

कल्पना का मायापटल ओझल हो गया । दुखमय प्रपंच समूल तोड़ दिया गया। रात समाप्त हो गई और दिन भी बीत गया । प्रपंच के भान का भी लोप हो गया ।

निमाली ते निशी पळाला तो दिन ।
प्रपंचाचे भान लोपिन्नले । (अ. 189)

अद्वैत की प्रथम श्रेणि के रूप में भगवान शंकराचार्य को जगत् के मिथ्यात्व का प्रतिपादन करना पड़ा । उन्हीं के समान श्रीनिवृत्तिनाथ ने भी जगन्मिथ्यात्व का उपदेश श्रीज्ञानेश्वरमहाराज को दिया ।

(15) निवृत्तिनाथ का जगन्मिथ्यात्ववाद

परब्रह्म के सच्चिदानंदादि धर्मों के विरोधी धर्म से भासित होने वाली जगत् की कल्पना अथवा भ्रांति के नष्ट हो जाने पर अधिष्ठानरूप परब्रह्म का श्रीकृष्णरूप से अनुभव प्राप्त होने लगता है ।

निवृत्ति म्हणे ते कृष्णरूप सर्व ।
रोहिणीची माव सकळ दृष्टी ।। (अ. 131)

इस अद्वैतदशा में द्वैत का सर्वथा अभाव है । उसमें प्रपंच को उपवास रखना पड़ा और उसी में उसकी मृत्यु हो गई ।

द्वैताचा दुष्काळ अद्वैताच्या देशी ।
प्रपंच उपवासी मेला रया । (अ. 109)

जिस प्रकार निर्गुण का स्वरूप द्रष्टा, दृश्य और दर्शन—तीनों त्रिपुटियों से विरहित है, उसी प्रकार श्रीकृष्णरूप भी सगुणावस्था में निर्गुण ही रहता है, अत: त्रिपुटिरहित होता है ।

नानारूप हरपे दृश्यद्रष्टा लोपे ।
तो प्रत्यक्ष स्वरूपे नंदाधरी (अ. 20)

परब्रह्म का साकार रूप ही चिदानंद श्रीकृष्ण है, अत: उसी की मूर्ति को हृदय में सँजोकर उसकी सेवा करने का उपदेश गैनीनाथ जी ने हमें दिया है ।

हृदयी सप्रेम मूर्ति त्याची (अ. 22)

निवृत्तिसुंदर कृष्णरूप सेवी ।
गयनी गोसावी उपदेशिले ।। (अ. 8)

इसलिए इस ईश्वर को हृदय में सँजोकर अपना मन प्रेम से तद्रूप कर देना चाहिए ।

निवृत्ति संचित गयनी पै सांगे ।
एका या श्रीरंगे जोडी करा । (अ. 24)

(16) शिवविष्णुऐक्य और द्वैत का खण्डन

नाथ संप्रदाय भगवान शंकराचार्य के अद्वैत संप्रदाय की ही विरासत होने के कारण इस संप्रदाय ने शिव और विष्णु के ऐक्य को स्वीकार किया है । पंढरपुर का पांडुरंग इस ऐक्य का प्रतीक है । श्रीनिवृत्तिनाथ कहते हैं कि यह पांडुरंग विष्णुसहित शिव है, भक्तजनों का विश्रामस्थल है, और यद्यपि यह साकार दिखाई देता है तथापि वह निराकार ही है ।

विष्णुसहित शिव आणिला पंढरी (3.214)
निराकार वस्तु आकारासि आली ।
विश्रांती पै जाली भक्तजना (अ. 217)

(17) सगुण-निर्गुण ऐक्य

द्वैत का खंडन करके अद्वैत की स्थापना करने के लिए भगवान आदिनाथ ने शंकराचार्य के रूप में अवतार धारण किया । वारकरी संप्रदाय भक्तिवादी होकर भी द्वैत का खण्डन करने वाला है । उनकी पराप्रीति का अधिष्ठान ही अद्वैत है। इसलिए यह ज्ञान अत्यंत सहज है कि एक परमेश्वर के अतिरिक्त अन्य कोई वस्तु नहीं है । श्रीनिवृत्तिनाथ महाराज का कथन है कि जीव और जगत् की द्वैतमूलक कल्पना करना नर्क को आमंत्रित करना है ।

इस जगत् के अंदर तथा बाहर सर्वत्र ईश्वर व्याप्त है और उसी के दर्शन अर्जुन को विश्वरूप में हुए । गैनीनाथ की कृपा से निवृत्तिनाथ को बोध प्राप्त हुआ, उसके अनुसार सर्वत्र गोविंद ही विविध रूपों से अलंकृत है ।

एक देव आहे हा भाव पै सोपा ।
द्वैतरूपे बापा पडसी नरकी ।। 1 ।।
द्वैत हे सोडी अद्वैत ते धरी ।
एक धरोधरी हरी नांदे ।। 2 ।।
सबाह्य कोंदले परिपूर्ण विश्वीं ।
तोचि अर्जुनासि दृष्ट झाला ।। 3।।
गयनी प्रसादे निवृत्तिबोधु ।
अवधाचि गोविंदु अवधारूपी ।।4।। (अ. 162)

(18) श्रीकृष्ण सच्चिदानंद स्वरूप

इस सगुणावस्था में भी श्रीकृष्ण की निर्गुणता यथावत् रहने के कारण श्रीनिवृत्तिनाथ ने अपने समग्र अभंग साहित्य में सगुण स्वरूप का वर्णन करने के लिए निर्गुण के ही शब्दों का प्रयोग किया है । जिस स्थान से ओंकार की उत्पत्ति हुई, जहाँ द्वैत का नामोनिशान तक नहीं है, जो नित्य अरूप है, दृश्य, दर्शन और द्रष्टा की त्रिपुटि से जो परे है, जिस स्थान पर वेद मूक हो जाते हैं, जहाँ माया की छाया नहीं होती, जो व्यापक होकर केवल ज्ञानगोचर है—इस प्रकार का रमणीय निर्गुणत्व जिस परब्रह्म में साकार हुआ है, वह परब्रह्म यशोदा के पास खेल रहा है ।

जेथूनि उद्गारु प्रसवे ॐ कारु ।
द्वैत विवर्जित अरूप सदा ।।
ग्रासुनि मान दृश्यद्रष्टाभिन्न ।
श्रुतीचा उपक्रम हारपला ।।
नाही छाया माया प्रकृतीच्या आया ।
विश्वव्यापकु ज्ञानगम्य ।।
ते रूप साजिरे निर्गुण साकारु ।
यशोदे समीप खेळतसे ।। (अ. 1-4-5-2, 21-11-10-18-39-45)

इससे स्पष्ट होता है कि श्रीज्ञानेश्वर महाराज के सद्गुरु श्रीनिवृत्तिनाथ महाराज ने श्रीशंकराचार्य के मायावादाधिष्ठित अद्वैत ज्ञान को स्वीकार करते हुए भी अद्वैतज्ञानोत्तर सगुण ईश्वर के परमप्रेमरूप भक्ति को स्वीकार किया है । ज्ञानेश्वर जी के अभंगों से, श्रीज्ञानेश्वरी से, चांगदेव पासष्टी से तथा अमृतानुभव से संप्रदाय पद्धति के अनुसार श्रीगुरु के दर्शन का प्रतिपादन किया जाना अत्यंत स्वाभाविक है। उसी प्रकार श्रीज्ञानेश्वरमहाराज का दर्शन उनके समस्त साहित्य में एक ही प्रकार का है और वह दर्शन उनके सद्गुरु श्रीनिवृत्तिनाथ महाराज के दर्शन से कभी भिन्न नहीं हो सकता ।

(19) क्या अज्ञान भावरूप है ?

जिस समय श्रीशंकराचार्य कहते हैं कि माया अथवा अज्ञान अनादि और भावरूप है, तो उनके कथन का अर्थ यह है कि अज्ञानी व्यक्ति ऐसे कल्पित अज्ञान को सत्य समझ बैठता है जिसका वास्तव में कोई अस्तित्व नहीं होता, अत: उनकी दृष्टि में वह अज्ञान भावरूप सिद्ध होता है । यदि शंकराचार्य के कथन का अर्थ इस प्रकार ग्रहण किया जाए कि माया परब्रह्म से स्वतंत्र अस्तित्व की, तथा उसी के समान भावरूप वस्तु है; तो यही सिद्ध होता है कि वे परब्रह्म और माया अथवा

अज्ञान को दो स्वतंत्र वस्तुओं के रूप में स्वीकार करते हैं । ऐसी स्थिति में उन्हें अद्वैती नहीं, द्वैती ही कहना पड़ेगा । शंकराचार्य कहते हैं कि यथार्थ ज्ञान के पश्चात् जब अज्ञान की निवृत्ति हो जाती है तब यह सिद्ध होता है कि अज्ञान-काल में भी उस कल्पित सत्य का कोई अस्तित्व नहीं था, उसका अस्तित्व वास्तव में त्रैकालिक नहीं था । अज्ञान को भावरूप कहने का वास्तविक अर्थ यही है । प्रमाण का प्रयोग तो यथार्थ ज्ञान के लिए ही किया जाता है । इसलिए अस्तित्वहीन अज्ञान का किसी भी प्रमाण के आधार पर अन्वेषण संभव नहीं है ।

(20) जिसका अस्तित्व कभी भी सिद्ध नहीं किया जा सकता वह अविद्या है

बृहदारण्यक वार्तिक में सुरेश्वराचार्य ने इसी बात को स्पष्ट किया है—

अविद्याया अविद्यात्वे इदमेव तु लक्षणम् ।
मानाद्यसहिष्णुत्वमसाधारणमिष्यते ।।
अविद्यास्त्येत्यविद्यायामेवासिध्या प्रकल्पते ।
ब्रह्मदृष्ट्या त्वविद्येयं न कथंचन युज्यते । (बृह. वार्तिक का. 181-176)

मांडुक्यकारिकाभाष्य में श्रीशंकराचार्य ने भी अविद्या की परिभाषा प्रस्तुत करते हुए कहा है कि जिसका कभी कोई अस्तित्व नहीं होता उसे अविद्या कहते हैं—

अविद्या इति अविद्यमानस्य आख्या ।

(21) कल्पित को सत्य मान लेना ही भ्रम है

श्रीज्ञानेश्वरमहाराज की तरह आचार्य भी इस बात को स्वीकार नहीं करते कि ब्रह्मदृष्टि से अर्थात् पारमार्थिक भूमिका से अज्ञान अथवा अविद्या नामक कोई भावरूप पदार्थ नहीं होता । वह पूर्णत: कल्पित होते हुए भी उसे सत्य मान लेना भ्रम है । त्रैकालिक वस्तुत्वहीन गलत कल्पना को सत्य मानना केवल भ्रम है । इसीलिए अद्वैत-वेदान्तियों का कथन है कि कल्पित पदार्थ का भाव अथवा अभाव जिस पर वह कल्पना की जाती है, उस आधार अथवा अधिष्ठानरूप वस्तु के स्वरूप का होता है ।

कल्पितपदार्थभावाभावयोरधिष्ठानस्वरूपमात्रत्वात् ।

(वेदान्त कल्पलतिका-मधुसूदन, पृ. 52)

(22) भावाभाव कल्पना अधिष्ठानस्वरूप

मधुसूदन सरस्वतीजी के प्रस्तुत कथन का अर्थ यह है कि जिस प्रकार कल्पित अज्ञान की निवृत्ति अधिष्ठानस्वरूप सच्चिदानंदात्मक परब्रह्म के ज्ञान में परिणत होती है, उसी प्रकार असत्, जड़ और दुखरूप भासमान होने वाला जगत् का आडंबर भावरूप अर्थात् अज्ञानजन्य होते हुए भी अज्ञान काल में भी अधिष्ठानरूप परब्रह्म

स्वरूप ही होता है । इसलिए अज्ञान काल में सत्य प्रतीत होने वाले अन्यथाभासरूप आडंबर के कारण मूल अधिष्ठानरूप सच्चिदानंद परब्रह्म के स्वरूप में अणुमात्र भी परिवर्तन नहीं होता ।

यत्र यदध्यास: तत्कृतेन गुणेन वा
अणुमात्रेणापि न स संबध्यते । (अध्यास भाष्य शा.)

(23) वस्तु की सामर्थ्य उसके स्वभावधर्म की सुरक्षा में

परब्रह्म निरवयव और अविकृत है तथा उसके अतिरिक्त अन्य कोई वस्तु नहीं है। ऐसी स्थिति में यदि परब्रह्म के सच्चिदानंदादि धर्मों के विरोधी धर्मों से कुछ भासमान होता हो, तो उसे भ्रमात्मक नहीं तो और क्या कह सकते हैं ? सच्चिदानंद और असत्, जड़ और दुख—दोनों प्रकार के धर्म परस्परनाशक, अत: विरोधी हैं। इस प्रकार के उभय धर्मों से युक्त किसी भी वस्तु की कल्पना मन नहीं कर सकता। दूसरी बात यह है कि जिस वस्तु का जो स्वभाव है, उसके विरोधी स्वभाव की कल्पना उस वस्तु के स्थान पर करने से वह वस्तु ही नष्ट हो जाएगी। अविकारी ब्रह्म विकारी होने पर ब्रह्म नहीं रहेगा । अविनाशी वस्तु चाहे कितनी ही सामर्थ्यशाली क्यों न हो, वह अपने आपको विनाशी नहीं बना सकती । वस्तु की सामर्थ्य उसके स्वभावधर्म की सुरक्षा के लिए होती है, उसके विनाश के लिए नहीं ।

(24) अज्ञान के सिवा विरोधी धर्मों की संगति नहीं प्रस्थापित होती

श्रीज्ञानेश्वरमहाराज समस्त जगत् को वस्तुप्रभा मानते हैं । अत: आधुनिक विद्वानों की दृष्टि में शंकराचार्य के तथा ज्ञानेश्वर महाराज के दर्शन में यह अंतर है, कि ज्ञानेश्वर जी की दृष्टि से जगत् को अलग करके ब्रह्म को नहीं देखना पड़ता। परंतु ये आधुनिक विद्वान् यह नहीं बता सकते कि निरवयव, अविकारी, एकमेव, अविनाशी, ज्ञानरूप और आनंदरूप स्वभाव का ब्रह्म सावयव, विनाशी, नाशमान, जड़ और दुखरूप कैसे बन गया ? मूल वस्तु की तरफ हम गलत-दृष्टिकोण से देखते हैं, परंतु 'वस्तुत: वैसा नहीं है'—यह मानना अधिक तर्कसंगत है अथवा यह कहना कि 'वह वैसा हो गया ?' हमारे गलत दृष्टिकोण को ही आचार्य अज्ञान अथवा भ्रम कहते हैं ।

(25) दुख को कल्पित माने बिना उसकी त्रैकालिक निवृत्ति संभव नहीं

अपने विनाश की और दुख की कल्पना हम सह नहीं सकते । हम उसे फेंक देने का प्रयास करते हैं । क्यों ? हम अखंड एवं सुरक्षित रहने की कामना करते हैं और सदैव उसी के लिए प्रयत्नशील रहते हैं । इसका कारण यही है कि हमारा मूल स्वभाव वैसा ही होता है । अत: यदि हम इन दोनों बातों को कल्पनारूप न मानें, जिन्हें हम सह नहीं सकते; और किसी भी दृष्टि से उनके अल्प अस्तित्व को भी

स्वीकार कर लें, तो उनकी त्रैकालिक निवृत्ति संभव नहीं हो सकती । क्योंकि भ्रमजन्य कल्पित पदार्थ की ही निवृत्ति त्रैकालिक होती है और वही अधिष्ठान के ज्ञान में परिणत होती है ।

जीव के कल्याण के लिए ही वेदांत का प्रवर्त्तन हुआ है, अत: उसके प्रमेयों को हमें अपने आप पर आज़माना पड़ता है । जब हम इस बात पर विचार करते हैं कि श्रीज्ञानेश्वरमहाराज अज्ञान को स्वीकार करते हैं अथवा नहीं; तब श्रीज्ञानेश्वरमहाराज जिस ब्रह्मानुभव का कथन कर रहे हैं, वह हमारे स्थान पर है अथवा नहीं यह देखना आवश्यक हो जाता है; और यदि हमारे तथा उनके अनुभव में अंतर दिखाई देता हो तो उसका कारण क्या हो सकता है, इसका भी विचार करना चाहिए ।

(26) ज्ञान और अज्ञान दोनों भूमिकाओं के आधार पर ज्ञानेश्वरजी द्वारा किया गया श्रीगुरु का स्मरण

आज हर एक व्यक्ति यही मानता है कि उसका अस्तित्व उसकी देह तक ही सीमित है । परब्रह्म के ही 'अंश इव' होते हुए भी अमर्यादित्व के प्रत्यय का त्याग करके हम मर्यादित्व का एहसास क्यों रखते हैं ? अखंडानंदरूप परब्रह्म के अंश इव' होते हुए भी हम अपने आपको दुखरूप क्यों मानते हैं ? मूलत: अविकारी और अविनाशी होते हुए भी हम विकारी और विनाशी कैसे बन गए? आचार्य कहते हैं कि इसका कारण है हमारी अनुचित धारणा । यथार्थ ज्ञान से यदि हम अपने मूल स्वभाव का प्रत्यय प्राप्त कर लें तो इस अनुचित अर्थात् अज्ञानजन्य धारणा का निराकरण हो जाएगा और हम भी परब्रह्म-स्वरूप हो जायेंगे आज हम सब यही कहते हैं कि हमें ब्रह्म का ज्ञान नहीं हैं और हमारी इस आत्मविस्मृति के कारण ही हमारे स्थान पर यह विकल्प अथवा संदेह उत्पन्न होता है कि हम कौन हैं ? इस आत्मविस्मृति के कारण ही हम कहते हैं कि हम देहरूप हैं । इस अज्ञान का वर्णन करते हुए श्रीज्ञानेश्वर जी कहते हैं —

तैं अज्ञान एक रूढे ।
तेणे कोहं विकल्पाचे मांडे ।
मग विवरुनि कीजे फुडे ।
देहोहं ऐसे । (ज्ञा. 15-342)

ऐसे शरीराचि येवढे ।
जै आत्मज्ञान वेगळे पडे ।
तैं माझा अंश आवडे ।
थोडेपणे । (ज्ञा. 15-343)

स्वाती नक्षत्र का जल जब सीप में गिरता है तब मोतीरूप बनता है और वही सर्प के मुख में गिरते ही विषरूप बनता है । उसी प्रकार ज्ञानी पुरुष को सर्वत्र मैं

सुख-रूप भासित होता है और अज्ञानी को दुख-रूप भासित होता है ।

हे असो स्वातीचे उदक ।
शुक्ती मोती व्याली विख ।
तैसा सज्ञानासी मी सुख ।
दु:ख तो अज्ञानासी । (ज्ञा. 15-420)

श्रीज्ञानेश्वर जी ज्ञान और अज्ञान-दोनों भूमिकाओं को स्वीकार करते हुए ही समस्त विवेचन करते हैं । क्या शंकराचार्य इससे कुछ अलग प्रतिपादन करते हैं?

श्रीज्ञानेश्वरी और अमृतानुभव में भी दो भूमिकाएँ—ज्ञान और अज्ञान

श्रीज्ञानेश्वरी और अमृतानुभव में भी श्रीगुरु का नमन करने वाले जो श्लोक प्रस्तुत किए गए हैं, उनमें ज्ञानेश्वर जी ने स्पष्ट शब्दों में संसार को 'मृगजल' अर्थात् मरीचिका कहा है और अज्ञानी की भूमिका से अज्ञान को स्वीकार किया है। जो वेदांत हमें स्वीकार्य न हो, उसके अनुसार कोई भी श्रीगुरु की स्तुति नहीं करता। प्रस्तुत नमन के सभी पारिभाषिक शब्द भी शांकर-वेदान्त से ही लिये गये हैं, प्रत्यभिज्ञामत से नहीं ।

अद्वयसत्तारूप कमल को विकसित करके संपूर्ण विश्व के आभास को नष्ट करने वाले आश्चर्यकारक प्रखरकिरणरूपी ज्ञानसूर्य का उदय हुआ है । ज्ञानेश्वर जी कहते हैं कि हम उसी ज्ञानरश्मि को वंदन करेंगे ।

मावळीत विश्वाभास ।
नवल उदयला चंडांश ।
अद्वयाब्जिनीविकाश ।
वंदू आता । (ज्ञा. 16-1)

श्रीज्ञानेश्वर जी के कथन का सारांश यह है कि प्राकृत सूर्य के प्रकाश से विश्व दृष्टिगोचर होता है, परंतु ब्रह्मज्ञानरूपी सूर्य का उदय होते ही विश्व का लोप हो जाता है तथा केवल ब्रह्मज्ञानरूपी सूर्य का प्रकाश ही सर्वत्र दिखाई देता है ।

(27) जगत् मरीचिका है

श्रीज्ञानेश्वरमहाराज यह भी कहते हैं, कि जिसकी विवेकरूपी किरणों से ज्ञानरूपी सूर्यकान्त-मणि से प्रस्फुटित चिनगारियों से संसाररूपी अरण्य जल जाते हैं, तथा जिसके तीव्र किरणरूपी समूह के, आत्मस्वरूपी बंजर भूमि पर स्थिर हो जाने से महासिद्धि का जो ज़गद्रूप जलप्लावन उत्पन्न होता है, वही मरीचिका है ।

जयाचेनि विवेककिरण संगे ।
उन्मेष सूर्यकान्त फुणगे ।
दीपले जाळिती दांगे ।

संसाराची ।।
जयाचा रश्मिपुंज निगर ।
होता स्वरूपउरवरी स्थिर ।
ये महासिद्धीचा पूर ।
मृगजळ ।। (ज्ञा. 169)

इस स्थान पर ज्ञानेश्वर जी ने बंजर भूमि की उपमा देते हुए यह स्पष्ट किया है कि परब्रह्म से जगत् की उत्पत्ति असंभव है । इसी प्रकार श्रीज्ञानेश्वरी, अभंग, चांगदेव पासष्टी इत्यादि ग्रंथों से ऐसे सैकड़ों उदाहरण प्रस्तुत किए जा सकते हैं, जिनमें श्रीशंकराचार्य के समान ज्ञानेश्वर जी ने भी अज्ञानी के लिए अज्ञान को स्वीकार किया है ।

(28) अमृतानुभव में भी दो भूमिकाएँ

अमृतानुभव के द्वितीय अध्याय के आरंभिक श्लोकों में श्रीनिवृत्तिनाथ का स्तवन करते हुए भी अज्ञान को स्वीकार किया गया है । श्रीज्ञानेश्वरमहाराज कहते हैं कि अविद्यारूपी अरण्य में फँसकर जीवत्व के फेरों का भोग करने वाले जीवचैतन्य की पुकार सुनते ही जो उसकी रक्षा के लिए दौड़ते हैं अथवा माया या अज्ञानरूपी हाथी को पराजित करके जिन्होंने मुक्ति के मोतियों का भोजन कराया, ऐसे श्रीनिवृत्तिनाथ सद्गुरु को मैं प्रणाम करता हूँ ।

अविद्येचे अडवे ।
भुंजीत जीवपणाचे भवे ।
तया चैतन्याचे धावे ।
धावेकारू जो ।।
मोडोनिया माया कुंजरू ।
मुक्तमोतियाचा वोगरू ।
जेवविता सद्गुरू ।
श्रीनिवृत्ति वंदु ।।

मुक्त, मुमुक्षु और बद्ध का भेद केवल उसी समय तक रहता है जब तक अमृतानुभव का स्वाद नहीं ग्रहण किया ज़ाता ।

आणि मुक्त, मुमुक्षु बद्ध ।
हे तंववरी योग्यताभेद ।
अनुभवामृतस्वाद ।
विरुद्धे जंव ।। (अमृ. 10.25)

उपर्युक्त श्लोकों में ज्ञानेश्वर जी ने बद्ध और मुक्त का स्वरूप स्पष्ट किया है।

अत: अज्ञान की भूमिका को स्वीकार किए बिना तत्सापेक्ष ज्ञान की भूमिका का विचार नहीं किया जा सकता । श्रीज्ञानेश्वर जी के समस्त ग्रंथों में प्रस्तुत दर्शन श्रीशंकराचार्य का ही दर्शन है । परिभाषा भी उन्हीं की है । कश्मीरी शैवागम की जो विशेषता है, उसका नामोनिशान तक कहीं नहीं मिलता । परंतु शैवागम की सूतसंहिता और आचार्य के सौंदर्यलहरी स्तोत्र की संकल्पनाएँ अमृतानुभव में पायी जाती हैं ।

(29) श्रीज्ञानेश्वर जी का चिद्विलासवाद और स्फूर्तिवाद

श्रीशंकराचार्य और श्रीज्ञानेश्वर की दार्शनिक विशेषताओं में दिखाई देने वाले अंतर को स्पष्ट करते हुए कुछ विद्वान् कहते हैं कि श्रीशंकराचार्य मायावाद को स्वीकार करते हैं, तो श्रीज्ञानेश्वरमहाराज जगत् को 'असिकी वस्तुप्रभा' मानते हुए चिद्विलासवाद और स्फूर्तिवाद को स्वीकार करते हैं । परंतु ये विद्वान वेदान्तशास्त्र का वैज्ञानिक अध्ययन नहीं करते, अत: उन्हें ज्ञात नहीं होता कि स्फूर्तिवाद अथवा चिद्विलासवाद का प्रथम चरण मायावाद है । वस्तुत: इस प्रकार दोनों के दर्शन में अंतर दर्शाने वाले विद्वानों से यदि यह प्रश्न किया जाए कि श्रीज्ञानेश्वर जी ने 'चिद्विलास' शब्द का प्रयोग किस ग्रंथ में किया है, तो वे उसका उत्तर नहीं दे पाएँगे । 'चिद्विलास' शब्द का अर्थ है चैतन्य का विलास । इस शब्द का प्रयोग भी शंकराचार्य के दर्शन में ही किया गया है । परब्रह्म चैतन्यरूप है तथा वह अविकारी, निरवयव, अनादि और अनंत है । एकमात्र चैतन्य के सिवा अन्य कोई वस्तु नहीं होती, अत: हमें जिस किसी चीज़ का आभास होगा, चैतन्य-रूप में ही होगा । वस्तुत: प्रश्न यह उपस्थित होता है कि फिर हमें वस्तुओं का आभास विकारी, सावयव, उत्पन्न एवं मर्यादित रूप में क्यों होता है ? इसका उत्तर देते हुए श्रीशंकराचार्य और श्रीज्ञानेश्वर जी दोनों ही कहते हैं कि हमारी दृष्टि की गलती अथवा भूल ही इसका कारण है जिसे उन्होंने 'भ्रम' अथवा 'अज्ञान' कहा है ।

(30) चैतन्य और जड़ विषमसत्ताक

चैतन्य और जड़—दोनों ही परस्पर विरोधी कल्पनाएँ हैं । जिसे स्वयं के विषय में भी ज्ञान है और दूसरे के विषय में भी ज्ञान है वह 'चैतन्य' कहलाता है और जिसे स्वयं के अथवा दूसरे के विषय में कोई भी ज्ञान न हो उसे 'जड़' कहते हैं।

जड़ं नाम स्वविषयपरविषयज्ञानरहितं वस्तु जड़म् इत्युच्यते ।

(आत्मानात्म विवेक 30)

इस प्रकार के अत्यंत विरोधी दो पदार्थ केवल तभी एकत्रित हो सकते हैं जब उनमें से एक पदार्थ का अस्तित्व वास्तविक होता है तथा दूसरे पदार्थ को गलती

अथवा अज्ञान के कारण कल्पित अस्तित्व प्रदान किया जाता है । उन दोनों की सत्ता सम न होने के कारण यही कहना अधिक उचित होगा कि विषम सत्तावान् होने के कारण ही उनका एकत्रित रहना संभव होता है । जिस समय हम कहते हैं कि सर्प असत्य है, उस समय हमारे कथन का अर्थ यह होता है कि रज्जु ही सत्य है । उसी प्रकार जब श्रीशंकराचार्य, श्रीज्ञानेश्वरमहाराज तथा उनके अनुयायी सभी संत कहते हैं कि जगत् भ्रम है अथवा असत्य है, तब उनका अभिप्राय होता है कि सर्वत्र चैतन्यरूप परब्रह्म है । इसी का दूसरा नाम है चिद्विलास । वे मात्र इतना ही नहीं कहते कि जगत् केवल चैतन्य का विलास है, बल्कि यह कहते हैं कि समस्त जगत् चैतन्य और आनंद का विलास है । एक शब्द में कहना हो तो उनके अनुसार जगत् चिदानंदात्मक अथवा चिदानंद का विलास है ।

(31) व्यतिरेक और अन्वय का स्वरूप

आचार्य वेदान्त में व्यतिरेक और अन्वय—दोनों भूमिकाओं के आधार पर वेदान्त की रचना की जाती है ।

अन्वयव्यतिरेकाभ्यां निष्प्रपञ्च प्रपञ्चते । —सुरेश्वर

सर्प को असत्य कहना व्यतिरेक ज्ञान है और यह कहना कि सब रज्जु का विलास है, अन्वयज्ञान है । उसी प्रकार असत्, जड़ तथा दुखरूप से प्राप्त होने वाला जगत् का अनुभव मिथ्या है, असत्य है, भ्रमजन्य है ऐसा मानते हुए व्यतिरेक ज्ञान उसका त्याग कर देता है; और जो कुछ भी भासित होता है उसे सच्चिदानंदात्मक परब्रह्म का विलास समझना अन्वय ज्ञान है । अत: यह स्पष्ट है कि मायावाद और चिद्विलासवाद एक ही सिक्के के दो पहलू हैं ।

जब श्रीज्ञानेश्वरमहाराज जगत् को 'असिकी वस्तु प्रभा' कहते हैं, तब विद्वान लेखक इस बात का विचार नहीं करते, कि वस्तु के अर्थात् सच्चिदानंद परब्रह्म के स्वरूप की उस प्रभा का आभास क्या उन लेखकों को मिलता भी है ? जो ज्ञानेश्वर जी जगत् का उल्लेख 'असिकी वस्तु' के रूप में करते हैं वे ही ईश्वर के साकार अवतार-शरीर और साकार जगत् को क्रमश: समुद्र और कल्लोल तथा सूर्य और मरीचिका की उपमा देते हैं, इस तथ्य को इन विद्वानों ने दुर्लक्षित किया है। विरोध का आभास देने वाले वाक्यों का समन्वय करके ही वेदान्त को ग्रहण करना पड़ता है।

हे अवतार सकळ ।
जया समुद्रीचे का कल्लोळ ।।
आणि विश्व हे मृगजळ ।
जया रश्मीस्तव दिसे । ज्ञान ।। (अ. 11)

(32) आचार्य का चिद्विलासवाद

अन्वय की इसी भूमिका से आचार्य कहते हैं कि 'जिस प्रकार जल चाहे लहर के रूप में हो, फेन के रूप में हो अथवा बुद्‌बुद् के रूप में हो—सदैव केवल जल ही जल होता है, उसी प्रकार देह के स्थान पर जो कुछ भी भासित होता है, वह सब चैतन्यस्वरूप ही होता है ।

तरंगफेनभ्रमबुद्‌बुदादि
सर्वं स्वरूपेण जलं यथा तथा ।
चिदेव देहाद्यहमन्तमेतत्सर्वं
चिदेवैकरसं विशुद्धम् ।।

परब्रह्म से ही निर्मिति होने के कारण यह सब कुछ ब्रह्मरूप (सच्चिदानंदात्मक) ही है । भिन्न-भिन्न नाम, रूप, कर्म —सभी ब्रह्मरूप हैं । जिस प्रकार सुवर्ण से जो कुछ भी बनाया जाता है, वह सब सुवर्णरूप ही होता है, उसी प्रकार ब्रह्म से निर्मित समस्त वस्तुएँ ब्रह्मरूप ही होती हैं ।

ब्रह्मणः सर्वभूतानि जायन्ते परमात्मनः ।
तस्मादेतानि ब्रह्मैव भवन्तीत्यवधारयेत् ।।
ब्रह्मैव सर्वनामानि रूपाणि विविधानिच ।
कर्माण्यपि समग्राणि बिभर्तीति श्रुतिर्जगौ ।।
सुवर्णाज्ञायमानस्य सुवर्णत्वं च शाश्वतम् ।
ब्रह्मणों जायमानस्य ब्रह्मत्वं च तथा भवेत् ।।

(अपरोक्षानुभूति श्लो. 49 से 51)

(33) परब्रह्म स्फुरणरूप है

परब्रह्म को चैतन्यरूप और आनंदरूप कहने का अर्थ यह है कि उसका स्फुरण चैतन्य और आनंदरूप से होता है । जल पर उठने वाली लहर के समान परब्रह्म चैतन्यरूप से और आनंदरूप से स्फुरित होता है और इसीलिए हमारे स्थान पर 'मैं' और 'मेरा'—इस प्रकार की दो वृत्तियों का निर्माण होता है । जैसा कि श्रीमधुसूदन सरस्वती ने कहा है, 'चैतन्ये हि स्फुरणम् स्वाभाविकम्' । आचार्य का कथन है कि कारण चाहे जो कुछ भी हो, जिस-जिस स्थान पर हमें आनंद का अनुभव प्राप्त होता है, वहाँ वस्तुतः स्फुरणरूप ब्रह्म का ही आनंद होता है । क्योंकि परब्रह्म ही आनंद-रूप से स्फुरित होता है ।

यस्य कस्यापि योगेन यत्र कुत्रापि दृश्यते ।
आनंदः स परस्यैव ब्रह्मणः स्फूर्तिलक्षणः ।। (सर्ववेदान्त-श्लो. 67।)

जिस प्रकार चंद्रविकासी कमल चंद्र के ही कारण प्रफुल्लित होता है, उसी

प्रकार परब्रह्म के स्फुरण के कारण ही विषयों के स्थान पर आनंद की प्राप्ति होती है ।

यथा कुवलयोल्लासश्चंद्रस्यैव प्रसादतः ।
तथानंदोदयोऽप्येष स्फुरणादेव वस्तुतः ।। (सर्ववेदान्त-श्लो 672)

स्वाभाविक आत्मस्फुरण का स्वरूप अंतर्बाह्य नित्य होता है ।

अंतर्बहिः सर्वत एवं सर्वदा
स्वरूप विस्फूर्तिरयत्नतः स्यात (विवेकचूड़ा-श्लोक 364)

इससे स्पष्ट होता है कि 'चिद्विलासवाद' की संकल्पना भगवान श्रीशंकराचार्य की है ।

(34) आचार्य का स्फूर्तिवाद

अन्वय की भूमिका ही सिद्धावस्था है । श्रीज्ञानेश्वर जी ने ही कहा है कि अमृतानुभव सिद्धानुवाद है । इसी भूमिका से परब्रह्म और उसकी सच्चिदानंदरूप शक्ति की स्फुरणरूपता के आधार पर ज्ञानेश्वर जी ने 'शिव और शक्ति' अथवा 'देव और देवी' शब्दों का प्रयोग करते हुए प्रथम अध्याय का लेखन किया है।

(35) सौंदर्यलहरी में भी शिव और शक्ति शब्दों का प्रयोग

सौंदर्यलहरी के प्रथम श्लोक में श्रीशंकराचार्य कहते हैं—

शिवः शक्त्या युक्तो यदि भवति शक्तः प्रभवितुम् ।
न चेदेवं देवो न खलु कुशलः स्पन्दितुमपि ।

अर्थात् शिव यदि समस्त शक्तियों से युक्त हो, तो ही सब कार्य करने में समर्थ होते हैं, नहीं तो उनके स्थान पर स्पंदन करने की भी सामर्थ्य नहीं होती ।

(36) 'अहं' मूलतः परब्रह्म का स्फुरण है

परब्रह्म के स्थान पर चैतन्य का स्फुरण होता है और उस स्फुरित चैतन्य को ही 'जीव' कहा जाता है । उसी को वेदान्त में चिदाभास कहते हैं । बंध और मोक्ष की कल्पना इसी चिदाभास को उद्देश्य करके की गई है । अधिष्ठानरूप परब्रह्म उसका लक्ष्य नहीं है । यदि जल पर उठने वाली लहर ज्ञानवान हो और यदि वह अपने आपको केवल लहर तक ही सीमित मान बैठे, तो हमें यही कहना पड़ेगा कि लहर के स्थान पर उसकी मूल असीमता के ज्ञान का विस्मरण हो गया, अतः वह अज्ञानी है। हमारी स्थिति भी इसी प्रकार हो गई है । मूलतः असीम होते हुए भी असीम परब्रह्म के स्फुरण को हम 'अहं' तक सीमित कर देते हैं और उसे देह तक सीमित मानते हुए देहरूप हो जाते हैं । क्या इसे यथार्थ ज्ञान कहा जा सकता है ? वेदान्त के अनुसार अज्ञान का अर्थ है—गलत अथवा अन्यथाज्ञान। वेदान्त की दृष्टि से ज्ञान

का अभाव अज्ञान नहीं है । इसी प्रकार का अन्यथा ज्ञान हमारे स्थान पर होता है। यथार्थ ज्ञान से इसी 'अहं' के स्फुरण को हम असीम मानते हैं और ब्रह्मरूप हो जाते हैं ।

श्रीशंकराचार्य द्वारा स्फूर्तिवाद को स्वीकार किया गया है, अत: उनके वेदान्त में अधिष्ठान और स्फुरण के आधार पर ही समस्त वेदान्त-विचार का प्रवर्तन हुआ है । जीव और जगत् को अधिष्ठानरूप परब्रह्म का ही स्वरूप मानना ही मोक्ष है।

'अर्जुनपण न घेता । मी ऐसे जे पंडुसुता ।
उठे तेचि तत्त्वता । स्वरूप माझे ।'

उपर्युक्त श्लोक के द्वारा ज्ञानेश्वर जी ने दर्शाया है कि 'अहं' अथवा 'मैं' मूलत: व्यापक चैतन्य का स्फुरण होता है । जब उसे देह तक ही सीमित कर दिया जाता है, तब अज्ञान के कारण उसे अहंकार की चिद्चिद्ग्रंथि का स्वरूप प्राप्त होता है । 'अहं ब्रह्मास्मि' के ज्ञान के उपरान्त वही अहं का स्फुरण व्यापक परब्रह्म का वाचक बन जाता है ।

(37) भूमिका-भेद

संक्षेप में कहा जा सकता है, कि चाहे श्रीज्ञानेश्वरमहाराजादि नाथसंप्रदायी वारकरी संतमंडली हो अथवा समर्थ रामदास के संप्रदाय के सदस्य हों—सभी ने श्रीशंकराचार्य के अद्वैत-दर्शन के अनुसार ही अपने दर्शन का रचनाविन्यास किया है। व्यतिरेक की भूमिका से उन्होंने मायावाद को अथवा अज्ञानवाद का स्वीकार किया है और ज्ञानी की भूमिका से अर्थात् अन्वय की भूमिका से स्फूर्तिवाद, चिद्विलासवाद अथवा अजातवाद को स्वीकार किया है । अत: दोनों के दर्शन में भेद दिखाना अयोग्य है ।

(38) अद्वैतज्ञानोत्तर भक्ति ही परम पुरुषार्थ है

आधुनिक काल के अंधविभूति श्रीगुलाबराव महाराज को स्वयं श्रीज्ञानेश्वर महाराज ने अनुग्रहीत किया था ।

गुलाबराव महाराज स्वयं नाथ-संप्रदायी थे तथा उनका सांप्रदायिक नाम पांडुरंगनाथ था । वे ज्ञानेश्वरजी को माता और पिता समान मानते थे । ऐसा साक्षात्कारी एवं ज्ञानेश्वर जी के प्रति पूर्ण निष्ठावान् व्यर्क्ति ज्ञानेश्वर जी के दर्शन को केवल एक श्लोक में प्रस्तुत करता है और अब तक किए गए विवेचन से स्पष्ट होता है कि वह सर्वथा उचित है । वे कहते हैं, "शांकर-दर्शन को पूर्णत: स्वीकार करके अद्वैतज्ञान की प्राप्ति के पश्चात् भी केवल उसी ज्ञान की परिसमाप्ति न मानते हुए प्रेम-साकार और आत्मस्वरूप रामकृष्णादि सगुण भगवान के स्थान पर परमप्रेम करना ही परमपुरुषार्थरूप वास्तविक मोक्ष है ।"

शांकरज्ञानसंयुक्तं भगवद्भक्त्यलंकृतम् ।
यद्वाक्यं तत् प्रमाणं स्यादिति
स्वमतनिर्णय: ।

महाराष्ट्र के नाथसंप्रदायी वारकरी संतमंडली का दर्शन भी यही है ।

(39) ज्ञानेश्वर जी के हृदबगत को प्रतिपादित करने वाले संत

श्रीज्ञानेश्वर जी के साहचर्य में सदैव रहने वाले नामदेवादि संत उनके प्रत्येक शब्द को वेदसमान मानते थे । सामान्यबुद्धिवादी व्यक्ति भी यह नहीं कह सकता कि ज्ञानेश्वर जी के दर्शन को उनके निकट रहने वाले संत उतना नहीं समझ पाए, जितना कि ज्ञानेश्वर जी के सात सौ वर्ष पश्चात् के आधुनिक विद्वान समझ सके। वस्तुत: श्रीनामदेवादि दार्शनिक तथा ईश्वर से साक्षात्कार करने वाले व्यक्ति ही उचित रीति से ज्ञानेश्वर जी के हृद्गत को समझा सकते हैं । अत: ये ही व्यक्ति उनके सार्थ भाष्यकार हैं और उन्हीं के अभंगों के आधार पर श्रीज्ञानेश्वरमहाराज के दर्शन का अर्थ लगाया जाना चाहिए ।

(40) नामदेव

समस्त संतों ने भगवान शंकराचार्य को मायावाद को स्वीकार किया है । मायाधिष्ठित अद्वैतवाद ही उन्हें स्वीकार्य है तथा उसी अद्वैत के अधिष्ठान पर उन्होंने पंचमपुरुषार्थरूप पराभक्ति का गठन किया है । श्रीनामदेवमहाराज कहते हैं कि संसारी लोगों को मरीचिका के समान झूठे मायाजल ने बाधित कर दिया है । ज्ञान के सहारे तुम जान लो कि यह संसार असत्य है और ईश्वर की शरण ले लो । सँपेरे के खेल के समान पल भर के लिए हमें प्रतीत होता है कि यह संसार सत्य है ।

मिथ्या मायाजाळ मृगजळ बाधा ।
लागतासे धंदा संसारिया ।।6।। (श. 1953)

अवधा प्रपंच त्यागोनि लटिका ।
शरण रिघा एका पंढरिराया ।। (अ. 1956)

गारुडयाचा खेळ दिसे क्षणभर ।
तैसा हा संसार दिसे खरा ।। (अ. 1857)

शास्त्रों का कथन है कि प्रपंच असत्य है । मरीचिका के गढ़े को क्यों उलीच रहे हो ? सर्वभाव से केवल एक विठ्ठल की शरण में पहुँच जाओ । दुष्ट बुद्धि का त्याग करो और अविद्या के बंधन तोड़ डालो । वेदों में भी इसी सिद्धान्त को प्रतिपादित किया है कि भक्ति के बिना मोक्षप्राप्ति असंभव है ।

प्रपंच हा हा खोटा शास्त्रे निवडिला ।
पाहिजे साक्षिला । सद्गुरु तो ।। (गाथा अ. 1979)

मृगजळ डोहो का उपससी वायां ।
वेगी लवलाहया शरण रिघे ।
भजे तू विठ्ठला सर्वांभूती भावे ।
न लगति नांवे आणिकांची ।। (गाथा अ. 1982)
दुष्टबुद्धि दूरी करा ।
तोडा अविद्येचा भारा ।। (अ. 1981)
भक्तिविण मोक्ष नाही हा सिद्धान्त ।।
वेद बोले हाथ उभारोनि । (गाथा 1979)

मायावाद को स्वीकार करने वाले इस प्रकार के कई वचन श्रीनामदेवमहाराज के अभंगों से उद्‌धृत किए जा सकते हैं । साथ ही यह भी स्पष्ट रूप से दिखाई देता है कि अद्वैतज्ञान के आधार पर ही उन्होंने सगुण ईश्वर की भक्ति को स्वीकार किया है।

(41) जनाबाई

श्रीनामदेव महाराज के घर में रहने वाली जनाबाई ने भी अपने अभंगों में श्रीशंकराचार्य के मायावाद का समर्थन किया है ।

जनाबाई कहती हैं कि अविद्या के चमत्कार के कारण मिथ्या ही सत्य बन गया। इस संसार की उत्पत्ति वैसी है जैसे किसी संतानहीना की संतान । अविद्या की इस रात्रि में हम अँधेरे में फँस गए हैं । (हे भगवान), तुम्हारे सान्निध्य में अविद्या के लिए कोई स्थान नहीं है । समूल आवरण के साथ माया का त्याग कर देना चाहिए ।

अविद्येने नवल केले ।
मिथ्या सत्यत्व दाविले जैसी वांझेची संतती ।
तैसी संसार उत्पत्ति ।। (गाथा ज.ना. 21)
अविद्येच्या वो रात्री । आडकलो अंधारी ।
तुझे सान्नध्याचे पाशी । ठाव नाही अविद्येशी । (गाथा ज. 49)
समूळ साल माया । सांडूनिया दीजे । (गाथा ज. 253)

(42) समस्त संतों ने मायावाद को स्वीकार किया है

जनाबाई उपदेश देती हैं, कि यथार्थ ज्ञान से माया का विनाश हो जाने पर 'अहं ब्रह्मास्मि' का जो अहंभाव शेष रहता है, उसे ब्रह्मस्वरूप बने संतों के प्रेम में विलीन कर देना चाहिए । जनाबाई ने यह भी बताया है कि अद्वैत ज्ञान के अनन्तर ब्रह्मज्ञान की परिसमाप्ति नहीं होती, बल्कि सगुण भगवान और तत्स्वरूप बने संतों के प्रेम में ही ब्रह्मज्ञान की वास्तविक समाप्ति है ।

समूळ साल माया सांडूनिया दीजे ।
परि अहंबीज जतन करा ।
ते बीज मारोनि करा ओवाळणी ।
संताचे चरणी समूळ देह । (गाथा ज. 253)

(43) परसाभागवत

श्रीपरसाभागवत श्रीज्ञानेश्वर महाराज के साहचर्य में थे । संख्यात्मक दृष्टि से उनके अभंग अल्प हैं । परंतु उन्होंने केवल नामदेव महाराज के स्तुतिपरक अभंग ही लिखे हैं, अत: उनके अभंगों में वेदान्त-चर्चा नहीं पायी जाती ।

(44) नरहरी सुनार

ज्ञानेश्वर जी के समकालीन तथा उनके संप्रदाय के सदस्य नरहरी सोनार का कथन है कि समस्त जगत् ब्रह्मरूप है तथा सर्वत्र केवल पांडुरंग का ही अस्तित्व है। परंतु भ्रांतिरूप मायाजाल को हटाए बिना परब्रह्म की अखंड लीला के दर्शन नहीं हो सकते ।

जग हे अवधे सारे ब्रह्ममय ।
सर्वाभूती एक पांडुरंग ।
भ्रांतिमायाजाळ काढता तात्काळ ।
परब्रह्मी खेळ अखंडित । (गाथा नर. अ. 11)

जीवन अशाश्वत है और देह नाशवंत है । तुम देख लो कि यह सब कुछ व्यर्थ है । प्रपंच केवल मायाजाल है । भ्रम की धुंध छायी है ।

जिणे अशाश्वत देह नाशिवंत ।
अवधे सारे व्यर्थ असे देखा । (गाथा नर. अ. 20)
प्रपंच हे मायाजाळ । घातले भ्रांतीचे पडळ । (गाथा क्रं. अ. 21)

संसार के विषय में नाथवारकरी संप्रदाय की निश्चित धारणा को अभिव्यक्त करते हुए नरहरी सोनार कहते हैं, कि संसार सत्य न होकर मरीचिका का एक आभास मात्र है । वह क्षणभर की भ्रांति है । अत: उसका विश्वास कैसे किया जाए ?

संसार सार नोहे मायामृगजळ भास ।
क्षणात भ्रांतीयाचा काय विश्वास ? (गाथा नर. अ. 33)

(45) सेना नाई

सेना नाई कहते हैं कि जब तक क्रोधादि विकार नष्ट नहीं होते, अज्ञान की भ्रांति नहीं हटती, और विरक्ति को आत्मसात् नहीं किया जाता, तब तक ब्रह्मज्ञान को शब्दों के माध्यम से प्रकट नहीं किया जा सकता ।

सिद्ध ब्रह्मज्ञान बोलता नोहे वाचे ।
शांतवन क्रोधाचे झाले नाही ।।
जंव नाही गेली अज्ञानाची भ्रांती ।
जंव नाही विरक्ती बाणली आंगी ।। (गाथा. सेना अ. 36)

हे ईश्वर, मैं भवसागर में डूब रहा हूँ, तुम मेरा उद्धार करो ।

बुडतो भवसागरी । मज काढी बा मुरारी । (गाथा सेना अ. 67)

(46) चोखामेळा

चोखामेळा कहते हैं कि जब सब कुछ वस्तुत: मायिक और नाशवान है, तब आप उसमें सुख कैसे मान लेते हैं ? विठोबा का नाम ही एकमात्र तारक है जिससे संसार-भ्रम नष्ट हो सकता है । मैं इस मायामोह के जाल में उलझ गया हूँ । हे ईश्वर, तुम अपनी सामर्थ्य से मुझे इस जाल से अलग कर दो ।

सर्व हे मायिक नाशिवंत साचे ।
काय सुख याचे मानितसा ।
निर्वाणी तारक विठोबाचे नाम ।
येणे भवभ्रम दूर होय ।। (गाथा चोखा अभं. 43)
मायामोह जाळे गुंतलोसे बळे ।
यातोन वेगळे करी गा देवा ।। (गाथा चोखा अभं. 149)

(47) सोयराबाई

सोयराबाई कहती है कि हे भगवान, आप अपने कृपाबल से मेरे इस मायाजाल को तोड़ दीजिए ।

तोडा-तोडा माया जाळे ।
कृपाबळे आपुलिया । (गाथा सोयरा. अ. 2)

(48) बंका

बंका कहते हैं कि मन ही ने स्वयं भवसागर को तर जाने के लिए मन का निश्चय कर दिया ।

मनानेचि मनी केला हा निर्धार ।
भवसिंधु पार तरावया । (गाथा बंका अ. 27)

(49) एकनाथ

नाथ जी ने अपने समस्त साहित्य के द्वारा शंकराचार्य के मायावाद का समर्थन

किया है । प्रपंच की प्रतीति मरीचिका के समान है । जो नहीं है वह सत्य प्रतीत होता है और जो सत्य है वह आभास मात्र बनकर रह जाता है । मरीचिका में उत्पत्ति नहीं होती । अत: तू समझ ले कि सब कुछ मिथ्या है ।

प्रपंचाचे भान ।
आहे मृगजळासमान ।।2।
नाथिलेचि सत्य दिसे ।
सत्य आहे ते आभासे ।।1।।
मृगजळी उत्पत्ती नाही ।
पाहता अवधे मिथ्या पाही ।।3।।

मरीचिका के स्थान पर जल का आभास होता है, परंतु वहाँ जल नहीं होता, वह स्थान तो सूखा ही होता है । उसी प्रकार यह जगत् का आभास संपूर्णत: मिथ्या (असत्य) है ।

मृगजळी पहाता दिसतसे जळ ।
परि ते कोरडेची केवल ।।1।।
तेवी दिसे जगदाभास ।
अवधा मिथ्या साभिलाष ।।2।। (गाथा एक अ. 2346)

इससे स्पष्ट होता है कि जगत् के प्रति देखने की नाथ जी की दृष्टि कैसी थी। जगत् के विषय में अपने इसी दृष्टिकोण को उन्होंने अभंगों, एकनाथी भागवत और भावार्थ रामायण में अभिव्यक्त किया है ।

(50) तुकाराम महाराज

तुकाराम महाराज कहते हैं कि मैं मायामोह के जाल में उलझ गया था, परंतु विट्ठल जी ने मुझ पर कृपा की । उन्होंने मुझे उस जाल से बाहर निकाला और अपनी लीला का दर्शन मुझे कराया ।

मायामोहजाळी होतो सापडला ।
परि या विठ्ठळा कृपा आली ।।1।।
काढ़नि बाहेरि ठेविलो निराळा ।
कवतुक निराळा दाखविले ।।2।। (गाथा तुका. 2447)

मरीचिका सत्य के समान भासित होती है और उस झूठ के पीछे दीवाने होकर दौड़ते हुए हिरन की छाती फट जाती है । यह सब जानते हुए भी लोगों, आप स्वयं अपना ही विनाश करने पर क्यों तुले हैं ? कुछ अपने हित की भी सोचो ।

मृगजळ दिसे साचपणा ऐसे ।
खोटियांचे पिसे ऊर फोडी ।।1।।
जाणोनि का करा आपुलाले घात ।
विचारारे हित लवलाही ।।2।। (गाथा तुका. अ. 3349)

धर्म के विषय में धूर्त लोग ही कहते हैं कि माया ही ब्रह्म है । उन्होंने अपनी तरह औरों को भी बहकाया है । ऐसा प्रतिपादन करने वाले लोग विषयों के प्रति आसक्त होते हैं तथा लोगों को अनुचित ज्ञान देते हैं ।

माया ब्रह्म ऐसे म्हणती धर्म ठक ।
आपणा सारिखे लोक नागविले ।।1।।
विषयी लंपट शिकवी कुविद्या । (गाथा तुका. अ. 2529)

(51) बहिणाबाई

बहिणाबाई तुकाराम महाराज की शिष्या थी । उन्होंने अपने अभंगों में संप्रदाय परंपरा का वर्णन किया है । वे कहती हैं कि एकनाथ महाराज की तरह तुकाराम महाराज की परंपरा भी आदिनाथ से आरंभ होती है । उनके पश्चात् क्रमशः सच्चिदानंद बाबा, विश्वंभर, राघवचैतन्य, केशवचैतन्य, बाबाजी चैतन्य, तुकाराम महाराज का निर्देश करते हुए अन्त में उन्होंने स्वयं अपना नाम जोड़ दिया है ।

सच्चिदानंद बाबा भक्तीचा आगरु ।
त्यासी अभयवरु ज्ञाने केला ।।6।।
पुढे विश्वंभर शिवरूप सुंदर ।
तेणें राघवीं विचार ठेविलासे ।। 7।।
केशव चैतन्य बाबाजी चैतन्य झालेसे प्रसन्न तुकोबासी ।।8।।
एकनिष्ठ भाव तुकोबा चरणीं ।
म्हणोनि बहिणी लाधलीसे ।। 9।।

(बहिणाबाईची गाथा, आदि परंपरा अ. 1)

ज्ञानेश्वर नी की शिष्य-परंपरा की एक सदस्या बहिणाबाई ने जगत् के विषय में अपने विचारों को स्पष्ट रूप से प्रस्तुत किया है । यह बात तो अपने आप ही स्पष्ट हो जाती है कि ये विचार उनके अपने नहीं हैं अपितु गुरु-परंपरा से प्राप्त संप्रदाय के ही विचार हैं ।

बहिणाबाई का पहला सवाल यही है कि यदि आँखों को दिखाई देने वाला दृश्य आडंबर ही ब्रह्म होता, तो शास्त्रार्थ पूछने की आवश्यकता ही नहीं पड़ती ।

दृश्यत्वीच देह सापडता जरी ।
शास्त्रार्थ विचारी कोण धावे ।। (अ. 3[illegible]

आत्मा यदि आँखों से गोचर हो सकती, तो भक्ति की आवश्यकता क्या थी? बहिणाबाई कहती हैं कि यह समस्त दृश्य मायिक है और आत्मा उससे भिन्न है ।

नेत्रासी गोचर होता जरी आत्मा ।
भजनसंभ्रमा काय काज ।।
बहिणी म्हणे दृश्य सर्वही मायिक ।
आत्मा तो सम्यक वेगळाची । (अ. 36[illegible]

शांकर-दर्शन ने माया को अनिर्वचनीय कहा है । उसी का उच्चारण करते हुए बहिणाबाई कहती हैं कि माया को यदि सत्य कहा जाए तो अर्थतः वह निश्चय ही असत्य है । यदि उसे असत्य कहा जाए तो हम तो प्रत्यक्ष रूप में उसका अनुभव करते हैं । अतः माया के अंत तक पहुँचना किसी के लिए भी संभव नहीं है ।

सत्य म्हणो जरी मायेसी तत्त्वता ।
तरी निश्चितार्थ असत्यची ।। 1।।
असत्य म्हणता प्रत्यक्ष दिसता ।
कोण इचा अंत घेंऊ पाहे ।। 2।। (अ. 384)

'माया' के विषय में बहिणाबाई के इस प्रकार के अनेक वचन मिलते हैं । अब तक किए गए विवेचन से हमें ज्ञात होता है कि श्रीनिवृत्तिनाथ ने ज्ञानेश्वर जी को जिस ज्ञानामृत का पान कराया, उसका स्वरूप एवं आधार शांकर दर्शन ही है। इस वारकरी नाथ-संप्रदाय में सगुण और निर्गुण के ऐक्य को स्वीकार किया गया है और उनकी दृष्टि में शिव और विष्णु एक समान हैं । आचार्यभक्त श्रीमधुसूदनसरस्वती, श्रीधराचार्य और अप्पय दीक्षित के समान समस्त भागवत-संप्रदायी नाथ-संतों का कहना है कि अद्वैतज्ञान की परिसमाप्ति अहंब्रह्मास्मिवृत्तिरूप तथा सर्वं खल्विदं ब्रह्म वृत्तिरूप ज्ञानं में नहीं बल्कि ज्ञानोत्तर अवतारस्वरूप सगुण ईश्वर की पराभक्ति में है । इन संतों ने शंकराचार्य के मायावाद को पूर्णतः स्वीकार किया है । भागवत में वर्णित भगवान की लीलाओं का संतों ने मुक्त स्वर से गायन किया है । उनका अद्वैतज्ञान सगुण ईश्वर के प्रेम से परिपूर्ण है । अतः समस्त संत-साहित्य में शांकरीय परिभाषा का ही प्रयोग किया गया है ।

(52) समर्थ रामदास

समर्थ का रामदासी संप्रदाय महाराष्ट्र के वारकरी नाथसंप्रदाय के समान है । इस स्थान पर यह बात भी देखने योग्य है कि दोनों संप्रदायों में उपास्यभेद के

अतिरिक्त दर्शन की दृष्टि से भी एकरूपता है । समर्थ की भाषा सहज आकलन के योग्य है अत: यदि यह देखा जाए कि अज्ञान, अद्वैत, माया, सगुण और निर्गुण ज्ञान इत्यादि महत्त्वपूर्ण संकल्पनाओं के विषय में उनका कथन क्या है, तो यह स्पष्ट हो जाता है कि दोनों संप्रदाय किस प्रकार शंकरानुयायी हैं ।

जो लोग कहते हैं कि जगत् दिखाई देता है इसलिए सत्य है, उन्हें लक्ष्य करके समर्थ कहते हैं—

देखिले ते सत्यचि मानावे ।
हे ज्ञांत्याचे देखणे नव्हे ।
जडमूढ अज्ञान जीवे ।
हे सत्य मानिजे ।। (द.श. 6 स. 8 ओ. 2)

मिथ्या साचा सारिखे देखिले ।
परिते पाहिजे विचारले ।
दृष्टि तरळता भासते ।
ते साच कैसे मानावे ।। (दश. 6 स. ओ. 6)

जगत् को परब्रह्म कहने वालों का प्रत्याख्यान करते हुए समर्थ कहते हैं—

तैसा सृष्टिकर्ता देव ।
परी तो नोहे सृष्टिस्वभाव ।
जेणे केले नाना जीव ।
तो जीव कैसेनि ।।370।।
तैसे जग निर्मिले जेणें ।
तो वेगळा पूर्णपणे ।
एक म्हणती मूर्खपणे ।
जग तोचि जगदीश ।। 40।।
एवं जगदीश तो वेगळा ।
जगनिर्माण ज्याची कला ।
तो सर्वामध्ये निराला ।
असोनि सर्वी ।। 4।। (द.श. 8 स. 9)

सृष्टि और भगवान कि भिन्नता को स्पष्ट करते हुए वे कहते हैं—

एवं सृष्टी मिथ्या जाण ।
जाणोन रक्षावे सगुण ।
ऐसी ही अनुभवाची खूण ।
अनुभवी जाणती ।। 60।। (दश. 6 समास 6)

अज्ञानी को अज्ञान ही सत्य प्रतीत होता है, अत: सिद्धों की भूमिका से किए गए विचार को वह समझ नहीं पाता । इसी भूमिका से ज्ञानेश्वर जी ने प्रतिपादित किया, कि अज्ञान नहीं है । ज्ञानेश्वर जी के सिद्धानुवादरूप अमृतानुभव ग्रंथ का पठन करके कई आधुनिक विद्वान यह समझ बैठते हैं कि ज्ञानेश्वर जी का प्रतिपादन स्वयं उनकी अज्ञान की भूमिका के अनुसार है । अत: वे यह सिद्ध करने का प्रयास करते हैं कि वह खंडन आचार्य के द्वारा प्रतिपादित मायावाद का खण्डन है । इसीलिए समर्थ ने कहा है कि सिद्धों का अनुभव साधक को नहीं बताना चाहिए क्योंकि उसका अंत:करण परिपक्व नहीं होता । वे कहते हैं—

सिद्धांचे निरूपण ।
ते साधक न मने जाण ।
पक्व नाही अंत:करण ।
म्हणोनिया ।।3।। (द.श. 7 स. 8)
प्रकृति पुरुष एक होये ।
ऐसा नियमचि आहे ।
परी हे सांगू नये ।
साधकासी ।।19।।
त्यासी प्रत्यक्ष माया हे ।
जाहली ऐसी वाटली आहे ।
म्हणोनि सांगणे होय ।
माया वेगळा देव ।।20।।
रज्जूचा सर्प नाही झाला ।
भ्रमें झालासे वाटला ।
म्हणोनि अज्ञान्याला ।
ज्ञानदीप पाहिजे ।।23।।
तैसी माया मुळीच झाली नाही ।
केवळ वस्तुचि असे पाही ।
हरिसंकल्प तोही ।
समूळ मिथ्या ।।24।। (द. श. 17-स. 8)

श्रीज्ञानेश्वर जी कहते हैं कि जब तक ज्ञानाहंता नष्ट नहीं हो जाती, तब तक वास्तविक मोक्ष की प्राप्ति नहीं होती ।

ज्ञान मोक्ष घडे निमालेनि समर्थ का भी यही कहना है—

जेथ अज्ञान सरे ।
ज्ञान तेही नुरे ।
विज्ञानशक्ति मुरे ।
ते परब्रह्म ।।51।। (7 स., स. 4)

वारकरीनाथ-संप्रदायी संतों के अनुसार सगुण और निर्गुण एक ही होते हैं, अत: समर्थ कहते हैं कि सगुण की प्राप्ति में ही निर्गुण की प्राप्ति होती है ।

सगुण पाहता मुळाशी गेला ।
सहजचि निर्गुण पावला । (ओ. 23 द. 18, अ. 8)

समर्थ का कहना है कि ज्ञानी भगवद्भक्त ही आत्मसुख के उत्सव को अनुभूत कर सकते हैं ।

जे अंकित ईश्वराचे ।
तयासि सोहके निजसुखाचे ।
धन्य तेचि दैवाचे ।
भाविक जन ।।12।। (द.श. 3 स. 10)

निर्गुण से भेद नष्ट हो जाता है और प्रेम केवल सगुण के ही स्थान पर उत्पन्न होता है ।

सगुण उच्छेदावे ।
आणि निर्गुण प्रतिपादावे ।
परी ते निर्गुणचि स्वभावे ।
सगुण होते ।।59।। (रघुनाथचरित्र समास 15)
सगुणी भजन करावे ।
निर्गुणी आपणचि व्हावे ।
तेणे काय बोलावे ।
ज्ञानपणे करुनि ।।60।।
भक्ति सगुणाचीच घडे ।
निर्गुणी भेद समूळ उडे ।। (रघुनाथचरित्र समास 15)
देव अंतरात्मा । सगुण ।
सगुणें पाविजे निर्गुण ।
सगुणज्ञाने निर्गुण ।
होत असे । (दशक 14 समास 9)

(53) जनार्दनस्वामी

दत्तसंप्रदाय के साक्षात्कारी पुरुष तथा श्रीएकनाथ महाराज के सद्गुरु श्रीजनार्दनस्वामी ने नाथ जी को उपदेश देते समय कहा, कि संसार असत्य है इसलिए उसमें उलझना नहीं । उन्होंने विशेष रूप से यह भी कहा है कि सगुण भगवान के प्रेम में ही मोक्ष है ।

> नको गुंतु लटिका प्रपंचासी बापा ।
> मार्ग आहे सोपा पंढरीचा । (गाथा जना. अ. 16)
> म्हणे जनार्दन एकनाथा निजखूण ।
> विटेवरी समचरण पाहे दृष्टी । (गाथा जना. अ. 19)
> मुख्य ती उपासना भक्ति ।
> ज्ञानविरक्ति तेणे जोडे । (गाथा जना. अ. 19)
> म्हणे जनार्दन एकविध भजन ।
> सांगितले जाण एकनाथ । (गाथा जना. अ. 24)

आधुनिक विद्वत्‌जनों ने इस बात का पुनर्विलोकन करना आवश्यक नहीं समझा, कि महाराष्ट्र में बिखरी हुई नाथ संप्रदाय की विभिन्न शाखाओं में कौन से दर्शन को स्वीकार किया जाता है, इसका क्या कारण हो सकता है? वस्तुत: तर्कशास्त्र के आधार पर तो यही उचित है कि ज्ञात से अज्ञात की ओर जाना चाहिए । परंतु प्रस्थापित विचारप्रणाली को शह देने के उत्साह में अन्वेषण के नाम पर इन आधुनिक विद्वानों ने इस महत्त्वपूर्ण तथ्य को नज़रअंदाज़ कर दिया ।

(54) देवनाथ और दयालनाथ

दो सौ वर्ष पहले से आज तक वहाड प्रांत के एलिचपुर ज़िले सुरजी अंजनगाँव में नाथ संप्रदाय की शाखा विद्यमान है । उस गद्दी पर देवनाथ और दयालनाथ नामक दो महान् साक्षात्कारी पुरुष हो गए । वह गद्दी आज भी है । देवनाथ जी की इस नाथ-शाखा की उपशाखाएँ महाराष्ट्र के बाहर ग्वाल्हेर, हैदराबाद आदि स्थानों पर भी हैं । इन दोनों सत्पुरुषों का काव्य शब्दसौष्ठव तथा अर्थलालित्य की दृष्टि से वामन पंडित, अमृतराय, मुक्तेश्वर आदि कवियों से समतुल्य है ।

इस गद्दी के सारे संतों ने अपने काव्य के द्वारा अपने संप्रदाय के दर्शन को प्रतिपादित किया है । देवनाथ जी की गुरु परंपरा आदिनाथ जी से ही आरंभ होती है। यह परंपरा इस प्रकार है—आदिनाथ-विधि (ब्रह्मदेव)-आदिनाथ-दत्तात्रेय-जनार्दनस्वामी-एकनाथ-नित्यानंद-कृष्णनाथ-बिसोबानंद-मुन्हारनाथ रंगनाथ-गोपालनाथ-गोविंदनाथ देवनाथ और दयालनाथ ।

शंकराचार्य के मायाधिष्ठित अद्वैतज्ञान का स्वीकार करते हुए ज्ञानोत्तर सगुण भगवान की भक्ति का प्रतिपादन ही उनके दर्शन का सारतत्त्व है । समस्त दुख और अनर्थ का मूल संसार ही है तथा अविचार के कारण ही मनुष्य भ्रमजाल में उलझ गया ।

संसार नरक का मूल नाहक लपटाया ।
नरलाल हुआ बेहाल पड़ा भ्रमजाला ।।

अविद्यारूपी वायु के स्पर्शमात्र से ही श्रुती द्वारा प्रतिपादित 'अहं' के ब्रह्मरूप ज्ञान को उसने विस्मृत कर दिया ।

लागला अविद्या वायु
सोहं में श्रुति भुललासि (पद 60)

'मैं स्वयं वही हूँ'—इस मूल ज्ञान को भुला कर वह कहने लगा कि 'मैं कौन हूँ ?' और फिर भ्रांतिरूपी अज्ञान के अंधकार में गिर गया ।

सोहं मुळीचे स्मरण बुडाले
कोहं मुखि वदलो
भ्रांतीत अज्ञानतिमिरे पडलो । (पद 5)

इस प्रकार के संसार के मिथ्यात्व के द्योतक कई वचन उनके साहित्य में पाए जाते हैं ।

महाराष्ट्र के वारकरी नाथसंप्रदायी संतों ने भगवान श्रीकृष्ण के स्थान पर जिस प्रकार की अद्वैतज्ञानोत्तर माधुर्य अथवा कांत भक्ति की, वैसी ही माधुर्यभक्ति देवनाथ जी ने भी की ।

कोणीकडे तुम्ही जाता, जाता जिवलगा
घडिभर बसा गोष्ट सांगा ।।धृ.।।
विरह तुमचा जी । तुमचाजी ।।
साहीना चित्तपायाविण पाहीना ।।
माझी कशी दया, दयाच येईना ।
कठिनता काय म्हणुनि स्वमना ।।
तुम्ही धरियली, धरियली जगजीवना ।
हात जोडिते विनंती माना ।
दासि भी तुमची, तुमची जिवलगा ।।।।।

देवनाथ जी के माधुर्यप्रेम में जिस प्रकार ईश्वर को प्रियकर और स्वयं को प्रेयसी मानते हुए प्रेम समर्पित किया गया दिखाई देता है, उसी प्रकार स्वयं को

प्रियकर और ईश्वर के स्थान पर प्रेयसी की कल्पना करके भी प्रेम को समर्पित किया गया है।

तू चाळचाळ करुनि ये नंदाचे बाळी
आशक तुजवर आम्ही तुझे रूप पाहू नेत्रकमळी ।

पशु, पाश, विमर्श, आणवमल इत्यादि पारिभाषिक शब्द जो कश्मीरी शैवागम के दर्शन-विशेष माने जाते हैं, उनका नामोनिशान भी संत-साहित्य में दिखाई नहीं देता। 'अद्वय' और 'अद्वयानंद' शब्द कश्मीरी शैवागम के पारिभाषिक और विशिष्ट शब्द नहीं हैं । उनका प्रयोग श्रीशंकराचार्य के प्रकरण-ग्रंथों में कई बार किया गया है । यदि वह वस्तुतः नाथसंप्रदाय का सांकेतिक शब्द होता तो अमृतानुभव के नमन में 'अद्वैतमात्मनस्तत्वम्' में 'अद्वैत' शब्द का प्रयोग न करते हुए ज्ञानेश्वर जी ने 'अद्वय' शब्द का प्रयोग किया होता । ज्ञानेश्वरी नाथसंप्रदाय का ग्रंथ है और इसकी समस्त वेदान्तीय संकल्पनाएँ आचार्य वेदान्त से ग्रहण की गई हैं । 'न मे मोक्षाकांक्षा' कहने वाले तथा मच्छिंद्रनाथादि (दसवीं शती) के पूर्व दो सौ वर्ष (सातवीं शती) पहले जो हो गए उन भगवान शंकराचार्य ने भक्ति को पंचम पुरुषार्थ माना है । अतः आचार्य के दृढ़ भक्त मधुसूदन सरस्वती ने भक्ति को पंचम पुरुषार्थ सिद्ध करने के लिए 'भक्तिरसायन' नामक स्वतंत्र ग्रंथ की रचना की और श्रीधराचार्य ने भागवत की वेदस्तुति पर भाष्य करते समय उस पंचमपुरुषार्थ का सविस्तार विवेचन किया ।

पराभक्ति के बिना अद्वैत की अनुभूति प्राप्त ही नहीं हो सकती और अद्वैत ज्ञान के बिना पराभक्ति संभव नहीं है; यही नाथसंप्रदाय का सिद्धान्त है ।

उपर्युक्त विवेचन से स्पष्ट होता है कि चाहे वारकरी संप्रदाय हो, नाथ संप्रदाय हो, समर्थ का संप्रदाय हो, अथवा दत्तसंप्रदाय हो—सभी संप्रदायों में शंकराचार्य जी के मायावाद को स्वीकार किया गया है । साथ ही सगुण-निर्गुण के ऐक्य को प्रतिपादित करते हुए सगुण भक्ति का ज्ञानोत्तर समर्थन भी किया गया है।

यह सारा स्पष्टीकरण केवल इसी उद्देश्य से किया गया है कि कुछ विद्वान अन्वेषण के नाम पर यह सिद्ध करने का हर संभव प्रयास कर रहे हैं कि ज्ञानेश्वर जी का दर्शन कश्मीरी शैवागम का दर्शन है । हम चाहते हैं कि उनका यह प्रयास कितना अयोग्य और बिना किसी अध्ययन के प्रस्तुत किया गया है, यह बात सच्चा जिज्ञासु व्यक्ति जान ले ।

(55) आचार्यभक्त श्रीधरानुसारी एकनाथी भागवत

श्रीमद्भागवत तथा उसमें शुक्राचार्य द्वारा वर्णित ईश्वर की ब्रह्मस्वरूप लीलाओं का अनोखा माधुर्य श्रीधराचार्य और मधुसूदनाचार्य जैसे शंकाराचार्य जी के एकनिष्ट समर्थकों को भी स्वीकार्य था, इसलिए उन्होंने अद्वैतज्ञान में मोक्षरूप पुरुषार्थ की

परिसमाप्ति नहीं मानीं, बल्कि सगुण ईश्वर के परमप्रेम में मानी । उसी विरासत को स्वीकार करने के कारण नाथसंप्रदायी वारकरी संतों ने जगन्मिथ्यात्व, अद्वैत परब्रह्म के निर्गुणत्व और सगुणत्व का स्वीकार करते हुए भी यही प्रतिपादित किया कि सगुण ईश्वर के परमप्रेम से ही वास्तविक मोक्षरूप पुरुषार्थ संभव है ।

इसीलिए वारकरी संप्रदाय की बुनियाद-रूप होने वाले भागवत के एकादश स्कंध पर टीका लिखते समय नाथ जी ने अन्य किसी संप्रदाय की टीका को नहीं, बल्कि अपने ही अद्वैत संप्रदाय के श्रीधराचार्य की टीका को आधार-रूप में स्वीकार किया है । जैसा कि पहले बताया गया है, संप्रदाय के पूर्वकालीन आचार्यों को नमन करने की परंपरा रही है, अत: नाथ जी ने भी संप्रदाय के पूर्ववर्ती आचार्य श्रीधराचार्य को एकनाथी भागवत के आरंभ में नमन किया है ।

आता वंदू श्रीधर ।
जो भागवतव्याख्याता सधर ।
जयाची टीका पाहता अपार ।
अर्थ साचार पै असे ।। (ए. भा. 1-119)

(56) नृसिंहभक्त श्रीधराचार्य

श्रीधराचार्य ने भगवान् नृसिंह से साक्षात्कार किया था । लोग मानते थे कि उनके मुख से प्रत्यक्ष भगवान बोल रहे हैं । इसीलिए केवल सामान्य जनों की ही नहीं, विद्वानों की भी धारणा थी कि " यद्यपि व्यास शुकादि श्रीमद्‌भागवत के मर्म को समझ गए थे तथापि नृसिंह की कृपा के कारण श्रीधराचार्य को संपूर्ण रहस्य का आकलन हो गया था ।"

व्यासो वेत्ति शुको वेत्ति शेषमैत्रेयनारदा: ।
पराशरोद्धवौ वायुपुत्रश्चैव बृहस्पति: ।
एतेषां निखिला शिष्या: श्रीमद्‌भागवतं विदु: ।
श्रीधर: सर्वथा वेत्ति श्रीनृसिंहप्रसादत: ।।

श्रीधराचार्य को अद्वैतज्ञानोत्तर भक्ति के समर्थक के रूप में ख्याति प्राप्त थी । अत: यह कल्पना भी हास्यास्पद है कि ऐसे आचार्यनिष्ठ व्यक्ति द्वारा भागवत पर लिखी गई टीका आचार्य-दर्शन के प्रतिकूल होगी । अर्थात् इससे यही स्पष्ट होता है, कि आचार्य-वेदान्त का रहस्य ज्ञानोत्तर पराभक्ति ही है । पूर्वग्रह से मुक्त रहकर अध्ययन करने वाले व्यक्ति के मन में ऐसा संदेह कभी उत्पन्न नहीं हो सकता।

(57) अद्वैतज्ञानाधिष्ठित पराभक्ति

श्रीधराचार्यादि आचार्यानुयायियों के समान महाराष्ट्र के समस्त संतों ने अद्वैत

ज्ञानोत्तर भक्तिरूप पंचम पुरुषार्थ का समर्थन किया है । परंतु भगवान आचार्य तथा उनके श्रीधरादि अनुयायियों के समग्र साहित्य से अपरिचित कई आधुनिक विद्वानों को प्रतीत होता है कि अद्वैत ज्ञानोत्तर भक्ति का सिद्धान्त शंकराचार्य के अद्वैत सिद्धान्त का विरोधी सिद्धान्त है । 'भक्ति' शब्द के उच्चारण के साथ ही या तो उनकी आँखों के सामने द्वैत की कल्पना साकार हो जाती है या फिर वे स्वयं ऐसी धारणा बना लेते हैं कि भक्ति शब्द 'ज्ञान' का पर्यायवाची शब्द है ।

परंतु भक्ति का अर्थ है परमप्रेम, और वह केवल अद्वैत में ही संभव है । आधुनिक विद्वान नहीं जानते कि द्वैत में किया गया प्रेम अन्य वैषयिक पदार्थों के प्रेम के समान गौण हो जाता है । भगवान शंकराचार्य का सिद्धान्त ही यही है कि अद्वैत के बिना परमप्रेम संभव नहीं है । यदि ज्ञान का अर्थ भक्ति होता, तो श्रीमधुसूदनादि आचार्य-समर्थकों को गूढ़ार्थदीपिका, भक्तिरसायन इत्यादि अद्वैत ज्ञानोत्तर भक्ति का प्रतिपादन करने वाले ग्रंथ लिखने की क्या आवश्यकता थी ? श्रीमधुसूदन जी ने ज्ञान और भक्ति के मध्य होने वाले अंतर को स्पष्ट किया है ।

अद्वैत-दर्शन में पराभक्ति आत्मप्रीतिरूप होती है । वह ज्ञान के समान ही आत्मस्वरूप होने के कारण अद्वैत ज्ञान के अनन्तर भी उसका विनाश नहीं होता। वह नित्य यथावत् रहती है । वस्तुत: हम जिस प्रकार यथार्थ ज्ञान से वंचित हो गए हैं, उसी प्रकार आत्मरतिरूप यथार्थ प्रेम से भी वंचित हो गए हैं । प्रकाश और अंधकार के समान ज्ञान और अज्ञान में विरोध होता है, अत: यथार्थ ज्ञान का उदय होते ही अज्ञान की त्रैकालिक निवृत्ति हो जाती है । परंतु प्रीति अर्थात् प्रेम या आनंद का ज्ञान अथवा अज्ञान के साथ कोई विरोध नहीं, वह अविरोधी होता है । अत: ज्ञान के अनन्तर उसके नष्ट हो जाने का प्रश्न ही उपस्थित नहीं होता । वह प्रेम अखंडित रूप से यथावत् रहता है । परंतु यह परमप्रेम अथवा परमानंद आत्मरतिरूप होता है, इसलिए प्रथमत: हमें अपने यथार्थ स्वरूप से पहचान करा लेना आवश्यक हो जाता है । अर्थात् प्रथमत: हमारे स्थान पर होने वाले अज्ञान की त्रैकालिक निवृत्ति यथार्थ ज्ञान से हो जानी चाहिए । इसी दृष्टिकोण से भक्तिवादी भी अद्वैत ज्ञान के महत्त्व को स्वीकार करते हैं । सच्ची भक्ति अद्वैत में ही संभव है, द्वैत में नहीं । केवल महाराष्ट्र के ही नहीं, अपितु समस्त भारत-देश के सभी ज्ञानोत्तर भक्तिवादी संत-महात्माओं ने इसी सिद्धान्त का प्रतिपादन किया है।

जैसा कि पहले बताया गया है, भिन्नमतानुयायियों ने भी श्रीधराचार्य की भागवत पर लिखी गई टीका को सम्मान का स्थान प्रदान किया है । परंतु उसका एक दुष्परिणाम यह भी हुआ कि कई लोगों ने उनकी टीका के वाक्यों की खींचातानी करके अपने मत के अनुसार उनका अर्थ लगाने का प्रयास किया । अत: जिज्ञासु व्यक्ति श्रीगुलाबराव महाराज के 'श्रीधरोच्छिष्टपुष्टि' नामक संस्कृत ग्रंथ का समूल अध्ययन करें जिससे कि उन्हें उचित निर्देशन प्राप्त हो सके ।

(58) धर्मसिन्धुकार श्री बाबा पाध्ये की टीका

यद्यपि श्रीधराचार्य ने वेदस्तुति पर लिखी गई टीका में भगवान शंकराचार्य के अद्वैत-सिद्धान्त के महत्त्वपूर्ण घटकों का स्पष्टीकरणात्मक विवेचन किया है तथापि आचार्य-वेदान्त का अध्ययन करते समय कुछ स्थानों पर कुछ समस्याएँ उत्पन्न हो ही जाती हैं । उन संदेहों का समाधान करते हुए श्रीधराचार्य के कथन के आशय को सरल भाषा में समझाने का कार्य काशीनाथ अनंत पाध्ये अर्थात् बाबा पाध्ये द्वारा लिखित श्रीधरीप्रकाशिका टीका ने किया है । जगन्मिथ्यात्व, जीव और ब्रह्म का ऐक्य, सगुण और निर्गुण, द्वैत और अद्वैत, अद्वैतज्ञान के पश्चात् होने वाली सगुण ईश्वर की परमप्रेमरूपा भक्ति इत्यादि महत्त्वपूर्ण बातों पर बाबा पाध्येजी ने अपनी टीका के द्वारा प्रकाश डाला है । उनकी स्पष्टीकरणात्मक टीका के कारण पाठक समझ जाते हैं कि आचार्य-दर्शन का सारतत्त्व ज्ञानोत्तर भक्ति में है तथा उसके बिना निर्विकल्प दशा प्राप्त नहीं हो सकती । इसके परिणामस्वरूप सगुण निर्गुण के विषय में प्रायः होने वाली अनुचित धारणाएँ नष्ट होने में सहायता मिलती है ।

(59) श्री बाबा पाध्ये का परिचय

अठारहवीं शती के अंत में बाबा पाध्ये जी का आविर्भाव हुआ । वे पांडुरंग के भक्त थे और इसीलिए रत्नागिरि ज़िले के गोळवली नामक अपने मूल ग्राम को छोड़कर वे पंढरपुर में आकर बस गए और अंत तक वहीं रहे । उन्होंने धर्मशास्त्र पर 'धर्मसिंधु' नामक ग्रंथ लिखा, जो आज भी काशी से लेकर रामेश्वर तक सर्वत्र सम्मानपूर्वक स्वीकृत है । कहा जाता है कि जब इस ग्रंथ को काशी के पंडितों के सम्मुख रखा गया, तब उन पंडितों ने उसकी प्रशंसा करते हुए पालकी में रखकर उसकी शोभायात्रा निकाली थी । आज भी धर्मशास्त्र में कहा जाता है—'बाबा वाक्यं प्रमाणम् ।'

अपनी विद्वत्ता तथा सदाचरण के कारण पंढरपुर में बाबा के प्रति अत्यंत आदर की भावना उत्पन्न हो गई थी । प्रतिष्ठित लोग एवं राजा-महाराजा भी पांडुरंग का दर्शन लेने के बाद बाबा का दर्शन करने जाते थे । मृत्यु से पूर्व उन्होंने संन्यास ग्रहण किया था ।

श्रीधराचार्य के कथन के आशय को अपनी टीका के द्वारा स्पष्ट करते समय बाबा पाध्ये जी ने अपने कथन की पुष्टि के लिए पुराण, आचार्य के भाष्य, वार्तिक आदि से उद्धरण प्रस्तुत किए हैं । अतः मीमांसा, अन्य दर्शन और विशेष रूप से अद्वैत-वेदान्त के विषय में उनके ज्ञान के प्रति पाठकों के मन में कोई संदेह उत्पन्न नहीं होता । परंतु ऐसा होते हुए भी वे विनयपूर्वक कहते हैं कि "मैं मीमांसादि किसी भी दर्शन में निपुण नहीं हूँ ।" परंतु उन्होंने स्पष्ट रूप से लिखा है कि

आचार्य के भाष्य, वार्तिक आदि का सम्यक् अवलोकन करने के पश्चात् मैंने टीका लिखी है—

> न मीमांसाप्रवीणोऽहं न काणादोक्तिपारगः ।
> पौर्वापर्यं वार्तिकेषु श्रुतिभाष्याणि सर्वशः ।।2।।
> यत्सम्यगेतान्यालोच्य कुर्वे व्याख्यां सुबोधिनीम् ।
> श्रुतिस्तुतेः श्रीधरीयकृतौ तत्क्षम्यतां बुधैः ।।3।।
> इति श्रीमदनतोपाध्यायसूनुरिमां ।
> कृत्वार्पयत्कृष्णपदे काशिनाथाभिधो द्विजः ।।4।।

श्रुती के अनुसार दुर्बोध आत्मतत्त्व का ज्ञान कराने के लिए ही ईश्वर अवतार धारण करता है [वेदस्तुति श्लो. 8] उसकी समीक्षा करते हुए श्रीधराचार्य कहते हैं कि कुछ लोग भक्ति को आत्मप्रीति का नगण्य साधन मानते हैं, परंतु उनकी इस अनुचित धारणा को नष्ट करते हुए श्रुतिग्रंथों में कहा गया है कि भक्ति श्रेष्ठ साधन है तथा मुक्ति से भी अधिक भक्ति ही श्रेष्ठ है ।

> भक्तिरल्पसाधनमितिवचनमनुचितमिव
> मन्वानो भक्तिं गुरुकरोति ।
> श्रुतिश्च मुक्तेरप्याधिक्यं भक्तेर्दशयति ।

(60) ज्ञानोत्तर भक्तिरूप पंचम पुरुषार्थ

श्रीधराचार्य के आशय को स्पष्ट करते हुए धर्मसिंधुकार बाबा पाध्ये कहते हैं कि चारों पुरुषार्थ भक्ति के साधन हैं और भक्ति ही परमफलस्वरूप है क्योंकि भक्ति ही पंचम पुरुषार्थ है ।

> अनेन भक्तेः पुरुषार्थचतुष्टयसाधनत्वं स्वतः परमफलरूपत्वं च व्यञ्जितम्। धर्मार्थकाममोक्षाख्यपुरुषार्थचतुष्टयस्यापि साधनत्व मोक्षाधिक पंचमपुरुषार्थरूपत्वं च स्थापयतीत्यर्थः ।

(वेदस्तुति श्लो. 8 पर लिखी गई टीका)

वेदस्तुति के विषय में पंडितों में यह कहावत प्रचलित है कि 'विद्यावतां भागवते परीक्षा' । समस्त भागवत पुराण का दर्शन इस वेदस्तुति में ग्रथित हुआ है । इसीलिए सभी संप्रदायों ने अपने-अपने मतों की प्रतिष्ठापना करने के लिए वेदस्तुति पर भाष्य लिखे हैं । अतः श्रीधराचार्य और बाबा पाध्ये लिखित टीकाग्रंथ अद्वैत-दर्शन के अभ्यासकों की दृष्टि से विशेष महत्त्वपूर्ण हैं । आचार्य के समग्र साहित्य के अध्ययन का सारतत्त्व इन ग्रंथों में पाया जाता है । इसमें जिन सिद्धान्तों को प्रस्तुत किया गया है, वे सिद्धान्त व्याकरण के परिभाषासूत्र के अनुसार हैं तथा

उसी के अनुसार आचार्य के समस्त साहित्य का अर्थ ग्रहण किया जाना चाहिए । क्योंकि ये लोग केवल पंडित ही नहीं, अपितु साक्षात्कारी पुरुष थे । अतः उनके टीका-ग्रंथ वाचस्पत्यादि टीकाकारों से भी अधिक महत्त्वपूर्ण हो जाते हैं ।

(61) वेदस्तुतिपूर्व कथाभाग

भागवत के दशम स्कंध के 87वें अध्याय में वेदस्तुति का भाग आया है उसके पूर्व 86वें अध्याय में श्रुतदेव और बहुलाश्व राजाओं के विषय में कुछ कथाभाग आया है । ये दोनों गृहस्थाश्रमी थे और भगवान के भक्त थे । इन दोनों को भगवान ने सन्मार्ग का उपदेश दिया । भगवान के साथ कई ऋषि-मुनि भी श्रुतदेव के पास आए थे । श्रुतदेव ने उनका आदर-सत्कार किया । वह सुदिन श्रुतदेव को दशहरा-दीवाली से भी अधिक आनंददायी प्रतीत हुआ और वे मन ही मन तर्क करने लगे कि मैं तो गृहस्थाश्रम के इस अज्ञानात्मक कुएँ में पूरी तरह डूब रहा हूँ। जिनकी चरणधूलि से समस्त तीर्थों को भी तीर्थ बना देती है और जो स्वयं भगवान का निवास-स्थान हैं ऐसे ऋषि-मुनि एवं स्वयं भगवान का साहचर्य मुझे कैसे प्राप्त हो गया? यद्यपि ईश्वर के प्रति मुझे थोड़ा-सा लगाव है, तथापि विषयों के प्रति मेरी आसक्ति अभी भी कम नहीं हो पायी है । फिर मुझ पापी को ऋषियों का संत-समागम और प्रत्यक्ष भगवान का दर्शन कैसे हो सका ? उन्होंने मुझे उपदेश कैसे दिया ?

(62) गृहस्थाश्रमी पुरुष ही भक्ति का अधिकारी है

श्रुतदेव के अंतःकरण में उत्पन्न संदेह को भगवान समझ गए थे । भागवत के एकादश स्कंध के बीसवें अध्याय में उद्धव को उपदेश करते समय उन्होंने इस समस्या का उत्तर प्रस्तुत किया है । भगवान कहते हैं कि जीवों के पारलौकिक कल्याण की कामना से ही मैंने ज्ञान, भक्ति और कर्म नामक तीन योग बताए हैं। इनके अतिरिक्त अन्य किसी भी उपाय से जीव को मोक्ष की प्राप्ति नहीं हो सकती।

योगीस्त्रयो मया प्रोक्ता नृणां श्रेयोविधित्सया ।
ज्ञानं कर्मच भक्तिश्च नोपायोऽन्योस्ति कुत्रचित् ।। (भाग 11-120-6)

इन तीनों के अधिकारी भिन्न-भिन्न लोग हैं । समस्त लौकिक भोगों से जो पूर्णतः विरक्त हैं तथा विधिपूर्वक संन्यास ग्रहण करके जिन्होंने कर्मों का त्याग कर दिया है ऐसे विरक्त व्यक्तियों के लिए ज्ञानयोग बताया गया है और कर्म के प्रति आसक्त लोगों के लिए कर्मयोग बताया गया है ।

निर्विण्णानां ज्ञानयोगो न्यासिनामिह कर्मसु ।
तेष्वनिर्विण्णचित्तानां कर्मयोगस्तु कामिनाम् ।। (भाग 11-20-7)

अधिकारपद की व्यवस्था को प्रतिपादित करते हुए भगवान कहते हैं कि विषयों

के प्रति अत्यंत विरक्त होने वाले लोग ज्ञानमार्ग के अधिकारी होते हैं, तो विषयासक्त लोग कर्म के अधिकारी हैं । फिर भक्तिमार्ग का अधिकार किसे प्राप्त होता है ? भगवान कहते हैं कि पूर्वजन्म के सदाचार के कारण जिसे मेरी कथा का श्रवण करने में रुचि उत्पन्न हो गई है और श्रद्धाभाव निर्माण हो गया है, जो विषयादि से बहुत अधिक विरक्त भी नहीं है और विषयी लोगों के समान अतिविषयासक्त भी नहीं है ऐसे पुरुष के लिए ही भक्तियोग इष्ट फलदायक सिद्ध होता है ।

यदृच्छया मत्कथादौ जातश्रद्धस्तु यः पुमान् ।
न निर्विण्णो नातिसक्तो भक्तियोगोऽस्य सिद्धिदः । (भाग 11-20-8)

ईश्वर ने भक्तियोग के अधिकारी के जो लक्षण बताए हैं वे सब इन राजाओं के स्थान पर विद्यमान थे, इसीलिए उन्हें ईश्वर का तथा ऋषियों का साहचर्य प्राप्त हो सका और स्वयं भगवान ने उन्हें उपदेश दिया । अर्थात् ईश्वर के प्रति आसक्ति रखने वाला गृहस्थाश्रमी व्यक्ति ही भक्तिमार्ग का अधिकारी होता है ।

(63) भक्तिरहित ज्ञानी की मनोभूमिका

ईश्वर के द्वारा प्रतिपादित तीनों अधिकारियों की मनोभूमिका का यदि हम विश्लेषण करें, तो हम इस अधिकारी-विभाजन के पीछे होने वाली भूमिका को समझ सकते हैं । जो ज्ञानी व्यक्ति विषयों के प्रति आत्यंतिक वैराग्य को आत्मसात् कर लेता है उसकी चित्तवृत्तियाँ निःस्नेह रहती हैं और इसीलिए अद्वैतज्ञान के अनन्तर भी नामरूपों के सहित भासमान होने वाला सच्चिदानंदरूप परब्रह्म का चिदंशरूप ज्ञान आनंदरूप प्रेम का त्याग नहीं कर सकता, परंतु फिर भी प्रत्यय-प्रधान व्यवहार-काल में समाधि के समान वृत्तियाँ एकरूप नहीं हो जातीं, अतः त्रिविधत्व यथावत् रहता है । अर्थात् ज्ञानकाल में भी प्रेम रहता है, परंतु प्रमुख रूप से न रहकर सामान्य रूप से रहता है और ज्ञान ही विशेष रूप से रहता है । अतः केवल ज्ञान को नामरूपों के अतिरिक्त सत्तारूप रहने वाले परब्रह्म का अनुभव प्राप्त होता है और समाधि अवस्था के समान इस अवस्था में चिदानंद वृत्ति का त्रिविधत्व नष्ट नहीं होता, इसलिए व्यवहार-काल में समाधि के समान परमानंद का अनुभव वह ग्रहण नहीं कर सकता । जैसा कि श्रीज्ञानेश्वर जी ने कहा है, आनंदप्रधान प्रेमवृत्ति में ही वृत्ति का त्रिविधत्व नष्ट होकर परब्रह्म की एकरूपता का अनुभव प्राप्त होता है ।

एरव्ही सच्चिदानंद भेदे ।
चालली तिन्ही पदे ।
परि तिन्ही उणे आनंदे ।
केली एके । (अमृ.)

(64) ज्ञानी भक्त की मनोभूमिका

ज्ञानी भक्तों की स्थिति इसके सर्वथा विपरीत होती है । भक्ति में आनंदांशरूप प्रेम प्रधान होता है और ज्ञानांश गौण होता है । प्रेम स्वाभाविक रूप से प्रत्ययों का स्फुरण नहीं होने देता, अत: वृत्तियों के त्रिविधत्व का सर्वथा लोप हो जाता है। इसलिए नामरूपों के सहित भासमान होने वाले सच्चिदानंदरूप परब्रह्म के साकार विलास पर उसका प्रेम कायम रहता है तथा अंदर और बाहर सर्वत्र उसे अवतार-स्वरूप सगुण भगवान के अलंकृत रूप के ही दर्शन होते हैं । यह प्रेम प्रमुख रूप से, अर्थात् विशेष रूप से रहता है । विशेष का अर्थ है एकत्रित प्रेम। व्यवहार में हम जितने भी रिश्ते-नातों का निर्वाह करते हैं, वे सब इस प्रेम में केवल भगवान के साथ जुड़ जाते हैं । अत: सारा प्रेम एकत्रित होकर केवल एक भगवान की ही ओर उन्मुख होता है ।

गृहस्थाश्रमी पुरुष विषय से प्रेम करता है, परंतु साथ ही भक्तिमार्ग से ज्ञानप्राप्ति की इच्छा रखने वाले गृहस्थाश्रमी पुरुष का ध्यान ईश्वर की ओर भी लगा रहता है और वह ईश्वर से भी प्रेम करना चाहता है । विषयों के साथ-साथ ईश्वर से भी प्रेम करने की इच्छा रखने के कारण वह उस दिशा में भी प्रयत्नशील रहता है । वस्तुत: जब तक विषय-प्रेम को घटाने का प्रयास नहीं किया जाता, तब तक ईश्वर-प्रेम की वृद्धि नहीं हो सकती । बार-बार इस प्रकार का प्रयास करने से धीरे-धीरे ईश्वर-प्रेम बढ़ता जाता है और उसकी वृद्धि के साथ-साथ विषय-प्रेम घटता जाता है और साधक का भक्तिमार्ग सुलभ होने लगता है ।

(65) भक्तिमार्ग का आरंभ

गृहस्थाश्रम में रहकर ही भक्तियोग साध्य होता है, अत: साधक के सामने यह समस्या उपस्थित होती है कि संसार में कैसा बर्ताव किया जाए । प्रारब्ध और प्रयास के भँवर में वह उलझ जाता है और विचार की सहायता से ही वह उससे मुक्ति पा सकता है । प्रारब्ध के कारण जब सुख-दुखादि भोग उसके सम्मुख उपस्थित हो जाते हैं तब मन से उसका स्वीकार करना अथवा त्याग करना उसकी अपनी इच्छा पर निर्भर होता है । इस विषय में वह स्वतंत्र होता है । परंतु भोग के काल में वह पूर्णत: परतंत्र होता है । हम चाहे जितना प्रयास क्यों न करें, सांसारिक सुख-दुख तो अनिवार्य और अटल होते हैं । अत: उन्हें प्रारब्ध और सौंप देना ही उचित सिद्ध होता है । यदि प्रयत्नशील होना ही है तो केवल परमार्थ के लिए ही होना चाहिए । प्रारब्ध प्रयास की इस प्रकार व्यवस्था करने से संसार में रहते हुए भी गृहस्थाश्रमी पुरुष भक्तियोग को साध्य कर सकता है । श्रुतदेव का आचरण इसी व्यवस्था के अनुसार होने के कारण उन्हें ईश्वर और ऋषि-मुनियों का साहचर्य प्राप्त हो सका ।

(66) धर्म का कर्ता ईश्वर

प्रत्यक्ष ईश्वर ही धर्म का कर्ता होता है, अत: ईश्वर से प्रेम करने वाले भगवद्भक्तों को धर्म की आज्ञाओं का पालन करने में आनंद की प्राप्ति होती है। इसीलिए जानबूझकर धर्माज्ञा का उल्लंघन करने की इच्छा भगवद्भक्त के मन में कभी भी उत्पन्न नहीं होती । जिससे हम प्रेम करते हैं उसके पूर्ण रूप से अधीन होना ही प्रेम का वास्तविक अर्थ है । केवल एक ईश्वर-प्रेम के अतिरिक्त भगवद्भक्तों के लिए अन्य कोई विषय नहीं रहता । अत: धर्म के रूप से ईश्वर ने जो आज्ञा की है, उसका पालन किए बिना वे कैसे रह सकते हैं ? ईश्वर की धर्माज्ञा का पालन न करें तो ईश्वर हमें दण्ड देंगे, इस भय से अज्ञानी पुरुष ईश्वर की आज्ञा का पालन करते हैं । परंतु भगवद्भक्त केवल भगवान से प्रेम के कारण ही उसकी आज्ञाओं का पालन करते हैं । भक्त और अज्ञानी पुरुष में यही अंतर है ।

इस प्रकार ईश्वर के द्वारा प्रतिपादित विधिनिषेधात्मक कर्म का पालन करते समय उसके अंत:करण में ईश्वरप्रेम को सर्वाधिक प्रमुखता दी जाती है अत: किसी भी कर्म का संकल्प वे ईश्वर की प्राप्ति के लिए ही करते हैं । इसलिए वे कर्मफल से मुक्त रहते हैं । इसी संकल्प के कारण वे कर्म से बाधित नहीं होते, उनके चित्त की शुद्धि होती है तथा विषयों के प्रति इंद्रियों का आकर्षण कम होता जाता है ।

इस प्रकार मुमुक्षु आचरण करते हुए वह उपासना के क्षेत्र में प्रविष्ट होता है। उपासना तथा भक्ति की सीमारेखाएँ एक-दूसरे को स्पर्श करने वाली होती हैं, इसलिए सामान्य लोगों को यही प्रतीत होता है कि उपासना और भक्ति एक ही है। उन दोनों में होने वाले आंतरिक भेद को वे समझ नहीं पाते । परंतु उपासना और भक्ति भले ही एक जैसी प्रतीत होती है, परंतु उनमें ईश्वरप्रेम का तरतमभाव होता है । विशेष प्रेम न होते हुए भी जो ईश्वरभावना की जाती है वह उपासना है और प्रेमपूर्वक की जाने वाली ईश्वरभावना भक्ति है ।

(67) सगुण भक्त्यालंबन भी निर्गुण है

भक्तियोग में, जिस सगुण परब्रह्म के स्थान पर भक्ति अर्थात् प्रेम करना है, वह सगुण ब्रह्म भक्तों के प्रेमवर्धन के लिए ही अवतार धारण करता है । भगवान शंकराचार्य ने श्रीमद्भगवत्गीता के उपोद्घात में इस बात का स्पष्टीकरण किया है कि सगुण अवस्था में परब्रह्म का स्वरूप किस प्रकार होता है । आचार्य कहते हैं कि नित्युशुद्धबुद्धमुक्त सर्वज्ञ सर्वशक्तिमान परब्रह्म ही अपनी त्रिगुणात्मिका प्रवृत्ति को अपने अधीन करके अपनी विशुद्धसत्त्वात्मक माया से लोगों पर अनुग्रह करने के लिए देहस्वरूप बना हुआ सा प्रतीत होता है । (स. च. भगवान्

ज्ञानैश्वर्यशक्तिबलवीर्यतेजोभिः सदा संपन्नः त्रिगुणात्मिकां वैष्णवी स्वां मायां मूलप्रकृतिं वशीकृत्य अजः अव्ययः भूतानां ईश्वर नित्यशुद्धबुद्धमुक्तस्वभावोऽपि सन् स्वमायया देहवान् इव जात इव च लोकानुग्रहं कुर्वन् लक्ष्यते ।

(68) अवतार के तीन उद्देश्य

प्रश्न यह उपस्थित होता है कि निर्गुणस्वरूप परब्रह्म को अवतार धारण करने की आवश्यकता क्यों पड़ती है ? उसका उद्देश्य क्या होता है ? स्वयं भगवान ने श्रीमद्‌भगवत्‌गीता में इस प्रश्न का उत्तर दिया है । भगवान कहते हैं कि सज्जनों की रक्षा के लिए, दुर्जनों का विनाश करने के लिए और धर्म को स्थापित करने के लिए मैं हर युग में अवतार धारण करता हूँ ।

भगवान ने अपने अवतार के जो तीन प्रमुख उद्देश्य बताए हैं, उनमें से सर्वाधिक प्रमुख उद्देश्य क्या है । यह प्रश्न इस स्थान पर उपस्थित होता है । ईश्वर सत्यसंकल्पस्वरूप है । प्राणिमात्रों के समस्त कर्मों के फल के विषय में वह सृष्टि के प्रांरभ में ही संकल्प करता है । सज्जन व्यक्ति के पूर्वकालीन पुण्यकर्मों के फलस्वरूप उसकी रक्षा की जाती है । उसके लिए ईश्वर को विशेष रूप से अवतार धारण करने की आवश्यकता नहीं होती । दुर्जन व्यक्ति के पापकर्मों के फलस्वरूप उनका विनाश हो जाता है । अतः उसके लिए भी ईश्वर को अवतार धारण करने की आवश्यकता नहीं होती । अतः धर्मस्थापना का तीसरा उद्देश्य शेष रहता है ।

(69) ईश्वर के अवतार का उद्देश्य

हर युग में धर्म की स्थापना करने के लिए ईश्वर अवतार धारण करते हैं अतः प्रथमतः हमें इस बात पर विचार करना आवश्यक हो जाता है कि प्रत्येक युग में धर्म की स्थिति कैसी होती है ? हर युग में आचार-धर्म में परिवर्तन होता जाता है और वह क्षीण भी हो जाता है । अतः इस स्थान पर संदेह यह उत्पन्न होता है कि क्या ईश्वर की दृष्टि से क्षीण होते जाने वाले धर्म की स्थापना करना ही धर्मस्थापना करना है ?

यदि धर्म के क्षीण होने के विषय में हम कुछ सूक्ष्मता से विचार करें तो हम कह सकते हैं कि लोगों की प्रवृत्ति विषयों की ओर अधिक झुकने लगती है और विषयप्राप्ति के लिए वे धर्माचरण को दुर्लक्षित कर देते हैं । जीवों के स्थान पर होने वाली इस प्रवृत्ति को नष्ट करने का प्रयास भगवान करते हैं और अवतार धारण करके जीवों को उपदेश देते हैं । उनका यही कार्य धर्मस्थापन की दृष्टि से महत्त्वपूर्ण होता है । विषयों के प्रति जीवों की रुचि और दौड़ कभी सर्वथा समाप्त

नहीं हो सकती । अतः अप्रत्यक्ष रूप से विषयवासना को नियंत्रित करने वाले सर्वकर्मसमर्पणरूप भक्तिमार्ग का उपदेश देते हुए ईश्वर, अवतार-काल में जीवों को भगवत्प्रेमरूप भक्तिमार्ग का श्रेष्ठत्व समझाते हैं । अर्थात् भक्ति की पुनःस्थापना को ही ईश्वर के अवतार का प्रमुख उद्देश्य स्वीकार करना पड़ता है । अतः यह बात तो अपने आप ही स्पष्ट हो जाती है कि सज्ञनों की रक्षा और दुर्जनों का विनाश गौण उद्देश्य बन जाते हैं ।

(70) भक्तियोग का साधन ईश्वर का नामस्मरण

जब एक बार यह निश्चित हो जाता है कि गृहस्थाश्रमी पुरुष भक्ति का अधिकारी होता है, तब स्वाभाविक रूप से यह प्रश्न उपस्थित होता है कि भक्ति-प्राप्ति के लिए सुलभ साधनमार्ग कौन-सा है ? स्वयं भगवान ने ही अखंडित नामस्मरण के सुलभ साधनमार्ग का प्रतिपादन किया है । परंतु यह नामस्मरण नाम के दशापराधों से विरहित होना चाहिए । नाम के दशापराध इस प्रकार हैं—(1) संत-सज्ञनों की निंदा । (2) दुर्जन को नाममाहात्म्य बताना । (3) शिव और विष्णु में भेद को स्वीकार करना । (4) शास्त्रवचनों पर अविश्वास दर्शाना। (5) वेदवचन पर अविश्वास दर्शाना । (6) गुरुवचन पर विश्वास न रखना । (7) नाममाहात्म्य को असत्य कहना । (8) नाम के अभिमान से निषिद्ध आचरण करना। (9) नाम के बल पर शास्त्रविहित बातों का त्याग करना और । (10) अन्य देवताओं के नाम तथा शिव-विष्णु के नामों को समान मानना ।

सन्निन्दाऽसति नामवैभवकथा श्रीशेषयोर्भेदधीः ।
अश्रद्धा श्रुतिशास्त्रद्देशिकागिरां नाम्न्यर्थवादभ्रमः ।
नामास्तीति निषिद्धकर्मविहितत्यागो हि धर्मान्तरैः ।
साम्यं नाम्नि जपे शिवस्य च हरेर्नामापराधा दश । (पद्म पुराण)

गृहस्थाश्रमी भक्तिमार्गी व्यक्ति के स्थान पर यह जिज्ञासा उत्पन्न होती है कि जिस ईश्वर की भक्ति करनी है, उस भगवान के दर्शन किस स्थान पर किए जाएँ और उसका स्वरूप किस प्रकार है ? स्वयं कृष्ण भगवान ने श्रीमद्भगवत्गीता में अर्जुन से कहा है कि समस्त प्राणिमात्रों के हृदय में ईश्वर का निवास होता है ।

ईश्वरः सर्वभूतानां हृद्देशेऽर्जुन तिष्ठति । (गीता 18-61)

हमारे अंतःकरण में अंतर्यामी स्वरूप से परमात्मा ही निवास करते हैं और उसी को ईश्वर कहते हैं । हमारे अज्ञान के कारण हमें उसी के स्थान पर जगत् का आभास होता है । वह अनुमन्ता होता है, अतः जीवों की वासनाओं के अनुसार वह उन्हें सुख-दुख का भोग कराता है ।

(71) हृदयस्थ ईश्वर

यह आशंका उत्पन्न हो सकती है कि जब भगवान हमारे अंतर्मन में ही होते हैं, तब हमें उनके दर्शन क्यों नहीं होते ? इस आशंका के उत्तर के रूप में यह कहा जां सकता है कि हमारे अहंकार के कारण उसका स्वरूप, आवृत्त होता है । इसीलिए हमारे इतने निकट होते हुए भी हम उसे देख नहीं पाते । ज्ञान से जब अहंकारादि का विनाश हो जाता है, तब हमारा हृदय शुद्ध होकर एकाग्र बन जाता है और ऐसी एकाग्र शुद्ध-बुद्धि से ईश्वर गोचर होता है (दृश्यतेत्वग्रया बुद्ध्या) ।

(72) जीव की अनुचित कल्पना ही माया है

कुछ लोगों का कथन है कि ईश्वर द्वारा निर्मित माया के कारण ईश्वर हृदयस्थ होकर भी हमें उसके दर्शन नहीं हो पाते । परन्तु वेदान्त की दृष्टि से तो यह कथन ही अयोग्य है कि ईश्वर ने माया का निर्माण किया । 'माया' ईश्वर के द्वारा नहीं अपितु जीव के ही द्वारा निर्मित है । हमारी अनुचित कल्पना अथवा अज्ञान को ही 'माया' नाम दिया गया है । जीवन ही यह अनुचित कल्पना करता है, इसीलिए यथार्थ ज्ञान से माया की त्रैकालिक निवृत्ति हो सकती है ।

परब्रह्म अथवा ईश्वर अत्यंत व्यापक होता है, अत: जीव कोई भी कल्पना करे, वह उस व्यापक परब्रह्म पर ही आधारित होती है । परब्रह्म उस कल्पना का आधार मात्र होता है । परब्रह्म अथवा ईश्वर वस्तुत: कल्पना का केवल आधार मात्र होता है । वैसे उसका कल्पना के साथ अणुमात्र भी संबंध नहीं होता । ऐसा होते हुए भी जीव उस कल्पना के कर्तृत्व को ईश्वर पर आरोपित करता है और कहता है कि ईश्वर ने माया का निर्माण किया और फिर उसी वाक्प्रयोग का प्रचलन होता है ।

(73) निर्गुणप्राप्ति के दो प्रकार

आचार्य कहते हैं कि निर्गुण परब्रह्म को दो प्रकारों से प्राप्त किया जा सकता है। निर्गुण ब्रह्मप्राप्ति का प्रथम अनुभव है अपने आपको परब्रह्म-स्वरूप मानना। और उसके अनन्तर प्राप्त होने वाले द्वितीय अनुभव के अनुसार समस्त जगत् ब्रह्मरूप हो जाता है । इन अनुभवों को क्रमश: व्यतिरेक और अन्वय नाम दिए जाते हैं ।

> आत्मानात्मप्रतीतिः प्रथमभिहिता सत्यमिथ्यात्वयोगात् ।
> द्वेधा ब्रह्मप्रतीतिर्निगमनिगदिता स्वानुभूत्योपपत्त्या ।।
> आद्या देहानुबंधाद्भवति तदपरा सा च सर्वात्मकत्वात् ।
> आदौ ब्रह्माहस्मीत्यनुभव उदिते खल्विदं ब्रह्म पश्चात् ।।

(शतश्लोकी श्लो. 3)

(74) सगुण प्राप्ति के दो प्रकार

भक्तियोग में सगुण की प्राप्ति भी निर्गुण ब्रह्मप्राप्ति के समान दो प्रकारों से होती है । प्रथमतः भक्त के हृदय में सगुण ईश्वर का आविर्भाव होता है तथा भक्त का हृदय प्रेम से सगुण ईश्वरमय हो जाता है । यह भक्तियोग का प्रथम अनुभव है। उसके उपरान्त भक्त अनुभव करता है कि सच्चिदानंदस्वरूप सगुण ईश्वर ही सर्वत्र नामरूपों से अलंकृत है । यह भक्तियोग का द्वितीय अनुभव है ।

(75) भक्तिविरहित ज्ञान का द्वैताभास यथावत् रहता है

भक्तियोग अद्वैतज्ञान के अधिष्ठान पर आधारित होता है अतः ज्ञानी भक्त को परब्रह्म के निर्गुण स्वरूप का भी ज्ञान रहता है । परंतु जो केवल निर्गुण ज्ञानी होता है उसे सगुण ईश्वर के प्रेम का अनुभव न होने के कारण ज्ञानी भगवद्भक्त के अन्वयज्ञान के अनुभव में और निर्गुण ज्ञानी के अनुभव में प्रेम के तरतमभाव के कारण परमानंदता में अंतर दिखाई देता है । भक्तिविरहित ज्ञानी नामरूपों को मिथ्या मानते हुए सत्तारूपी परब्रह्म का प्रत्यय प्राप्त करता है । अतः मिथ्यारूप से ही सही, उसका द्वैताभास यथावत् रहता है, यह नहीं कहा जा सकता कि उसका पूर्णतः लोप हो जाता है । अतः समाधि-अवस्था के समान उसका ब्रह्मानंद अखंडित नहीं रहता, वह खंडित हो जाता है ।

इसके विपरीत ज्ञानी भगवद्भक्त सगुण ईश्वर के प्रेम में सदैव तल्लीन रहता है, इसलिए उसके स्थान पर कोई भी प्रत्यय शेष नहीं रहता । प्रत्यय के अभाव के कारण उसके अन्वयज्ञान में नामरूपोंसहित साकार ईश्वर ही रहता है । मिथ्यारूप से भी उसके स्थान पर द्वैत का आभास नहीं रहता और समस्त वृत्तियों के सगुण ईश्वराकार होने के कारण समाधि-अवस्था के समान उसे ऐक्य का अनुभव प्राप्त होता है और उसका ब्रह्मानंद अखंडित रूप से यथावत् रहता है ।

श्रुतदेव ने जिस प्रकार भगवान का आदर-सत्कार किया, वैसा आदर-सत्कार उस स्थान पर उपस्थित ऋषि-मुनियों का नहीं किया । यह प्रत्यय श्रुतदेव के स्थान पर दिखाई देता है कि ऋषि-मुनि भगवान से अलग हैं । इस अब्रह्मप्रत्यय के कारण ही वह ऋषि-मुनियों को ईश्वर की अपेक्षा गौण मानता था । अतः यह नहीं कहा जा सकता कि उसे पूर्णत्व की प्राप्ति हो गई थी । अतः भगवान ने उसे ऐकांतिक भक्ति का उपदेश देते हुए कहा कि सर्वत्र भगवद्भाव रखते हुए पूर्ण ब्रह्मस्वरूप बनना चाहिए ।

(76) पाषाणादि भी भोगयोनियाँ हैं

मन को अध्यात्मप्रवण करने के उद्देश्य से ही शास्त्रों में शैशव-काल से ही

बालकों को ईश्वर-भावना की घुट्टी पिलाने का उपदेश दिया है । जब शास्त्र कहते हैं कि पाषाणादि जड़ पदार्थों के स्थान पर भी ईश्वरभावना रखनी चाहिए, तब उनकी भूमिका को समझ न सकने के कारण आज का बुद्धिवादी मनुष्य आश्चर्य करने लगता है । उसे इस बात का विस्मरण हो जाता है कि वृक्षादि के समान पाषाणादि भी भोगयोनियाँ हैं । उनके स्थान पर जो उपासना की जाती है वह उनकी नहीं बल्कि उनके अंतरतम में होने वाले ईश्वर की उपासना होती है । शास्त्रों में कहीं भी जीव की उपासना करने के लिए नहीं कहा गया है । सर्वत्र ईश्वरभावना रखते हुए ही उपासना करने के लिए कहा गया है पाषाणादि के समान माता, पिता, पति, गुरु इत्यादि के स्थान पर भी ईश्वर भावना रखते हुए उपासना करने का जो उपदेश दिया गया है, उसका मर्म भी यही है । परंतु उपासक के मन में ईश्वर के प्रति दृढ़श्रद्धा का होना अत्यंत आवश्यक है ।

(अस्ति इत्येवोपलब्धव्यः ।)

(77) उपासना ईश्वर की ही होती है

इस स्थान पर यह संदेह उत्पन्न होने की संभावना है कि पाषाणादि के स्थान पर ईश्वरभावना रखते हुए की जाने वाली उपासना तथा माता-पिता अथवा श्रीगुरु को ईश्वर मानकर की गई उपासना में कोई अंतर है अथवा दोनों एक-समान हैं? तात्त्विक दृष्टि से दोनों उपासनाओं में कोई अंतर नहीं है । हाँ, सुलभता की दृष्टि से दूसरी उपासना को अधिक अच्छा माना जा सकता है । यद्यपि उपासक पाषाणादि के स्थान पर ईश्वरभाव स्थापित करता है, तथापि उसके हृदय में स्थित मूर्ति का जड़ भाव सहज रूप से नष्ट नहीं होता । अतः अत्यंत प्रयास के साथ उसे उस मूर्ति के स्थान पर चैतन्यभाव और आनंदभाव को अभिव्यक्त करना पड़ता है । जब तक ये भाव उस मूर्ति के स्थान पर प्रकट नहीं होते, तब तक उसकी ईश्वरभावना को नाममात्र ही कहा जा सकता है ।

परंतु माता-पिता अथवा श्रीगुरु के स्थान पर स्वाभाविक रूप से ही चैतन्यभाव और आनंदभाव होता है, अतः उन भावों को आविर्भूत करने का प्रश्न ही नहीं उपस्थित होता जैसा कि जड़ के विषय में उपस्थित होता है. । अतः पाषाणादि के स्थान पर आरोपित की जाने वाली ईश्वरभावना की अपेक्षा माता, पिता अथवा श्रीगुरु के स्थान पर ईश्वरभावना रखना सुलभ होता है और केवल इसी दृष्टि से दोनों उपासनाओं में अंतर दिखाई देता है ।

(78) वेद ईश्वरप्रणित हैं

वेदस्तुति का विचार करने से पूर्व हम वैदिकधर्मियों की वेदविषयक कल्पनाओं

पर कुछ विचार करेंगे । 'अनंता वै वेदा:' श्रुती ने प्रतिपादित किया है कि वेदों का कोई अंत नहीं है । अर्थात् वेद का जो हिस्सा आज हमें प्राप्त होता है, केवल उसी हिस्से तक वेद का अर्थ सीमित नहीं है । हमारे ऋषि-मुनियों की और साक्षात्कारी श्रीज्ञानेश्वरादि संत-महात्माओं की धारणा के अनुसार वेद ईश्वरप्रणित हैं, स्वत:प्रमाण हैं—अर्थात् उन्हें अन्य किसी प्रमाण की आवश्यकता नहीं होती । इस धारणा की कारणमीमांसा प्रस्तुत करते हुए श्रीधराचार्य कहते हैं कि अज्ञानी जीव के स्थान पर भ्रम, प्रमाद, विप्रलिप्सा तथा करणापाटव नामक चार दोष होते हैं । यथार्थ ज्ञान को प्राप्त करने के लिए उसे अन्य प्रमाणों की आवश्यकता होती है । एक वस्तु के स्थान पर अन्य वस्तु का आभास भ्रम है । बुद्धि के सहारे किसी वस्तु का ज्ञान प्राप्त करते समय भूल करना प्रमाद है । विप्रलिप्सा का अर्थ है—धोखा देना तथा करणापाटव का अर्थ है—अनवधानता ।

ईश्वर के स्थान पर उपर्युक्त दोष नहीं दिखाई देते अत: उसके द्वारा रचित वेदों को स्वत: प्रमाण मानना ही पड़ता है । तत्त्वमसि, अहं ब्रह्मास्मि, सर्वं खल्विदं ब्रह्म, अयमात्मा ब्रह्म इत्यादि वेद-वचनों के द्वारा ही जीव को अपने यथार्थ स्वरूप का परिचय और ब्रह्मबोध प्राप्त होता है । जीव के अज्ञान को नष्ट करके उसे अपने यथार्थ स्वरूप का प्रत्यय प्राप्त कराने वाले ये वचन नित्यज्ञानी ईश्वर ने ही प्रतिपादित किए हैं जो कभी भी अज्ञानी नहीं था और नित्यमुक्त है । जो स्वयं नित्यमुक्त है, वही नित्यगुक्ति का मार्ग बता सकता है । वेद में नित्यमुक्ति के जो ज्ञानयोगादि मार्ग प्रतिपादित किए गए हैं उसका ज्ञान अज्ञान दशा में अज्ञानी जीव को कैसे प्राप्त हो सकता है ? इसीलिए कहा जाता है कि वेद ईश्वर-प्रणित हैं तथा वे स्वत:प्रमाण हैं ।

वेदों को 'अपौरुषेय' कहने के पीछे भी यही भूमिका है । सामान्यत: व्यवहार में जिस अज्ञानी व्यक्ति (जीव) के स्थान पर भ्रम प्रमादादि दोष होते हैं उसके संदर्भ में 'पुरुष' शब्द का प्रयोग किया जाता है । 'वेद अपौरुषेय हैं'—इस कथन का अर्थ यह है कि ऐसे अज्ञानी जीव से मुक्ति के स्वरूप का विचार करने वाले वेदों का निर्माण संभव नहीं है ।

परंतु श्रीमद्भगवद्गीता में 'उत्तम: पुरुषस्त्वन्य: परमात्मेत्युदाहत:' श्लोक में जिस उत्तम पुरुष का वर्णन किया गया है, उसके द्वारा वेदों का निर्माण संभव है। क्योंकि उस स्थान पर 'पौरुषेय' शब्द का अर्थ 'ईश्वर' होने के कारण वेद अपौरुषेय ही सिद्ध होते हैं ।

(79) 'अपौरुषेय' का अर्थ

समस्त साक्षात्कारी संतजन ईश्वरस्वरूप होते हैं अत: उनके मुख से निकलने

वाले सभी शब्द भी वेदरूप ही होते हैं । (तयांचे ते बिसाट शब्द । कां न सुखे म्हणो येती वेद । सदेह सच्चिदानंद कां न होवावे ते ?—ज्ञानेश्वरी) ऐसे ही साक्षात्कारी पुरुषों के साहित्य को लक्ष्य करके 'अनंता वै वेदा:' श्रुती ने वेदों के अनंतत्त्व की ओर निर्देश किया है । अज्ञानी जीवों के समान संतजनों के स्थान पर भ्रम प्रमादादि दोष नहीं होते तथा वे भी ईश्वर के समान मुक्त होते हैं, अत: उनके साहित्य को वेदरूप मानना पड़ता है । इससे स्पष्ट है कि अपौरुषेय शब्द की व्याप्ति ईश्वर और ईश्वरस्वरूप ज्ञानी भगवद्भक्तों तक सीमित है ।

(80) वेदों का तात्पर्य ब्रह्मपरक है

वेदों में सृष्टि का, जीव का, देवताओं का, कर्ममार्ग का तथा अन्य अनेक विषयों का वर्णन किया गया है । फिर भी श्रुतदेव को उपदेश देते हुए भगवान कहते हैं कि 'मैं सर्वत्र हूँ और यह स्थावर जंगमात्मक विश्व और उसकी उत्पत्ति के लिए कारणस्वरूप सभी पदार्थ मेरे ही विभिन्न रूप हैं । इस तत्त्व को तुम मन से ग्रहण करो ।' अर्थात् भगवान ने श्रुतदेव से कहा कि स्वयंप्रमाणभूत वेदों का तात्पर्य ब्रह्मपरक है और भगवान वहाँ से चल दिए ।

(81) राजा परीक्षित की ब्रह्मजिज्ञासा

यह सुनने के पश्चात् राजा परीक्षित के मन में प्रश्न उपस्थित हुआ कि वेदों का तात्पर्य ब्रह्मपरक कैसे हो सकता है ? (...स्वत: प्रमाणभूतानामप्रामाण्यकारणरहितानां वेदानां मार्गं ब्रह्मपरत्वमुपदिश्य भगवानगादित्युक्तं, तत्र वेदानां ब्रह्मपरत्वमघटमानं मन्वान: पृच्छति ब्रह्मन्निति । श्रीधरी 87-1) अत: उन्होंने शुकाचार्य से प्रश्न किया ।

ब्रह्मन् ब्रह्मण्यनिर्देश्ये निर्गुणे गुणवृत्तय: ।
कथं चरन्ति श्रुतय: साक्षात् सदसत: परे ।।

हे ब्रह्मन्, समस्त वेद एकमुख से कहते हैं कि ब्रह्म अनिर्देश्य है, अर्थात् उसका आकलन नहीं हो सकता । जिस स्थान पर नाम, रूप, कर्म, व्यापार, उपयोग, भेद, जाति, गुण इत्यादि विशेष बातें हों, उसी स्थान पर शब्दों की प्रवृत्ति होती है तथा वर्णन के लिए अवसर प्राप्त हो सकता है । ब्रह्म का वर्णन करने के लिए आवश्यक कोई भी गुणविशेष उसके स्थान पर नहीं दिखाई देता । श्रुतियों ने बार-बार कहा है कि ब्रह्म निर्विशेष है, फिर शब्दों के द्वारा उसका वर्णन अथवा स्तुति करना कैसे संभव है ?

(82) 'ब्रह्मन्' संबोधन का महत्त्व

राजा परीक्षित ने शुकाचार्य को 'ब्रह्मन्' कहकर संबोधित किया और बाद में

उनसे प्रश्न किया । गुरु-शिष्य-परंपरा की दृष्टि से 'ब्रह्मन्' संबोधन अत्यंत महत्त्वपूर्ण है । 'ब्रह्मविद् ब्रह्मौव भवति'— यह श्रुतिवचन है । श्रुती ने कहा है कि परमार्थ के पथ पर अग्रसर होने की इच्छा रखने वाले को प्रथमत: श्रीगुरु के निकट जाना चाहिए और श्रीगुरु का स्वयं ब्रह्मस्वरूप होना भी आवश्यक है ।

तद्विज्ञानार्थं स गुरुमेवाभिगच्छेत्समित्पाणिः ।
श्रोत्रियं ब्रह्मनिष्ठम् । (मुंडक 1-2-12.)

शुकाचार्य केवल निर्गुण ज्ञानी ही नहीं, अपितु भगवान् श्रीकृष्ण के भक्त भी थे । इससे स्पष्ट होता है कि 'ब्रह्मन्' संबोधन के द्वारा भागवतकार यही दर्शाना चाहते हैं कि जिस पुरुष ने सगुण और निर्गुण दोनों ही स्वरूपों की अनुभूति प्राप्त की है, वही पुरुष पूर्ण रूप से ब्रह्मरूप होता है, केवल निर्गुणज्ञानी पुरुष ब्रह्मरूप नहीं हो सकता । श्रीगुरु कैसा होना चाहिए इसके विषय में अपने विचारों को प्रकट करते हुए श्रीगुलाबरावमहाराज ने कहा है कि श्रीगुरु वेदार्थी और ब्रह्मवेत्ता होना चाहिए । साथ ही उसका सगुण और निर्गुण दोनों से साक्षात्कार होना भी आवश्यक है । श्रीमहाराज कहते हैं कि यदि ब्रह्मनिष्ठ होकर भी वेदों का अर्थ समझाने की क्षमता उसमें न हो अथवा यदि वेदार्थ समझाने में सक्षम होते हुए भी उसके पास ब्रह्मानुभव न हो तो वह पुरुष श्रीगुरु बनने के लिए पात्र नहीं होता ।

सगुण योग ज्याला । जाहला साक्षात्कारी ।
निर्गुण मध्ये ग बाई । सहज आत्माचारी ।।
म्हणोनी गुरु व्हावा । वेदार्थी ब्रह्मवेत्ता ।
केवळ अनुभवी । परि वेदार्थ न जाणे ।।
किंवा वेदांचा अर्थ जाणे । नाही ब्रह्मानुभव ।।

(स्त्रीगीते—श्रीगुलाबरावमहाराज)

यदि श्रीगुरु ऐसा हो, तभी वह शिष्य के सभी संदेहों का समाधान कर सकता है । सगुण और निर्गुणविषयक समस्त प्रश्नों के उत्तर दे सकता है । जो श्रोत्रिय हो, ब्रह्मनिष्ठ हो तथा जिसने सगुण और निर्गुण उभयविध ब्रह्म से साक्षात्कार किया हो ऐसे श्रीगुरु ही शिष्य को ब्रह्म का बोध करा सकते हैं । अत: यदि शिष्य ऐसे श्रीगुरु की शरण में जाए तो उसके स्थान पर ब्रह्मबोध दृढ़ हो जाता है और वह भी श्रीगुरु के समान ब्रह्मरूप बन सकता है ।

राजा परीक्षित ने शुकाचार्य से अनेक प्रश्न किए । अत: इन प्रश्नों के हर एक पद के अर्थ को उचित रीति से समझ लेना हमारे लिए आवश्यक हो जाता है । तभी हमें उसके उत्तर के यथार्थ स्वरूप का आकलन हो सकता है ।

(83) परब्रह्म विषयरहित है

राजा परीक्षित कहते हैं कि सभी श्रुती-ग्रंथ एवं शास्त्र गरज-गरज कर कह रहे हैं कि परब्रह्म 'अनिर्देश्य' है अर्थात् उसको विषय की कोटि में नहीं रखा जा सकता। जो वस्तु विषय की कोटि में आती है उसी का निर्देश किया जा सकता है । फिर परब्रह्म का निर्देश कैसे किया जा सकता है ? अपने आपको 'अहं' कहलाने वाला ही मूलतः आत्मस्वरूप है ऐसा आचार्य का कथन है । (अहं शब्देन विख्यातः एक एवं स्थितः परः । अपरोक्षा.) अहं कहलाने वाला यह हृदयस्थ स्वरूप भी ज्ञेय नहीं होता क्योंकि ज्ञेय पदार्थों के समान वह विषयकोटि में समाविष्ट नहीं होता । इसीलिए उसे 'अनिर्देश्य' कहते हैं । श्रुतियों ने भी प्रतिपादित किया है कि परमात्मा बुद्धि से परे होता है (यो बुद्धेः परतस्तु सः)

वह निर्गुण है । सत्व, रज और तम नामक प्रकृति के तीन गुणों का उसमें सर्वथा अभाव है । पंचमहाभूतों में समाविष्ट होने वाले नभ का 'गुण' अर्थात् स्वभावधर्म 'शब्द' (शब्दगुणकम् आकाशम्) को परब्रह्म के स्थान पर कोई भी स्थान प्राप्त नहीं हो सकता । ऐसी स्थिति में अनिर्देश्य परब्रह्म के स्थान पर शब्द की प्रवृत्ति का होना कैसे संभव है ? परब्रह्म का वर्णन अथवा उसकी स्तुति शब्दों के आधार पर कैसे की जा सकती है ? उसी प्रकार श्रुती स्तुति कर रही है, परन्तु श्रुती का स्वरूप मूलतः शब्दगुणात्मक है । और हम पहले ही देख चुके हैं कि परब्रह्म के स्थान पर शब्दगुण के लिए कोई स्थान नहीं है । फिर श्रुती-ग्रंथों ने ईश्वर की स्तुति किस प्रकार की ?

(84) शब्द का विषय ब्रह्म नहीं हो सकता

यदि इस बात को स्वीकार कर लिया जाए कि शब्दों की प्रत्यक्ष (साक्षात्) प्रवृत्ति हो सकती है, तो भी यह प्रश्न उपस्थित होता ही है कि वह प्रवृत्ति किस प्रकार हो सकती है । क्योंकि शास्त्रों का कहना है कि परब्रह्म स्थूल और सूक्ष्म दृष्टि से परे हैं (सदसतः परे) । परब्रह्म निःसंग होने के कारण वह किसी से भी संबद्ध नहीं हो सकता । ऐसे परब्रह्म के स्थान पर यदि शब्द-प्रवृत्ति ही संभव न हो, तो उसकी स्तुति कैसे की जा सकती है ?

(85) परब्रह्म 'ज्ञेय इव' होता है

परब्रह्म को 'अनिर्देश्य' कहने का अर्थ यह नहीं है कि वह सर्वथा अविषय है । वैसे जगत् के अन्य पदार्थों के समान वह दृश्य कोटि में नहीं समाविष्ट होता। परंतु वह 'ज्ञेय इव' होता है और इसीलिए उसको प्राप्त किया जा सकता है ।

यदि वह सर्वथा अविषय होता तो उसके साक्षात्कार का प्रश्न ही उपस्थित नहीं होता । ब्रह्मसूत्र-भाष्य में आचार्य कहते हैं कि हम यह नहीं कहते कि परब्रह्म सर्वथा अविषय है, बल्कि अहं को उसका आकलन होता है । (न तावदयमेकान्तेनाविषयः अस्मत्प्रत्ययविषयत्वात् । ब्र.सू.सां.भां. 1-1-1) श्रुती ने भी कहा है कि शुद्ध बुद्धि को उसका आकलन होता है । (दृश्यतेत्वग्र्यया बुद्ध्या । मनसैवानुद्रष्टव्यम् ।) प्रथमतः यह देखना आवश्यक है कि आचार्य की दृष्टि में परब्रह्म का स्वरूप क्या है ।

भगवान शंकराचार्य ने परब्रह्म को निर्गुण और निरुपाधिक माना है । अतः कुछ विद्वानों के समक्ष यह प्रश्न उपस्थित होता है कि उनके मत में सोपाधिक सगुण ब्रह्म का प्रवेश कैसे संभव है ? उसके लिए हमें इस बात का विचार करना चाहिए कि 'सोपाधिक' तथा 'निरुपाधिक' नामक संकल्पनाओं से आचार्य का अभिप्राय क्या है ?

(86) निरुपाधिक और सोपाधिक शब्दों का अर्थ

आचार्य का कथन है कि परब्रह्म नित्य शुद्ध, बुद्ध, मुक्त, सर्वज्ञ और सर्वशक्तिमान है । (अस्ति तावद्ब्रह्म नित्यशुद्धमुक्तस्वभावं सर्वज्ञं सर्वशक्तिसमन्वितम्। ब्र.सू.शां.भा. 1-1-1) आचार्य के कथन का स्पष्टीकरण करते हुए भामतीकार वाचस्पति मिश्र कहते हैं कि सगुण ब्रह्म अर्थात् सोपाधिक, सर्वज्ञ और सर्वशक्तिमत् होता है तो निर्गुण ब्रह्म अर्थात् निरुपाधिक नित्य-शुद्धादि होता है। इसी सोपाधिक सर्वज्ञ सर्वशक्तिमान परब्रह्म को 'ईश्वर' कहा जाता है । (तदेवमनौपाधिकं ब्रह्मणो रूपं दर्शयित्वाऽविद्योपाधिकं रूपमाहसर्वज्ञं सर्वशक्तिसमन्वितम् 1-3-1)

आचार्य-वेदान्त के कई अभ्यासक सोपाधिक ईश्वर के स्वरूप को निरुपाधिक निर्गुण परब्रह्म की अपेक्षा निम्न श्रेणी का स्वीकार करते हैं । हमें देखना है कि उनकी यह धारणा कहाँ तक उचित है । यह विचार करने योग्य प्रश्न है कि यदि ईश्वर की सोपाधिकता से वस्तुतः निरुपाधिकता में बाधा उत्पन्न होती तो क्या आचार्य एक ही पदावली में दोनों का उल्लेख करते ? आचार्य को सोपाधिकता निरुपाधिकता के अविरोधी रूप में प्रतीत होती थी, अतः उन्होंने उनका एकत्रित उल्लेख किया है । और यदि स्थिति इस प्रकार हो, तो निरुपाधिक निर्गुण ब्रह्म तथा सोपाधिक ईश्वर में तरतमभाव रखने का कोई कारण नहीं रहेगा । इस संदर्भ में एक और बात को भी ध्यान में रखना आवश्यक है कि भगवान शंकराचार्य ने अपने समग्र साहित्य में परब्रह्म और ईश्वर में किसी प्रकार का अंतर नहीं दर्शाया,

अपितु उनका प्रयोग समान रूप में ही किया है । अतः आचार्य-वेदान्त के अभ्यासकों की दृष्टि से ईश्वर की सोपाधिकता के स्वरूप को समझ लेना अत्यंत महत्त्वपूर्ण हो जाता है ।

(87) विशुद्धसत्त्वात्मक मायारूप ईश्वर और अशुद्धसत्त्वात्मक अविद्यारूप जीव

जीव और ईश्वर के स्वरूप का कथन करते हुए विद्यारण्य कहते हैं कि मिश्रसत्त्वात्मक अविद्या जीव की उपाधि है और शुद्धसत्त्वात्मक माया ईश्वर की उपाधि है ।

सत्त्वशुद्धविशुद्धिभ्याम् मायाऽविद्या च ते मते ।
मायाबिंबो वशीकृत्य तां स्यात् सर्वज्ञ ईश्वरः ।। (पंचदशी 1-16)

मिश्रसत्त्वात्मक अविद्यारूप उपाधि के अधीन होने के कारण जीव अविद्या के असत्, जड़ और दुखरूप धर्मों के स्वयं पर आरोपित कर लेता है और उसके कारण बद्ध हो जाता है । परंतु ईश्वर विशुद्धसत्त्वात्मक माया के अधीन नहीं होता बल्कि वह उस उपाधि को अपने नियंत्रण में रखता है अतः वह उपाधि से स्वतंत्र ही रहता है । अर्थात् ईश्वर की माया को उपाधि मानने के कारण ईश्वर के मूल शुद्ध ब्रह्मस्वरूप में कोई परिवर्तन नहीं होता । उसका मूल स्वरूप अविकृत ही रहता है ।

(88) ईश्वर पंचकोशावृत्त जीव से विरहित है

विद्यारण्य ने कहा है कि जीव पंचकोशों से आवृत्त होता है—अर्थात् उनके मतानुसार यह निश्चित हों जाता है कि ईश्वर पंचकोशातीत है ।

अन्नं प्राणो मनोबुद्धिरानंदश्चेति पंच ते ।
कोशास्तैरावृत्तः स्वात्मा विस्मृत्या संसृतिं व्रजेत् । (पंचदशी 1-33)

ब्रह्मसूत्रभाष्य में और विवेकचूडामणि ग्रंथ में आचार्य ने कहा है कि साक्षीरूप होने वाले सर्वज्ञ और सर्वशक्तिमान ईश्वर का निवास पंचकोशों से परे होता है ।

"न तु आनंदमयस्य ब्रह्मत्वमस्ति
प्रियशिरस्त्वादिभिर्हेतुभिरित्यवोचाम ।" (ब्र.सू.शां.भा.)

अस्ति कश्चित्स्वयं नित्यमहंप्रत्ययलंबनः ।
अवस्थात्रयसाक्षी स पंचकोशविलक्षणः ।।127।।
पंचानामपि कोशानां निषेधे युक्तितः श्रुतेः ।
तन्निषेधावधिः साक्षी बोधरूपोऽवशिष्यते । (श्लो.212-213)

(89) 'ईश्वर शबल ब्रह्म है' का अर्थ

कुछ स्थानों पर ईश्वर को 'शबल ब्रह्म' कहा गया है । अतः कुछ विद्वानों के समक्ष यह प्रश्न उपस्थित होता है कि फिर वह निर्गुण परब्रह्म के समान निरुपाधिक और शुद्ध किस प्रकार रह सकता है ? परंतु ये विद्वान् मूलतः 'शबल' शब्द के अर्थ को ही समझ नहीं पाते । शबल का अर्थ है अस्पष्ट । हम ईश्वर को अपनी आँखों से देख नहीं सकते । शास्त्रों के आधार पर हमें यह ज्ञान प्राप्त होता है कि ईश्वर जगत् का उपादान और निमित्त कारण है । उसी प्रकार शास्त्रों से ही हमें इस बात का ज्ञान होता है । विशुद्धसत्त्वात्मक माया की उपाधि धारण करने वाला और जगत् का उभयविध कारण बना हुआ यह ईश्वर सर्वज्ञ और सर्वशक्तिमान् है । इस ज्ञान को परोक्ष ज्ञान कहा जाता है ।

(90) 'शबल' का अर्थ है 'अस्पष्ट'

ईश्वर के ये समस्त धर्म ज्ञान से जब तक हमें अपरोक्ष नहीं हो जाते, तब तक वे अस्पष्ट ही भासमान होते हैं और इसीलिए उसे 'शबल ब्रह्म' कहते हैं । पटल के कारण ऐसा प्रतीत होता है कि सूर्य पर आवरण-सा फैल गया है परंतु क्या वस्तुतः सूर्य को कभी आवृत्त किया जा सकता है ? उसी प्रकार हमारे स्थान पर होने वाले अज्ञान के कारण हमें ईश्वर का स्वरूप अस्पष्ट और आवृत्त सा-प्रतीत होता है । वस्तुतः ईश्वर अस्पष्ट और आवृत्त नहीं होता । उसकी अपनी दृष्टि से तो वह सदैव ही स्पष्ट होता है । अज्ञानी के दृष्टिकोण से उसे शबल कहा भी जाए, तो भी वह कभी शबल नहीं हो सकता । ईश्वर बिंबरूप है और जीव प्रतिबिंबरूप है । उपाधि का परिणाम तो प्रायः प्रतिबिंब पर ही होता है, (उपाधेः प्रतिबिंबपक्षपातित्वात्) बिंब पर नहीं ।

(91) ईश्वर निरुपाधिक सोपाधिक

सोपाधिकता भी किस प्रकार निरुपाधिक रह सकती है, इस बात का विवरण विद्यारण्य ने किया है, उसे इस स्थान पर प्रस्तुत करना उचित होगा ।

निर्गुण ब्रह्मसाक्षात्कार में वृत्ति को ब्रह्म 'ज्ञेय-इव' होता है, 'ज्ञेय' नहीं । जिस समय तक ज्ञेय-इव होने योग्य मर्यादित इवत्व अथवा सगुणत्व ब्रह्म के स्थान पर नहीं होता, उस समय तक आत्मसाक्षात्कार का होना असंभव है । इस पर कुछ विद्वान कह सकते हैं कि यदि आत्मसाक्षात्कार वृत्ति की सहायता से ही होता, तो उसे सोपाधिक ही कहना होगा । उसे निरुपाधिक नहीं कहा जा सकता । निरुपाधिक ब्रह्म से सोपाधिक साक्षात्कार कैसे हो सकता है ? परंतु इन विद्वानों के

ध्यान में एक बात नहीं आती कि यह सोपाधिकता नाममात्र होने पर भी तत्त्वतः निरुपाधिकता ही होती है ।

(92) ब्रह्मज्ञान भी सोपाधिक है

हृदय के द्वारा ही हमें स्वयं का ज्ञान प्राप्त होता है । मूल चैतन्य के साथ हृदय एकाकार हो जाता है और हृदय की 'अहंवृत्ति अर्थात् स्फुरण-वृत्ति के द्वारा ही 'मैं' का ज्ञान प्राप्त किया जाता है । यदि वैसी वृत्ति नहीं होती तो हम अपने विषय में ज्ञान को प्राप्त नहीं कर सकते । 'मैं ब्रह्म हूँ' का जो अनुभव ब्रह्मज्ञान में प्राप्त होता है, वह वृत्ति की सहायता से ही प्राप्त होता है अतः विद्यारण्य कहते हैं कि वह अनुभव भी सोपाधिक ही होता है ।

नैवं, ब्रह्मत्वबोधस्य सोपाधिविषयत्वतः ।
यावद्विदेहकैवल्यमुपाधेरनिवारणात् ।। (पंचदशी 7-84)

(93) अन्तःकरणरहितता भी ब्रह्मज्ञान में सोपाधिकता होती है

यद्यपि यह उपाधि ही है, तथापि जीव की पूर्वकालीन उपाधि से वह भिन्न प्रकार की होती है । ज्ञानप्राप्ति के पूर्व वह अहं को ('मैं' को) अंतःकरणसहित मानता है । और यथार्थ ज्ञान के कारण वह 'मैं' को अंतःकरण से भिन्न स्वीकार करता है । फिर प्रश्न यह उपस्थित होता है कि उसे उपाधि क्यों कहा जाए ? 'उपाधि' का अर्थ है अन्य वस्तु के अस्तित्व को स्वीकार करना अथवा उसकी कल्पना करना ।

जिस स्थान पर ब्रह्मवस्तु केवल एक है, उस स्थान पर अन्य वस्तु की कल्पनां कैसे की जा सकती है ? ब्रह्मबोध में 'मैं' हृदय से भिन्न होता है । ज्ञानी कहता है कि मैं अंतःकरणरूप नहीं हूँ । इस स्थान पर अंतःकरण की अस्तित्वरहितता को—(अर्थात् नास्तिकत्व को)—जो भावरम्यता प्रदान की जाती है, वही उपाधि होती है । अंतःकरणसहित 'मैं' कहने वाला जीव है और अंतःकरणरहित 'मैं' कहने वाला ब्रह्मज्ञानी है यही अंतर दोनों में होता है । जीव की सोपाधिकता भावात्मक होता है । सोपाधिकता अभावात्मक होती है अतः उसे सोपाधिकता को निरुपाधिकता के समान ही स्वीकार करना होगा ।

अंतःकरणसाहित्यराहित्याभ्यां विशिष्यते ।
उपाधिर्जीवभावस्य ब्रह्मतायाश्च नान्यथा ।। (पंचदशी 7-85)

इसी को वेदान्त में 'वृत्तिव्याप्ति' कहा जाता है । उसे 'विद्योपाधि' भी कहा जाता है और वही ब्रह्मसाक्षात्कार कराने वाली होती है ।

(94) विशुद्धात्मक माया का नियंता भी ईश्वर है

अत: माया को यदि ईश्वर की उपाधि माना जाए तो भी वह माया विशुद्धसत्त्वात्मक है । ईश्वर उसके अधीन नहीं है, अपितु वह ईश्वर के अधीन है । गीताभाष्य में आचार्य ने उसे 'चैतन्यबलशक्ति' नाम दिया है । श्रीमद्‌भगवद्‌गीता के 'उत्तम: पुरुषस्त्वन्य:' श्लोक पर भाष्य करते समय भगवान आचार्य कहते हैं कि अपने चैतन्यबल की शक्ति से भूर्भुवस्वरादि तीनों लोकों में प्रवेश करते हुए वह उन्हें धारण करता है । परंतु वह है कौन, इस प्रश्न को उपस्थित करते हुए आचार्य कहते हैं कि वह सर्वज्ञ ईश्वर है और उसे ही नारायण कहते हैं ।

> य: लोकत्रयं भूर्भुवस्वरात्मकं स्वकीयया
> चैतन्यबलशक्त्या आविश्य प्रविश्य
> बिभर्ति...क: ? ईश्वर: सर्वज्ञ: नारायणाख्य:
> ईशनशील: । (भगवद्‌गीता 15-17 शां. भा.)

(95) ईश्वर की सोपाधिकता शाब्दिक है, अर्थगत नहीं

आचार्य ने इस स्थान पर दर्शाया है कि निर्गुण ब्रह्म ही अपनी चैतन्यबल शक्ति से—अर्थात् विद्यावृत्ति से—सगुण होता है । 'नारायण' शब्द सगुण ब्रह्म का वाचक है । जैसाकि हम पहले देख चुके हैं, विद्यारण्यजी ने विशुद्धसत्त्वात्मक माया नामक ईश्वर की जो उपाधि बतायी है वही परमेश्वर की चैतन्यबलशक्ति है। अत: इस प्रकार का यह सगुण ईश्वर उस अवस्था में भी परब्रह्म के समान निरुपाधिक ही रहता है । भामतीकारादि आचार्य के अनुयायियों ने निर्गुण परब्रह्म के स्वरूप को स्पष्ट करते हुए कहा है कि वह नित्यशुद्धबुद्धमुक्त एवं निरुपाधिक होता है । उसका यह स्वरूप उस ईश्वर के स्थान पर भी बाधित नहीं होता, जिसे सोपाधिक कहा गया है । वह यथावत् रहता है । ईश्वर की सोपाधिकता शाब्दिक है, अर्थगत नहीं ।

(96) सोपाधिकता के कारण अवाङ्मनसागोचर परब्रह्म वाङ्मनसागोचर बन गया

फिर प्रश्न यह उपस्थित होता है कि निर्गुण ब्रह्म को सगुण बनाने में माया का उद्देश्य क्या था ? इस विशुद्धसत्त्वात्मक माया का कार्य केवल इतना है कि उसने परब्रह्म की मूल निर्गुण स्थिति को यथावत् रखते हुए जो स्थिति आकलनयोग्य और कथनयोग्य नहीं थी, उसे आकलनयोग्य और कथनयोग्य बनाया । "अविषय स्वरूप को विषय इव बनाया । अवाङ्मनसागोचर को वाङ्मनसागोचर बनाया ।"

त्रिपादमहानारायणोपनिषद् में कहा गया है कि निरुपाधिक परब्रह्म ही साकार रूप धारण करता है ।

(97) शब्दसत्ता की दृष्टि से ईश्वर सगुण है, परंतु अर्थसत्ता की दृष्टि से निर्गुण है

इससे स्पष्ट होता है कि यद्यपि निर्गुण और निरुपाधिक परब्रह्म को ही सोपाधिकता और सगुणता प्राप्त हो जाने पर 'ईश्वर' कहा जाता है और शब्दसत्ता की दृष्टि से ईश्वर सोपाधिक और सगुण भाषमान होता है तथापि अर्थसत्ता की दृष्टि से वह निर्गुण और निरुपाधिक ही रहता है ।

राजा परीक्षित ने जिन विशेषणों से निर्गुण परब्रह्म का वर्णन करते हुए प्रश्न किया; वह निर्गुण परब्रह्म अपनी विशुद्धसत्त्वात्मक माया से, विद्यावृत्ति से अथवा स्वचैतन्यबलशक्ति से सगुण बन जाता है, अत: उसके स्थान पर स्तुतिरूप शब्दप्रवृत्ति संभव हो सकती है ।

वेदों में कर्म, परलोक, उपासना इत्यादि विभिन्न विषयों पर विवेचन किया गया है । क्या यह कहा जा सकता है कि वह समस्त विवेचन परब्रह्म के ही विषय में है ? श्रीधराचार्य का कहना है कि यदि हम शब्दप्रवृत्ति पर विचार करेंगे तो समझ जायेंगे कि वेदों में प्रस्तुत किया गया विवेचन परब्रह्म के ही विषय में किया गया है ।

(97) शब्दप्रवृत्ति

व्यवहार में शब्दों का प्रयोग तीन प्रकार से किया जाता है—(1) मुख्य वृत्ति से (2) लक्षणा वृत्ति से और (3) गौण वृत्ति से । मुख्य वृत्ति के पुन: 'रूढ़ि' और 'यौगिक' नामक दो उपभेद हो जाते हैं ।

(1) **मुख्य वृत्ति :** शब्द का उच्चारण करते ही तत्काल हमारे मन में जो अर्थ उत्पन्न होता है उसे मुख्य वृत्ति कहते हैं । इसी का दूसरा नाम वाच्यार्थ भी है । इसमें वस्तु का यथार्थ रूप से वर्णन किया जाता है ।

(अ) रूढ़ि : कुछ शब्दों के अर्थ केवल रूढ़ि के अनुसार निश्चित होते हैं। उदाहरण के लिए— व्यक्तियों के नाम । इन्हें केवल सांकेतिक अथवा रूढ़ ही कहा जा सकता है ।

(आ) यौगिक: 'नृपति' शब्द का प्रयोग मनुष्य पर शासन करने वाले के अर्थ में किया गया है ।

(इ) योगरूढ़ : योग और रूढ़ि का सम्मिश्रण योगरूढ़ प्रकार में पाया जाता है। इसमें दोनों के सम्मिश्रण से बने कुछ शब्दों का प्रयोग हम व्यवहार में करते

हैं। जैसे—'पंकज' शब्द । कीचड़ में मेंढक, जोंक आदि अन्य कीटक भी निवास करते हैं; परंतु उन पर यह शब्द चरितार्थ नहीं होता, केवल कीचड़ में उगने वाले कमलपुष्प पर ही चरितार्थ होता है । अत: इस शब्द को योगरूढ़ शब्द के रूप में स्वीकार करना पड़ता है ।

उपर्युक्त तीनों प्रकार मुख्य वृत्ति अथवा अभिधा-वृत्ति के हैं ।

(2) लक्षणा : शब्द की दूसरी वृत्ति है लक्षणा । शब्द के वाच्यार्थ का त्याग करके उस अर्थ से संबंधित अन्य पदार्थ का बोध ग्रहण करना लक्षणा कहलाता है। उदाहरण के लिए यदि किसी ने कहा कि 'मेरा घर गंगा पर है' तो हम उसका अर्थ वाच्यार्थ से स्वीकार नहीं करते कि 'गंगा के जल पर उसका घर स्थित है', बल्कि इस प्रकार करते हैं कि 'उसका घर गंगा नदी के किनारे है ।' इस स्थान पर अर्थग्रहण करते समय हमने वाच्यार्थ का त्याग करके उससे संबंधित निकट वस्तु का अर्थ ग्रहण किया । क्योंकि वैसा किए बिना वाक्य के उचित अर्थ को ग्रहण करना असंभव था ।

(3) गौण : प्रस्तुत वाक्य इसका उदाहरण है—'देवदत्त शेर है' । इस उदाहरण में देवदत्त को कोई भी शेर के रूप में नहीं देखता । परंतु 'देवदत्त शेर है' वाक्य का प्रयोग इसलिए किया जाता है और उसके द्वारा यह बताया जाता है कि शेर के शूरत्वादि गुण देवदत्त में विद्यमान हैं । शेर के स्वाभाविक शौर्य-गुण को उसी के समान शूर देवदत्त के स्थान पर स्थापित करना ही गौणवृत्ति का प्रयोग करना है ।

(99) क्या परब्रह्म के स्थान पर शब्दप्रवृत्ति संभव है ?

राजा परीक्षित के प्रश्न के संदर्भ में प्रश्न यह है कि क्या परब्रह्म के स्थान पर शब्दों की इन वृत्तियों का प्रयोग किया जा सकता है ? यदि नहीं किया जा सकता, तो श्रुति-ग्रंथों ने शब्दों के द्वारा उसका वर्णन कैसे किया, यह प्रश्न तो शेष रहता ही है । इस प्रश्न का उत्तर देते हुए शुकाचार्य कहते हैं कि 'श्रुतय: सगुणे चरन्ति।' सगुण परब्रह्म के स्थान पर शब्दों की प्रवृत्ति हो सकती है ।

बुद्धीन्द्रियमन: प्राणान् जनानामसृजत्प्रभु: ।
मात्रार्थं च भावार्थं च आत्मनेऽकल्पनाय च ।।

अर्थ : प्राणिमात्रों में बुद्धि, इंद्रिय, मन तथा प्राणों का निर्माण ईश्वर ने किया। उसमें (ईश्वर का) उद्देश्य यही था कि उनकी सहायता से जीव विषयोपभोग करे, कार्य करे, परलोक को प्राप्त करे और अंतत: कल्पनाओं का निराकरण करके ब्रह्मप्राप्ति तक पहुँच जाए ।

दीपिका : धर्म, अर्थ, काम और मोक्ष चार पुरुषार्थ हैं । शास्त्रों का कथन है कि मनुष्य जन्म में प्रविष्ट होने पर इन चार पुरुषार्थों की प्राप्ति में ही मनुष्य जन्म की सार्थकता है । उनकी प्राप्ति के लिए ही बुद्धि, मन, इंद्रिय और प्राण की आवश्यकता होती है । अद्वैत-वेदान्त के अनुसार केवल एक परब्रह्म के सिवा अन्य कोई वस्तु नहीं होती, अतः उसके अतिरिक्त जो कुछ भी भासमान होता है, उसे कल्पित ही कहना पड़ता है । इसीलिए बुद्धि, इंद्रिय, मन आदि कल्पित ही सिद्ध होते हैं । अतः इस स्थान पर प्रश्न यह उपस्थित होता है कि कल्पित बुद्धि, इंद्रियादि से सत्यस्वरूप परब्रह्म की प्राप्ति किस प्रकार की जा सकती है ?

(100) कल्पना करने वाले का अस्तित्व कल्पित के पूर्व होता है

कल्पना करने वाला जीव चेतनस्वरूप है और समस्त कल्पित ज्ञेय वस्तुएँ जड़स्वरूप होती हैं । चेतन ही कल्पना कर सकता है, इसलिए स्पष्ट है कि उस कल्पक चेतन का अस्तित्व अथवा सत्ता कल्पित वस्तु की कल्पना से पूर्व ही होना चाहिए । अर्थात् कल्पना करने वाले चेतनरूप जीव की सत्ता और कल्पित वस्तुओं की सत्ता एक समान नहीं होती । उनकी सत्ता समसत्ता नहीं होती । परमार्थतः विचार किया जाए तो बुद्धि, इंद्रिय, मनादि सब परब्रह्म के चिदंश का स्फुरण है। भ्रम अथवा अज्ञान के कारण हमें इस यथार्थ स्थिति का विस्मरण हो जाता है, अतः हम उन्हें अस्फुरण का अर्थात् जड़ का स्वरूप देते हैं । यथार्थ ज्ञान के पश्चात् जब हमें उनके मूल स्फुरण के स्वरूप का ज्ञान होता है तब वे सब शुद्धब्रह्मस्वरूप से भासमान होने लगते हैं और स्फुरण में आधाररूप अथवा अधिष्ठानरूप होने वाले परब्रह्म का ज्ञान प्राप्त करने के लिए साधनभूत हो जाते हैं।

तरंगफेनभ्रमबुदबुदादि सर्वं स्वरूपेण जलं यथा तथा ।
चिदेव देहाद्यहमन्तमेतत्सर्वं चिदेवैकरसं विशुद्धम् ।।

(101) लौकिक तथा अलौकिक समस्त शब्द ब्रह्मवाचक हैं

शब्द दो प्रकार के होते हैं—भाववाचक और अभाववाचक । वंध्यापुत्र, शशशृंग, आकाशकुसुम इत्यादि शब्द अभाववाचक हैं । भाववाचक शब्दों के दो प्रकार हैं—लौकिक तथा अलौकिक । व्यवहार में हम जिन शब्दों का प्रयोग करते हैं उन्हें लौकिक शब्द कहा जाता है । इन शब्दों के द्वारा हमें जगत् के पदार्थों का बोध होता है । हमें जिनके बारे में किसी प्रकार का ज्ञान नहीं होता तथा केवल शास्त्र के आधार पर ही हमें जिनके विषय में जानकारी प्राप्त हो सकती है; ऐसे विषयों के वाचक शब्दों को अलौकिक कहा जाता है, जैसे— इंद्र, स्वर्ग आदि

शब्द । जब हमारी बुद्धि शुद्ध हो जाती है और हमें यथार्थ का ज्ञान होता है, तब हम जान जाते हैं कि लौकिक अथवा अलौकिक समस्त शब्दों का अर्थ एकमात्र परब्रह्म ही है । आत्मानात्मविवेक के पश्चात् जब हमारी बुद्धि निर्विषय अर्थात् शुद्ध बन जाती है तब विभिन्न शब्दों का प्रयोग करने पर भी वह केवल परब्रह्म का ही अर्थ ग्रहण करती है । जिस प्रकार जल पर उठने वाली विभिन्न लहरों को यदि विभिन्न प्रकारों से संबोधित किया जाए, तो भी उन समस्त नामों से हम केवल जल के अर्थ को ही ग्रहण करते हैं, जल के अतिरिक्त अन्य किसी भी वस्तु का अर्थ हमारे मन में नहीं आता । यही बात परब्रह्म के विषय में भी होती है । समस्त शब्द परमार्थ की दृष्टि से परब्रह्म का ही बोध कराते हैं । अज्ञान के कारण हम उनके स्थान पर भिन्न पदार्थों की कल्पना करके उनका अर्थ लगाते हैं । ज्ञान के द्वारा अज्ञान की निवृत्ति हो जाने पर स्वाभाविक रूप से उन सबका अर्थ केवल परमात्मा ही होता है ।

राजा परीक्षित का प्रश्न था, "श्रुतयः निर्गुणे कथं चरन्ति ?" उसका उत्तर देते हुए शुकाचार्य कहते हैं, "श्रुतयः सगुणे चरन्ति" । कुछ विद्वानों का कथन है कि श्रीशुकाचार्य द्वारा दिया गया उत्तर—(अर्थात् सगुण के स्थान पर शब्द-प्रवृत्ति संभव है) यद्यपि उचित है तथापि 'निर्गुणे कथं चरन्ति'—इस आशंका के उत्तर को योग्य कैसे माना जाए ? श्रीशुकाचार्य के उत्तर का सगुण यदि उस स्थिति में भी निर्गुण ही रहता हो तो उसे सगुण या निर्गुण कुछ भी कहा जाए तो भी उसका अर्थ एक ही होगा । परंतु आचार्यवेदान्त में तो सगुण का अतद्व्यावृत्तिरूप से—(अर्थात् वह नहीं, वह नहीं) निराकरण करके ही निर्गुण परब्रह्म का अनुभव प्राप्त होता है, ऐसा कहा गया है । फिर क्या वह सगुण श्रीशुकाचार्य के उत्तर के सगुण से भिन्न है ? इस प्रकार के प्रश्न अद्वैतवेदान्त के अभ्यासक के मन में उपस्थित होते हैं । अतः हमें प्रथमतः सगुण और निर्गुण शब्दों की संकल्पनाओं पर विचार करना होगा।

(102) परब्रह्म की कल्पना निरपेक्ष नित्यभावरूप, अतः निर्गुण होती है

आचार्य वेदान्त के कई प्राचीन और आधुनिक अभ्यासकों को 'निर्गुण' शब्द के अर्थ की कल्पना शून्य के समान प्रतीत होती है । जगत् के समस्त पदार्थ गुणगुणिभावात्मक होते हैं, अतः 'सगुण' शब्द के उच्चारण के साथ ही उनकी आँखों के समक्ष जगत् के सगुण की संकल्पना साकार हो जाती है । इसीलिए जब वे इस वाक्य को सुनते हैं कि 'परब्रह्म निर्गुण होने पर भी सगुण होता है ', तब उन्हें प्रस्तुत कथन आचार्य-वेदान्त के विरोधी रूप में प्रतीत होता है । परंतु इन

लोगों को इस बात का ज्ञान नहीं होता कि परब्रह्म को चाहे निर्गुण कहे या सगुण, परंतु आचार्य-वेदान्त में परब्रह्म की कल्पना पूर्ण रूप से भावात्मक है और इसीलिए परब्रह्म का लक्षण सर्वत्र सत्, चित् और आनंदरूप बताया गया है । यदि परब्रह्म की कल्पना पूर्णत: भावात्मक न होती तो भ्रम, अज्ञान अथवा अध्यास का प्रश्न ही उपस्थित नहीं होता । अद्वैतवेदान्त में बौद्धों के समान निरधिष्ठान भ्रम की कल्पना नहीं की गई है । अद्वैतवेदान्ती साधिष्ठान भ्रम को स्वीकार करते हैं । भ्रम, अज्ञान अथवा अध्यास का आधार अथवा अधिष्ठान सच्चिदानंदरूप परब्रह्म है। अत: यथार्थ ज्ञान से भ्रम अथवा अज्ञान की निवृत्ति होने के पश्चात् वह निवृत्ति अधिष्ठानरूप सच्चिदानंदरूप परब्रह्म के ज्ञान में परिणत होती है । इन विद्वानों को इस बात की जानकारी नहीं होती कि जिस प्रकार अज्ञानी के स्तर से विचार करने वाले श्रीभगवान आचार्य को मायावादी कहकर संबोधित किया जाता है, उसी प्रकार अधिष्ठानरूप सच्चिदानंदात्मक परब्रह्म के ज्ञान की पारमार्थिक भूमिका का समर्थन करने वाले आचार्य को ब्रह्मवादी कहकर भी संबोधित किया जाता है ।

(103) परब्रह्म की शक्ति सत् चित् और आनंदरूप

नित्य, चैतन्यस्वरूप और आनंदस्वरूप वस्तु को वेदान्त में 'परब्रह्म' कहा जाता है । वेदान्त हमें उपदेश देता है कि वह वस्तु तुम ही हो, अत: तुम भी नित्य चैतन्यस्वरूप और आनंदस्वरूप हो । यद्यपि निर्गुण शब्द का प्रयोग परब्रह्म के संदर्भ में किया जाता है, तथापि वेदांत में परब्रह्म को चिदानंदरूप शक्तिविरहित नहीं माना जाता । परब्रह्म को सत्, चित् और आनंदस्वरूप मानना ही उसकी इस शक्ति का वर्णन करना है और यह शक्ति शक्त से कभी भी स्वतंत्र नहीं हो सकती । व्यवहार के द्रव्य और गुणों की भाषा का प्रयोग करके बोलना हो तो सच्चिदानंदादि गुणों का वर्णन भी शक्ति का ही वर्णन होता है ।

(104) निर्धर्मक का अर्थ केवल सत्, चित्, आनंदादि धर्म, अन्य नहीं

परब्रह्म 'निर्गुण अथवा निर्धर्मक है'—इस कथन का अर्थ यह है कि सत्, चित्, और आनंद-धर्मों के अतिरिक्त अन्य कोई धर्म उसके स्थान पर नहीं होते । आचार्यानुयायी अप्पय दीक्षित ने इस बात का स्पष्टीकरण करते हुए लिखा है कि उस स्थान पर केवल वे ही गुण होते हैं ।

चिच्छक्तेर्ब्रह्माभेदे तदीयसकलधर्मत्वे च
ब्रह्म हि वस्तुत: स्वव्यतिरिक्त धर्मरहितं
निर्धर्मकभित्येव सिध्यति ।। (आनंदलहरी-चंद्रिका-टीका, पृ. 50)

(105) सत्त्व, रज, तम गुणों से विरहित, अतः निर्गुण

सांख्य-दर्शन के समान अद्वैत-वेदान्त में भी सत्त्व, रज और तम को 'गुण' कहा जाता है । जो भी दृश्य हम देखते हैं, वह इन तीनों गुणों से युक्त होता है। परब्रह्म इन तीनों गुणों से युक्त नहीं है, अत: उसे त्रिगुणों की कोटि में नहीं रखा जा सकता, वह उनके परे होता है, यही बताने के लिए उसे 'निर्गुण' कहा जाता है । भगवान आचार्य ने गीताभाष्य में 'निर्गुण' शब्द का अर्थ इसी प्रकार किया है ।

निर्गुणं सत्त्वरजतमांसि गुणा: तै: वर्जितम् । (13-14)

न्यायशास्त्र का कथन है कि जगत् के समस्त पदार्थ द्रव्य और गुणों से युक्त हैं । हमारे दैनंदिन व्यवहार में बात करते समय भी हम द्रव्य और गुण की परिभाषा का ही प्रयोग करते हैं । परंतु यदि हम इस पर विचार करें कि क्या द्रव्य नामक कोई वस्तु वास्तव में है अथवा वह एक कल्पना मात्र है, तो हमें क्या दिखाई देता है ?

द्रव्य अथवा गुणविषयक संकल्पनाओं को हम शब्दों के द्वारा ही प्रकट करते हैं। अत: उन वाणियों का प्रथमत: विचार करना आवश्यक हो जाता है जिनके माध्यम से शब्दों का उच्चारण होता है । ये वाणियाँ चार हैं—परा, पश्यन्ती, मध्यमा और वैखरी । इसमें से वैखरी वाणी के द्वारा जिनका उच्चारण किया जाता है उन्हें शब्द कहा जाता है ।

(106) वाणी के चार प्रकार

(1) परावाणी : यह केवल वृत्तिरूप है । हमारी बुद्धिवृत्ति ही परावाणी है। इस वाणी में शब्द और अर्थ एकरूप होते हैं अर्थात् केवल उनकी सत्ता अथवा अस्तित्व को ग्रहण किया जाता है । आत्मसाक्षात्कार की दृष्टि से परावाणी महत्त्वपूर्ण होती है और उसी के कारण मुमुक्षु को तत्त्वमस्यादि महावाक्यों का एकरसात्मक बोध प्राप्त होता है और वह ब्रह्मस्वरूप बन जाता है । जीव को मोक्ष की प्राप्ति हो, इसी उद्देश्य से ईश्वर ने उसे बुद्धिवृत्ति प्रदान की है । अर्थात् मूल रूप से शब्द और उसका अर्थ एकरूप होते हुए भी जीव अपनी अज्ञानजन्य वासना के कारण शब्द और अर्थ में विभाजन करता है तथा उन्हें स्वतंत्र अस्तित्व एवं वस्तुत्व प्रदान करता है ।

(2) पश्यन्ती : यह बाद में मन में उत्पन्न होती है । इसमें नाद अथवा शब्द और अर्थ में भेद होता है ।

(3) मध्यमा : इसका निवास प्राणों में होता है । इसमें शब्द और अर्थ अस्पष्ट रूप में रहते हैं ।

(4) वैखरी : यह वाक्इंद्रिय में होती है । इसमें शब्द और अर्थ एक दूसरे से भिन्न परंतु स्पष्ट होते हैं ।

परावाणीरूप बुद्धिवृत्ति केवल अस्तित्व को ग्रहण करने वाली होने के कारण पंचतन्मात्रा, शब्द, स्पर्श, रूप, रस औंर गंध इसके अंतर्गत केवल सत्तारूप में होते हैं । वह मूलत: निर्विषय और शुद्ध होती है । परंतु अज्ञान के कारण जब वह अपने स्थान पर मर्यादित भाव धारण करती है तब अशुद्ध बन जाती है—क्रमश: अगली वाणियों में शब्द और अर्थ भिन्न-भिन्न होते जाते हैं और वे जब वैखरी वाणी तक पहुँच जाते हैं तब उन्हें एक स्वतंत्र अस्तित्व प्राप्त होता है और वे एक-दूसरे से सर्वथा भिन्न हो जाते हैं । जो शब्द रसादि तन्मात्राएँ केवल सत्तारूप में होती हैं वे गुणगुणी भाव धारण करते हुए प्रकट हो जाती हैं । उदाहरण के लिए गंधतन्मात्रा, पृथ्वी और उसका गुण गंध इस प्रकार गुणगुणीभाव धारण करता है और हम उसी प्रकार की भाषा का प्रयोग करते हुए व्यवहार करने लगते हैं । जगत् के समस्त ज्ञेय पदार्थों की निर्मिति इसी प्रकार होती है और हमें यह ज्ञान प्राप्त होता है कि समस्त पदार्थ द्रव्य और गुणों से युक्त होते हैं ।

(107) गुणगुणीभाव-रहित अत: निर्गुण

किसी भी पदार्थ का ज्ञान प्राप्त करते समय हमें अपनी ज्ञानेंद्रियों की सहायता से केवल गुणों का ही ज्ञान प्राप्त होता है । मूल द्रव्य का ज्ञान हमें नहीं होता । कर्पूर का ज्ञान होते समय हमें उसका मृदुत्व, उसकी सुगंध एवं शुभ्रता आदि गुणों का ज्ञान होता है । परंतु इन गुणों के अतिरिक्त यदि हम देखने जायें कि उस स्थान पर कौन-सा द्रव्य है तो हमें कुछ भी दिखाई नहीं देता । अत: यही कहना पड़ता है कि कल्पना के द्वारा हम द्रव्य की सत्ता अथवा उसके अस्तित्व को स्वीकार करते हैं । सत्ता के अतिरिक्त द्रव्य नामक अन्य कोई वस्तु नहीं होती और सत्ता ही परब्रह्म है ।

पदार्थ के संबंध में न्यायशास्त्र के द्वारा स्वीकृत द्रव्य तथा गुणसंबंधी कल्पना परब्रह्म को सच्चिदानंदरूप कहते समय उपयुक्त नहीं होती । अत: यह कहा जाता है कि परब्रह्म निर्गुण है । संक्षेप में, अव तक हमने जिन चार कल्पनाओं पर विचार किया, परब्रह्म उनसे विरहित है यह बताने के लिए कहा जाता है कि परब्रह्म 'निर्गुण' है ।

इस पर कुछ विद्वानों का कथन है कि परब्रह्म असत् नहीं है यह बताने के लिए कहा जाता है कि वह सत् है । वह जड़रूप नहीं है यह कहने के लिए उसे

चिद्रूप कहा जाता है । अत: यह स्पष्ट है कि परब्रह्म का सच्चिदानंदादि धर्मों से होने वाला उल्लेख अचित्, जडादि की अपेक्षा से किया जाता है । केवल यही नहीं, तो वेदान्त का कथन है कि इस स्थान पर शब्द-प्रवृत्ति भी समाप्त हो जाती है । फिर उसे भावरूप कैसे कहा जा सकता है ? श्रीज्ञानेश्वरजी ने भी अमृतानुभव में कहा है—

'असताचिये व्यावृत्ती ।
सद् म्हणो आले श्रुती ।
जडाचिये व्यावृती ।
चिद्रूप की ।।

(108) दो सापेक्ष पदार्थों में एक पारमार्थिक सत्तावान तथा दूसरा प्रातिभासिक सत्तावान अतः कल्पित

परंतु एक बात इन विद्वानों के ध्यान में नहीं आती कि दो सापेक्ष पदार्थों में एक की सत्ता पारमार्थिक रहती है तो दूसरे की सत्ता केवल कल्पित होती है ।

परंतु दोनों ही की सत्ता कभी कल्पित नहीं हो सकती । इस स्थान पर अंधकार और प्रकाश का व्यावहारिक उदाहरण लिया जा सकता है । प्रकाश शब्द का प्रयोग हम अंधकार की अपेक्षा से तथा अंधकार शब्द का प्रयोग प्रकाश की अपेक्षा से करते हैं । परंतु प्रकाश को जैसा वस्तुत्व होता है वैसा अंधकार को नहीं होता । प्रकाश के अभाव को हम अंधकार कहते हैं । अंधकार नामक कोई स्वतंत्र वस्तु शेष नहीं रहती । अर्थात् प्रकाश को पारमार्थिक सत्ता अथवा वस्तुत्व होता है, परंतु अंधकार की सत्ता को केवल कल्पित ही मानना पड़ता है। प्रकाश के सिवा अन्य कोई वस्तु नहीं है, ऐसी कल्पना यदि की जाए तो प्रकाश को प्रकाश कौन कहेगा ? उसी प्रकार सत्-असत्, चित्-अचित् और आनंद-दुख सापेक्ष शब्दयुग्म हैं और असतादि कल्पनाओं की यथार्थ ज्ञान से निवृत्ति होने पर भी सत्, चित् और आनंद की निवृत्ति नहीं होती । उनकी सत्ता पारमार्थिक होती है । परंतु उनके सिवा अन्य कोई वस्तु जब शेष ही नहीं रहती, तब सद्रूपादि शब्दों के प्रयोग की आवश्यकता ही नहीं रहती । इसलिए वेदान्त का कथन है कि उस स्थान पर शब्दों के प्रयोग की प्रवृत्ति की समाप्ति होती है । संक्षेप में, वेदान्त की परब्रह्म-कल्पना शून्यरूप अथवा अभावरूप नहीं होती । वेदान्त के अनुसार परब्रह्म सच्चिदानंदस्वरूप अथवा सत्यज्ञानानंत होता है और उसी के अनुसार उसके स्वरूपभूत लक्षणों का वर्णन वेदांत में किया जाता है । अत: इन स्वरूपभूत लक्षणों के आधार पर ही 'निर्गुण' शब्द के अर्थ को ग्रहण करना चाहिए ।

भागवत के निम्नांकित श्लोक के अभिप्राय को स्पष्ट करते हुए आचार्यानुयायी श्रीधराचार्य कहते हैं कि श्रुतियों ने त्रिगुणों से अनिभिभूत अर्थात् अप्रभावित, सर्वज्ञ, सर्वशक्ति, सर्वेश्वर, सर्वनियंत्रक तथा समस्त कल्याणकारी गुणों के समुच्चयरूप ईश्वर का ही प्रतिपादन किया है ।

> अयमभिप्राय:-सगुणमेव गुणैरनभिभूतं सर्वज्ञं सर्वशक्ति सर्वेश्वरं सर्वनियन्तरं सर्वोपास्यं सर्वकर्मफलप्रदातारं समस्तकल्याणगुणनिलयं भगवन्तं श्रुतय: प्रतिपादयन्ति।

प्रतिबिंबरूप जीव की अपेक्षा से परब्रह्म बिंबभूत होता है, अत: उसे सगुण कहा जाता है । परंतु उस सगुणावस्था में भी वह निरुपाधिक ही रहने के कारण उसका निर्गुणत्व यथावत् रहता है ।

> बिंबभूतस्येश्वरस्य निरुपाधिकत्वात् ।। (काशीनाथोपाध्याय)

(109) सगुणता के दो प्रकार

श्रीधराचार्य के कथन के अनुसार सगुणता दो प्रकार की होती है—गुणों से अभिभूत होने वाली तथा गुणों से अनभिभूत होने वाली । बुद्धि-उपाधि के कारण अपने स्थान पर मर्यादित्व की, नाशिवंतत्व की, दुखित्व की दृढ़ धारणा रखने वाला जीव त्रिगुणों से अभिभूत और उपाधि के अधीन बना सगुण है । वह स्फुरणरूप अर्थात् बिंबरूप होने के कारण उसने जिस प्रकार उपाधि के परिणाम को अपने आप पर आरोपित किया है वैसे उसकी अपेक्षा से बिंबरूप होने वाले ईश्वर ने नहीं। इसीलिए ईश्वर सगुण नित्यमुक्त होता है और उसकी स्थिति निर्गुण के ही समान शुद्ध होती है । मूलत: जीव और जगत् सगुण भी उतना ही शुद्ध होता है परंतु आवरण तथा विक्षेपरूप अविद्या के कारण उन्हें जो सगुणत्व प्राप्त होता है उसे ज्ञान की सहायता से नष्ट करना पड़ता है ।

> ...परमार्थतु: न जीवो नाम
> बुद्ध्युपाधिसंबंधपरिकल्पित
> स्वरूपव्यतिरेकेणास्ति । न हि
> नित्यमुक्तस्लवरूपात्सर्वज्ञादिश्वरादन्यश्चेतनो
> धातुर्द्वितीयो वेदान्तार्थनिरूपणायोपलभ्यते । (ब्र.सू.शा.भा. 2-3-30)

जिस समय सत्यज्ञानानंत अथवा सच्चिदानंदादि स्वरूपभूत लक्षण से परब्रह्म का उल्लेख किया जाता है उस समय उस परब्रह्म को सगुण कहा जाता है तथा त्रिगुणरहितत्व के कारण और गुणगुणी अथवा धर्मधर्मीभाव-विरहित तत्त्व के कारण उसे निर्गुण कहा जाता है ।

भगवान आचार्य ने 'सत्यज्ञानमनन्तं ब्रह्म' श्रुती पर तैत्तिरीय उपनिषद में जो भाष्य किया है उससे हमें त्रिगुणों से अनभिभूत और निर्गुणावस्था को यथावत् रखते हुए सगुण होने वाले परब्रह्म के स्वरूप की स्पष्ट कल्पना प्राप्त हो सकती है।

(110) त्रिगुणों के द्वारा अनभिभूत सगुण उस अवस्था में भी निर्गुण ही रहता है

आचार्य कहते है, "ब्रह्म सत्यरूप, ज्ञानरूप और आनंदरूप है ।" प्रस्तुत वचन में ब्रह्म का स्वरूपलक्षण प्रतिपादित किया गया है । ब्रह्म विशेष्य है तथा उपर्युक्त तीनों पद उसके विशेषण हैं । वेद्य क्या है, इस बात का प्रतिपादन करने के लिए इस स्थान पर विशेष्य ब्रह्म के विषय में कुछ कहना है । जिस ब्रह्म का ज्ञान प्राप्त करना है, उस ब्रह्म के विषय में ही प्रमुख रूप से कहना है, अत: वह विशेष्य है। विशेषण-विशेष्य संबंध के कारण ही सत्यादि तीनों पदों का प्रयोग एक ही विभक्ति में किया गया है और उनका ऐक्य है । सत्यादि तीन विशेषणों के कारण हमें यह बोध प्राप्त होता है कि विशेष्यरूप सभी अन्य वस्तुओं से विशेष्यरूप ब्रह्मवस्तु भिन्न है । इस प्रकार अन्य वस्तुओं से उसके भिन्नत्व का ज्ञान हमें प्राप्त होता है । जिस प्रकार व्यवहार में हम कहते हैं—'विशाल सुगंधित नीलकमल'।

> सत्यं ज्ञानमनन्तं ब्रह्मेति ब्रह्मणो
>
> लक्षणार्थम् वाक्यम् । सत्यादीनि हि त्रीणि विशेषणार्थानि पदानि विशेषयस्य ब्रह्मण: । विशेष्यं ब्रह्म विवक्षितत्वाद्वेद्यतया । वेद्यत्वेन यतो ब्रह्म प्राधान्येन विवक्षितं तस्माद्विशेष्यं विज्ञेयम् । अत: अस्मात् विशेषणविशेष्यत्वादेव सत्यादीन्येकविभक्तयंतानि पदानि समानाधिकरणानि सत्यादिभिर्स्त्रिभिर्विशेषणैर्विशेष्यमाणं ब्रह्म विशेष्यान्तरेभ्यो निर्धार्यते । एव हि तज्ज्ञानं भवति यदन्येभ्यो निर्धारितम् यथालोके नीलं महत्सुगंध्युत्पलमिति । (तैत्ति. शा. भा 2-1)

(111) विशेषण के कार्य के दो प्रकार—स्वरूपलक्षणात्मक और अन्यव्यावृत्यात्मक

केवल अन्य पदार्थों से भिन्नत्व दर्शाने के लिए ही व्यवहार में विशेषण-विशेष्य संबंध का प्रयोग किया जाता है, इस धारणा के आधार पर पूर्वपक्षी कहता है कि आदित्य के समान परब्रह्म भी एकमेव होता है, अत: उसे अन्य पदार्थों से अलग करने की आवश्यकता ही नहीं होती । अत: इस स्थान पर विशेषण-विशेष्य-संबंध स्थापित करना उचित नहीं है । पूर्वपक्ष की इस आशंका का समाधान करते हुए आचार्य कहते हैं कि इस स्थान पर विशेषण-विशेष्य-संबंध का स्वीकार परब्रह्म के स्वरूपलक्षण को प्रतिपादित करने के लिए किया गया है । विशेषण के दो कार्य हैं—स्वरूपलक्षणात्मक और अन्यव्यावृत्यात्मक । जिस स्थान पर विशेषण

लक्षणप्रधान होता है उस स्थान पर लक्षण का बोध कराया जाता है और जिस स्थान पर केवल विशेषण प्रधान होता है उस स्थान पर अन्य पदार्थों की व्यावृत्ति की जाती है । परंतु दोनों में ही स्वरूपलक्षण—धर्म समान होता है । 'अवकाशयुक्त आकाश' कहते समय 'अवकाश' आकाश का विशेषण है । परंतु आकाश जैसा अन्य कोई पदार्थ ही न होने के कारण इस स्थान पर उसे अन्यों से अलग करने का प्रश्न ही नहीं उपस्थित होता । परंतु फिर भी 'अवकाश' उसका स्वरूपभूत लक्षण है ही । इसीलिए हम कहते हैं कि 'सत्यज्ञानमनन्तं ब्रह्म' वाक्य से परब्रह्म के स्वरूप-लक्षण का निर्देश होता है... तथा एकमेव च ब्रह्म न ब्रह्मान्तराणि येभ्यो विशेष्येत् नीलोत्पलवत् । न लक्षणार्थत्वात् विशेषाणाम् । नार्थदोषः । कस्मात् । यस्माल्लक्षणार्थप्रधानानि विशेषणानि न विशेषणप्रधानान्येव। कः पुनर्लक्षणलक्ष्ययोर्बिशेषणविशेष्ययोर्वा विशेष इति उच्यते। समानजातीयेभ्यः एव निवर्तकानि विशेषणानि विशेष्यस्य, लक्षणं तु सर्वतः एव, यथावकाशप्रदमाकाशमिति। लक्षणार्थ च वाक्यमित्यवोचाम । (तैत्ति. शां. भा. 2-1)

(112) 'सत्यज्ञानमनन्तं' परब्रह्म का स्वरूपलक्षण है, अतः वह शून्य रूप नहीं

आचार्य पुनः कहते हैं कि ''सत्यज्ञानमनन्तं ब्रह्म' परब्रह्म का स्वरूपलक्षण है, अतः उसका अर्थ शून्य नहीं होता । हम कहते हैं कि ये विशेषण विशेषण होते हुए भी स्वरूपलक्षणप्रधान हैं । जिस वस्तु के साथ विशेषणों को संलग्न किया जाता हो, वह वस्तु ही यदि शून्यरूप हो, तो उन लक्षणों का क्या लाभ ? विशेषण होने पर भी सत्यादि शब्दों का मूल अर्थ यथावत् रहता है ।

...शून्यार्थतैव प्राप्ता सत्यादिवाक्यस्येति चेत् । न । लक्षणार्थत्वात् । विशेषणत्वेऽपि सत्यादीनां लक्षणार्थप्राधान्यमित्यवोचाम । शून्ये हि लक्ष्येऽनर्थकं लक्षणवचनम् । अतः लक्षणार्थत्वान्मन्यामहे न शून्यार्थतेति । विशेषणार्थत्वेऽपि च सत्यादीनां स्वार्थापरित्याग एव । (तैत्ति. शां. भा. 2-1)

आचार्य के समस्त प्रतिपादन से स्पष्ट होता है कि आचार्य जब परब्रह्म को निर्गुण कहते हैं तब उसका अर्थ यह नहीं होता कि वे परब्रह्म को शून्य अथवा शून्यवत् मानते हैं; बल्कि उनका परब्रह्म सत्यज्ञानमनंत अथवा सच्चिदानंद रूप से भावरूप अर्थात् सगुण है । उनके कथन का अर्थ केवल यही है कि परब्रह्म एकमात्र होने के कारण शब्दप्रवृत्ति समाप्त हो जाती है । यह कहना अनुचित न होगा, कि आचार्य के निर्गुण के उचित अर्थ को ग्रहण न करते हुए जो विद्वान उन्हें बौद्धों के समकक्ष बिठाकर उनका उपहास करते हुए उन्हें प्रच्छन्नबौद्ध कहते हैं उन्हें आचार्य-दर्शन के मूलतत्त्वों का आकलन कदापि नहीं हुआ है ।

(113) लक्षणरूप से परब्रह्म का उल्लेख सगुण, व्यावहारिक रूप से उल्लेख निर्गुण

महाराष्ट्र की आचार्यानुयायी समस्त संतमंडली ने आचार्य के समान ही परब्रह्म के सगुण और निर्गुण दोनों ही प्रकारों को स्वीकार किया है । जिस समय परब्रह्म का उल्लेख सत्यज्ञानादि अथवा सच्चिदानंदादि स्वरूपभूत लक्षणों से किया जाता है, उस समय उसे सगुण कहा जाता है और जिस समय इन विशेषणों का उल्लेख अज्ञानजन्य जीव और जगत् की व्यावृत्ति करने वाले के रूप में किया जाता है तब उसी को निर्गुण कहा जाता है । परंतु एक बात निश्चित है कि दोनों ही अवस्थाओं में स्वरूपभूत सत्यादि धर्मों का परित्याग नहीं होता जैसा कि आचार्य ने कहा है ।

'सगुणमेव गुणैरनभिभूतम्' कहकर श्रीधराचार्य ने जिस सगुण का उल्लेख किया है वह सगुण माया के अर्थात् अविद्या के अधीन न होने वाला सगुण है । यही ईश्वर का सगुणत्व है । अब तक प्रस्तुत विवेचन से स्पष्ट है कि अविद्या के अधीन होने वाले अन्य सगुण जीव और जगत् हैं ।

अविद्या के कारण जीव को असत्, जड़ और दुख की प्रतीति प्राप्त होती है। अत: श्रुती ने उनके प्रतियोगी सत्, चित्, आनंदादि धर्मों से परब्रह्म की पहचान करायी । यद्यपि ये धर्म सापेक्ष हैं तथापि जीव के ब्रह्मस्वरूप हो जाने पर भी ये धर्म परब्रह्म के स्थान पर रहते हैं, उनकी निवृत्ति नहीं होती । आचार्य के अनुसार वे परब्रह्म के स्वरूपभूत लक्षणात्मक धर्म हैं । उनके निवृत्ति की कल्पना जैसे परब्रह्म के विनाश की ही कल्पना है । क्योंकि स्वरूपभूत लक्षण-धर्मों का नाश ही वस्तु का नाश होता है । (नहि स्वभावो भावनां व्यावर्तेतौष्ण्यवद्रवे: ।

(बृ.वा.का. 55-56 : सुरेश्वराचार्य ।)

(114) यदि कारणधर्मों से कार्य भासमान होता हो, तो वह भी कारण की तरह सत्य ही है

अज्ञान की निवृत्ति से बुद्धि के शुद्ध हो जाने पर परादि चारों वाणियाँ ईश्वर की ही वाचक बन जाती हैं । ईश्वर से भिन्न पदार्थों का आभास जिस समय तक सत्य प्रतीत हो रहा था, केवल उसी समय तक उस आभास को मिथ्या कहा जाता है । ईश्वर के साथ ऐक्य प्रस्थापित हो जाने पर वह आभास भी ईश्वरस्वरूप हो जाता है । "जब तक दृष्टि कारण की तरफ नहीं, केवल कार्य की ही तरफ होती है तब तक आभास मिथ्या होता है; परंतु कारण की तरफ दृष्टि होते हुए भी यदि कार्य भासमान हो रहा हो तो वह कार्य कारणस्वरूप ही भासमान होगा।" उदाहरण के लिए मृत्तिका और उससे निर्मित घट को लिया जा सकता है । कारणरूप मृत्तिका से दृष्टि हटकर यदि केवल कार्यरूप घट की ओर दृष्टि लगी रहे

तो वह घट मृत्तिका से भिन्न हो जाने के कारण उसे स्वतंत्र अस्तित्व और वस्तुत्व प्राप्त हो जाएगा और इस प्रकार मृत्तिका और घट में भेद निर्माण होकर उसे मिथ्या अथवा असत्य कहा जाएगा । परंतु यदि मृत्तिका पर दृष्टि यथावत् रहते हुए घट का आभास होगा तो वह कार्यरूप आभास कारण का ही एक प्रकार होने के कारण सत्य सिद्ध होगा । मृत्तिका का ज्ञान यथावत् रहने के कारण इस समय घट को स्वतंत्र अस्तित्व और वस्तुत्व प्राप्त नहीं होगा । 'सर्व च नामरूपादि सदात्मनैव सत्यं विकारजातं स्वतस्त्वनृतमेव' (छां. 6.3 (2)—प्रस्तुत श्लोक में आचार्य ने इसी बात को स्पष्ट किया है । जिस समय सच्चिदानंदरूप परब्रह्म वस्तु सर्वत्र सच्चिदानंदादि लक्षणों से प्रतीत होती है उस समय, अर्थात् वह 'धर्मधर्मी इव' होकर सगुण हो जाने पर भी उसमें किसी भी प्रकार से कोई न्यूनत्व नहीं उत्पन्न होता, अत: वह उस अवस्था में भी निरुपाधिक और निर्गुण ही रहती है । श्रीधराचार्य के मतानुसार आचार्य के समस्त विवेचन का सारतत्त्व यही है ।

(115) परब्रह्म ही उपास्य है

श्रीधराचार्य कहते हैं कि यही बिंबभूत सगुण ईश्वर सबका उपास्य है । 'सर्वत्र प्रसिद्धोपदेशात्' ब्रह्मसूत्र पर भाष्य करते समय आचार्य कहते हैं कि 'मनोमय: प्राणशरीरो भारुप:' इत्यादि श्रुतियों ने मनोमयत्वादि धर्मों से युक्त आत्मा की उपासना करने के लिए कहा है, वह उपासना जीव की करनी चाहिए अथवा परब्रह्म की ? आचार्य कहते हैं कि कहीं भी जीव की उपासना करने के लिए नहीं कहा गया है, सर्वत्र परब्रह्म की ही उपासना का उपदेश किया गया है । तत्र संशय:—किमिह मनोमयत्वादिभि: धर्मै: शारीर आत्मोपास्यत्वेनोपदिश्यते आहोस्वित्परं ब्रह्मेति ।... परमेवब्रह्म मनोमयत्वादिधर्मैरूपास्यम् । कुत:? सर्वत्र प्रसिद्धोपदेशात् । यत्सर्वेषु वेदान्तेषु प्रसिद्धं ब्रह्मशब्दस्यालम्बनं जगत्कारणं इह च सर्वं खल्विदं-ब्रह्म' इतिवाक्योपक्रमे श्रुतम् तदेव मनोमयत्वादिधर्मैविशिष्टमुपदिश्यत इति युक्तम् । (ब्र.सू.शां.भा. 1-2-1) उसी प्रकार 'अनुपपत्तेस्तु न शारीर:' सूत्र पर किए गए भाष्य में तथा 'विवक्षितगुणोपपत्तेश्च' सूत्र पर किए गए भाष्य में भी उन्होंने यही प्रतिपादित किया है कि परब्रह्म ही उपास्य है, जीव उपास्य नहीं हो सकता।... अतो विवक्षितगुणोपपत्तेश्च परमेव ब्रह्मेहोपास्यत्वेनोपदिष्टमिति गम्यते । (ब्र.सू.शां.भा. 1-2-2) अनेन तु शारीरे तेषामनुपपत्तिरुच्यते । (पूर्ववत् 1-2-3)।

भगवान आचार्य ने इस स्थान पर सगुण परब्रह्म का वर्णन किया है । जैसा कि हम पहले देख चुके हैं, जिस समय परब्रह्म का उल्लेख अतद्व्यावृत्तिपूर्वक ('अप्राणोह्यमना: शुभ:) किया जाता है, उस समय उसे निर्गुण परब्रह्म कहा जाता है और 'मनोमय: प्राणशरीर:' इत्यादि गुणों से जब उसका उल्लेख किया जाता है तब वह सगुण होता है । 'अप्राणो ह्यमना: शुभ:' इति श्रुति: शुद्धब्रह्मविषया, इयं

तु 'मनोमय: प्राणशरीर:, इति सगुणब्रह्मविषयेति विशेष: । (ब्र.सू.शां.भा. 1-2-2)

निर्गुणाभिमानी व्यक्ति ध्यान में रखे कि 'अनुपपत्तेस्तु न शारीर:'—इस ब्रह्मसूत्र पर किए गए भाष्य में आचार्य ने सगुण बिंबभूत ईश्वर और जीव—इन दो सगुणों में होने वाले अंतर को स्पष्ट किया है ।

(116) निर्गुणविरोधी सगुण, ईश्वरविरोधी जीव

जो शरीर में निवास करता है उसे 'शारीर' कहा जाता है । अत: प्रश्न यह उपस्थित होता है कि ईश्वर भी जीव के समान शरीर में ही निवास करता है, फिर उन दोनों में क्या अंतर है ? आचार्य कहते हैं कि शरीर में निवास करते हुए भी ईश्वर देहरूप नहीं होता, परंतु जीव देहरूप हो जाता है । ईश्वर अपने अमर्यादित्व के ज्ञान का त्याग नहीं करता । परंतु देहरूप बना जीव ज्ञान का त्याग कर देता है और वह अपने आपको देह तक ही सीमित मानने लगता है। इसीलिए ईश्वर सगुणावस्था में भी निर्गुण के ही समान शुद्ध रहता है, परंतु जीव अज्ञान के कारण बद्ध हो जातां है । ईश्वर की सगुणता निर्गुण की अविरोधी होती है तो जीव की सगुणता निर्गुण के विरोध में होती है ।... ब्रह्मैव उक्तन्यायेन मनोमयत्वादिगुणं, न तु शारीरो जीवो मनोमयत्वादिगुण: ।... शारीर इति शरीरे भव इत्यर्थ: । नन्वीश्वरोऽपि शरीरे भवति । सत्यम् । शरीरे भवति न तु शरीर एव भवति । जीवस्तु शरीर एव भवति, तस्य भोगाधिष्ठानाच्छशरीरादन्यत्र वृत्त्यभावात् ।

(ब्र.सू.शां.भा. 1-2-3)

(117) परब्रह्म ही सर्वज्ञ और सर्वशक्तिमान

श्रीधराचार्य कहते हैं कि यह सगुण ईश्वर ही 'सर्वशक्तिमान्' है । 'सर्वोपेता च तद्दर्शनात्' ब्रह्मसूत्र पर भाष्य करते समय आचार्य कहते हैं कि हमें किस आधार पर ज्ञात होता है कि विचित्र शक्तियुक्त परब्रह्म का अस्तित्व है ? सर्वकर्मा, सर्वकाम इत्यादि विभिन्न श्रुतियों से हमें उसका ज्ञान होता है । 'विकरणत्वान्नेति चेत्तदुक्तम्' सूत्र पर किए गए भाष्य में उन्होंने अधिक स्पष्टीकरण प्रस्तुत किया है। आचार्य कहते हैं कि अत्यंत गंभीर परब्रह्म के ज्ञान का आकलन केवल श्रुतियों के आधार पर प्राप्त किया जा सकता है । तर्क के आधार पर उसका आकलंन नहीं हो सकता। 'नेति नेति' ने समस्त विशेषों का धिक्कार किया है, परंतु यह प्रथमत: ही स्पष्ट किया है कि परब्रह्म के स्थान पर अविद्या के कारण कल्पित नामरूपों के कारण उसके स्थान पर सर्वशक्तिसामर्थ्य संभव होता है । श्रुती कथन है कि हस्त, चक्षु, कर्ण आदि इंद्रियों के करणों (साधनों) का अभाव होते हुए भी उन इंद्रियों से संपन्न होने वाले कार्य को संपन्न करने की सामर्थ्य परब्रह्म के स्थान पर होती है।

तत्पुन: कथमवगम्यते विचित्रशक्तियुक्तं परं ब्रह्मेति ?
तदुच्यते । तद्दर्शनात् । यथा हि दर्शयति श्रुति।
सत्यकाम: सत्यसंकल्प: । (छां. 8/7/1)
य: सर्वज्ञ: सर्ववित् (मुण्ड 1-1.9)
इत्येवंजातीयका । (ब्र.सू.शां.भा. 2-1-30)

श्रुत्यवगाह्यमेवेदमतिगंभीरं ब्रह्म न तर्कावगाह्यम् । ...प्रतिषिद्धसर्वविशेषस्यापि ब्रह्मण: सर्वशक्तियोग: संभवतीत्येतदप्यविद्याकल्पितरूपभेदोपन्यासेनोक्तमेव । तथाच शास्त्रम् अपाणिपादो जवनो ग्रहीता पश्यत्यचक्षु: सशृणोत्यकर्ण: । (श्वे. 318)

इत्यकरणस्यापि ब्रह्मण: सर्वसामर्थ्ययोगं दर्शयति । (ब्र.सू.शां.भा. 2-1-31)

(118) सगुण ईश्वर कर्म का फलदाता

श्रीधराचार्य कहते हैं कि यही सगुण ब्रह्म समस्त कर्मों का फलदाता है (सर्वकर्मफलदातारं)। पूर्वमीमांसकों के मतानुसार जब अधिकारी कर्ता शास्त्रोक्त वैदिक कर्म करता है, तब उससे अपूर्व का निर्माण होता है और यह अपूर्व ही कर्म करने वाले को उस कर्म का फल देता है । कर्म का फल देने के लिए ईश्वर को मानने की कोई आवश्यकता नहीं है । मीमांसकों के प्रस्तुत कथन को अनुचित सिद्ध करते हुए भगवान आचार्य कहते हैं कि आपके द्वारा स्वीकृत अपूर्व किसी लकड़ी अथवा मिट्टी के गोले के समान है । अपूर्व को न स्वयं के विषय में ज्ञान है, न औरों के विषय में । अचेतन अपूर्व में फल देने की सामर्थ्य कैसे हो सकती है ? और अपूर्व के अस्तित्व के लिए प्रमाण क्या है ? आप कहेंगे कि उसके लिए अर्थापत्ति-प्रमाण है । परंतु आचार्य कहते हैं कि सर्वज्ञ सर्वशक्तिमान ईश्वर के सिद्ध होते ही अर्थापत्ति अपने आप नष्ट हो जाती है ।

अपूर्वस्याचेतनस्य काष्ठलोष्टसमस्य चेतनेनाप्रवर्तितस्य प्रवृत्त्यनुपपत्ते: । तदस्तित्वे च प्रमाणाभावात् । अर्थापत्ति: प्रमाणामितिचेत् न ईश्वरसिद्धेरर्थापत्तिक्षयात् । (ब्र.सू.शां.भां. 3-2-30)

विद्यारण्य जी ने पंचदशी में कहा है कि सर्वज्ञात्वादि धर्म माया के होते हैं । अत: कुछ विद्वान यह प्रश्न उपस्थित करते हैं कि उसकी संगति किस प्रकार स्थापित की जाए ?

सर्वज्ञत्वादिके तस्य नैवं विप्रतिपद्यताम् ।
श्रौतार्थस्यावितर्क्यत्वान्मायायां सर्वसंभवात् । (पंच 6-159)

(119) ईश्वर की सर्वज्ञता मायानिमित्तक है

विद्यारण्य जी ने पंचदशी के प्रथम प्रकरण में ईश्वर और जीव के स्वरूप का जो

वर्णन किया है, उसके आधार पर ईश्वर के संबंध में माया का अर्थ क्या करना चाहिए यह तो हम पहले ही देख चुके हैं । वे कहते हैं कि माया विशुद्धसत्त्वप्रधान है और अविद्या मलिनसत्त्वप्रधान है । माया ईश्वर की उपाधि है, तो अविद्या जीव की उपाधि है । विशुद्धसत्त्वप्रधान माया में बिंबरूप से होने वाला चिदात्मा माया को अपने नियंत्रण में रखता है और उसे ही ईश्वर कहते हैं। इस स्थान पर विद्यारण्य जी ने दर्शाया है कि ईश्वर पर माया का कोई परिणाम नहीं होता । अतः यह अपने आप सिद्ध हो जाता है कि ईश्वर की 'सर्वज्ञता' मायिक है अर्थात् वह मायाजन्य न होकर मायानिमित्तक है । दृष्टिसृष्टिवाद में इसी ईश्वर को प्रतिबिंबरूप जीव की अपेक्षा से बिंबरूप माना गया है । उपाधि का परिणाम प्रतिबिंब पर होता है, (उपाधेः प्रतिबिंबपक्षपातित्वात्) बिंब पर नहीं । अतः निमित्तकारणरूप माया के निवृत्त होने पर भी ईश्वर के स्थान पर होने वाले सर्वज्ञत्वादि धर्म नष्ट नहीं होते। परंतु उनकी शब्दप्रवृत्ति समाप्त हो जाती है ।

> ...विशुद्धसत्त्वप्रधाना माया मलिसत्त्वप्रधाना अविद्येत्यर्थः । यदर्थं मायाविद्योर्बेद उक्तस्तदिदानीम् दर्शयति । मायाबिंब इति । मायाबिंबो माय्रायां प्रतिफलितश्चिदात्मा तां मायां वशीकृत्य स्वाधीनीकृत्य वर्तमानः सर्वज्ञः सर्वज्ञत्वादिगुणकः ईश्वरः स्यात् ।
>
> (पंचदशी 1-16 पर की गई रामकृष्ण की टीका)

इस स्थान पर एक बात को ध्यान में रखना परमावश्यक है कि विद्यारण्यादि आचार्यानुयायियों के लेखन का विचार करते समय यदि कोई वचन आचार्य का विरोधी प्रतीत होता हो, तो उसे प्रमाण रूप में स्वीकार नहीं किया जा सकता । या तो विरोधी प्रतीत होने वाले उस वचन का आचार्य की विचारप्रणाली के साथ समन्वय करना चाहिए और यदि समन्वय संभव न हो तो उसे अप्रमाण कहकर उसका त्याग कर देना चाहिए ।

(120) आचार्य के मतानुसार सर्वज्ञत्वादि धर्म परब्रह्म के ही होते हैं

'ईक्षतेर्नाशब्दम्' ब्रह्मसूत्र के 1-1-5 पर किए गए भाष्य में आचार्य ने इस बात पर विचार-विमर्श किया कि सर्वज्ञत्वादि धर्म किसके होते हैं । और उस स्थान पर उन्होंने यह सिद्ध किया है कि सर्वज्ञत्वादि धर्म माया के स्थान पर नहीं रह सकते, बल्कि वे परब्रह्म के ही स्थान पर रहते हैं ।

> तथा सति यन्निमित्तमीक्षितृत्वं प्रधानस्य तदेव सर्वज्ञं मुख्यं ब्रह्म जगतः कारणमिति युक्तम् ।... ज्ञाननित्यत्वे ज्ञानविषयः स्वातन्त्र्यव्यपदेशो नोपपद्यते इति चेन्न प्रततौष्ण्यप्रकाशेऽपि सवितरि दहति प्रकाशय तीति स्वातन्त्र्यव्यपदेशदर्शनात्।... असत्यपि कर्मणि सविता प्रकाशत इति कर्तृत्वव्यपदेशदर्शनात् . (ब्र.सू.शां.भा. 1-1-5)

(121) ब्रह्म सर्वज्ञ और आप्तकाम

'सोऽकामयत । बहुस्यां प्रजायेयेति'—तैत्तिरीयोपनिषद् की इस श्रुति पर भाष्य करते हुए भगवान आचार्य कहते हैं कि जो कामना करता है वह कभी अचेतन नहीं रह सकता । हम कहते हैं कि ब्रह्म सर्वज्ञ है । इसीलिए कामना करने वालों की संगति स्थापित हो सकती है । यदि ऐसा हो, तो क्या ब्रह्म भी हमारी तरह अनाप्तकाम सिद्ध नहीं होता ? इस आशंका का समाधान प्रस्तुत करते हुए आचार्य कहते हैं कि ब्रह्म के स्थान पर स्वातंत्र्य है । जिस प्रकार कामादि दोष दूसरे को परतंत्र करके जीव के स्थान पर प्रवृत्त होते हैं उस प्रकार वे परब्रह्म के स्थान पर प्रवृत्त नहीं होते । परब्रह्म के स्थान पर होने वाले काम का स्वरूप सत्यज्ञान लक्षणात्मक है । वे उसके स्वात्मभूत विशुद्ध धर्म हैं । प्राणियों के कर्म के अनुसार ब्रह्म उन्हें प्रवृत्त करता है । उनके कारण ब्रह्म प्रवृत्त नहीं होता । अतः काम के विषय में ब्रह्म का स्वातंत्र्य है । अतः ब्रह्म को अनाप्तकाम नहीं कहा जा सकता क्योंकि उसे (कामना की पूर्ति के लिए) अन्य साधनों की आवश्यकता नहीं होती ।

> न हि कामयित्रचेतनमस्ति । सर्वज्ञं हि ब्रह्मेत्यवोचाम । अतः कामयितृत्वोपपत्तेः । कामयितृत्वाद स्मदादिवदनाप्तकाममिति चेन्न । स्वातंत्र्यात् । यथान्यान्परवशीकृत्य कामादिदोषाः प्रवर्तयन्ति न तथा ब्रह्मणः प्रवर्तकाः कामाः । कथं तर्हि सत्यज्ञानलक्षणाः स्वात्मभूतत्वाद्विशुद्धाः । न तैर्ब्रह्म प्रवर्त्यते । तेषां तु तत्प्रवर्तकं ब्रह्म प्राणिकर्मपिक्षया । तस्मात्स्वातंत्र्यं कामेषु ब्रह्मणः । अतो न अनाप्तकामं ब्रह्म । साधनान्तरानपेक्षत्वाच्च । (तैत्ति. शां. भा. 2-6)

उसी प्रकार ब्रह्मसूत्रभाष्य 1-1 में परब्रह्म का स्वरूपलक्षण बतातें हुए उन्होंने सर्वज्ञता और सर्वशक्तिमत्ता को शुद्ध ब्रह्म के ही लक्षण कहा है ।

(122) अविद्योपाधिक सर्वज्ञत्व का अर्थ

> अस्ति तावद् ब्रह्म नित्यशुद्धबुद्धमुक्तस्वभावं सर्वज्ञं सर्वशक्तिसमन्वितम् ।

आचार्य के उपर्युक्त कथन का स्पष्टीकरण अपनी टीका के द्वारा प्रस्तुत करते हुए भामतीकार वाचस्पति मिश्र ने कहा है कि 'नित्यशुद्धबुद्धमुक्तं' परब्रह्म का निरुपाधिक लक्षण है तथा 'सर्वज्ञं और सर्वशक्तिसमन्वितं अविद्योपाधिक लक्षण हैं।

> तदेवमनौपाधिकं ब्रह्मणो रूपं दर्शयित्वाऽविधोपाधिकं रूपमाह सर्वज्ञं सर्वशक्तिसमन्वितम् । (भामती ब्र. सू.शां.भा. 1-1-1)

अर्थात् सगुण-स्वरूपी ईश्वर के स्थान पर ही ये अविद्योपाधिक लक्षण दिखाई

देते हैं । भगवान आचार्य ने भी कहा है कि ईश्वर के स्थान पर होने वाला सर्वज्ञत्व और सर्वशक्तिमत्वादि धर्म उसके स्थान पर परमार्थतः न होकर अविद्योपाधि की अपेक्षा से होते हैं ।

> अविद्यात्मिकोपाधिपरिच्छेदापेक्षमेवेश्वरस्येश्वरत्वं सर्वज्ञत्वं सर्वशक्तिमत्वं च न परमार्थतः ।। (ब्र.सू.शां.भा. 2-1-14)

अतः 'अविद्योपाधिक' शब्द के अर्थ को जान लेना महत्त्वपूर्ण हो जाता है।

(123) परमार्थतः सर्वज्ञत्व और सर्वशक्तिमत्व का अर्थ क्या है ?

जैसाकि हमने अब तक देखा, आचार्य ने स्पष्ट रूप से प्रतिपादित किया है कि प्रमुख ब्रह्म ही सर्वज्ञ और सर्वशक्तिमान होता है । परंतु वे यह भी कहते हैं कि इस स्थान पर ये धर्म परमार्थतः नहीं होते । तो इन दोनों कथनों का समन्वय कैसे किया जाए ? जीव और जगत् जिस अर्थ में अविद्योपाधिक हैं, क्या ईश्वर को भी उसी अर्थ में अविद्योपाधिक माना जाए ? आचार्य ने ईश्वर को उस अर्थ में अविद्योपाधिक नहीं माना है । वे ईश्वर को जीव के समान आवरण और विक्षेप नहीं मानते । वे कहते हैं कि ईश्वर नित्यमुक्त है । उन्होंने अपने साहित्य में परब्रह्म और ईश्वर शब्दों का प्रयोग एक ही अर्थ में किया है । यदि इस अविद्योपाधि के कारण ईश्वर-अवस्था में भी निर्गुण परब्रह्म के धर्म यथावत् रहते हों; और जीव के समान उस पर अविद्या का परिणाम नहीं होता, तो फिर इस अविद्योपाधि का स्वरूप किस प्रकार है ?

(124) ये धर्म अविद्यानिमित्तक होने के कारण परमार्थतः उनका प्रयोग नहीं

अतः 'अविद्योपाधि' शब्द के दो अर्थ करना अनिवार्य हो जाता है । जीव और जगत् के संबंध में उस पद का अर्थ 'अज्ञानजन्य' करना पड़ता है तो ईश्वर के संदर्भ में 'अज्ञाननिमित्तक' के रूप में करना पड़ता है । 'अज्ञानजन्य' में अज्ञान उपादान कारण है, अतः ज्ञान के द्वारा उपादान कारण का नाश होते ही जीवत्व का त्रैकालिक बाध होता है । परंतु ईश्वर के संदर्भ में अज्ञान निमित्तकारण होता है, अतः अज्ञान के नष्ट हो जाने पर भी ईश्वरत्व नष्ट नहीं होता । निमित्त-कारण के नाश से वस्तु का नाश नहीं होता । अतः आचार्य जिस समय कहते हैं कि 'ये धर्म परमार्थतः नहीं होते'. उस समय उसका अर्थ मात्र इतना है कि उन शब्दों का प्रयोग उस स्थान पर नहीं किया जा सकता, परंतु उनकी अर्थाकारता नष्ट नहीं होती । इसी बात को स्वयं आचार्य ने भी अधिक स्पष्ट किया है ।

(125) शब्दप्रवृत्ति का अभाव

आचार्य कहते हैं कि परब्रह्म को सर्वज्ञ कहते समय हमें ऐसा प्रतीत होता है कि उसके स्थान पर ज्ञान का कर्तृत्व है । परंतु वास्तव में ज्ञान कर्तृ नहीं होता, अतएव वह शब्द के द्वारा वाच्य भी नहीं हो सकता ।

> अतएवच न ज्ञानकर्तृ तस्मादेव च न ज्ञानशब्दवाच्यमपि तद्ब्रह्म ।
>
> 'ज्ञानशब्देन तल्लक्ष्यते न तूच्यते । तथा सत्यशब्देनापि... यतो वाचो निवर्तन्ते । (तैत्ति. शां. भा. 2.6)

(126) सर्वज्ञत्वादि विशेषण व्यावर्तक होते हुए भी स्वरूपभूत

एक अन्य महत्त्वपूर्ण प्रश्न यह है कि जिस समय हम निरुपाधिक परब्रह्म का लक्षण बताते हुए कहते हैं कि परब्रह्म नित्यशुद्धबुद्धमुक्त है, तो क्या उस समय वह लक्षण अविद्योपाधिक नहीं होता ? जब परब्रह्म के अतिरिक्त अन्य कोई वस्तु ही नहीं है, तब नित्यादि शब्दों के प्रयोग की आवश्यकता ही क्या है ?

'असताचिये व्यावृत्ती । सत म्हणो आले श्रुती । इस स्थान पर श्रीज्ञानेश्वर जी ने भी यही दर्शाया है कि ये शब्द सापेक्ष हैं । जब अनित्यवस्तु ही न हो, तब नित्य शब्द के प्रयोग की क्या आवश्यकता है ? वस्तु के स्वरूप की दृष्टि से जब वेदान्त में बद्धता और मुक्तता को कल्पित माना गया है, तो क्या नित्य शुद्धादि भी कल्पित ही नहीं सिद्ध होते ? अनित्य, अशुद्ध, अज्ञ और मुक्त की अपेक्षा से ही नित्यशुद्धबुद्धादि शब्दों का प्रयोग होता है—अर्थात् वे भी अविद्यानिमित्तक ही सिद्ध होते हैं । इसलिए जैसा कि आचार्य ने 'सत्यज्ञानमनन्तम्' श्रुती पर किए गए अपने भाष्य में बताया है, यद्यपि ये विशेषण अविद्यानिमित्तक अर्थात् अविद्याजन्य जीव और जगतादि की निवृत्ति करने वाले होने के कारण व्यावर्तक होते हैं, तथापि वे स्वरूपभूत कर्म का द्योतन कराते हैं।

(127) परब्रह्म और ईश्वर एक ही है : शब्दसत्ता से भेदाभास, अर्थसत्ता से समानता

संक्षेप में, नित्यशुद्धबुद्धमुक्त निरुपाधिक परब्रह्म तथा सर्वज्ञ सर्वशक्तिमान अविद्योपाधिक ईश्वर में पारमार्थिक भेद नहीं होता । इसलिए जो नित्यशुद्ध रहेगा वही सर्वज्ञ और शक्तिमान रहेगा तथा जो सर्वज्ञ शक्तिमान रहेगा वही नित्यशुद्ध रहेगा । इसका अर्थ यह हुआ कि धर्मों के स्थान पर होने वाली शब्दप्रवृत्ति अविद्यानिमित्तक होती है, परंतु परमार्थतः वे धर्म अर्थाकार होते हैं । अतः श्रीधराचार्य ने जिस 'सर्वशक्तिमंत' विशेषण का प्रयोग किया है और कहा है कि

श्रुति सगुण का ही वर्णन करती है, वह सर्वथा उचित ही है । शब्दों के प्रयोग के कारण, गुणगुणी-भाव के आभास के कारण यद्यपि वह परब्रह्म सोपाधिक प्रतीत होता है तथापि अर्थ की दृष्टि से वह निरुपाधिक ही होता है । यह सगुणता निर्गुणता के साथ संलग्न ही होती है ।

(128) जगत् का आधार सगुण ब्रह्म

वस्तु के स्वरूपधर्म ही वस्तु की शक्ति होते हैं । सच्चिदानंदादि धर्मों से परब्रह्म का उल्लेख करना उसकी शक्ति का वर्णन करना है । जैसा कि श्रीमधुसूदन सरस्वती ने कहा है ,"चैतन्ये हि स्फुरणं स्वाभाविकम्"—स्फुरित होना चैतन्य का स्वभाव है । चिदानंद के कारण परब्रह्म जल पर उठने वाली लहरों के समान स्फुरित होता है और उसकी शक्ति के इस आविर्भाव से ही अनेकत्व का आभास उत्पन्न होता है । यदि इस प्रकार स्फुरण नहीं होगा तो जगत् का भ्रम नहीं हो सकेगा । वेदान्त साधिष्ठान भ्रम को स्वीकार करता है । अत: स्फुरणरूप से सगुण बने परब्रह्म के स्थान पर अनेकत्व का आभास होकर, स्फुरणात्मक चिदाभासरूप जीव को भ्रम होने की संभावना रहती है । चिदानंदात्मक सगुण परब्रह्म ही स्फुरणरूप जीव और जगत् का आधार होता है ।

(129) प्रकृति से भिन्न एवं स्वतंत्र ईश्वर

नित्यशुद्धबुद्धमुक्तस्वरूप, सर्वज्ञ तथा सर्वशक्तिमान ईश्वर से ही जगत् की उत्पत्ति, स्थिति और लय होता है । 'जन्माद्यस्य यत:' ब्रह्मसूत्र ने सिद्धान्तरूप से प्रतिपादित किया है कि जगत् की उत्पत्ति अचेतन प्रधान से अथवा किसी अन्य वस्तु से नहीं होती । इस पर आपत्ति उठाते हुए पूर्वपक्षी कहता है कि क्या आपका यह कथन स्वयं अपने ही विरोध में नहीं है ? आप तो कहते हैं कि एकमात्र आत्मस्वरूप के अतिरिक्त अन्य कोई भी वस्तु नहीं होती । इसका उत्तर प्रस्तुत करते हुए आचार्य कहते हैं कि हमारे कथन में कोई विरोधाभास नहीं है । श्रुति-स्मृतियों का कथन है कि नाम और रूप सर्वज्ञ ईश्वर का मानों आत्मभूत रूप हैं, (अर्थात् वे वस्तुत: ईश्वरस्वरूप नहीं होते) ये नाम-रूप संसार-प्रपंच का मूल कारण हैं, सत् और असत् से भिन्न — अतः अनिर्वचनीय हैं तथा अविद्या के द्वारा कल्पित हैं । ये नामरूप ही सर्वज्ञ ईश्वर की मायाशक्ति और प्रकृति हैं । ईश्वर उन दोनों से (अर्थात् मायाशक्ति और प्रकृति से) भिन्न होता है ।

नित्यशुद्धबुद्धमुक्तस्वरूपात्सर्वज्ञात्सर्वशक्तेरीश्वराज्जगज्जनिस्थितिप्रलयाना
तन्धानाद न्यस्माद्वेत्येषोऽर्थेः प्रतिज्ञातः श्जन्माद्यस्य यतः

(ब्र.सू. 1/1/4) इति ।

सा प्रतिज्ञा तदवस्यैव न तद्विरुद्धोऽर्थः पुनरिहोच्यते । कथं नोच्यतेऽत्यन्तमात्मन एकत्वमद्वितीयत्वं च ब्रुवता ? शृणु यथा नोच्यते । सर्वज्ञस्येश्वरस्यात्मभूत इवाविद्याकल्पते नामरूपे तत्त्वान्यत्वाभ्यामनिर्वचनीये संसारप्रपंचबीजभूते सर्वज्ञस्येश्वरस्य मायाशक्तिः प्रकृतिरितिच श्रुतिस्मृत्योरभिलप्येते। ताभ्यामन्यः सर्वज्ञ ईश्वरः । (ब्र.सू.शां.भां. 2-1-14)

इसमें आचार्य ने स्पष्ट किया है कि नित्यशुद्धबुद्धमुक्त शुद्ध निर्गुण ब्रह्म ही सर्वज्ञ तथा सर्वशक्तिमान सगुण ईश्वर है । माया और प्रकृतिरूप अनिर्वचनीय नामरूप अविद्या द्वारा कल्पित होते हैं । ऐसा प्रतीत होता है कि मानों वे परमेश्वर के आत्मभूत हैं, परंतु वस्तुतः वे परमेश्वर के आत्मभूत नहीं होते । अतः परमेश्वर उनसे भिन्न होता है । अधिष्ठानरूप चिदानंदात्मक परब्रह्म पर अविद्या तथा उसका नामरूपात्मक जगतादि आडंबर भासमान होता है । अविद्या के सहित सर्वत्र कल्पना ही होती है, अतः उस कल्पना से अधिष्ठान में कोई परिवर्तन नहीं होता ।

यत्र यदध्यासः तत्कृतेन गुणेन वा सन
अणुमात्रेणापि न संबंध्यते (शां.भा.)

माया अथवा प्रकृति परमेश्वर की उपाधि है—यह कथन जीव को प्राप्त होने वाले अनुचित आभास के आधार पर किया गया है और इस अनुचित आभास के निमित्त से ही अधिष्ठानरूप निर्गुण परब्रह्म सर्वज्ञ शक्तिमान सगुण ईश्वररूप बन जाता है । परंतु यह सगुणता आरोप की अपेक्षा से होने पर भी अर्थाकारता की दृष्टि से वह परब्रंह्म के ही स्थान पर रहती है । इसलिए वह निर्गुणता के लिए बाधक नहीं होती । 'सर्वज्ञत्वादि धर्म आविद्यक हैं'—इस आचार्य के कथन का स्पष्टीकरण उपर्युक्त विवेचन से हो जाता है ।

(130) देहपात के अनंतर ज्ञानी पुरुष सगुण ईश्वर के साथ एकाकार हो जाता है

आचार्य-वेदान्त का सगुण ईश्वर निरुपाधिक परब्रह्म के समान ही शुद्ध रहता है। अतः जब यह प्रश्न उपस्थित होता है कि देहपात के अनंतर ज्ञानी पुरुष किसके साथ एकाकार हो जाता है, तब ब्रह्मसूत्रकार और भगवान आचार्य यह निर्गुण करते हैं कि वह ईश्वर के साथ एकाकार हो जाता है । जीव के समान यदि ईश्वर वस्तुतः 'शबल' होता, तो वह मुक्तों के लिए प्राप्य सिद्ध नहीं होता।

एवमपि पारमार्थिकचैतन्यमात्रस्वरूपाभ्युपगमेऽपि व्यवहारापेक्षया पूर्वस्याप्युपन्यासादिभ्योवगतस्य ब्राह्मस्यैश्वर्यरूपस्याप्रत्याख्यानादविरोधं बादरायण आचार्य मन्यते । (ब्र.सू.शां.भा. 4-8-7)

इस स्थान पर आचार्य ने स्पष्ट किया है कि ईश्वर की ज्ञानोत्तर निवृत्ति नहीं होती ।

ब्रह्मसूत्र के द्वितीय अध्याय के तृतीय और चतुर्थ पद के जिस सगुण का आचार्य ने खण्डन किया है, वह ईश्वर सगुण नहीं है । पृथ्वी आदि को ईश्वर के स्थूल और सूक्ष्म शरीर कहा गया है, उस कथन का आचार्य ने खण्डन किया है। अर्थात् उन्होंने अविद्याजन्य सगुण का खंडन किया है, विद्याजन्य सगुण का नहीं।

(131) 'तत्त्वमसि' ने जीवेश्वरैक्य को प्रतिपादित किया

ईश्वरावस्था में भी ईश्वर परब्रह्म के समान ही शुद्ध रहता है अत: 'वह आत्मा, श्वेतकेतो, तू ही है'— इस श्रुति ने जीव को उपदेश दिया है कि वही ईश्वर है । इसीलिए आचार्य कहते हैं कि परमार्थत: ईश्वर से अभिन्न होते हुए भी जीव देह के साथ तादात्म्य स्थापित करता है अत: उसके ज्ञानैश्वर्यादि धर्म तिरोहित हो जाते हैं ।

> तत्सत्यं स आत्मा तत्त्वमसि श्वेतकेतो (छा. 6-9-4)
> इति च जीवायोपदिशति ईश्वरात्मत्वम् ।
> अतोऽन्य एवेश्वराज्जीव: सन् देहयोगात्तिरोहितज्ञानैश्वर्योभवति ।
> (ब्र.सू.शां.भा. 3-2-6)

(132) मोक्षप्राप्ति के लिए ईश्वर की कृपादृष्टि आवश्यक है ।

ईश्वर की भक्ति से अज्ञान नष्ट हो जाता है तथा उसकी कृपा से एकाध व्यक्ति को ही ज्ञानदृष्टि का लाभ होता है, सबको नहीं । क्योंकि ईश्वर की कृपा पर ही बंधमोक्ष निर्भर होते हैं अर्थात् बंधमोक्ष पर ईश्वर का नियंत्रण होता है ऐसा आचार्य का कथन है ।

> यत्पुनस्तिरोहितं सत्परमेश्वरमभिध्यायतो यतमानस्य जन्तीर्विधूतध्वान्तस्य तिमिरतिरस्कृतस्येव दृक्शक्तिरौषधवीर्यादीश्वरप्रसादादत्सिद्धस्य कस्यचिदेवाविर्भवति न स्वभावत: एव सर्वेषां जन्तूनाम् । कुत: ततो हि ईश्वराद्धेतोरस्य जीवस्य बंधमोक्षौ भवत: । (ब्र.सू.शां.भा. 3-2-5)

(133) ईश्वर शब्द का अर्थ

भगवान आचार्य ने स्वयं ईश्वर के संबंध में प्रयुक्त अविद्योपाधिक शब्दों का जो स्पष्टीकरण दिया है, उसकी तरफ कई आलोचकों का ध्यान ही नहीं होता । आचार्य कहते हैं कि 'ईश्वर' शब्द का अर्थ है नियंत्रण करने वाला । इसलिए जिसका नियंत्रण करना है, वह यदि हो, तभी नियन्ता शब्द सार्थक हो सकता है। वेदान्त का कथन है कि परमार्थावस्था में अर्थात् यथार्थ ज्ञान की प्राप्ति के अनन्तर समस्त लौकिक व्यवहारों का अभाव होता है । अत: इस लौकिक व्यवहार से

संबंधित—अर्थात् अविद्या के लिए प्रयुक्त होने वाले-सर्वज्ञत्ववादी तथा सर्वशक्तिमत्वादी शब्दों का प्रयोग उस अवस्था में निरुपयोगी सिद्ध होता है । अल्पज्ञ, अल्पशक्ति और अज्ञानी जीव की अपेक्षा से उनका प्रयोग होता था । अब यथार्थज्ञान से अज्ञान की निवृत्ति होने के कारण अल्पज्ञ और अल्पशक्ति नामक कल्पनाएँ भी नष्ट हो जाती हैं और उनसे संबद्ध लौकिक व्यवहार की भी निवृत्ति हो जाती है । फिर न्यिम्य और नियन्तृ के ऐक्य के पश्चात् सर्वज्ञत्वादि शब्दों की प्रवृत्ति का समाप्त हो जाना क्या स्वाभाविक नहीं है ?

> एवं परमार्थावस्थायां सर्वव्यवहाराभावं वदन्ति वेदान्ताः सर्व । तथा ईश्वरगीतास्वपि न कर्तृत्वं न कर्माणि... इति परमार्था वस्थायामी शित्रीशितव्यादिव्यवहाराभावः प्रदर्शयते । (ब्र. सू. भा. 2-114)

(134) निष्पक्ष लक्षण के दृष्टिकोण से निर्गुण और स्वरूपभूत लक्षणों के दृष्टिकोण से सगुण

इससे स्पष्ट हो जाता है कि तटस्थ लक्षण की दृष्टि से निर्गुण तथा स्वरूपभूत लक्षण की दृष्टि से सगुण होने वाले परब्रह्म को ही 'ईश्वर' संज्ञा प्रदान की जाती है ।

श्रीधराचार्य का कथन है कि जीव और ईश्वर का समानाधिकरण अर्थात् ऐक्य होने से ही जीव को मुक्ति मिल सकती है । परंतु रामानुजाचार्यादि द्वैतवादियों का मत इस अद्वैतसिद्धान्त के विरोध में है । उनके अनुसार जीव यदि ईश्वर के निकट रह जाए तो भी अखंड परमानंद की प्राप्ति हो सकती है । ईश्वर के साथ उसका ऐक्य होना अनिवार्य नहीं है । श्रीधराचार्य अद्वैतवादी हैं, अतः इस मत का खण्डन करते हुए उन्होंने कहा है कि जिस प्रकार वैश्वदेव को समर्पित आमिक्षा अर्थात् दूध का छेना उसके निकट ही रहेगा, परंतु दोनों एकाकार नहीं होंगे; उसी प्रकार जीव ईश्वर के निकट रहने पर भी उसके साथ एकरूप न होने के कारण परमानंदरूप नहीं हो सकता ।

(135) तत्त्वमसि वाक्यविचार

इस पर कुछ लोग कहते हैं कि जिस प्रकार 'नील कमल' कहते समय 'नील' शब्द कमल का विशेषण हो जाता है, उसी प्रकार 'तत्त्वमसि' वाक्य का ईश्वर तथा 'त्वम्' स्वरूपी जीव को यदि एक-दूसरे का विशेषण मानें, तो वह दोष उपस्थित नहीं होता जिसका आपने निदेश किया है । इस पर श्रीधराचार्य का कथन है कि इसमें भी द्वैत यथावत् रहता है, नष्ट नहीं होता । क्योंकि जीव और

ईश्वर में होने वाला स्वरूपलक्षणों का भेद नष्ट नहीं हुआ है । यह तो अजहत् लक्षणा का उदाहरण हुआ ।

जहल्लक्षणा को स्वीकार करते हुए भी यदि 'तत्त्वमसि' वाक्य का विचार किया जाए, तो भी उपर्युक्त दोष नष्ट नहीं होता । 'फूलों से लदे पेड़ों की गंगा दिखाई देती है—(कुसुमितद्रुमा गंगा)' कहते समय 'गंगा' शब्द का अर्थ गंगाजल के रूप में न लेते हुए हम उसके किनारे के रूप में ग्रहण करते हैं । अर्थात् 'गंगाजल' अर्थ का जहल्लक्षणा से त्याग करके उसका अर्थ हम तट अथवा किनारा करते हैं । परंतु यहाँ भी दोनों का स्वतंत्र अस्तित्व यथावत् ही रहता है, अतः परमानंदरूपता प्राप्त नहीं हो सकती ।

(136) जहदजहल्लक्षणा से तत्त्वमसि-विचार

दोनों लक्षणाओं का विचार करने के पश्चात् तीसरी जहदजहल्लक्षणा का विचार करना आवश्यक है । 'चिदंश' जीव और ईश्वर का समान धर्म है, इसलिए उसका त्याग न करते हुए जीव के स्थान पर होने वाले अल्पज्ञत्वादि धर्म तथा ईश्वर के स्थान पर होने वाले सर्वज्ञत्वादि एवं जगत् की अपेक्षा से विद्यमान धर्मों का त्याग करने पर यह वही देवदत्त है, इस प्रकार जीव और ईश्वर का ऐक्य इस लक्षणा से संभव हो जाता है और तत्त्वमस्यादि वाक्यों का युक्तिसंगत अर्थ लग जाता है ।

> अतो जहदजहत्स्वार्थलक्षणया सोयं देवदत्त इतिवद्विरुद्धांश त्यागेनानुगतचिदंशेनैकार्थेन सामानाधिकरण्येन निर्गुणे पर्यवसानम् ।
>
> (श्रीधरी)

संक्षेप में श्रीधराचार्य का कथन यह है कि जिस समय हम कहते हैं कि 'यही वह देवदत्त है' तब उस स्थान का ज्ञान हमें प्रत्यभिज्ञा से होता है । इस ज्ञान में जब हमने पहले उसे देखा था, उस समय के स्थल और काल का त्याग करके हम अभी-अभी जिसे देख रहे हैं उसके साथ ऐक्य स्थापित करते हैं और कहते हैं कि 'यही वह देवदत्त है ।' उसी प्रकार 'तत्त्वमसि' महावाक्य से यह ब्रह्मबोध प्राप्त होता है कि जीव के स्थान पर होने वाले अज्ञानजन्य धर्मों का त्याग करना चाहिए (जहत्) और शेष रहने वाले (अजहत्) सत्, चित् और आनंद अंशों को ग्रहण करते हुए उन लक्षणों से लक्षित होने वाले ईश्वर के साथ ऐक्य प्रस्थापित करना चाहिए ।

(137) निषेधमुख से और विधिमुख से ब्रह्मज्ञान

जीव को ईश्वरबोध कराने के लिए श्रुती ने दो प्रकार के शब्दों का प्रयोग

किया है । प्रथमत: निषेधपरक शब्दों का तथा साक्षात् स्वरूपबोध करने वाले शब्दों का । 'नेति नेति' शब्दों का प्रयोग प्रथम वर्ग में समाविष्ट होता है, तो 'सत्यज्ञानमनन्तं ब्रह्म' अथवा 'सच्चिदानंदरूप ब्रह्म' इत्यादि का समावेश द्वितीय वर्ग में होता है ।

अतद्व्यावृत्तिरूपेण साक्षाद्विधिमुखेन च ।
वेदान्तानां प्रवृत्तिः स्याद्द्विधेत्याचार्यभाषितम् ।। (पंचदशी 7-87)

(138) सगुण ब्रह्म के स्थान पर शब्दप्रवृत्ति

जैसाकि हम पहले देख चुके हैं, नित्यशुद्धबुद्धमुक्त निर्गुण परब्रह्म ही किसी भी विकार को प्राप्त न होते हुए अपने स्फुरणरूप स्वभाव के कारण धर्मधर्मीभाव के समान भासमान होने लगता है और सगुण बन जाता है । इस सगुणता में भी उसकी निर्गुणता यथावत् रहती है । निर्गुण के ही समान इस सगुणावस्था में कोई भी भेद नहीं रहता । ऐसे सगुण स्वरूप के स्थान पर सच्चिदानंदादि ईश्वरबोधक शब्द साक्षात् प्रवृत्ति हो जाते हैं ।

(139) ज्ञानोत्तर लौकिक और अलौकिक समस्त शब्द परब्रह्मवाचक

इस स्थान पर यह प्रश्न उत्पन्न होने की संभावना है कि इन शब्दों की प्रवृत्ति के विषय में यद्यपि वाद नहीं है तथापि लौकिक और अलौकिक शब्दों के रूप में जिनका पहले वर्णन किया गया, उन शब्दों की प्रवृत्ति इस स्थान पर कैसे हो सकती है ? लौकिक तथा अलौकिक—दोनों प्रकार के शब्दों का प्रयोग करते समय हमें ब्रह्म से भिन्न होने वाले विभिन्न पदार्थों का प्रत्यय प्राप्त होता रहता है। उन समस्त पदार्थों के अस्तित्व और वस्तुत्व को हम भिन्न-भिन्न रूप में ग्रहण करते हैं । अधिष्ठानरूप परब्रह्म को विस्मृत कर देने के कारण अर्थात् भ्रम के कारण यह भेद की भावना उत्पन्न होती है । अत: लौकिक और अलौकिक शब्दों को जो अर्थ प्रदान किए जाते हैं वे केवल भ्रम से ही प्रदान किए जाते हैं । यथार्थ ज्ञान से भ्रम की निवृत्ति हो जाने पर समस्त शब्द केवल ब्रह्म के वाचक बन जाते हैं । केवल यहीं नहीं, तो मन, शरीर इत्यादि शब्द भी फिर ब्रह्म के ही वाचक बन जाते हैं । इसी भूमिका से आचार्य ने कहा है कि मृत्तिका से निर्मित घट जिस प्रकार मृत्तिकारूप है, उसी प्रकार देह भी चिन्मय है (मृद्रूपो हि यथा कुभंस्तद्वद्देहोऽपि चिन्मय: । आत्मानात्मविवेकोऽयं मुदैव क्रियते बुधै:) ।

(140) संसार का बंध उसकी अप्रतीति नहीं

कुछ लोग समझते हैं कि ब्रह्मज्ञान की प्राप्ति होते ही जगतादि सब नष्ट हो

जाता है । परंतु वेदान्तकल्पना के अनुसार अद्वैतज्ञान के पश्चात् जगत् का आभास यथावत् रहता है, वह ज्ञान से निवृत्त नहीं होता । अज्ञानकाल में हम उस आभास को सत्यत्व और स्वतंत्र वस्तुत्व प्रदान कर रहे थे, वह ज्ञान के पश्चात् नहीं करते। अब वह आभास मिथ्या अथवा असत्य प्रतीत होने लगता है । सत्यत्व एवं वस्तुत्व प्रदान करना बद्धदशा है तो ज्ञान से उसकी निवृत्रि मिथ्यात्व है । इसीलिए विद्यारण्य ने कहा है कि ज्ञान से आभास की निवृति नहीं होती बल्कि आभास मिथ्या रूप से प्रतीत होता है ।

नाप्रतीतिस्तयोर्बाध: किन्तु मिथ्यात्वनिश्चय: ।
नोचेत्सुषुप्तिमूर्च्छादौ मुच्येतायत्नतो जन: । (पंचदशी 6-13)

(141) अधिष्ठान और आभास का संबंध विवर्तरूप

ज्ञान के अनंतर भी यदि आभास की निवृत्ति न होते हुए वह यथावत् रहता हो तो प्रश्न यह उपस्थित होता है कि अज्ञानावस्था से भिन्न उसकी विशेषता क्या है ? इस प्रश्न के उत्तर के लिए हमें पुन: परब्रह्म के स्वभाव की तरफ मुड़ना पड़ेगा। हम पहले भी देख चुके हैं कि परब्रह्म का स्फुरण चिदंश से और आनंदांश से होता है । (चैतन्ये हि स्फुरणं स्वाभाविकम् ।) उसके स्फुरणरूप स्वभाव के कारण ही अधिष्ठान और आभास का भिन्न-भिन रूप में प्रत्यय प्राप्त होता है । परब्रह्म का यह स्वभाव होने के कारण ज्ञान से भी यह द्वित्व नष्ट नहीं होता ऐसा श्रीमधुसूदन सरस्वती ने कहा है । अज्ञानदशा में इस अधिष्ठानरूप परब्रह्म को विस्मृत कर देने के कारण अधिष्ठान से आभास अलग हो जाता है और भ्रम के कारण उसे परब्रह्म से स्वतंत्र अस्तित्व और वस्तुत्व प्रदान किया जाता है । यह स्थिति रज्जु के स्थान पर भासमान होने वाले सर्प के समान कही जा सकती है । इसी प्रकार परब्रह्म के स्थान पर जीव और जगत् का आभास उत्पन्न होता है । परब्रह्म अविकारी और निरवयव होता है । अत: वेदान्त ने परब्रह्म और जीव जगत् के संबंध को परिणामरूप न मानते हुए विवर्तरूप माना है । परंतु यह विवर्तरूप संबंध अज्ञान पर आधारित होने के कारण उसे अज्ञानजन्यविवर्त अथवा अध्यस्तविवर्त कहा जा सकता है । इसी को आविद्यक अथवा अविद्या-सगुण कहते हैं ।

(142) अनध्यस्त-विवर्त ही भ्रम के कारण अध्यस्त-विवर्त बन जाता है

ज्ञान के अनन्तर अधिष्ठानरूप परब्रह्म के ज्ञान को यथावत् रखते हुए जगतादि का आभास होता है । यह आभास रज्जु पर भासित होने वाले सर्प के समान नहीं बल्कि सुवर्णालंकार के समान होता है । (सुवर्ण के ज्ञान को यथावत् रखते हुए

ही) सुवर्ण के स्थान पर अलंकारों का आभास होता है, अतः अधिष्ठानरूप सुवर्ण और अलंकार के संबंध को भी विवर्तरूप कहना पड़ता है । परंतु यह संबंध अधिष्ठान के ज्ञान के आधार पर होने के कारण उसे ज्ञानजन्य अथवा अनध्यस्त-विवर्त कहते हैं । यही विद्या-सगुण है ।

चिदानंदात्मक स्फुरणरूप ईश्वर ही विद्यासगुण है तथा उसके स्थान पर सर्वज्ञ और सर्वशक्तिमत्वादि धर्म नित्य रहते हैं । ये धर्म मूल रूप से उसी के होते हैं, परंतु अविद्या के निमित्त से उनका प्रकटीकरण होता है । इसीलिए 'ईक्षतेर्नाशब्दम्' पर किए गए भाष्य में आचार्य ने कहा है कि ईश्वर के स्थान पर जगत् की उत्पत्ति, स्थिति और प्रलय का ज्ञान नित्य होता है । किमु वक्तव्यं तस्य नित्यसिद्धस्येश्वरस्य सृष्टिस्थितिसंहृतिविषयं नित्यज्ञानं भवतीति । (ब्र.सू.शां.भा. 1-1-5)

(143) आचार्य का ब्रह्म सगुण और निर्गुण

'विशिष्टालंबनम्' शब्द से श्रीधराचार्य जी ने यह सूचित किया है कि वेदों ने जिस प्रकार अतद्व्यावृत्तिरूप से निर्गुण का प्रतिपादन किया है, उसी प्रकार उसके स्वरूपलक्षणों के आधार पर सगुण का भी प्रतिपादन किया है । अर्थात् श्रीधराचार्य के कथन का सारांश यह है कि आचार्य के मत में सगुण और निर्गुण दोनों ही प्रकार का सगुण है ।

भाग : दो

वेदस्तुति

वेदस्तुति के पूर्व का कुछ कथाभाग

वेदस्तुति के प्रारंभ के पूर्व श्लोक 3 से 13 तक जो कथाभाग आया है, वह संक्षेप में इस प्रकार है---

प्राचीन ऋषिमुनियों के पूर्वजों ने भी इस उपनिषदरूपी ब्रह्मनिरूपण को अपने हृदय में अंकित किया था । जो इसका श्रद्धा के साथ मनन करेगा उसे शाश्वत सुख की प्राप्ति होगी । नारद और नारायण ऋषि में घटित संवाद का यह प्राचीन इतिहास है । त्रैलोक्य की यात्रा करते समय भगवद्भक्त नारदाचार्य इस प्राचीन नारायण ऋषि के आश्रम में पहुँचे । उस समय ये ऋषि भारत देश में जनकल्याण के हेतु धर्म, ज्ञान तथा शांतियुक्त तप कर रहे थे और कलाप ग्राम के ऋषियों का समुदाय उनके पास एकत्रित हो गया था । हे राजा, नारदाचार्य ने नारायण ऋषि से वही प्रश्न किया, जो तुमने अभी मुझसे पूछा था । नारायण ऋषि ने सबको ब्रह्मवाद का सिद्धान्त---अर्थात् श्रुती ब्रह्म का ही प्रतिपादन करती है---समझाया । पहले जनलोक में निवास करने वाले ऋषियों में भी इस सिद्धान्त का निरूपण किया गया था । भगवान नारायण ऋषि ने नारद से कहा कि हे नारद, एक बार जनलोक में ब्रह्मसत्र हो रहा था । उसमें ब्रह्मा के मानसपुत्र-सनत्कुमारादि नैष्ठिक ब्रह्मचारी मुनियों ने इस विषय की चर्चा की । उसी प्रकार हे नारद, जब तुम श्वेतदीप के महाराज से मिलने गए थे तब वहाँ भी ब्रह्मवाद तथा श्रुतिवचनों पर विचार-विमर्श हुआ था । उस स्थान पर भी यह प्रश्न उपीस्थित हुआ था । वेदाध्ययन, तपश्चर्या सदाचारादि विषय में सनत्कुमार तथा उपस्थित मुनिजन समसमान थे और उनकी दृष्टि में स्वकीय, मित्र, शत्रु और निष्पक्ष व्यक्ति सभी एक जैसे ही थे । सभी व्यक्ति समान योग्यता के होते हुए भी चर्चा के लिए उन्होंने एक व्यक्ति को वक्ता बनाया और अन्य लोग श्रोता बनकर श्रवण करने लगे । सनंदन ने वक्ता के रूप में कहना आरंभ किया---एक बार परमेश्वर स्वयं उसी के द्वारा निर्मित

विश्व का समस्त शक्तियों सहित लोप करके निद्रा में निमग्न हो गए थे । उनकी निद्रा समाप्त हो जाने पर श्रुतियों ने उनका वर्णन करके उन्हें जगाया । जिस प्रकार किसी सम्राट के शयन करने पर उसकी सेवा करने वाले चारण प्रातःकाल के समय उसके पराक्रम का वर्णन करके उसे जगाते हैं, उसी प्रकार श्रुतियों ने ईश्वर को जगाया।

(1)

जयजय जह्यजामजित दोषगृभीतगुणां
त्वमसि यदात्मना समवरुद्धसमस्तभगः ।।
अगजगदोकसामखिलशक्त्यवबोधक ते
क्वचिदजयाऽऽत्मना च चरतोऽनुचरेनिगमः ।।14।।

श्रुतियों ने कहा— हे अजिंक्य परमेश्वर, तुम्हारी जय हो । स्वभावतः ही तुम समस्त ऐश्वर्यों से परिपूर्ण हो । अचल तथा चल शरीरधारियों की माया तू नष्ट कर दे । जीव के आनंदस्वरूप पर आवरण डालकर उसे बंधन में रखने का जो प्रमाद माया ने किया है, उसे छिपाने के लिए तुमने सत्त्वादि गुणों को स्वीकार किया है । तुम ही ज्ञानक्रियादि समस्त शक्तियों को परिचालित करने वाले हो । तुम कभी आत्मस्वरूप से क्रीड़ा करते हो तो कभी माया के साथ क्रीड़ा करते हो। इसीलिए वेद तुम्हारा वर्णन कर सकते हैं ।

श्रीधराचार्य का श्लोक इस प्रकार है—

जय जयाजित जह्यगजंगमावृतिमजामुपनीतमृषागुणाम् ।
नहि भवन्तमृते प्रभवन्त्यमी निगमगीतगुणार्णवता तव ।।1।।

अर्थः हे अजिंक्य परमेश्वर, तुम्हारी जय हो । चल तथा अचथाद्य-समस्त भूतों को आच्छादित करने वाली माया का तू नाश कर दे । यद्यपि यह माया गुणवती दिखाई देती है तथापि उसने उन्हें मिथ्या रूप में ही धारण किया है । तुम्हारे अभाव में माया का विनाश करने की सामर्थ्य जीवों के स्थान पर नहीं है। अतः वेदों ने तुम्हारे गुणसागार का वर्णन करने का प्रयास किया है ।

(144) ईश्वरी क्रीड़ा के दो प्रकार—स्वरूपभूत एवं मायासहित

दीपिका : ईश्वर का वर्णन करते समय श्रुतियों ने कहा है कि तुम कभी

आत्मस्वरूप से, तो कभी माया सहित क्रीड़ा करते हो । उससे स्पष्ट रूप से सूचित होता है कि ईश्वर की क्रीडा दो प्रकार की होती है । आत्मस्वरूप से होने वाली प्रथम क्रीडा ईश्वर की स्वरूपभूत क्रीडा है जो केवल स्वसंवेद्य और नित्य है । माया के सहित होने वाली दूसरी क्रीडा अविद्यारूप क्रीडा है तथा वही जीव को बंधन से ग्रस्त कर देती है । परंतु वह अनित्य होती है, अत: ज्ञान के द्वारा उसका त्रैकालिक निराकरण हो जाता है । अर्थात् आत्मस्वरूप क्रीडा से जीव को संसार से मुक्ति मिल जाती है । तात्त्विक दृष्टि से आत्मस्वरूप से होने वाली ईश्वर की स्वरूपभूत क्रीडा ही एकमात्र होती है । अज्ञानी पुरुष भ्रम के कारण उसी स्वरूपभूत क्रीडा को संसार-रूप से देखता है और बद्ध हो जाता है । ज्ञानी पुरुष उसे यथार्थ रूप से देखता है, अत: वह मुक्त हो जाता है । आत्मस्वरूप से होने वाली ईश्वर की क्रीडा विद्या उपाधि के सहित होती है अत: उसके लिए ईश्वर को विशेष अर्थात् सगुण स्वरूप धारण करना पड़ता है । यह क्रीडा आत्मस्वरूपभूत होने के कारण नित्य रहती है, उसका कभी विनाश नहीं होता ब्रहमज्ञान से जिन वस्तुओं का विनाश नहीं होता, वे सदैव ब्रह्मस्थिति में ही रहती हैं । विद्या-उपाधि ज्ञानरूप होती है, अत: उसका विनाश नहीं होता । ईश्वर तथा उनके रामकृष्णादि अवतार भी विद्या-उपाधि से भासमान होते हैं, इसलिए ब्रह्मज्ञान से उनका विनाश नहीं होता, अपितु ब्रह्मज्ञान के पश्चात् भी यथावत रहते हैं ।

(145) सगुण ईश्वर का षड्गुणैश्वर्य अपार्थिव

सगुण ईश्वर के स्थान पर होने वाले षड्भग पूर्ण एवं नित्य होते हैं । गीता-भाष्य में 'भगवान्' शब्द की परिभाषा प्रस्तुत करते हुए आचार्य कहते हैं—जिस वासुदेव के स्थान पर ऐश्वर्यादि छ: गुण प्रतिबंधरहित तथा संपूर्ण रूप से रहते हैं और जिसे भूतमात्र की गति-अगति, उत्पत्ति-प्रलय के साथ-साथ विद्या और अविद्या का भी ज्ञान होता है उसे भगवान कहते हैं ।

> ''ऐश्वर्यस्य समग्रस्य वीर्यस्य यशस: श्रिय: ।
> वैराग्यस्याथ मोक्षस्य, षण्णां भग इतीरणा ।। (विष्णु 6-5-74)
> ऐश्वर्य्यादिषटकं यस्मिन्वासुदेवे नित्यम् अप्रतिबन्धेन
> सामस्त्येन च वर्तते-उत्पत्तिं प्रलयं चैव भूतानामागतिं गतिम् ।
> वेत्ति विद्यामविद्यां च स वाच्यो भगवानिति''

(विष्णु 6-5-78—गीता भा. 3-37)

इन छ: धर्मों के साथ भगवान सगुण होते हैं तथा ये ऐश्वर्यादि धर्म ब्रह्मज्ञान

से नष्ट नहीं होते । क्योंकि ये धर्म माया के अर्थात् अज्ञान के कारण उत्पन्न नहीं हुए हैं । ईश्वर यदि माया के अधीन होते तो यह कहा जा सकता था कि ऐश्वर्यादि गुण माया के कारण उपस्थित हुए हैं । परंतु ईश्वर स्वयं माया के नियंता हैं । अर्थात् माया उनके अधीन है, वे माया के नियंत्रण में नहीं । मायिक धर्म अर्थात् माया के अधीन होने के कारण जो धर्म उत्पन्न होते हैं, वे ज्ञान के पश्चात् निवृत्त हो जाते हैं । परंतु ऐश्वर्यादि धर्मों की निवृत्ति माया के साथ नहीं होती । वे नित्य धर्म ही सिद्ध होते हैं ।

अविद्या के अधीन होने के कारण जीव को ऐश्वर्यादि धर्मों की प्रतीति पूर्णत्व में नहीं, अपितु अंशत्व से प्राप्त होती है । परंतु भक्ति से ईश्वर के प्रेम में निमग्न होकर जब वह ईश्वर के साथ ऐक्य प्रस्थापित करता है तब इस अपूर्णत्व की निवृत्ति हो जाती है ।

(146) 'ज्ञानादेव तु कैवल्यम्' श्रुती विदेहमुक्तिपरक

'ज्ञानादेव तु कैवल्यम्' श्रुती ने प्रतिपादित किया है कि ज्ञान से ही कैवल्य की प्राप्ति होती है । ज्ञानाभिमानी लोग कहते हैं कि फिर ज्ञान के पश्चात् भक्ति करने का प्रश्न ही कहाँ उपस्थित होता है ? इन लोगों को इस बात का ज्ञान नहीं होता कि यह श्रुती जीवन्मुक्तिपरक न होकर विदेहमुक्तिपरक है । उसी प्रकार अद्वैत-वेदान्ती कहते हैं कि देहपात होने तक उपाधि का नाश नहीं होता। अर्थात् जीवन्मुक्ति में भक्तिविरहित ज्ञानी को विदेहमुक्तितुल्य परमानंद की प्राप्ति नहीं होती। इस संबंध में पंचदशीकार ने ज्ञानी की जीवन्मुक्तावस्था का जो चित्र साकार किया है उसका समूल अध्ययन करना आवश्यक हो जाता है ।

(147) अविद्या की दो शक्तियाँ—आवरण और विक्षेप

अविद्या की दो शक्तियाँ हैं—आवरण और विक्षेप । ऐसा प्रतीत होना कि परमेश्वर नहीं है और वैसा आभास होना आवरण है ।

> विक्षेपावृत्तिरूपाभ्यां द्विधाऽविद्या व्यवस्थिता ।
> न भाति नास्ति कूटस्थं इत्यपादानमावृत्तिः । (पंचदशी 6.26)

जिस प्रकार सीप के स्थान पर चाँदी का भ्रम होता है, उसी प्रकार सच्चिदानंदरूप परब्रह्म के अथवा कूटस्थ के स्थान पर अज्ञानवश पड़े हुए आवरण के कारण स्थूल और सूक्ष्म शरीर के साथ असत्, जड़ और दुखरूपसमस्त प्रपंच का क्रम होता है । इसी को 'विक्षेप' कहते हैं ।

> अविद्यावृतकूटस्थे देहद्वययुता चितिः ।
> शुक्तौ रूप्यवदध्यस्ता विक्षेपाध्यास एव हि । (पंचदशी 6.33)

यह आवरण यथार्थ ज्ञान की सहायता से हटाया जाता है और यह ज्ञान का प्रत्यय निर्माण होता है कि मैं ब्रह्मस्वरूप हूँ । परंतु फिर भी विक्षेप की पूर्ण निवृत्ति नहीं होती, मिथ्यारूप से विक्षेप यथावत् ही रहता है ।

(148) जगत् का बाध होना जगत् की प्रतीति को मिथ्या समझना है

अद्वैतज्ञान के अनंतर जगत् का बाध होता है अत: कुछ लोगों की धारणा होती है कि अद्वैतज्ञान के पश्चात् ज्ञानी व्यक्ति को जगत् की प्रतीति प्राप्त नहीं होती। परंतु वेदान्त के अनुसार 'बाध' होने का अर्थ 'प्रतीति न होना' नहीं है। बाध का अर्थ जगत् की अप्रतीति नहीं है । वस्तुत: उसका अर्थ है जगत् की प्रतीति होते समय यह मान लेना कि वह प्रतीति असत्य है । सुषुप्ति एवं मूर्च्छा में जगत् का बाध होता है, परंतु उससे मनुष्य को मुक्त नहीं समझा जाता। यदि वैसा होता तो बिना किसी प्रयास के मनुष्य को मुक्ति मिल जाती ।

नाप्रतीतिस्तयोर्बाध: किन्तु मिथ्यात्वनिश्चय: ।
नोचेत्सुषुप्तिमूर्छादौ मुच्येतायत्नतो जन: ।। (पंचदशी 6-13)

(149) ज्ञान के अनन्तर भी विक्षेपरूप प्रारब्ध यथावत् रहता है

अद्वैतज्ञान से अज्ञान की निवृत्ति होने पर भी फलोन्मुख कर्म का भोग नष्ट नहीं होता । अत: उस प्रारब्ध के कारण ज्ञानी के स्थान पर वासनादि की उत्पत्ति हो सकती है ।

ग्रन्थिभेदेऽपि संभाव्या इच्छा: प्रारब्धदोषत: । (पंच 6.263)

अत: आवरण के नष्ट हो जाने पर भी विक्षेपरूप से प्रारब्ध यथावत् ही रहता है ।

यावद्विदेहकैवल्यमुपाधेरनिवारणात् । (पंच)

इसलिए समाधि से व्युत्थान होकर जिस समय व्यवहार का आरंभ होता है उस समय इस विक्षेपरूप अविद्यालेश के कारण भक्तिविरहित ज्ञानी की समाधि के समान होने वाली अखंड परमानंदरूप स्थिति यथावत् नहीं रहती । इस प्रकार केवल ज्ञान की सहायता से प्रारब्ध का अंत नहीं हो सकता । इसीलिए साक्षात्कारी तुकाराम महाराजादि संत-महात्माओं ने भक्ति का आश्रय लेने का उपदेश दिया है।

संचित क्रियमाण । भक्ता प्रारब्ध नाही जाण ।

भक्ति से ही विक्षेपरूप प्रारब्ध नष्ट होता है। नाथ जी का भी यही कहना है—

एका जनार्दनी भोग प्रारब्धाचा ।
गुरुकृपे त्याचा नाश झाला ।

आत्मस्वरूप क्रीडा के कारण बहुभवन का आभास

सोऽकामयत । बहुस्यां प्रजायेयेति । (तैत्ति. अनुवाभ 26)

इस श्रुती पर किए गए भाष्य में आचार्य ने कहा है कि 'बहु होने' का अर्थ है— स्वरूपभूत क्रीडा ।

नहि पुत्रोत्पत्तेरिवार्थान्तरविषयं बहुभवनम् ।
तदेतन्नामरूपव्याकरणं ब्रह्मणः बहुभवनम् ।
अतो नामरूपे सर्वावस्थे ब्रह्मणैवात्मवती ।

प्रस्तुत श्रुती का अर्थ ईश्वर की दृष्टि से तथा जीव की दृष्टि से भिन्न-भिन्न प्रकार का होता है । ईश्वर की दृष्टि से उसका अर्थ इस प्रकार है—ऐक्य का भंग न करते हुए द्वैत के आभास के आधार पर स्वयं अपने ही साथ क्रीडा करना।

पाणी कल्लोळाचेनि मिसे ।
आपणपे वेल्हावें जैसे ।
वस्तु वस्तुत्वे खेळोंये । सुखे लाहें । (अमृ. 7.135)

अमृतानुभव की प्रस्तुत पंक्तियों में ज्ञानेश्वर जी ने इसी आत्मस्वरूपभूत क्रीडा का उल्लेख किया है ।

ब्रह्मस्वरूप में चैतन्य और आनंद का स्फुरण होते ही अज्ञानी जीव स्फुरित होता है । स्फुरण का अर्थ है वृत्ति । वृत्ति परमार्थतः ब्रह्मस्वरूप ही होती है । परंतु वृत्ति को सत्य मान लेने के कारण जीव अपने अधिष्ठानरूप ब्रह्मस्वरूप को विस्मृत कर देता है और स्फुरणरूपी आत्मक्रीडा के स्थान पर जगद्रूपी अविद्यात्मक क्रीडा के दर्शन करने लगता है ।

(150) वृत्ति का अर्थ है— ब्रह्मस्फुरण

वृत्ति का अर्थ है— ब्रह्मस्फुरण, अतः उसका जाग्रत होना अथवा न होना ब्रह्म का स्वभाव ही होता है । वृत्ति का जाग्रत होना—अर्थात् स्फुरणावस्था—अन्वयांतर्गत क्रीडा है । और वृत्ति का जाग्रत न होना—अर्थात् स्फुरण का अधिष्ठान के साथ एकाकार होना व्यतिरेकावस्था है । निमिषोन्निमिष के समान वृत्तियों का जाग्रत होना अथवा न होना परब्रह्म के स्थान पर अखंडित रूप से होता रहता है । परंतु इस क्षणकाल में भी भ्रम के कारण जीव को उसके स्थान पर कल्प का अनुभव होता है ।

(151) आत्मस्वरूपभूत क्रीडा की अज्ञान के कारण जगद्रूप भासमान होती है

यह स्वरूपभूत आत्मक्रीडा अज्ञान के कारण आवृत्त हो जाती है और जीव को

सृष्टि की प्रतीति प्राप्त होती है । उसे नि:शेष रूप में नष्ट करके स्वरूपभूत आत्मक्रीडा का अनुभव कराने के लिए भक्ति नामक श्रेष्ठ साधन का प्रतिपादन ईश्वर ने गृहस्थाश्रमी पुरुष के लिए किया है । जीव को अपने स्थान पर अपूर्णता का प्रत्यय होता है, और उसे हटाने के लिए वह विभिन्न कर्म करता है । परंतु निष्काम कर्म करने के लिए हस्तलाघव का ज्ञान उसे नहीं होता, अत: संसार की निवृत्ति नहीं होती । समस्त कर्मों को ईश्वर के प्रति समर्पित कर देने का हस्तकौशल ही गौण भक्ति है । इसी का दूसरा नाम है कर्ममिश्रा भक्ति ।

(152) भक्तियोग और कर्मयोग एक ही है

श्रीमद्‌भगवद्‌गीता में और श्रीमद्‌भागवत में ईश्वर ने भक्ति का ही उपदेश दिया है । परंतु गीता में उसे 'भक्तियोग' न कहते हुए 'कर्मयोग' कहा गया है।

'यज्ञार्थात्कर्मणोऽन्यत्र'... श्लोक पर भाष्य करते समय 'यज्ञ' का अर्थ आचार्य ने 'विष्णु' किया है ।

> 'यज्ञो वै विष्णु:' इति श्रुते: यज्ञ: ईश्वर; तदर्थं यत् क्रियते तत् यज्ञार्थं कर्म।... अत: तदर्थं यज्ञार्थं कर्म कौन्तेय, मुक्तसङ्ग; कर्मफलसङ्‌वर्जित: सन् समाचर निर्वर्तय । (गीता भा. 3.9)

(2)

बृहद्‌उपलब्धमेतदवयन्त्यवशेषतया
यत उदयास्तमयौ विकृतेर्मृदिवाविकृतात् ।
अत ऋषयो दधुस्त्वयि मनोवचनाचरितं
कथमयथा भवन्ति भुवि दत्तपदानि नृणाम् ।।15।।

अर्थ : जिस जगत् का अनुभव हमें प्राप्त होता है वह जगत् प्रलयकाल में भी अवशिष्ट रहता है, अत: ज्ञानी पुरुष जगत् को तत्त्वत: बह्मरूप ही समझते हैं ।

मृत्तिका से निर्मित घटादि पदार्थों के कारण मृत्तिका में कोई परिवर्तन नहीं होता। उसी प्रकार विश्व की उत्पत्ति तथा लय ब्रह्म से निर्मित होने पर भी ब्रह्म के स्वरूप में कोई विकार उत्पन्न नहीं होता । जिस प्रकार पृथ्वी पर निवास करने वाला मनुष्य यदि कहीं भी चरण रखे तो उसके चरण भूमि पर ही होते हैं उसी प्रकार वेदद्रष्टा ऋषियों के मन में जो भी है वह तथा उनकी वाणी के द्वारा उच्चरित

जो कुछ भी होता है, वह सब केवल तुम्हारे ही विषय में होता है । श्रीधराचार्य का श्लोक इस प्रकार है—

द्रुहिणवन्हिरवीन्द्रमुखमरा जगदिदं न भवेत्पृथगुत्थितम् ।
बहुमुखैरपि मंत्रगणैरजस्त्वमुरुमूर्तिरतो विनिगद्यसे ।।2।।

अर्थ : ब्रह्मदेव, अग्नि, सूर्य, इंद्र इत्यादि सुर तथा यह जगत् तुमसे भिन्न रूप में उत्पन्न नहीं हुआ है । अत: वेदमंत्रों ने अनेक प्रकार से जो स्तुति की है, वह जन्ममृत्युरहित और विश्वरूपधारी तुम्हारी ही स्तुति है ।

(153) नामरूपों से होने वाला परब्रह्म का आभास सच्चिदानंदरूप ही है

दीपिका : एकमात्र ब्रह्म के अतिरिक्त अन्य किसी वस्तु के न होने के कारण यह स्पष्ट ही है कि नामरूपों के कारण होने वाला अनेकत्व का आभास केवल परब्रह्म का ही होगा । परंतु यह आभास मूल वस्तु के स्वरूपं का ही होना चाहिए। यदि मूल परब्रह्म वस्तु सच्चिदानंदस्वरूप हो तो सच्चिदानंदरूप वस्तु का नामरूपों के कारण होने वाला अनेकत्व का आभास भी सच्चिदानंदरूप में ही भासमान होना चाहिए । परंतु इस आभास के अधिष्ठानरूप परब्रह्म को विस्मृत कर देने से यह सच्चिदानंदरूप विलास हमें असत्, जड़ तथा दुखरूप भासित होने लगता है जिसे हम 'जगत्' कहते हैं ।

(154) यह आभास केवल चिद्विलास न होकर चिदानंदात्मक विलास है

हमने देख लिया है कि 'सोऽकामयत' श्रुती पर किए गए भाष्य में आचार्य ने कहा है कि परब्रह्म का नाम रूपों से होने वाला बहुभवन सच्चिदानंदरूप होता है। अपनी चिदानंदरूप शक्ति के कारण ही परब्रह्म का आविर्भाव होता है तथा बहुभवन के कारण वह शोभायमान दिखाई देता है । परब्रह्म का यह विलास केवल चिद्विलास न होकर चिदानंदात्मक विलास है । नामरूपों के अनेकत्व के कारण यदि हमें परब्रह्म से विरोधी धर्म की स्वतंत्र वस्तु का अनुभव प्राप्त होता हो, तो उसे भ्रम ही कहा जाएगा । वैसे नामरूपों से केवल सच्चिदानन्दरूप परब्रह्म का ही अनुभव प्राप्त होगा ।

(155) स्वतंत्र अस्तित्व का अस्वीकार ही अद्वैत है

अद्वैत-वेदान्त का कथन है कि अद्वैतज्ञान से द्वैत का पूर्ण रूप से निराकरण हो जाता है । परंतु उसका अर्थ यह नहीं है कि आभास भी नष्ट हो जाता है । उस आभास को परब्रह्म से स्वतंत्र अस्तित्व नहीं है, वस्तुत्व नहीं है; अपितु वह

अधिष्ठानरूप परब्रह्म का ही आभास है, यह मानना ही अद्वैत है । इसीलिए भामतीकार ने अद्वैत की परिभाषा 'पृथक्सत्ताशून्यत्व' के रूप में की है । नामरूपों की पृथक् सत्ता के नष्ट होते ही उनका पृथक् वस्तुत्व भी नष्ट होता है । उसके परिणामस्वरूप वे नामरूप केवल ब्रह्म के ही वाचक बन जाते हैं ।

पृथक्सत्ताशून्यत्वं साध्यते न तु ऐक्याभिप्रायेण (भामती)

(156) सत्य-वस्तु का ही शब्दों से वर्णन संभव है, अलीक वस्तु का नहीं

ईश्वर ने भी गीता में कहा है कि (15.15) 'वेदेश्च सर्वैरहमेव वेद्य:'—अर्थात् समस्त वेद मेरा ही बोध कराते हैं । जो वस्तु वस्तुत: सत्य होगी उसी का वर्णन शब्दों के द्वारा किया जा सकता है । जो वस्तु कल्पना मात्र है—अर्थात् जिसका कोई अस्तित्व और वस्तुत्व नहीं है, ऐसी वस्तु का शब्दों से वर्णन करना मानो आकाशपुष्प का अथवा वंध्यापुत्र का वर्णन करने के समान है। अर्थात् पूर्णत: कल्पित वस्तु का वर्णन शब्दों के माध्यम से नहीं किया जा सकता।

(157) कल्पित वस्तु का वर्णन अधिष्ठान का ही वर्णन है

परंतु यदि उस वस्तु की कल्पना भ्रम के कारण किसी अन्य वस्तु के स्थान पर की गई हो, तो उसका वर्णन शब्दों से करना संभव होता है । अर्थात् वह वर्णन उस वस्तु का होगा जिसके कारण सत्य वस्तु के स्थान पर उस वस्तु की कल्पना की गई रज्जु के स्थान पर सर्प का आभास हुआ और यदि हम सर्प का वर्णन करने लगे तो वह वर्णन सर्प का होगा अथवा रज्जु का ? हमारे वर्णन में भले ही 'सर्प' शब्द का प्रयोग किया जाए, उसका अर्थ वस्तुत: रज्जु ही होगा, अत: वह वर्णन भी रज्जु का ही होगा ।

यदि इस प्रश्न का विचार किया जाए कि क्या जीव और जगत् ब्रह्म से भिन्न हैं ? तो वेदान्तविचार के अनुसार वे रज्जु के स्थान पर भासित होने वाले सर्प के समान कल्पित ही सिद्ध होते हैं । यह निश्चित होता है कि जिस प्रकार रज्जु सर्प से भिन्न नहीं होता, उसी प्रकार जीव और जगत् ब्रह्म से भिन्न न होकर ब्रह्मरूप ही होते हैं । अत: जीव और जगत् का वर्णन परब्रह्म का ही वर्णन हो जाता है।

(158) त्रिविधपरिच्छेदयुक्त वस्तु नाशमान

यदि हम कहें कि परब्रह्म से भिन्न अन्य वस्तु है और वह सत्य है, तो उस स्थान पर तीन परिच्छेद अथवा मर्यादाएँ आ जाती हैं—(1) वस्तु परिच्छेद अर्थात् वस्तु की मर्यादा । (2) देश-परिच्छेद अर्थात् देश की मर्यादा और (3) काल-परिच्छेद अर्थात् काल की मर्यादा । इन तीनों मर्यादाओं के कारण वस्तु

मर्यादित अथवा अल्प तथा नाशमान सिद्ध होती है ।

(159) प्रपंच नामक कोई वस्तु नहीं

'नासतो विद्यते भावो नाभावो विद्यते सत:' (2 : 16)—गीता के प्रस्तुत श्लोक की समीक्षा करते हुए श्रीज्ञानेश्वर जी कहते हैं कि प्रपंच नामक किसी वस्तु का अस्तित्व सिद्ध नहीं होता और उसका ज्ञान भी नहीं होता । फिर प्रपंच का निराकरण हो जाता है और चैतन्य-वस्तु ही शेष रहती है । ज्ञानी पुरुष उसी को ग्रहण करते हैं । अत: उन्हें कभी भी यह प्रतीत नहीं होता कि अनित्य भासमान होने वाली वस्तु का कोई अस्तित्व है । नित्य आ.र अनित्य वस्तु का निर्णय ज्ञानी पुरुष इस प्रकार करते हैं—(तैसें विचारिता निरसलें । तें प्रपंच सहजे सांडवले। मग तत्त्वता तत्त्व उरले । ज्ञानियांसि ।।131।। म्हणोनि अनित्याच्या ठायीं । तया आस्तिक्यबुद्धि नाही । निष्कर्ष दोहींही । देखिला असे ।।132।।)

(160) नित्य वस्तु अमर्यादित

जिस वस्तु का कभी नाश नहीं होता अथवा नाश माना नहीं जा सकता उस वस्तु को नित्य वस्तु कहते हैं । यह नित्य वस्तु एकमात्र और अमर्यादित रह सकती है । यदि दो वस्तुओं को नित्य वस्तुएँ माना जाए, तो उनके परस्पर-स्वतंत्र अस्तित्व को स्वीकार करना होगा और वैसा मान लेने पर उन दोनों वस्तुओं का अस्तित्व मर्यादित होकर वे वस्तुएँ नाशमान सिद्ध होंगी । फिर नाशमान वस्तु को नित्य कैसे कहा जा सकता है ? नित्य वस्तु तो एकमात्र और अमर्यादित ही होनी चाहिए । अर्थात् केवल चैतन्य-वस्तु ही नित्य और अमर्यादित रह सकती है ।

(161) दो सत्ताएँ—नित्य और कल्पित

इस प्रकार नित्य और अमर्यादित सिद्ध होने वाली चैतन्यवस्तु की त्रैकालिक मर्यादा कभी समाप्त नहीं होती—और इस बात का स्वीकार करने पर उसके साथ भासमान होने वाली अनित्य वस्तु के स्वतंत्र अस्तित्व को स्वीकार नहीं किया जा सकता । उसका आभासरूप में ही स्वीकार करना पड़ता है, और यह भी मानना पड़ता है कि वह आभास नित्य वस्तु के स्थान पर हो रहा है । अर्थात् अनित्य वस्तुरूप से हम नित्य वस्तु की ही कल्पना करते हैं । वैसे अनित्य वस्तु का कोई वास्तविक अस्तित्व नहीं होता । अर्थात् अनित्य वस्तु कल्पित वस्तु ही सिद्ध होती है । कल्पित वस्तु ही अनित्य हो सकती है । जो भी पदार्थ अनित्य है, वह कल्पित है । इसलिए विचार के आधार पर केवल दो ही सत्ताएँ निर्धारित होती

हैं—कल्पित और नित्य; और वेदान्त में उन्हीं को स्वीकार किया है । चैतन्य की सत्ता नित्य सिद्ध होती है, अत: उसके अतिरिक्त जगत् की सत्ता कल्पित सिद्ध होती है । अत: यह सिद्धान्त उत्पन्न होता है कि यद्यपि अज्ञानी व्यक्ति को जगत् सत्य प्रतीत होता है, तथापि जगत् की सत्ता केवल काल्पनिक होने के कारण जगत् नामक कोई वस्तु है ही नहीं । इसीलिए स्वामी रामदास जगत् के विषय में कहते हैं—'अगा जे झालेचि नाही । त्याची वार्ता पुससी काई ।'

(162) सत्ता ही ब्रह्म है

स्वप्न और जागृति में हमारी भावात्मक बुद्धि होती है और सुषुप्ति में अभावात्मक बुद्धि होती है । यद्यपि भाव-पदार्थों और अभाव-पदार्थों में परिवर्तन होता है तथापि दोनों के अंतर्गत होने वाले 'सत्' भाव में कोई परिवर्तन नहीं होता। वह नित्य ही रहता है । जब हम किसी भी चल वस्तु का वर्णन करते हैं, उस समय उसमें चल पदार्थों के आधारभूत पृथ्वी का वर्णन भी किया जाता है । समस्त नामरूपों के विचार का त्याग करने के पश्चात् जो केवल अस्तित्व शेष रहता है, वही ब्रह्म है ।

तरी केवळ जे सत्ता । तो पुरुष गा पांडुसुता । (ज्ञा. 13.966)

श्रीज्ञानेश्वर जी के कथन का अर्थ यही है और भगवान आचार्य ने भी यही कहा है—

सर्वत्र बुद्धिद्वयोपलब्धेः सद्बुद्धिः असत्बुद्धि इति ।
यद्विषया बुद्धिः न व्यभिचरति, तत् सत्;
यद्विषया व्यभिचरति, तत् असत्-इति
सद्सद्विभागे बुद्धितन्त्रे स्थिते,
सर्वत्र द्वै बुद्धी सर्वै उपलभ्येते समानाधिकरणेन
नीलोत्पलवत्-सन् घटः सन् हस्ती, इति । एवं सर्वत्र । (गी. भा. 2.16)

निष्कर्ष-रूप में हम कह सकते हैं कि अमर्यादित अस्तित्व ही मूल अस्तित्व है तथा उसके स्थान पर कल्पना के कारण मर्यादित अस्तित्व का आभास होता है । अर्थात् अद्वैत ही मूल है तथा द्वैत उसके अनन्तर तथा कल्पित है । यह तो अपने आपमें स्पष्ट है कि अनंत और अपरिमित सत्ता का स्वीकार करना हो, तो उस सत्ता का ग्रहण करने वाला ज्ञान भी उसी सत्ता के समान अनंत और अपरिमित होना चाहिए । इसीलिए 'सत्यज्ञानमनन्तं ब्रह्म' श्रुती पर भाष्य करते समय आचार्य ने उसके तीनों पदों का प्रयोग एक ही विभक्ति में किया है और यह कहा है कि ब्रह्मपद के साथ उनका विशेषण-विशेष भाव दर्शाया गया है ।

विशेषणविशेष्यत्वादेव सत्यादीन्येकविभक्त्यतानि पदानि समानाधिकरणानि ।

(तैत्ति. शां. भा. 1.2)

(163) कल्पक का अस्तित्व कल्पितपूर्ण

कल्पना करने वाला कोई भी व्यक्ति कल्पना से पहले अस्तित्व में होता है और उस समय वह कल्पनारहित होता है । हम जगतादि की कल्पना करते हैं, अत: हमारा अस्तित्व उन कल्पनाओं के पूर्व ही होना चाहिए तथा कल्पनारहति होना चाहिए । इसलिए प्रस्तुत तर्क के द्वारा यह सिद्ध होता है कि आत्मस्वरूप कल्पनारहित होता है, अत: हमें भी आत्मस्वरूप होना चाहिए और उसके पश्चात् कल्पित की उत्पत्ति होती है, अत: वह मिथ्या या असत्य होगा ।

(164) अद्वैत स्थितिभूमारव्य

छांदोग्य उपनिषद के सातवें अध्याय में नारद और सनत्कुमार के संवाद का कथाभाग आया है । नारद सनत्कुमार की शरण में पहुँचे और उन्होंने सनत्कुमार से प्रार्थना की कि मुझे शोक से मुक्त कीजिए । शोक से मुक्त होने के लिए अमर्यादित परब्रह्म का ज्ञान परमावश्यक होता है, अतः उन्होंने भूमा (अमर्यादित)-स्थिति के विषय में सविस्तार विवेचन नारद जी के समक्ष प्रस्तुत किया। नाम से वाणी अधिक श्रेष्ठ है, वाणी से मन श्रेष्ठतर है इत्यादि का प्रतिपादन करते हुए उन्होंने कहा कि अद्वैतस्थिति ही भूमा है तथा इस स्थिति की प्राप्ति के पश्चात् पुरुष शोकमुक्त हो जाता है ।

यो वै भूमा तत्सुखं नाल्पे सुखमस्ति भूमैव सुखं भूमात्वेव विजिज्ञासितव्य इति भूमानं भगवो विजिज्ञास इति ।

तस्मात् संसारव्यवहारो भूम्नि नास्तीति समुदार्यर्थ: ।

(छां. 7.24.1 पर किया गया आचार्यभाष्य)

(165) लययोग

ज्ञानी को सच्चिदानंदरूप परब्रह्म का अनुभव एकरूपता से नहीं, अपितु अंश रूप में प्राप्त होता है । उसे क्रमश: सत्, चित् और आनंद का अनुभव होता है। परंतु यह क्रम लक्षणीय नहीं होता । प्रथमत: सदंश का अनुभव प्राप्त होता है और उसके पश्चात् अन्य अंशों का अनुभव लययोग से प्राप्त होता है । कार्य के द्वारा कारण का अन्वेषण करना लययोग कहलाता है । उदाहरण के लिए मृत्तिका से निर्मित घट को हम मृत्तिका का कार्य समझते हैं । इस कार्यरूप घट का मृत्तिकारूप कारण में लय हो जाता है । अर्थात् घट नाम का लय मृत्तिका नाम में तथा घट के रूप का लय मृत्तिका के रूप में करने से अंत में केवल सत्ता ही शेष रह जाती है । उसी प्रकार नामरूपात्मक जगत् का उसके कारणरूप ब्रह्म में लय करते जाने से ज्ञानी पुरुष को सद्रूप ब्रह्म का अनुभव प्राप्त होता है ।

परंतु ज्ञानी भगवद्भक्तों को सच्चिदानंद परब्रह्म का अनुभव अंशरूप से नहीं, अपितु एकरूपता से प्राप्त होता है । यह अंतर प्रेमवृत्ति और ज्ञानवृत्ति के स्वभाववैचित्र्य के कारण दिखाई देता है । क्योंकि स्वाभाविक रूप से ही प्रेम ऐक्य का प्रत्यय नहीं होने देता, फिर भी ऐक्य प्रस्थापित करता है ।

> एरव्ही सच्चिदानंदभेदे ।
> चालली तिन्ही पदे ।
> परि तिन्ही उणी आनंदे । केली एके ।

अमृतानुभव के उपर्युक्त श्लोक से ज्ञानेश्वर जी ने इस बात को स्पष्ट किया है।

(166) शब्दों के कारण भेद-प्रत्यय

'तदनन्यत्वमारम्भणशब्दादिभ्यः' ब्रह्मसूत्र पर भाष्य करते समय भगवान आचार्य ने प्रस्तुत श्रुती को उद्धृत किया है—'यथा सोम्य एकेन मृत्पिंडेन सर्वं मृण्मयं विज्ञातं स्याद्वाचारंभणं विकारो नामधेयं मृत्तिकेत्येव सत्यम्;, इसके माध्यम से उन्होंने यह दर्शाया है कि कार्यरूप भासित होने वाली समस्त सृष्टि का मूल कारण शब्द ही हैं । शब्दोच्चार करते समय ही ऐसी अनुचित कल्पना की जाती है कि ब्रह्म से भिन्न उसका अपना कुछ अर्थ है और उस समय उस पदार्थ का सत्यत्व से आभास होने लगता है । इस प्रकार एक ऐसी सृष्टि का निर्माण होता है जिसका तत्त्वतः कोई अस्तित्व नहीं । आत्मानात्मविवेक से व्यतिरेक करके देखने पर यह ज्ञान होता है कि एकमात्र ब्रह्म ही शेष रहता है और केवल वही सत्य है । परब्रह्म का ही सदंश सृष्टि का आधार होता है ।

> एतदुक्तं भवतिएकेन मृत्पिंडेन परमार्थतो मृदात्मना विज्ञातेन सर्वं मृण्मयं घटशरावोदञ्चनादिकं मृदात्मकत्वाविशेषाद्विज्ञातं भवेत् ।... वाचैव केवलमस्तीत्यारभ्यते विकारो घटः शराव उदञ्चनं चेति । न तु वस्तुवृत्तेन विकारो नाम कश्चिदस्ति । नामधेयमात्रं ह्येतदनृतम् । पुनश्चं तेजोऽबन्नानां ब्रह्मकार्यतामुक्तवा तेजोऽबन्नकार्याणां तेजोबन्नव्यतिरेकेणाभावं ब्रवीति । 2.1.14.

(167) नामरूप-संसार के बीज

इस सूत्र पर किए गए भाष्य में आचार्य ने माया के स्वरूप का वर्णन किया है । यदि हम माया को सत्य मानें तो वह हमें बद्ध करती है और आत्मानात्मरूप विचार करने पर वह मिथ्या सिद्ध होती है और नष्ट हो जाती है । माया ईश्वर की शक्ति है और वह ब्रह्म के साथ एकाकार होकर रहती है ।

सर्वज्ञस्येश्वरस्यात्मभूत इवविद्याकल्पिते नामरूपे तत्त्वान्यत्त्वाभ्यामनिर्वचनीये संसारप्रपंचबीजभूते सर्वज्ञस्येश्वरस्य मायाशक्तिः प्रकृतिरितिच श्रुतिस्मृत्योरभिलप्येते। (ब्र.सू. 2.1.14)

(168) विद्यात्मक और अविद्यात्मक प्रपंच

नामरूपों के कारण परब्रह्म का बहुभवन होने पर नामरूपों से ही भ्रम की उत्पत्ति होती है और हमें अविद्यात्मक प्रपंच का अनुभव प्राप्त होता है । यदि नामरूपों से ब्रह्म का ही बोध होने लगे तो उसे विद्यात्मक प्रपंच कहना होगा । उसी को ज्ञानदृष्टि कहते हैं । आचार्य ने स्पष्ट रूप में प्रतिपादित किया है कि ज्ञान से नामरूप भी ब्रह्मरूप हो जाते हैं ।

ब्रह्मैव सर्वनामानि रूपाणि विविधानि च ।
कर्माण्यपि समग्राणि बिभर्तीति श्रुतिर्जगौ ।। (अपरोक्षानुभूति श्लो. 50)

इस प्रकार की ज्ञानरूप स्थिति में समस्त शब्दों से परब्रह्म का ही ग्रहण किया जाता है । वस्तुतः ब्रह्म अपनी चिदानंदात्मक शक्ति से इसीलिए नामरूपात्मक होता है कि वह 'निर्देश्य इव' हो सके ।

(169) अस्तित्वहीन वस्तु ही अविद्या है

अज्ञान अथवा अन्यथा ज्ञान अविद्या नहीं है । इसलिए आचार्य ने और ज्ञानेश्वर जी ने भी यही कहा है कि जो वस्तु नहीं है, उसे अविद्या कहते हैं ।

माया इति अविद्यमानस्याख्या । (आचार्य मांडूक्य का. भाष्य)
अविद्या येणे नावे । मी विद्यमानचि नव्हे ।
हे अविद्याचि स्वभावे । सांगतसे (अम. 6.38)
लवणाची मासोळी । जरी होय जिवाळी ।
तरी जळी ना जळावेगळी । न जिये जेवी । (अमृ. 7.36)

(170) कर्मयोग ही गौणभक्तियोग है

कर्म दो प्रकार के होते हैं—(1) विषयवासना से फलप्राप्ति के लिए किए गए। (2) ईश्वरप्राप्ति के लिए किए गए कर्म । प्रथम प्रकार के कर्मों से संसार की प्राप्ति होती है तो दूसरे प्रकार के कर्मों से ईश्वर की प्राप्ति होती है । दूसरे प्रकार के कर्मों को ही श्रीमद्भगवत्गीता में 'कर्मयोग' कहा गया है तथा श्रीमद्भागवत् में (गौण) भक्तियोग कहा गया है ।

कर्मयोग का प्रतिपादन करने वाले स्मृतिकारादि और मंत्रद्रष्टा ऋषि उपासना से ज्ञानी बने अधिकारी पुरुष थे । अत: उन्होंने जिन कर्मों का प्रतिपादन किया है उनके मूल में जीव को ब्रह्मप्राप्ति कराने का ही उद्देश्य है ।

(171) ईश्वर ही उपास्य है; अज्ञान के कारण देवताएँ उपास्य प्रतीत होती हैं—

'सर्वत्र प्रसिद्धोपदेशात्' (ब्र.सू. 1.2.1) पर भाष्य करते समय भगवान आचार्य कहते हैं कि कहीं भी जीव की उपासना करने के लिए नहीं कहा गया है । ईश्वर ही एक उपास्य है और सर्वत्र उसी की उपासना करने का उपदेश किया गया है।

> परमेव ब्रह्म मनोमयत्वादिधर्मैरूपास्यम् । कुत: । सर्वत्र प्रसिद्धोपदेशात् । यत्सर्वेषु वेदान्तेषु प्रसिद्धं ब्रह्मशब्दस्यालंबनं जगत्कारणं, इह च सर्वं खल्विदं ब्रह्म' इति वाक्योपक्रमे श्रुतं, तदेव मनोमयत्वादिधर्मैर्विशिष्टमुपदिश्यत इति युक्तम् ।

उसी प्रकार गीता के नवम् अध्याय के 22 और 23वें श्लोक पर भाष्य करते समय आचार्य कहते हैं कि अज्ञान के कारण अन्य देवताओं की पूजा की जाती है। अज्ञान के कारण लोग नहीं जानते कि श्रोत हो अथवा स्मार्त हो, समस्त यज्ञों का भोक्ता मैं ही हूँ । यजन्ति अविधिपूर्वकं अविधि: अज्ञानम् तत्पूर्वकं अज्ञानपूर्वकं। अहं हि सर्वयज्ञानां श्रौतानां स्मार्तानां च सर्वेषां यज्ञानां देवतात्मत्वेन भोक्ता च प्रभुरेव ।

प्रस्तुत श्लोक की टीका में श्रीधराचार्य कहते हैं कि वेदों में इन्द्रादि देवताओं का विवेचन पाया जाता है, परंतु ईश्वर का प्रतिपादन नहीं दिखाई देता । परंतु विचार की दृष्टि से देखा जाए तो इंद्रादि के निमित्त से ब्रह्म का ही वर्णन पाया जाता है ।

(172) इंद्रादि के वर्णन ईश्वर के ही वर्णन हैं

इंद्रादि को त्रैलोक्य का स्वामीन कहा गया है । परंतु इंद्र केवल स्वर्ग का ही स्वामी है । अर्थात् यह नहीं कहा जा सकता कि ये वर्णन इंद्रादि के हैं । ये समस्त वर्णन जिसके स्वरूप के साथ मेल खाते हैं, ऐसे ईश्वर के ही ये वर्णन हैं, यह कहना पड़ता है । इंद्रादि देवताएँ सात्विक अहंकार की अभिमानी देवताएँ हैं। उनके स्थान पर ईश्वरभावना रखते हुए उन देवताओं का वर्णन किया गया है । अत: उनका वर्णन ईश्वर का ही वर्णन हो जाता है । यदि सरकार के किसी उच्चपदस्थ व्यक्ति अथवा अधिकारी का वर्णन कोई सरकार के रूप में करे, तो जिस प्रकार वह उसका वैयक्तिक वर्णन नहीं होता, अपितु 'उसका वर्णन होता है जिस

शासन ने उसे यह अधिकार प्रदान किया' यह भी ठीक उसी प्रकार की बात है। जिस प्रकार ईश्वर ने गीता में कहा है, देवताओं को स्वतंत्र मानकर उनका भजन करना अविधिपूर्वक अर्थात् अज्ञानमूलक यजन है । इस यजन से केवल संसार की ही प्राप्ति होती है । परंतु यही यजन यदि ईश्वरप्राप्ति के उद्देश्य से किया जाए तो प्रवृत्तिमार्ग ही निवृत्तिमार्गपरक बन जाता है और यजन मोक्षफलदायी बन जाता है। परंतु यह आवश्यक है कि समस्त कर्म ईश्वर के लिए ही किए जाने चाहिए।

श्रीधराचार्य के श्लोक का संक्षेप में अर्थ इस प्रकार है कि यद्यपि अज्ञान के कारण हमें ब्रह्मदेव, अग्नि, सूर्यादि देवता और जगत् सत्य रूप से भासमान होते हैं, तथापि वे तत्त्वतः उत्पन्न ही नहीं होते । जिस प्रकार भ्रम के कारण रज्जु ही सर्परूप से भासित होता है, उसी प्रकार उस रूप से हमें भगवान के दर्शन होते हैं ।

(3)

इति तव सूरयस्त्र्यधिपतेऽखिललोकमलक्षपण कथामृताब्धिमवगाह्य तपांसि जहुः। किमुत पुनः स्वधामविधुताशयकालगुणाः परम भजन्ति ये पदमजस्त्रसुखानुभवम् ।।16।।

अर्थ: अतः त्रिगुणात्मक प्रकृति का नियंत्रण करने वाले हे भगवान, समस्त जगत् के पापों को नष्ट करने वाले तुम्हारे कथारूपी सागर में डुबकियाँ लगाकार ज्ञानी पुरुष अपने दुखों को नष्ट कर देते हैं । इसलिए हे ईश्वर, क्या यह बताना आवश्यक है, कि जो लोग आत्मस्वरूप के ज्ञान से अंतःकरण की वृत्तियों को तथा कालभेदों को नष्ट करके अखंडित सुख की प्राप्ति कराने वाले तुम्हारे चरणों की सेवा करते हैं, उनके सारे दुख नष्ट हो जाते हैं ? श्रीधराचार्य जी का श्लोक इस प्रकार है —

सकलवेदगुणेरितसद्गुणस्त्वमिति सर्वमनीषिजना रताः ।
त्वयि सुभद्रगुणश्रवणादिभिस्तव पदस्मरणेन गतक्लमाः ।।3।।

अर्थ : समस्त वेदों ने तुम्हारे मंगल गुणों का वर्णन किया है, अतः ज्ञानी पुरुष तुम्हारे कल्याणकारी गुणों का श्रवण और कीर्तन करके तुम्हारे स्थान पर प्रेम से आसक्त हो जाते हैं और तुम्हारे चरणों के स्मरण मात्र से उनके सांसारिक बंधन नष्ट हो जाते हैं ।

(173) एक ही रूप के प्रति प्रेमभावना रखते हुए उपासना करनी चाहिए

दीपिका : हमारा अंत:करण वासनामय होने के कारण उसमें विभिन्न कामनाओं की उत्पत्ति होती है । उन कामनाओं से मन चंचल हो जाता है । यदि कोई यह कहे कि फलाँ देवता की उपासना करने से आपकी यह कामना पूरी हो जाएगी, तो हमारा मन उस ओर दौड़ने लगता है और उस कामना की पूर्ति के लिए केवल उसी देवता की उपासना की जाती है । यदि कामना पूरी नहीं होती, तो फिर हम किसी अन्य देवता की उपासना करने के लिए प्रवृत्त हो जाते हैं । हमारे इस कृत्य से ऐसा प्रतीत होता है मानों हर एक देवता स्वतंत्र ईश्वर है । इस प्रकार जो उपासना की जाती है, वह निष्फल सिद्ध होती है । ईश्वर केवल एक है और विभिन्न देवताएँ उसी के विभिन्न रूप हैं । इस ज्ञान को यथावत् रखते हुए हमें जिस भी रूप के विषय में प्रेम होगा तथा जो रूप हमारे हृदय को भावनाओं से आंदोलित कर देगा, ऐसे ही रूप की समस्त भावों के सहित उपासना करनी चाहिए। हमारे उपास्य के प्रति पूर्ण आदरभाव रखते हुए यदि इस बात को स्वीकार किया जाए कि अन्य रूप उसी के शक्तिस्वरूप हैं और उनका भजन किया जाए, तो कोई आपत्ति नहीं है । परंतु हमारे मन में यह भाव कदापि नहीं होना चाहिए कि वे रूप स्वतंत्र या भिन्न-भिन्न ईश्वर हैं । यह ईश्वर की उपासना ही गौण भक्ति है । इस गौण भक्ति से चित्त की चंचलता नष्ट हो जाती है और मन एकाग्र होकर ज्ञान का उदय तथा ईश्वर का साक्षात्कार होता है ।

(174) मन की एकाग्रता के लिए प्रतीकोपासना

'ऐकाग्र्यार्थमुपासना' सूत्र के अनुसार मन की एकाग्रता को साध्य करने के लिए उपासना की जाती है । यद्यपि यह सत्य है कि उपासना ज्ञानपूर्व होती है तथापि यह कथन प्रतीकोपासना के विषय में ही है, ईश्वरोपासना के विषय में नहीं। जिस स्थान पर ब्रह्मभावना की जाती है उसे प्रतीक कहा जाता है । आदित्य के स्थान पर ब्रह्मभावना करना अथवा स्त्री के स्थान पर अग्नि की भावना रखना प्रतीकोपासना के ही उदाहरण हैं । वैराग्यभावना को आत्मसात् कराने के लिए ही स्त्री के विषय में अग्नि की भावना रखने का उपदेश दिया गया है । स्त्री से दूर रहने से जिस वैराग्यरूपी फल की प्राप्ति होती है, वह प्रतीकोपासना के कारण ही होती है । इस उपासना का ध्यान कल्पना मात्र होता है, क्योंकि वास्तव में स्त्री कभी अग्नि-रूप नहीं होती ।

(175) प्रतीकोपासना में ऐक्यभावना का विरोध

आदित्य के स्थान पर की गई ब्रह्मभावना में उपास्य और उपासक में भेद रहता है । उसमें ऐक्य की भावना नहीं की जा सकती । अत: 'न प्रतीके नहि स:'

सूत्र पर किए गए भाष्य में आचार्य कहते हैं कि प्रतीक के स्थान पर ऐक्यभावना नहीं करनी चाहिए—'न प्रतीकेष्वात्मबुद्धिं बध्नीयात् ।' आदित्य के स्थान पर ऐक्यबुद्धि की जाए तो उपासक आदित्य हो सकता है, परंतु वह ब्रह्मस्वरूप नहीं हो सकता ।

(176) ईश्वरोपासना ही भक्ति है, उसमें ऐक्यभावना होती है

परंतु ईश्वरोपासना में ऐसा नहीं होता । ईश्वरोपासना गौण भक्ति है । वह प्रेममूलक होती है । इस भक्ति में 'अहंग्रहोपासना'—अर्थात् 'मैं ही उपास्य हूँ' की भावना की जा सकती है । इसमें अपनी चैतन्यबलशक्ति से साकार बने सगुण भगवान के साथ प्रेमपूर्वक ऐक्य स्थापित किया जाता है । भागवतकार ने वर्णन किया है कि गोपियों की स्थिति ऐसी हो गई है जैसे वे स्वयं ही श्रीकृष्ण हो गई हों (भागवत 10.30.14.23ºkm)। प्रतीकोपासना में क्रिया को प्रमुखता दी जाती है तो गौणभक्ति में प्रेम मुख्य होता है । आत्मरति ही सगुण साकार रूप में अवतरित होती है, अत: उस सगुण के स्थान पर होने वाला प्रेम अद्वैतज्ञान के पश्चात् भी खंडित नहीं होता, अपितु यथावत् रहता है ।

(177) अवतार-मूर्ति के स्थान पर की जाने वाली भावना ही परोक्ष ज्ञान है

प्रश्न यह उपस्थित होता है कि श्रीकृष्णादि धातुमूर्ति के स्थान पर की जाने वाली उपासना को प्रतीकोपासना कहा जाए अथवा गौण भक्ति कहा जाए । इस प्रश्न के उत्तर का विचार करते समय हमें एक बात अवश्य ध्यान में रखनी चाहिए कि ईश्वर ही एकमात्र उपास्य है और उसी ने श्रीकृष्ण का अवतार धारण किया है । भागवतादि ग्रंथों के अध्ययन अथवा श्रवण से मूर्तिपूजक उपासक को इसका ज्ञान प्राप्त होता है । यद्यपि उसके समक्ष धातु की मूर्तियाँ होती हैं तथापि उसके अंत:करण में धातु का भाव नहीं रहता । उसकी दृढ़ श्रद्धा होती है कि भागवत में जिसकी लीलाओं का वर्णन किया गया है, उसी भगवान श्रीकृष्ण परमात्मा का यह आकार है जो धातु के आश्रय से स्थित है । अद्वैत-वेदान्त का कहना है कि उस स्थान पर रखी जाने वाली श्रद्धा अथवा भावना भ्रम न होकर परोक्षज्ञान है । भावना के अनुसार यदि हमें भविष्य में उसी प्रकार की अनुभूति प्राप्त होती हो, तो वह भावना भ्रम न होकर परोक्षज्ञान है ऐसा पंचदशीकार का कहना है ।

अपरोक्षत्वयोग्यस्य न परोक्षमतिर्भ्रम: । (पंचदशी 7.54)

(178) संवादी और विसंवादी भ्रम का स्वरूप

पंचदशीकार ने भ्रम के दो प्रकार बताए हैं—(1) संवादी भ्रम । (2) विसंवादी भ्रम । किसी भी वस्तु के विषय में हम जो कल्पना करते हैं, वह कल्पना यदि

भविष्य में प्रत्यक्ष वस्तु के दर्शन के पश्चात् भी यथावत् रहती हो, अथवा सत्य सिद्ध होती हो तो उसे संवादी भ्रम कहा जाएगा । परंतु यदि वह असत्य सिद्ध होती हो तो उसे विसंवादी भ्रम कहा जाएगा । पंचदशीकार का कथन है कि विष्णु के वर्णन का श्रवण करके विष्णु की उपासना करना परोक्ष ज्ञान है, भ्रम नहीं ।

प्रत्यग्व्यक्तिमनुल्लिख्य शास्त्राद्विष्णवादिमूर्तिवत् ।
अस्ति ब्रह्मेति सामान्यज्ञानमत्र परोक्षधीः ।।
चतुर्भुजाद्यवगतापि मूर्तिमनुल्लिखन् ।
अक्षैः परोक्षज्ञान्येव न तदा विष्णुमीक्षते ।। (पंचदशी 9.15.16)

पुराण में एक कथा बतायी गई है कि मृत्यु के समय अजामिल ने अपने नारायण नामक पुत्र का नाम लिया और यह नाम ईश्वर का ही नाम होने के कारण उसके पापों का दहन हुआ और उसे सद्गति प्राप्त हुई । इसे संवादी भ्रम का उदाहरण माना जाता है ।

'सद्व्यक्तमाह हि' (ब्र.सू. 3.2.23) ब्रह्मसूत्र पर भाष्य करते समय आचार्य कहते हैं कि परब्रह्म समस्त दृश्य का साक्षी होने के कारण उसे इंद्रियों के द्वारा ग्रहण नहीं किया जा सकता । उच्यते—तदव्यक्तमनिन्द्रियग्राह्यम् सर्वदृश्यसाक्षित्वात्। परंतु इस प्रकार के उस अव्यक्त और अतीन्द्रिय आत्मस्वरूप के दर्शन संराधना के समय योगी कर सकते हैं । संराधना का अर्थ है— भक्ति, ध्यान, प्राणिधानादि वस्तुएँ । श्रुती-स्मृतियों ने भी इसी का समर्थन किया है—अपि च संराधने प्रत्यक्षानुमानाभ्याम् (ब्र.सू. 3.2.24 पर किया गया आचार्यभाष्य)

अपि चैनमात्मानं निरस्तसमस्तप्रपञ्चमव्यक्तं संराधनाकाले पश्यन्ति योगिनः । संराधनं च भक्तिध्यानप्राणिधानाद्यनुष्ठानम् ।

सबके परमगुरु परमात्मा के प्रति समस्त कर्मों को समर्पित कर देना ही प्राणिधान कहलाता है ।

(179) भक्ति के दो प्रकार—गौणभक्ति और पराभक्ति

भक्ति दो प्रकार की होती है—गौणभक्ति अथवा उपासना और पराभक्ति । गौणभक्ति सर्वकर्मसमर्पणरूपा होती है । गीता के नवम अध्याय के सत्ताईसवें श्लोक में ईश्वर ने जो उपदेश किया है कि तुम्हारा हर एक कृत्य अथवा भक्षण मेरे प्रति समर्पित कर दो—वह भक्ति के अंतर्गत ही रखा जाता है । गौण भक्ति अथवा उपासना में मुमुक्षु को ईश्वर की समस्त आज्ञाओं से परतंत्र होना पड़ता है। इस व्यवहार के परिणामस्वरूप जीव का विषय के प्रति आकर्षण घटता जाता है और किसी विशेष प्रयास के बिना मन वासनारहित हो जाता है । जीव के आध्यात्मिक कल्याण की ही दृष्टि से ईश्वर ने इस विधिनिषेधात्मक कर्म-मार्ग का

प्रतिपादन किया है ।

अगा जयाचे विहित । ते ईश्वराचे मनोगत ।
म्हणोनि केलिया निर्भ्रान्त । सांपडेचि तो । (ज्ञाने 18.111)

(180) गौण भक्ति से पराभक्ति

गौण भक्ति करते समय क्रिया गौण होती जाती है तथा ईश्वरविषयक प्रेम की इतनी अधिक वृद्धि हो जाती है, कि उस प्रेम में तल्लीन हो जाने के कारण व्यक्ति को देहादि का भी विस्मरण हो जाता है । इस ज्ञानी भक्त का मन भगवदाकार हो जाता है और उसे एकमात्र ईश्वर के सिवा कुछ भी भासित नहीं होता । मन जहाँ कहीं भी विचरण करता है, वहाँ उसे ईश्वर के ही दर्शन होते हैं । 'यत्र यत्र मनो याति तत्र तत्र समाधयः।' भक्तिविरहित ज्ञानी के समान उनकी समाधि और व्युत्थान नामक दो भिन्न अवस्थाएँ नहीं रहतीं अपितु अखंडित रूप से समाधि अवस्था ही रहती है । देवनाथ जी कहते हैं—

समाधी व्युत्थानी हरि विलसे ।
त्याविण अन्य न काही भासे ।
मौनही वाचे न पडे ।
कि हरिरूप अखंड नयनापुढे ।।

इसे पराभक्ति कहते हैं और यही पराभक्ति की अंतिम स्थिति है ।

पराभक्ति का आरंभ ईश्वर-कथा श्रवण करने से, नामस्मरण से तथा नामसंकीर्तन से होता है । इस प्रकार पराभक्ति के भी दो प्रकार हो जाते हैं ।

(181) सगुण ईश्वर की प्रेमरूप भक्ति से माया की निवृत्ति

स्वयं ईश्वर भी कहते हैं कि मेरी इस माया को पार करना अत्यंत दुष्कर कार्य है ।

दैवी ह्येषा गुणमयी मम माया दुरत्यया ।
मामेव चे प्रपद्यन्ते मायामेतां तरन्ति ते ।। (गीता 7.14)

इस पर भाष्य करते समय आचार्य ने कहा है कि धर्माधर्म का विचार किए बिना जो लोग पूर्ण रूप से आत्मस्वरूपी 'मैं' की शरण में आते हैं, वे ही माया को पार करके सांसारिक बंधनों से मुक्त हो जाते हैं ।

तत्र एवं सति सर्वधर्मान् परित्यज्य माम् एव मायाविनं स्वात्मभूतं सर्वात्मना ये प्रपद्यन्ते ते मायाम् एतां सर्वभूतमोहिनीं तरन्ति अतिक्रामन्ति ते संसारबंधनात् मुच्यन्ते इत्यर्थः ।

गीता के अठारहवें अध्याय के 'सर्वधर्मान् परित्यज्य मामेकं शरणं व्रज' श्लोक से 'सर्वधर्मान् परित्यज्य' शब्दप्रयोग को स्वीकार किया गया है । इससे स्पष्ट होता है कि आचार्य इस स्थान पर उन ज्ञानी भगवद्भक्तों का उल्लेख करना चाहते हैं जो पूर्ण रूप से सगुण ईश्वर की शरण में पहुँचकर उसके प्रेम में निमग्न हो गए हैं। यह बात भी ध्यान देने योग्य है कि प्रस्तुत श्लोक के 'मम' का स्पष्टीकरण भी वे 'ईश्वरस्य विष्णोः' के रूप में करते हैं ।

जिस प्रकार ईश्वर अनंत और असीम है, उसी प्रकार उसकी कथाएँ और उसका नाममाहात्म्य भी अनंत और असीम है, यह दर्शाने के लिए भागवतकार ने श्लोक में 'अब्धि' अर्थात् सागर शब्द का प्रयोग किया है । ईश्वर की लीलाओं के श्रवणकीर्तनादि से ही मन ईश्वर के प्रति आकृष्ट होता है और पराभक्ति के कक्ष में पदक्षेप का आरंभ हो जाता है ।

(182) मोक्ष का स्वरूप उभयविध

मोक्षरूप पुरुषार्थ के दो अंग हैं— (1) आत्यंतिक दुखनिवृत्ति तथा (2) परमानंदप्राप्ति । दोनों में भिन्न-भिन्न अनुभव प्राप्त होते हैं । इन दोनों प्रकारों के अनुभवों को ग्रहण करने के पश्चात् ही कहा जा सकता है कि पूर्ण मोक्षरूप पुरुषार्थ की प्राप्ति हो गई । आत्यंतिक दुखनिवृत्ति को ही सांख्य-दर्शन में मोक्ष माना गया है । परंतु अद्वैत-वेदान्ती दोनों ही अंगों की प्राप्ति को मोक्ष समझते हैं। इस संदर्भ में आचार्य ने अपने 'सर्ववेदान्त सिद्धान्त सारसंग्रह' नामक प्रकरण ग्रंथ में जो विवेचन किया है, उसका समूल अध्ययन करना उचित होगा । आचार्य कहते हैं—मिट्टी के गोले के स्थान पर दुख का अभाव है । हम प्रत्यक्षतः देखते हैं कि उस स्थान पर लेशमात्र भी सुख नहीं होता । श्रुतियों के अनुसार आत्मस्वरूप सद्घन, चिद्घन और आनंदघन होता है तथा समाधिअवस्था में ब्रह्मज्ञानी पुरुषों को उसका प्रत्यक्ष अनुभव प्राप्त होता है । अतः वेदान्त के अनुसार मोक्ष की कल्पना अभावात्मक न होकर भावात्मक होती है ।

(183) ज्ञान से दुखनिवृत्ति तथा भक्ति से परमानंद-प्राप्ति

दुःखभावस्तु लोष्टादौ विद्यते नानुभूयते ।
सुखलेशोऽपि सर्वेषां प्रत्यक्षं तदिदं खलु । (श्लो. 664)
सदयं ह्येष एवेति प्रत्युत वदति श्रुतिः ।
सद्घनोऽयं चिद्घनोऽयमानंदघन इत्यपि ।। (श्लो. 665)
आनंदघनतामस्य स्वरूपं प्रत्यगात्मनः ।
धन्यैर्महात्मभिर्धीरैर्ब्रह्मविद्भिः सदुत्तमैः ।। (श्लो. 666)

अपरोक्षतयैवात्मा समाधावनुभूयते ।

केवलानंदमात्रत्वेनैवमत्र न संशयः ।। (श्लो. 667)

अद्वैतज्ञान से इस मोक्षरूप पुरुषार्थ के प्रथम अंग की प्राप्ति होती है, तो भक्ति से दोनों ही अंगों की प्राप्ति होती है ।

(184) शुद्ध पुण्य का फल भगवत्प्राप्ति

'तपांसि' का अर्थ श्रीधराचार्य ने पाप के अर्थ में ग्रहण किया है । पाप दो प्रकार के होते हैं । लौकिक सुख की दृष्टि से जो पुण्य सिद्ध होता है, वही मोक्षरूप पुरुषार्थ की दृष्टि से पाप सिद्ध हो सकता है । स्वर्ग की कामना करने वाले को यज्ञ करना चाहिए (स्वर्गकामो यजेत्) । यज्ञ में हिंसा की जाती है, परंतु वह विधियुक्त होने के कारण उसे पाप नहीं कहा जाता । परंतु यह यजन जगत् के ऐहिक सुखों के ही समान स्वर्गसुख की प्राप्ति कराने वाला तथा नाशमान फल देने वाला होता है । अतः मोक्ष की दृष्टि से विचार करने पर उसे पाप ही कहा जाएगा। इसी दृष्टिकोण से ज्ञानेश्वर जी ने पापपुण्य के तीन वर्ग बताए हैं—(1) पापात्मक पाप, (2) पुण्यात्मक पाप और (3) शुद्ध पुण्य । प्रथम से नर्क की प्राप्ति होती है, दूसरे से स्वर्ग की तथा तीसरे से मोक्ष की प्राप्ति होती है ।

स्वर्गा पुण्यात्मके पापे येईजे ।
पापात्मके पापे नरका जाईजे ।
मग माते जेणे पाविजे ।
ते शुद्ध पुण्य ।। (ज्ञाने. 9.316)

ईश्वर के कथाश्रवण, संकीर्तन और नामस्मरण से प्रथम दो प्रकार के पाप नष्ट हो जाते हैं और संचित तथा क्रियमाण भी निवृत हो जाते हैं । यदि मन ईश्वर के प्रेम में पूर्ण रूप से निमग्न हो जाए, तो प्रारब्ध का अभिभव होता है और लेश मात्र भी दुख शेष नहीं रहता । दुख तीन प्रकार के होते हैं—आध्यात्मिक, आधिभौतिक और आधिदैविक । इसमें से आध्यात्मिक दुख ही अन्य दो प्रकार के दुखों का कारण होता है । पूर्ण सुख की प्राप्ति न होने के कारण ही विषयवासनाएँ उत्पन्न होती हैं और फिर दुख का कारण बनती हैं । विषयवासना ही संसार का मूल तत्त्व है । ईश्वर की भक्ति के सिवा केवल ज्ञान की सहायता से इस वासनाजन्य दुख को पूर्ण रूप से नष्ट नहीं किया जा सकता ।

(185) ईश्वर को ज्ञानी भक्त ही प्रिय होता है

अर्जुन ने ईश्वर से प्रश्न किया कि ज्ञानी और ज्ञानी भक्त में श्रेष्ठतर कौन है, उस समय ईश्वर ने ज्ञानी भक्त की ओर अपने मन के झुकाव को अभिव्यक्त

किया।

मय्यावेश्य मनो ये मां नित्ययुक्ता उपासते ।
श्रद्धया परयोपेतास्ते मे युक्ततमा मताः । (गीता12.2)

ज्ञानी भगवद्भक्त का चित्त अखंडित रूप से ईश्वर के स्थान पर रहता है, अतः ईश्वर का उन्हें श्रेष्ठतम कहना सर्वथा उचित है । ऐसा आचार्य का कथन है । उस श्लोक पर भाष्य करते समय आचार्य कहते हैं—

नैरन्तर्येण हि ते मच्चित्ततया अहोरात्रम् अतिवाहयन्ति (अहोरात्रम्, अतिमात्रं मां ध्यायन्ति) अतः युक्तं तान् प्रति युक्ततमाः इति वक्तुम्।)

ईश्वर ने मुचकुंद से कहा कि संसार के लिए कारण बनने वाली वासना ईश्वर की प्रेमरूपा भक्ति के अतिरिक्त ज्ञान के अनंतर भी नष्ट नहीं होती ।

युञ्जानानामभक्तानां प्राणायामादिभिर्मनः ।
अक्षीणवासनं राजन् दृश्यते पुथरुत्थितम् ।। (10.51.61)

भागवतकार ने बताया है कि जिनका चित्त ईश्वर के स्थान पर आसक्त हो गया है, ऐसे भगवद्भक्तों को दो बातों की अनायास ही प्राप्ति होती है—चित्त का वासनारहित होना तथा प्रारब्ध का अभिभव होकर सुखदुखातीत हो जाना । वे कहते हैं—जिसने क्षणकाल के लिए भी ईश्वर के प्रेम का अनुभव प्राप्त किया है, प्रारब्ध के अनुसार प्राप्त होने वाले सुख-दुख का निर्विकार मन से भोग किया है; प्रेम से आप्लावित हृदय से, गद्गद वाणी से एवं पुलकित शरीर से जिसने स्वयं को ईश्वर के चरणों में समर्पित कर दिया है, ऐसा ज्ञानी भक्त ठीक उसी प्रकार ईश्वर के परमपद का अधिकारी बन जाता है जैसे पुत्र अपने पिता की संपत्ति का उत्तराधिकारी बन जाता है ।

तत्तेनुकंपां सुसमीक्षमाणो भुञ्जान एवात्मकृतं विपाकम् ।
हृद्वाग्वपुर्भिविदधन्नमस्ते जीवेत यो मुक्तिपदे स दायभाक् ।।

(भा. 10.14.8)

(186) अशुद्ध-बुद्धि के तीन दोष

ज्ञान अथवा भक्ति—दोनों ही के लिए शुद्ध बुद्धि का आवश्यकता होती है । जो तीन दोष बुद्धि के शुद्ध होने में प्रतिबंध करते हैं वे इस प्रकार हैं—

(1) देहरूपता—देह के साथ होने वाली हमारी ऐक्य आसक्ति के कारण हम कहते हैं कि 'मैं देह हूँ ।' आसक्ति का अर्थ है अनुचित प्रेम । प्रेम का स्वभाव ही ऐसा है कि वह ऐक्य का प्रत्यय कराए बिना ऐक्य प्रस्थापित करता है । अतः देह के साथ हमारा प्रत्ययरहित ऐक्य हुआ है । ज्ञान से हम समझ लेते हैं कि

हम देह से भिन्न हैं, परंतु इस अनुचित प्रेम के कारण ही हम देह से भिन्न नहीं हो सकते । भक्ति का अर्थ है प्रेम, अतः यथार्थ ज्ञान से हमारे प्रेम का विषय परिवर्तित हो जाता है और देह के प्रति होने वाले प्रेम के प्रवाह को हम भगवद्रूपी विषय की ओर उन्मुख कर देते हैं । इसलिए हमें देहासक्ति से सहज रूप से मुक्ति मिल जाती है, और हमें इस बात का ज्ञान होता है कि हम देह से भिन्न हैं । इस समस्त कथन का अर्थ यही है कि 'मैं देह हूँ' दोष का निवारण ईश्वर-भक्ति के बिना नहीं हो सकता ।

(2) ***कर्मवासना***—कर्म की वासना । हमारी दृढ़ धारणा होती है कि यदि सुख को प्राप्त करना है तो कर्म करना आवश्यक है । सुख के कारण कर्मबुद्धि उत्पन्न होती है और उसके कारण चित्त चंचल हो जाता है । नामसंकीर्तनादि के कारण चित्त की चंचलता नष्ट हो जाती है और चित्त स्थिर हो जाता है । यदि नामस्मरण का सदैव अभ्यास किया जाए तो ध्यान दृढ़ होता जाता है और ईश्वर से साक्षात्कार भी हो सकता है । श्रीज्ञानेश्वर जी ने अपने अभंगों में कहा है—'नाम आठविता रूपी प्रगट पैं झाला ।'

(3) ***बुद्धिजाड्य***—जाड्य का अर्थ है मांद्य अथवा मंदत्व' अर्थात् मंदबुद्धि । इस प्रकार के लोगों को आत्मस्वरूप जैसे सूक्ष्म तत्त्व का आकलन नहीं हो सकता। 'यो बुद्धेः परतस्तुं स' श्रुती ने प्रतिपादित किया है कि आत्मतत्त्व बुद्धि से परे होता है । और 'दृश्यते त्वग्रया बुद्ध्या' श्रुती ने कहा है कि तीक्ष्ण बुद्धि से उसका आकलन हो सकता है । ये दोनों श्रुतियाँ वैसे तो परस्परविरोधी भासित होती हैं, परंतु उनका समन्वय इस प्रकार किया जा सकता है—वासनायुक्त बुद्धि को आत्मतत्त्व का आकलन नहीं होता तथा वासनारहित बुद्धि को आत्मतत्त्व का आकलन होता है । इसी का दूसरा नाम है— शुद्ध बुद्धि । ईश्वर-प्रेम में निमग्न बुद्धि अनायास ही वासनारहित हो जाती है, अतः उस बुद्धि में जाड्य धर्म नहीं रहता। इस प्रकार भक्ति से जाड्य-दोष नष्ट हो जाता है ।

(187) भक्तिमार्ग वैदिक है

कुछ विद्वानों का कथन है कि पराभक्ति का पूर्वांग होने वाला नामस्मरणादि गौण भक्तिमार्ग वैदिक नहीं है । उन्हें प्रतीत होता है कि भक्तिमार्ग शूद्रों के लिए विहित है तथा ब्राह्मणों को उसकी कोई आवश्यकता नहीं है । उनकी दृष्टि में श्रुतिप्रतिपादित कर्ममार्ग ही ब्राह्मणों के लिए विहित है ।

(188) स्मृति और पुराण-वेद पर किए गए भाष्य

समस्त प्रतिपादन का निष्कर्ष यह है कि इन विद्वानों के मन में पुराणादि के विषय में अनादर की भावना होती है । वस्तुतः श्रुती में प्रतिपादित धर्मों को ही

स्मृति और पुराणों ने प्रकट किया है । 'अनंता वै वेदाः ।' वेद अनंत हैं और वेद की कई शाखाएँ काल के प्रवाह में लुप्त हो गई हैं । अतः यह कहना अनुचित है कि केवल उपलब्ध वेदों में प्रस्तुत धर्म ही वैदिक धर्म है । पुराणादि में प्रस्तुत किया जाने वाला धर्म लुप्त वेदों का धर्म होता है । अतः पुराणादि का धर्म ही वैदिक धर्म सिद्ध होता है । इसीलिए आचार्य ने कहा है—'इतिहासपुराणाभ्याम् वेदं समुपबृह्येत् ।' यदि वेदों के अर्थ के विषय में संदेह उत्पन्न हो जाए, तो इतिहास तथा पुराणों में उसका स्पष्टीकरण देखकर संदेह-निवृत्ति करनी चाहिए । क्योंकि एक प्रकार से स्मृति और पुराण वेदों पर किए गए भाष्य ही हैं । वैदिक परंपरा यही है कि पुराणादि के वचन के विषय में भी यदि संदेह उत्पन्न हो जाए, तो ज्ञानेश्वर, तुकारामादि अधिकारी संत-महात्माओं के वचनों के अनुसार उस संदेह की निवृत्ति कर लेनी चाहिए ।

(189) समस्त धर्मों में भगवन्नाम श्रेष्ठ

पुराणादि में नामस्मरणादि गौणभक्तिमार्गों का सविस्तार प्रतिपादन किया गया है । और ईश्वर का नाममाहात्म्य वैदिक होने के कारण ही श्रीधराचार्य जैसे आचार्य के एकनिष्ठ अनुयायियों ने उसके प्रामाण्य को स्वीकार किया है । श्रीधराचार्य कहते हैं कि तप, दान इत्यादि समस्त धर्मों की अपेक्षा भगवन्नाममाहात्म्य अधिक होता है । इस संबंध में ऋग्वेद की एक ऋचा को ही उन्होंने उद्धृत किया है—

> मर्त्या अमर्त्यस्य ते भूरि नाम मनामहे "विप्रासो जातवेदसः" आस्य जानन्तो नाम चिद्विवक्त न इत्यादिषु नाम्नस्त पोदानादिसर्व धर्माधिक्यभवगम्यते । (भागवत 6.2.8 पर की गई श्रीधरीटीका)

पितामह भीष्म तथा आचार्य के मतानुसार ईश्वर का नामस्मरणधर्म ही श्रेष्ठ है—

ज्ञानियों में सर्वाधिक श्रेष्ठ पितामह भीष्म से धर्मराज ने प्रश्न किया, कि आपके मत में समस्त धर्मों में ऐसा कौन-सा धर्म श्रेष्ठ है कि जिसका पालन करने से संसार से मुक्ति मिल सकती है ?

> को धर्मः सर्वधर्माणां भवतः परमो मतः ।
> किं जपन्मुच्यते जंतुर्जन्मसंसारबंधनात् । (विष्णुसहस्रनाम-श्लोक 3)

इसका उत्तर देते हुए भीष्म ने कहा, कि मेरी दृष्टि में भक्तिपूर्वक ईश्वर का सदैव स्मरण करते रहना ही सर्वाधिक श्रेष्ठ धर्म है ।

> एष मे सर्वधर्माणां धर्मोऽधिकतमो मतः ।
> यद्भक्त्या पुण्डरीकाक्षं स्तवैरर्चेन्नरः सदा ।। (विष्णु-श्लोक 8)

इस स्थान पर एक महत्त्वपूर्ण बात बताना आवश्यक है कि आचार्य के गुरु गोविंदपाद ने आचार्य को प्रथमतः विष्णुसहस्रनाम-स्रोत्र पर भाष्य लिखनें की आज्ञा की थी । अतः प्रस्तुत भाष्य अत्यंत महत्त्वपूर्ण हो जाता है । इस भाष्य को पढ़कर गोविंदपाद अत्यंत प्रसन्न हुए और बाद में उन्होंने आचार्य को अन्य भाष्य लिखने की अनुमति दे दी । आचार्य ने प्रतिपादित किया है कि कलियुग में मन में सदैव ईश्वर का नामस्मरण करना ही वैदिक धर्मों में सर्वश्रेष्ठ धर्म है । प्रमाण के रूप में उन्होंने विष्णपुराण के श्लोक को उद्धृत किया है—

सर्वेषां वेदलक्षणानां धर्माणामेष वक्ष्यमाणो ।
धर्मोऽधिकतम इति में मम मतोऽभिप्रेतः ।
यद्भक्त्या तात्पर्येण पुण्डरीकाक्षं हृदयपुंडरीके प्रकाशमानं
वासुदेवं स्तवैर्गुणसंकीर्तलक्षणैः स्तुतिभिः सदाऽर्चेत्
सत्कारपूर्वकमर्चनं करोति नरो मनुष्य इति यत् एष धर्म इति संबंधः।
ध्यायन् कृते यजन् यज्ञैस्त्रेतायां द्वापरेऽर्चयन् ।
यदाप्रोति तदाप्रोति कलौ संकीर्त्य केशवम् ।।
इति विष्णुपुराणे । (आचार्यभाष्य विष्णु-श्लोक 8)

(190) नामस्मरण कर्माचरण का अधिक्षेप नहीं करता

महाराष्ट्र के सभी संप्रदाय अद्वैतवाद का समर्थन करते हैं और सभी ने ईश्वर के अखंडित नामस्मरण पर अत्यधिक बल दिया है । नाम की महत्ता को श्रवण करते ही कर्मवादियों को प्रतीत होता है कि इसमें कर्म का अधिक्षेप किया गया है। परंतु उन्हें इस बात का ज्ञान नहीं होता कि ईश्वर के आज्ञारूपी कर्म का त्याग नाम के दशापराधों में समाविष्ट होता है । अर्थात् कोई भी नामधारक जानबूझकर विहित कर्म का त्याग नहीं करेगा । परंतु यह संभव है कि ईश्वर-प्रेम में वृत्तियों के निमग्न हो जाने के कारण उनके हाथों अनजाने में विहित कर्म का त्याग हो जाए। परंतु इससे उसे कर्मत्याग का दोष नहीं लग सकता ।

(191) प्रेम का स्वरूप—आज्ञापरतंत्रता

अंततः समस्त कर्मों का उद्देश्य ईश्वर-प्रेम की प्राप्ति ही तो है । यदि उसकी प्राप्ति होती हो, तो उस प्रेम के कारण कर्म छूट भी जाए तो क्या हानि है ? नामधारक भगवद्भक्त होता है अर्थात् उसे ईश्वर से प्रेम होता है । उसे इस बात का ज्ञान भी होता है कि समस्त धर्माज्ञाएँ उसके प्रिय ईश्वर के ही द्वारा दी गई हैं । हम जिससे प्रेम करते हैं, उसकी इच्छा के परतंत्र होना ही प्रेम है । ईश्वर से प्रेम करने वाला व्यक्ति यदि उसकी इच्छारूपी आज्ञाओं के परतंत्र नहीं होगा,

तो यह कहना व्यर्थ है कि वह ईश्वर से प्रेम करता है ।

(192) ईश्वर के नाम उसी के समान नित्य हैं

ईश्वर के विभिन्न नाम हैं । उनमें से कुछ नाम उसके रूप के आधार पर दिए गए हैं, तो कुछ उसके गुणों एवं लीलाओं के आधार पर । ये समस्त नामरूप ब्रह्मस्वरूप, अत: नित्य होते हैं । ये विभिन्न नाम परब्रह्म के स्थान पर प्रवृत्त होते हैं। समस्त साक्षात्कारी संत-महात्माओं का स्वानुभव है कि रूप के आधार पर नामस्मरण करते-करते ही भगवान स्वयं प्रकट हो जाते हैं । इस पर कुछ विद्वान् यह कहते हैं कि ईश्वर के गुणों और उसकी लीलाओं के आधार पर रखे गए नाम नित्य कैसे हो सकते हैं ? उदाहरण के लिए ईश्वर ने गोवर्धन पर्वत उठाकर गाय और गोपालों की रक्षा की, इसलिए उसे 'गोविंद' कहा गया । परंतु गोविंद नाम तो उसके पहले भी था । फिर इसकी संगति कैसे प्रस्थापित की जाए ? पूतना के विनाश के उपरान्त गोपियों ने 'गोविंद' नाम से ही उसकी आराधना की है ।

क्रीडन्तं पातु गोविन्द: शयानं पातु माधव: । (भागवत 10.6.25)

अज्ञान से भासित होने वाली समस्त सृष्टि और समष्टि का प्राय: हृदय में निवास होता है । उसी प्रकार ईश्वर के समस्त नामरूप ब्रह्मस्वरूप में नित्य ही रहते हैं । इसका अर्थ मात्र यह है कि ईश्वर जिस समय अवतार धारण करता है उस समय वे नामरूप प्रकट होते हैं । ईश्वर के ओझल होते ही नामरूप भी ओझल हो जाते हैं । ज्ञानी भक्त को प्राय: इन नामरूपों का और लीलाओं का अनुभव प्राप्त होता है ।

(193) ज्ञान के अनन्तर समस्त शब्द ब्रह्मवाचक

कुछ विद्वान यह प्रश्न उठाते हैं कि यदि सभी शब्द केवल ईश्वर के ही वाचक हैं, तो फिर विशिष्ट रामकृष्णादि नामों को अधिक महत्त्वपूर्ण क्यों माना जाता है ? इस प्रश्न के उत्तर में यह कहा जा सकता है कि जगत् के समस्त शब्दों का प्रयोग करते समय उनके विशिष्ट अर्थ की कल्पना या अपेक्षा मनुष्य के मन में रहती है। अज्ञान ही इसका मूल कारण है । जिस समय यह विशिष्ट अर्थ की अपेक्षा लुप्त हो जाती है, उसी समय वे शब्द परब्रह्म के वाचक हो जाते हैं । परंतु रामकृष्णादि शब्द स्वयं ही परब्रह्म के वाचक हैं । अत: परब्रह्म के ही समान वे भी नित्य होते हैं । जगत् के अन्य शब्दों के समान वे संकेतरूप नहीं होते, उनके नाम तथा रूप का संबंध तादात्म्यरूप है । अत: प्रस्तुत कथन इस स्थान पर सर्वथा उचित सिद्ध होता है—'शब्दार्थयो: नित्यसंबंध: ।'

(194) नाम के कारण सगुण में ही निर्गुण की प्राप्ति

श्रीज्ञानेश्वर जी ने एक अभंग के द्वारा स्पष्ट किया है कि 'तत्त्वमसि' आदि

औपदेशिक वाक्यों का महत्त्व नाम की तुलना में आधे से भी कम होता है । सगुण में ही अनायास रूप से निर्गुण की प्राप्ति होती है ।

तत्त्वमस्यादि वाक्य उपदेश । नामाचा अर्धांश नाही तेथें ।
म्हणोनि नामसंकीर्तन करिता ।
जवळी जोडलासि आता ।
क्षणुभरी न विसंबे ।
जीवाचिया जीवना रया ।।1।।
नाम निजधीर । गर्जती वैष्णव वीर ।
कळिकाळ यमाचे भार । पळाले तेथे ।।2।।
म्हणोनि नाम वज्रकवच ।
चोचि निर्गुणाचा अभ्यास पाहे पा स्वये प्रकाश विचारुनि ।
ऐसे सुंदर रुपडे हृदयी धारिले आता ।
पाहाता केवी होये । पूर्ण योनि रया ।।3।।
ऐसा सकळा अकळ कळला । हृदयी धरिला समताबुद्धि ।
बाप रखुमादेवीवरु विट्ठल चिंतिता ।
तुटली जन्माची आधिव्याधि रया ।।4।।

तत्त्वमस्यादि महावाक्य से अथवा प्रणव के जप से निर्गुण ब्रह्म की प्राप्ति होती है । इसमें नामरूपरहित सदंशप्रधान केवल सत्तारूप परब्रह्म का अनुभव प्राप्त होता है । इसमें चित् और आनंद अनुगत होते हैं, परंतु उनकी प्रमुखता नहीं रहती । रामकृष्णादि के नामस्मरण में रूप के सहित सगुण ब्रह्म का साक्षात्कार होता है । इसमें चैतन्य और आनंद तत्त्व प्रमुख होते हैं और सदंश अनुगत रहता है, अत: अनायास ही निर्गुण की प्राप्ति हो जाती है । इस सगुण ब्रह्मानुभूति में 'अहं' के कारण चित् का अनुभव प्राप्त होता है और प्रेमभावना में 'अहं' का विलय हो जाने के कारण आनंद का अनुभव प्राप्त होता है । इस प्रकार ईश्वर के नामस्मरण के कारण ज्ञानी भगवद्भक्त को परब्रह्म का अनुभव प्राप्त होता है, जिसका निर्देश संत-साहित्य में 'सगुण निर्गुण जयाचिये अंगे' कहकर किया गया है ।

(195) काष्ठाग्नि का उदाहरण

उदाहरण के लिए जब हम कहते हैं कि काष्ठ में अग्नि है, तब हमें अग्नि का जो ज्ञान सत्तारूप में होता है, वह ज्ञान निर्गुण ब्रह्मज्ञान के समान है । काष्ठ में अग्नि प्रकट हुआ और हम जिस वस्तु को काष्ठ कह रहे थे उस वस्तु के नष्ट हो जाने पर हमें अग्नि का वास्तविक अनुभव प्राप्त होता है । उसी प्रकार नामरूपों से

प्राप्त होने वाला विविधता का प्रत्यय लुप्त हो जाता है और यह अनुभव प्राप्त होता है कि नामरूपों के सहित सर्वत्र ब्रह्म का ही अस्तित्व है—यही सगुण ब्रह्म का अनुभव है । इस अनुभव में अग्नि के सदंश का ज्ञान होते हुए भी चित् और आनंद की प्रधानता दिखाई देती है । यह समस्त कथन गौणप्रधानन्याय से किया गया है । इस उभयविध अनुभूति में ही परब्रह्म का पूर्ण प्रत्यय प्राप्त होता है । अत: श्रीज्ञानेश्वर जी का यह कथन सर्वथा उचित प्रतीत होता है कि तत्त्वमस्यादि उपदेश का महत्त्व नाम के माहात्म्य की तुलना में आधे से भी कम होता है ।

(196) ज्ञान से दुखनिवृत्ति, परंतु भक्ति से परमानंदप्राप्ति

'ज्ञानादेव तु कैवल्यम्' श्रुती का यह कथन सर्वथा सत्य है कि ज्ञान से ही कैवल्य की प्राप्ति होती है । इसका कारण यह है कि ज्ञान के सिवा दुख की आत्यंतिक निवृत्ति नहीं हो सकती । परंतु स्वाभाविक रूप से प्रत्ययप्रधान होने के कारण ज्ञानवृत्ति ऐक्य के प्रत्यय को यथावत् रखती है । परंतु जब तक प्रत्यय नि:शेष रूप से समाप्त नहीं हो जाता, तब तक परमानंदता का अनुभव प्राप्त नहीं हो सकता । आनंद में ही प्रत्ययरहित अकृत्रिम ऐक्य स्थापित होता है । हमारा अपनी देह के साथ जो ऐक्य स्थापित होता है उसके आधार पर हम प्रत्ययरहित ऐक्य की कल्पना कर सकते हैं ।

(197) प्रेम के द्वारा ही सूक्ष्मतम आत्मवस्तु का ग्रहण संभव है

ईश्वर की लीलाओं के श्रवण-कीर्तन से मुमुक्षु आत्मतत्त्व जैसी सूक्ष्म वस्तु का ग्रहण करने में भी सक्षम हो जाता है, इस तथ्य का प्रतिपादन करते हुए ईश्वर ने उद्धव से कहा है कि हे उद्धव, जिस प्रकार नेत्रों में अंजन डालने से नेत्रदोष नष्ट हो जाता है तथा नेत्र सूक्ष्म वस्तु का दर्शन करने में सक्षम बन जाते हैं, उसी प्रकार मेरी परमपवित्र लीलाओं के श्रवण-कीर्तन से जैसे-जैसे हृदय की मलिनता नष्ट होती जाएगी, वैसे-वैसे वह हृदय आत्मतत्त्व जैसी अत्यंत सूक्ष्म वस्तु को ग्रहण करने में सक्षम हो जाएगा ।

यथा यथाऽऽत्मा परिमृज्यतेऽसौ मत्पुण्यगाथाश्रवणाभिधानैः ।
तथा तथा पश्यति वस्तु सूक्ष्मं
चक्षुर्यथैवाञ्जनसंप्रयुक्तम् । (भागवत 11.14.26)

(198) ॐकार के पूर्व 'हरि' शब्द का उच्चारण आवश्यक

यह एक जनश्रुति है कि ईश्वर ने जब ब्रह्मदेव के मुख से वेदों को अभिव्यक्त किया, तब ब्रह्मदेव धन्य हो गए । ब्रह्मदेव के मन में यह भावना उत्पन्न हुई कि हमें ईश्वर को वेद सुनाने चाहिए । अत: उन्होंने भगवान से कहा कि हे भगवान्, अब

आप वेदों का श्रवण कीजिए । ईश्वर ने कहा कि अभी मेरे पास समय नहीं है, अत: तुम इस सामने वाले अश्वत्थ वृक्ष को वेद सुनाओ । परंतु एक बात का अवश्य ध्यान रखना, कि यदि तुम्हारे वेदोच्चारों का श्रवण करने से वह अश्वत्थ वृक्ष पल्लवित हुआ, तो ही मैं समझूँगा कि वेदों का सही उच्चारण हुआ है । ब्रह्मदेव ने ॐकार से आरंभ करते हुए वेदपठन किया । परंतु पल्लवित होने की अपेक्षा वह वृक्ष धीरे-धीरे मुरझाने लगा । ब्रह्मदेव का वेदाध्ययन जब पूर्ण हुआ, तब अश्वत्थ-वृक्ष पूर्णत: सूखकर निष्प्राण हो गया । ब्रह्मदेव समझ नहीं पाए कि इतनी सावधानी के साथ उच्चारण करने पर भी यह कैसे हो गया ? उन्होंने ईश्वर से ही इसका कारण पूछा । ईश्वर ने कहा कि फिर से वेदों का पठन करो । उसके अनुसार ब्रह्मदेव ने ॐकार के उच्चारण के साथ वेदपठन आरंभ किया । ईश्वर ने कहा कि आरंभ में ही तुमने गलती की । ॐकार के उच्चारण के पूर्व 'हरि' का उच्चारण करना चाहिए । उसके पश्चात् ब्रह्मदेव ने पुन: अश्वत्थ वृक्ष के नीचे बैठकर 'हरि ॐ' से आरंभ करते हुए वेदपठन किया । और आश्चर्य की बात तो यह है कि पूरी तरह सूखा हुआ वह वृक्ष पुन: पूर्ण रूप से पल्लवित हो गया । इस जनश्रुति का तात्पर्य केवल इतना है, कि निर्गुण परब्रह्म के वाचक ॐकार का महत्त्व सगुण ब्रह्मनाम की अपेक्षा कम है । आज भी 'हरि ॐ' कहकर ही वेदोच्चारण का आरंभ होता है ।

(199) भक्ति से उभयविध पुरुषार्थप्राप्ति

अद्वैत वेदान्त के द्वारा स्वीकृत मोक्षरूप पुरुषार्थों के उभय अंगों में से गौण भक्ति के द्वारा पूर्णत: दुख-निवृत्ति हो जाती है और आधा पुरुषार्थ साध्य हो जाता है । इसी भक्ति के कारण ईश्वर के विषय में प्रेम उत्पन्न होता है । 'उत्पन्न होता है' की अपेक्षा यह कहना अधिक उचित होगा कि अपने ही आत्मरतिरूप प्रेम की वृद्धि होती है । केवल कर्मानुष्ठान से अंत:करण शुद्ध होकर ज्ञान का मार्ग सुलभ होगा तथा आत्मानात्मविचार से ज्ञान की भी प्राप्ति होगी, परंतु उससे भक्ति की प्राप्ति होगी ही यह नहीं कह सकते । और ज्ञान से परिपूर्ण दुखनिवृत्ति नहीं हो सकती। अर्थात् ज्ञानी की जो परमानंदरूपता समाधि में होती है वैसी व्युत्थान काल में नहीं रहती । प्रारब्ध से प्राप्त होने वाले सुख-दुखादि भोग के लिए ही समाधि से व्युत्थान होता है और सुखदुखादि का भोग करते समय समाधि के समान वृत्तियाँ एकाकार न होने के कारण परमानंदता खंडित होती है ।

शांडिल्यादि भक्तिसूत्रकार कहते हैं कि गौण भक्ति से समाधिअवस्था प्राप्त होती है । योग सूत्रकारों का भी यही कहना है ।

ईश्वरप्राणिधानाद्वा । (पातञ्जल 1-23)

तज्जपस्तदर्थभावनम् । (पातं. यो. सू. 1-28)

'केवलस्य भावः कैवल्यम्—इस व्युत्पत्ति के अनुसार 'ज्ञानादेव तु कैवल्यम्' श्रुती का अर्थ इस प्रकार होता है—जीवभाव का विनाश होकर जीव और ब्रह्म का ऐक्य होना ही कैवल्यस्थिति है । ज्ञान के कारण जीवभाव से मुक्ति मिल जाती है और जीव तथा ब्रह्म का ऐक्य भी हो जाता है । परंतु भक्ति की विशेषता यह है कि प्रेम से होने वाला ऐक्य प्रत्ययरहित होता है ।

(200) भक्ति के बिना अपरोक्ष ज्ञान नहीं हो सकता

गौण भक्ति से अपरोक्ष ज्ञान की प्राप्ति होती है अतः समाधि भी साध्य हो जाती है । गौणभक्ति का स्वरूप स्पष्ट करते हुए भागवतकार ने प्रतिपादित किया है कि गौणभक्ति के कारण वैराग्य और ज्ञान की प्राप्ति होती है ।

वासुदेवे भगवति भक्तियोगः प्रयोजितः ।
जनयत्याशु वैराग्यं ज्ञानं यत्तदहैतुकम् । (भाग 1.2.6)

कायेन वाचा मनसेन्द्रियैर्वा बुद्ध्यात्मना वानुसृतस्वभावात् ।
करोति यद्यत्सकलं परस्मै नारायणायेति समर्पयेत्तत् ।। (भाग 11.2.36)

भागवतकार ने स्पष्टतः अपने मत को प्रदर्शित करते हुए कहा है कि सगुण ईश्वर के साक्षात्कार के बिना केवल निर्गुण ज्ञान से शुद्ध अपरोक्ष ज्ञान की प्राप्ति नहीं हो सकती ।

सत्त्वं न चेद्धातरिदं निजं
भवेद्विज्ञानमज्ञानभिदापमार्जनम् ।
गुणप्रकाशैरनुमीयते भवान्प्रकाशते
यस्य च येन वा गुणः ।। (भाग 10.2.35)

इस प्रकार यह कथन सर्वथा उचित है कि तत्त्वमस्यादि महावाक्यों के विचार से केवल आनुमानिक ज्ञान होता है ।

(201) प्रत्ययरहित ऐक्य प्रेम का स्वभाव है

विवेक ही ज्ञान का स्वरूप है और विवेक प्रायः दो पदार्थों के आधार पर स्थित होता है । अर्थात् यद्यपि विवेक के आधार पर इस ज्ञान की प्राप्ति होती है कि मैं देह से भिन्न हूँ, तथापि उससे देहादि आभासों की पूर्ण निवृत्ति नहीं होती । मिथ्यारूप से वह आभास यथावत् रहता है । अज्ञानी बद्ध द्वैत के आभास को ही सत्य मान लेता है । ज्ञानी को भी द्वैत का आभास होता है, परंतु वह उसे मिथ्या समझता है । ज्ञानी और अज्ञानी में यही अंतर होता है । परंतु केवल मिथ्या समझ लेने से यह नहीं कहा जा सकता कि द्वैत का पूर्ण रूप से निराकरण

हो गया । प्रेम की बात इससे कुछ भिन्न है । यदि हम अपनी देह का ही उदाहरण लें, तो प्रेम के कारण अपनी देह के साथ जो तादात्म्य अथवा ऐक्य हम स्थापित करते हैं, उसका भी हमें विस्मरण हो जाता है । परंतु चित्तवृत्ति जिस समय सगुण ईश्वर के प्रेम में निमग्न हो जाती है, उस समय सत्य और मिथ्याभास का त्याग करते हुए वह केवल सगुण ईश्वर के साथ ही संबद्ध हो जाती है, इसलिए द्वैताभास की पूर्ण निवृत्ति हो जाती है । योग की सहायता से जीव और ब्रह्म का ऐक्य हो जाता है परंतु वह क्रिया अत्यंत कष्टसाध्य होती है । और प्रारब्ध के कारण समाधि से व्युत्थान हो जाने के पश्चात् भी द्वैताभास पुन: यथावत् रहता है। प्रेम ही एकमात्र ऐसी वृत्ति है जो अन्य समस्त बातों को विस्मृत कर देती है। इसीलिए ईश्वर ने गीता में ज्ञानी भगवद्भक्त को श्रेष्ठतम कहा है ।

प्रेममार्ग में स्वाभाविक रूप से देह का भी विस्मरण हो जाता है तथा प्रत्यय और अप्रत्यय भी नष्ट होते हैं । यही कारण है कि समस्त संतों ने प्रेममार्ग का—अर्थात् भक्ति का उपदेश दिया है । ज्ञान प्रत्यय-प्रधान होता है और जिस समय प्रत्यय का स्फुरण होता रहता है, उस समय आनंद घट जाता है, अर्थात् परमानंद खंडित हो जाता है । प्रत्यय के आत्मसात् हो जाने पर परमानंद अखंडित रहता है । इसीलिए समाधि-अवस्था में परमानंद-स्थिति रहती है । परंतु भक्तिविरहित ज्ञानी का प्रारब्ध के कारण जब समाधि से व्युत्थान होता है, तब नामरूपों से जगत् की प्रतीति होने लगती है । विचार के आधार पर ज्ञानी स्वयं को उनसे भिन्न समझ लेता है और अपने स्थान पर साक्षित्व उत्पन्न करने का प्रयास करता है । वह इस ज्ञान से यह निश्चय करता है कि समस्त दृश्य मिथ्या है इसलिए वह समस्त दृश्याभास को मिथ्या मान लेता है । परंतु विचार ही इसका मूलाधार होता है । अत: वह अवस्था परमानंदरूप न होकर उसके स्थान पर उदासीनता दिखाई देती है । परंतु प्रत्यय-अप्रत्ययरहित स्थिति के कारण ईश्वर प्रेम में निमग्न ज्ञानी भक्त को दृष्टपरमानंद का लाभ होता है ।

(202) मुमुक्षु को द्रष्टस्वरूप की अनुभूति प्राप्त कराने के लिए ही सगुणावतार

रामकृष्णादि सगुण मूर्तियाँ चिदानंदघनस्वरूप हैं । हमारा चिदानंदस्वरूप आत्मप्रेम ही रामकृष्णादि के रूप में साकार होता है तथा हमें उसकी अनुभूति प्राप्त होती है । जीवभाव नष्ट हो जाए और हमें अपने यथार्थ स्वरूप की पहचान हो, इसीलिए सत्, चित् और आनंद ब्रह्म के धर्म बताए गए हैं । ये धर्म ही ब्रह्म के स्वरूपभूत धर्म हैं और वे ही गुणगुणीभाव के समान साकार हो जाते हैं । "साक्षिस्वरूप से जो द्रष्टा है, वह यदि सगुण स्वरूप से दृश्य होकर प्रकट नहीं

हुआ, तो उस दृश्यस्वरूप की उपासना से उपासक द्रष्टा कैसे बन सकता है ?" श्रीज्ञानेश्वर जी ने कहा है कि वह साकार रूप से प्रकट हुआ है, अतः उसकी उपासना से उपासक ब्रह्मरूप हो जाता है ।

द्रष्टा श्रीगुरुमूर्ति । न रिगता दृश्यपथी ।
तरी का ह्या उपास्ती । आकलता तो ।। (ज्ञाने. 18.1704)

ज्ञान के पश्चात् भी यदि यह प्रेमप्रवाह आत्मरूप सगुण के स्थान पर प्रवहमान होता रहे, तभी प्रारब्ध का अभिभव होता है और दुख की लेशमात्र स्मृति भी नहीं रहती और अखंड परमानंद की स्थिति प्राप्त होती है । इसीलिए श्रीधराचार्य ने अद्वैतज्ञान के अनन्तर भी भक्ति के महत्त्व का वर्णन किया और यह प्रतिपादन किया कि भक्तिमार्ग ही सर्वश्रेष्ठ मार्ग है ।

(4)

दृतय इव श्वसन्त्यसुभृतो यदि तेऽनुविधा ।
महदहमादयोऽण्डमसृजन् यदनुग्रहतः ।।
पुरुषविधोऽन्वयोऽत्र चरमोन्नमयादिषु यः ।
सदसतः परं त्वमथ यदेष्ववशेष मृतम् ।।17।।

अर्थ—यदि प्राणी तुम्हारी भक्ति करेंगे, तभी उन्हें जीवित-साफल्य की प्राप्ति हो सकती है । नहीं तो उनका श्वासोच्छ्वास केवल धौंकनी के समान है । जिस परमेश्वर की कृपा से महत् अहंकारादि तत्त्वों से ब्रह्माण्ड की उत्पत्ति हुई, जो अंतर्यामी रूप से इस अन्नमयादि कोश में प्रविष्ट होकर अंतिम है, जो कार्यकारणभाव से परे रहते हुए भी उनके अनन्तर भी अवशिष्ट रहता है और जो त्रिकालाबाधित है, वह तुम ही हो ।

श्रीधराचार्य का श्लोक—

नरवपुः प्रतिपद्य यदि त्वयि
श्रवणवर्णनसंस्मरणादिभिः ।
नरहरे न भजन्ति नृणामिदं
दृतिवदुच्छ्वासितं विफलं ततः ।।4।।

मनुष्य-शरीर को धारण करते हुए भी यदि कोई जीव श्रवण, कीर्तन, स्मरणादि

की सहायता से भक्ति नहीं करेगा, तो उसका जीवन धौंकनी से हवा फूँकने के समान व्यर्थ है ।

(203) ब्रह्मप्राप्ति के लिए ही मानवदेह

दीपिका—समस्त प्राणिमात्रों के स्थान पर स्वाभाविक रूप से विषयसुख की इच्छा होती है। पशु-पक्षियों में भी वह दिखाई देती है । इसीलिए आचार्य कहते हैं कि इस संदर्भ में मनुष्य पशु पक्षियों से भिन्न नहीं है ! 'पश्वादिभिश्चाविशेषात्।' (ब्र. सू. अध्यासभाष्य) परंतु आत्मानात्मविचार, भगवत्प्राप्ति ,इत्यादि बातें अत्यंत दुर्लभ होती हैं और केवल मनुष्यजन्म में ही उनकी प्राप्ति हो सकती है । अत: जो विषयसुख स्वाभाविक रूप से प्राप्त होता है, उसे पाने के लिए विशेष प्रयास करने की कोई आवश्यकता नहीं होती । दुर्लभ बातों को पाने के लिए ही मनुष्य को विशेष प्रयास करने की आवश्यकता होती है । इसीलिए आचार्य कहते हैं कि शास्त्र मनुष्य की दृष्टि से आवश्यक होते हैं । मनुष्याधिकारत्वात् शस्त्रस्य । (ब्र.सू.) मनुष्यजन्म प्राप्त होने पर यदि शैशव काल से ही मनुष्य भक्तिमार्ग का अनुसरण करे तभी उसका जन्म सार्थक हो सकता है। भक्ति के अभाव में उसका जीवन केवल धौंकनी के समान श्वसन करते रहना है। प्रह्लाद का कथन है कि मनुष्य का जन्म ब्रह्मप्राप्ति के लिए है; धर्म, अर्थ और काम की प्राप्ति के लिए नहीं ।

कौमारे आचरेत्प्राज्ञो धर्मान् भागवतानिह ।
दुर्लभं मानुषं जन्म तदप्यध्रुवमर्थदम् । (भाग 7.9.1)

भागवतकार ने इस बात को स्पष्ट किया है—

धर्मस्य ह्यापवर्गस्य नार्थोऽर्थायोपकल्पते ।
नार्थस्य धर्मैकांतस्य कामो लाभाय हि स्मृतः ।। (भाग 1.2.9)

(204) वासना के कारण पापप्रवृत्ति

देवताएँ हिरण्यगर्भ की शक्तियाँ होती हैं और वे हमारे स्थान पर इंद्रियरूप से निवास करती हैं । भगवत्परायण होने के कारण ही देवताएँ दैत्यों पर विजय पा सकीं । आगे चलकर दैत्यों ने ही देवताओं के स्थान पर विषयवासनादि दुर्गुणों का समावेश किया । आज हमें अपने स्थान पर सत्यवचन और असत्यवचन आदि के जो द्वंद्व दिखाई देते हैं, उनमें से अच्छी बातें पहले से ही विद्यमान होती हैं । वासना के कारण बुराई का निर्माण होता है । जीवों के स्थान पर विषयपरायणता उत्पन्न होकर अधर्म में जब वृद्धि होती है, तब धर्म की सुरक्षा के लिए ईश्वर को

अवतार धारण करना पड़ता है । गीताभाष्य के उपोद्घातन में आचार्य ने इस बात को स्पष्ट किया है—

> दीर्घेण कालेन अनुष्ठातृणां कामोद्भवात्
> हीयमानविवेकविज्ञानहेतुकेन अधर्मेण अभिभूयमाने धर्मे
> प्रवर्धमाने च अधर्मे जगतः स्थितिं परिपालयिषुः सः ।
> आदिकर्ता नारायणख्यः विष्णुः...
> कृष्णः किल संबभूव ।

(205) प्रपंच और परमार्थ परस्परविरोधी

कुछ विद्वानों का कहना है कि उत्कृष्ट पद्धति से संसार का निर्वाह करते हुए भी परमार्थ को साध्य कर लेना संभव है । अपनी इस धारणा के प्रमाण के रूप में वे रामदास स्वामी के दासबोध का आधार प्रस्तुत करते हैं । परंतु समर्थ कहते हैं कि प्रपंच और परमार्थ—दोनों को एक साथ निभांना असंभव है । वे कहते हैं कि जिस प्रकार हम लेखनी बनाते हैं, ठीक उसी प्रकार यदि हम अपनी उँगली को चीर सके—अर्थात् इतनी समता को यदि हम आत्मसात् कर सकें—तो ही ये दोनों बातें एक साथ संभव हो सकती हैं ।

> जैसी लेखणी करावी ।
> तैसी अंगोळी चिरावी ।
> ऐसी समता होआवी ।
> तरी प्रपंची परमार्थ ।। (दासबोध)

(206) भोगकाल में जीव परतंत्र

जिस बात के प्रति हम अपने आपको समर्पित कर देते हैं, उसके साथ हम एकाकार हो जाते हैं । यही तत्त्व प्रपंच और पुरुषार्थ पर भी चरितार्थ होता है । अर्थ और काम की गणना पुरुषार्थ में की गई है । परंतु भोग के विषय में हम सर्वथा परतंत्र होने के कारण अपनी इच्छा के अनुसार अर्थ और काम का भोग नहीं कर सकते । 'परात्तुतच्छ्रुतेः' नामक ब्रह्मसूत्र पर किए गए भाष्य में आचार्य ने इस बात को स्पष्ट किया है—

> चेतयितुरीश्वरात्तदनुज्ञया कर्तृत्वभोक्तृत्वलक्षणस्य संसारस्य सिद्धिः तदनुग्रहहेतुकेनैव च विज्ञानेन मोक्षसिद्धिर्भवितुमर्हत कुतः ? तच्छ्रुतेः । (ब्र. सू. 2.3.41)

ज्ञानेश्वर महाराज ने भी यही कहा है—

> अगा माते न भजावया लागी ।
> कवण बळ पा आपुला आंगी ।

काइ धरी की भोगी ।
निश्चिती केली ।। (493) ।।
नातरी विद्या की वयसा ।
या प्राणियासी हा ऐसा ।
मज न भजता भरवसा ।
सुखाचा कोण ।।494।।
तरी भोग्यजाता चेतुले ।
ते एका देहाचिया निकिया लागले ।
आणि येथ देह तंव असे पडिले ।
काळाच्या तोंडी ।।495।। (ज्ञाने. अ. 9)

(207) बिंब से प्रेम करना ही आत्मप्रेम है

वेदान्त के बिंब-प्रतिबिंबवाद के अनुसार जीव स्फुरणरूप होने के कारण प्रतिबिंब के समान है और उसकी अपेक्षा में होने वाला अधिष्ठानरूप परब्रह्म बिंब के समान है । यदि प्रतिबिंब को अपना सौंदर्य बढ़ाने की इच्छा हो, तो उसे बिंब की शोभा बढ़ानी चाहिए । यदि हम दर्पण के अपने मुख को अलंकृत करना चाहें, तो हमें स्वयं अपना मुख अलंकृत करना पड़ता है । प्रतिबिंब की शोभा बिंब की ही शोभा है । ईश्वर हमारा ही बिंबात्मक आत्मस्वरूप है । उससे प्रेम करना आत्मप्रेम करने के समान है । अत: उसका भजन करना ही हमारे आत्मप्रेम का स्वरूप है । प्रह्लाद ने ईश्वर की स्तुति करते समय यही प्रतिपादित किया है ।

नैवात्मन: प्रभुरयं निजलाभपूर्णो मानं जनादविदुषः करुणो वृणीते ।
यद्यज्जनो भगवते विदधीत मानं
तच्चात्मने प्रतिमुखस्य यथा मुखश्रीः । (भाग. 7.9.11)

(208) ईश्वर-प्रेम में अनायास इन्द्रियनिग्रह

ज्ञानमार्ग के समान मुमुक्षु को भक्तिमार्ग में इन्द्रियनिग्रह के लिए परिश्रम नहीं करने पड़ते । अपने प्रेम के प्रवाह को पूर्ण रूप से ईश्वर की ओर उन्मुख कर देने से इन्द्रियों की विषयों की ओर होने वाली गति अपने आप कुंठित हो जाती है और अनायास ही इंद्रिय-निग्रह होता है । इसीलिए ज्ञानादि अन्य समस्त मार्गों की अपेक्षा भक्तिमार्ग को सुलभ कहा जाता है । सामान्य जनों को अन्य मार्ग कष्टदायक प्रतीत होते हैं अत: वे उन मार्गों का अनुसरण नहीं करना चाहते । उनके इस न्यूनत्व को समझते हुए तथा उन्हें अनायास ही आत्मकल्याण का लाभ

हो, इसलिए ईश्वर साकार हो जाते हैं । जीव को केवल साकार से ही प्रेम करने की आदत-सी हो गई है । वेदस्तुति के प्रस्तुत श्लोक के उत्तरार्ध में प्रतिपादित किया गया है कि नामरूपों से जो सगुण-स्वरूप बाहर है, वही अंत:करण में होता है ।

(209) फलदाता ईश्वर

धर्म, अर्थ, काम और मोक्ष नामक चार पुरुषार्थ बताए गए हैं और उनकी प्राप्ति के विविध साधनों का निर्देश भी किया गया है । एक-एक साधन के अनुष्ठान से एक-एक पुरुषार्थ की प्राप्ति होती है । परंतु फिर भी किसी भी साधन का फल देना अंतत: ईश्वर के ही अधीन होता है । 'फलमत उपपत्ते:' सूत्र पर किए गए भाष्य में आचार्य ने इस बात को स्पष्ट किया है ।

> स हि सर्वाध्यक्ष: सृष्टिस्थितिसंहारान्विचित्रान्विदधद्देशकाल-विशेषभिज्ञत्वात्कर्मिणां कर्मानुरूपं फलं संपादयतीत्युपपद्यते ।...
> अपूर्वस्याचेतनस्य काष्ठलोष्टसमस्य चेतनेनाप्रवर्तितस्य प्रवृत्त्यनुपपत्ते: ।
>
> (ब्र.सू. 3.2.35)

(210) मोक्ष ही परमपुरुषार्थ है; धर्म अर्थादि उसके साधन हैं

फल देना ईश्वर की इच्छा पर निर्भर है । अत: यदि समस्त साधनों का त्याग करते हुए केवल उसी ईश्वर की सेवारूप भक्ति की जाए, तो समस्त पुरुषार्थों की प्राप्ति मुमुक्षु को हो सकती है यह बताने की आवश्यकता नहीं है । इस संदर्भ में एक बात को स्पष्ट करना आवश्यक है कि यद्यपि धर्म, अर्थादि को पुरुषार्थ के रूप में गौरवान्वित किया जाता है तथापि वस्तुतं: मोक्ष ही अंतिम पुरुषार्थ है । धर्म, अर्थादि केवल साधनभूत होते हैं, अत: गौण अर्थ की दृष्टि से उन्हें पुरुषार्थ कहा जाता है । पुरुषार्थ चाहे कुछ भी हो, परंतु उसे साध्य करने के लिए देह का सुस्थिति में होना आवश्यक है । धर्म, अर्थ और काम का उपभोग शास्त्र के अनुसार करने से तथा देहस्थिति को मोक्षोपयोगी रखने से ही वे सक्षम होते हैं । अत: उनका विचार साध्य-दृष्टि से नहीं अपितु साधन-दृष्टि से ही करना चाहिए ।

(211) जीव के प्रयासों की सफलता के लिए ईश्वर की सहायता

समर्थ रामदास ने भी प्रयत्नवाद का समर्थन करते हुए कहा है कि ईश्वर की आज्ञाओं के अनुकूल प्रयत्नवाद ही उचित है ।

> सामर्थ्य आहे चळवळीचे ।
> जो जो करील तयाचे ।

परी तेथे भगवंताचे ।

अधिष्ठान पाहिजे ।। (दास)

प्रस्तुत श्लोक में 'परी' शब्द व्यावर्तक है । अत: समर्थ प्रतिपादित करते हैं कि जीव जो प्रयास करना चाहता है, वह ईश्वर की आज्ञा के विरुद्ध नहीं होना चाहिए । ईश्वर ने गीता में कहा है कि जीव का प्रयास गौण है तथा ईश्वर की सहायता प्रमुख है ।

यत्र योगेश्वर: कृष्णो यत्र पार्थो धनुर्धर: ।

तत्र श्रीर्विजयो भूतिध्रुवा नीतिर्मतिर्मम ।। (गीता श्लो. 18.78)

जिस समय हम अपनी कामनाओं पर नियंत्रण कर सकेंगे, उसी समय हम ईश्वर की आज्ञा के अनुसार आचरण कर सकते हैं । वैसे वह संभव नहीं हो सकता । ज्ञानेश्वर जी ने भी कहा है, कि ईश्वर का भजन न करने वाले को इस लोक में भी नर्क के समान दुख का अनुभव करना पड़ता है और मृत्यु के पश्चात् यम के हाथों यमदंड भुगतना पड़ता है ।

हरिविणे जन्म नरकचि पै जाणा ।

यमाचा पाहुणा प्राणी होय ।। (हरिपाठ अ. 22)

इस प्रकार हरि से विन्मुख होने वालों को इहलोक और परलोक में भी दुख का ही भोग करना पड़ता है ।

(212) वेदान्त प्रयत्नवादी है

सामान्यत: लोगों की यह धारणा होती है कि अद्वैतवेदान्त ने प्रारब्ध को प्राथमिकता देकर प्रयत्न को गौण माना है । परंतु यह कहना अनुचित नहीं होगा कि उपर्युक्त कथन वेदान्त के विषय में अज्ञान को प्रकट करने वाला है । आज़ तक किसी ने भी वेदान्त के समान प्रयत्नवाद का प्रतिपादन नहीं किया है । 'नर करनी करे तो नर का नारायण बन जाए'—इसमें भी वेदान्त का ही कथन प्रस्तुत है । इससे बढ़कर अधिक प्रयत्नवाद क्या हो सकता है ?

(213) पूर्वजन्म का प्रयत्नवाद, इस जन्म का प्रारब्धवाद

इस अनुचित धारणा का एक अन्य कारण है प्रारब्ध के विषय में अनुचित कल्पना । पिछले जन्म का सफल प्रयत्नवाद ही वस्तुत: प्रारब्ध है । पिछले जन्म में किए गए कर्म का फल जब हमें इस जन्म में फल के रूप में प्राप्त होता है, तब उसे वेदान्त में दैव अथवा प्रारब्ध कहा जाता है । इस सफल कर्म अथवा प्रारब्ध को नष्ट किया जा सकता है । परंतु उसके लिए इस जन्म में किए जाने

वाले प्रयासों को ईश्वरीय सहायता के साथ जोड़ना आवश्यक है । जो ईश्वर से विमुख होते हैं, उन्हीं के स्थान पर प्रारब्ध अथवा नियति का प्रभाव दिखाई देता है । जिनका ध्यान ईश्वर की तरफ लगा रहता है, उनके विषय में यह प्रभाव नहीं दिखाई देता । मार्कंडेय की कथा से यह बात अधिक स्पष्ट हो जाती है ।

प्रारब्धं नियतिर्वापि महेशविमुखे भवेत् ।
एतन्मृकुंडतनयेऽत्यंतमीश्वरतत्परे ।।

परंतु वेदान्त का कहना है कि ईश्वर की सहायता से प्रबल प्रयास करके यदि आप प्रारब्ध का भोग नष्ट कर सकें, तो भी उन प्रयासों से आप अंततः संसार को ही साध्य करेंगे । परंतु ज़रा सोचिए, क्या यह सही है ? चाहे कितने भी प्रयास किए जाएं संसार तो अंततः दुखदायक ही रहेगा । अतः इस दुखदायक प्रपंच के लिए प्रयास करना उचित नहीं है । प्रयास और प्रारब्ध के समन्वय को साध्य करना है तो प्रपंच को प्रारब्ध पर सौंप देना चाहिए और अविनाशी सुख की प्राप्ति कराने वाले परमार्थ के लिए ही ईश्वरीय सहायता लेकर प्रबल प्रयास करना चाहिए। एक व्यक्ति के सफल कर्म को प्रारब्ध कहते हैं । और समस्त प्राणिमात्रों के भोग के लिए जिस ईश्वर के संकल्प से पंचभौतिक सृष्टयादि सामान्य सामग्री का निर्माण होता है, उस संकल्प को नियति कहते हैं । जीव के प्रयासों में दोनों ही बाधा-स्वरूप होते हैं । परंतु ईश्वर का आश्रय लेने से दोनों ही बाधास्वरूप नहीं रहते क्योंकि ईश्वर स्वतंत्र है और सब कुछ उसी के अधीन होता है ।

(214) असीम के ज्ञान का अर्थ है असीम मान लेना

ब्रह्म अत्यंत व्यापक है और साक्षात्कार का अनुभव करने वाले साधक का हृदय मर्यादित है । साक्षात्कार के दो स्थान बताए गए हैं—एक नाभि के स्थान पर होने वाला मणिपूर चक्र और दूसरा है हृदयकमल । इन दो स्थानों में से एक स्थान पर साधन साक्षात्कार प्राप्त करता है । परंतु ये दोनों स्थान मर्यादित हैं । इनमें होने वाला साक्षात्कार भी सीमित ही होगा । क्योंकि देहपात् हो जाने तक असीम बनना साधक के लिए संभव नहीं है । फिर इस सीमित साक्षात्कार को असीम कैसे कहा जा सकता है ? असीम सागर के दर्शन करने के पश्चात् हम कहते हैं कि हमने असीम सागर को देखा । परंतु जो सागर दृष्टि के विस्तार में समा पाता है, उसके दर्शन करते समय भी हम यही कहते हैं कि हमने असीम सागर को देखा और वह योग्य भी है । क्योंकि यद्यपि हम 'मर्यादित इव' सागर के दर्शन करते हैं, तथापि सागर के विषय में हमारा ज्ञान—कि सागर असीम है—अबाधित ही रहता है । असीम वस्तु को असीम मान लेना ही उसका ज्ञान

प्राप्त करना है । उसी प्रकार मर्यादित अंत:करण से होने वाला साक्षात्कार यद्यपि मर्यादित होता है, तथापि उस स्थान पर यह निश्चय यथावत् रहता है कि साक्षात्कृत उपास्य असीम अथवा अमर्यादित है; अत: उस साक्षात्कार को अमर्यादित ही माना जाता है ।

(215) उपासकों के लिए क्रममुक्ति और भक्तों के लिए साक्षान्मुक्ति

आदित्यादि को ब्रह्म मानकर की गई उपासना और रामकृष्णादि के स्थान पर की जाने वाली उपासना में दिखाई देनें वाले अंतर के विषय में हम विवेचन कर चुके हैं । परंतु 'मर्यादित इव' साक्षात्कार अंत:करण की सहायता से होता है, अत: मर्यादित्व के कारण साक्षात्कृत उपास्य को भी सगुण कहना पड़ता है । क्रियाप्रधान उपासना में दर्शन की आवश्यकता नहीं रहती । उस मार्ग का अनुसरण करने वालों को ब्रह्मज्ञान की प्राप्ति नहीं होती, अत: उन्हें केवल चैतन्य का ध्यान करना पड़ता है तथा उन्हें क्रममुक्ति मिलती है । परंतु रामकृष्णादि की भक्ति से ब्रह्मज्ञान की प्राप्ति होती है, इसलिए मुमुक्षु साक्षात् मुक्त हो जाता है । 'न तस्य प्राणा उत्क्रामन्ति' वेदवचन ने प्रतिपादित किया है कि ज्ञानी व्यक्ति गमनागमन हुए बिना ही ब्रह्मस्वरूप में विलीन हो जाते हैं । भगवद्भक्तों का भी गमनागमन नहीं होता और ज्ञानी व्यक्तियों के समान वे भी ब्रह्मस्वरूप में विलीन हो जाते हैं । ज्ञानेश्वर जी ने भी यही कहा है—

कहीं एकाधेनि वैकुंठा जावे ।
ते तिही वैकुंठचि केले आघवे ।
ऐसे नामघोष गौरवे । धवनळले विश्व ।। (ज्ञाने. 9.203)

आधिकारिक होने के कारण श्रीतुकाराम महाराज सदेह बैकुंठलोक में पहुँच गए। उनकी मृत्यु नहीं हुई ।

भक्ति का आलंबन-अर्थात् जिस निरुपाधिक सगुण की भक्ति करनी है वह सगुण—कौन-सा है, इस बात को प्रस्तुत श्लोक के अंतिम चरण में स्पष्ट किया गया है । (सदसत: परम्)

(216) क्षराक्षरातीत अवतार सगुण

कृष्ण भगवान ने गीता में तीन प्रकार के पुरुष बताए हैं—क्षर, अक्षर तथा उत्तम पुरुष । भक्ति के आलंबन-स्वरूप रामकृष्णादि सगुण ब्रह्म उत्तम पुरुष हैं ।

द्वाविमौ पुरुषौ लोके क्षरश्चाक्षर एव च ।
क्षर: सर्वाणि भूतानि कूटस्थोऽक्षर उच्यते ।।16।।
उत्तम: पुरुषस्त्वन्य: परमात्मेत्युदाहृत: ।
यो लोकत्रयमाविश्य बिभर्त्यव्यय ईश्वर: ।।17।। (गीता अ. 15)

उपाधि का संबंध केवल क्षर और अक्षर पुरुषों तक ही है । उन दोनों से परे निरुपाधिक स्वरूप है । कार्यरूप अंत:करणादि उपाधि के कारण क्षरत्व को चैतन्य प्राप्त हुआ है तथा कारणरूप उपाधि-स्वरूप अज्ञान के आधारभूत चैतन्य को अक्षरत्व प्राप्त हो गया है ।

एवं जीव चैतन्य आघवे ।
हे क्षर पुरुष जाणावे । (ओवी ज्ञा. 15.502)
ऐसे जीव कार्यकरण ।
जया मायासंगुचि लक्षण ।
अक्षर पुरुष जाण ।
चैतन्य ते ।। (ज्ञाने. 15.524)

इन दोनों से परे होने वाले निरुपाधिक उत्तम पुरुष रामकृष्णादि हैं ।

तैसा विश्वपणे कांही होये ।
विश्वलोपी केही न जाये ।
जैसा रात्री दिवसे नोहे ।
द्विधा खी । (ज्ञाने. 15.554)

(217) व्यवहारकाल में होने वाली ज्ञानी की गौण अहंता ही आहार्य अहंता है

हमारी देह के प्रति होने वाली हमारी अहंता के कारण ही हमारे समस्त व्यापार परिचालित होते हैं । यदि अहंता न हो तो व्यवहार नहीं हो सकते । परंतु हमारी अहंता और ज्ञानी की अहंता में अंतर होता है । अज्ञानी व्यक्ति देह के साथ ऐक्य स्थापित करके अहंता को निभाता है, इसलिए उसकी अहंता मुख्य रूप से देह के साथ होती है । व्यवहारकाल में ज्ञानी की भी अहंता देह के प्रति होती है, परंतु वह गौण होती है । वह अपने आपको देह और अहंता से भिन्न रूप में देखता है। व्यवहारकाल में ईश्वरी संकल्प के अनुसार उसके स्थान पर अहंता का स्फुरण होता है, परंतु ज्ञानी उसका अभिमान नहीं करता । इस प्रकार की गौण अहंता उसके व्यवहार की दृष्टि से साधक होती है; परंतु अज्ञानी की प्रमुख अहंता के समान वह सुखदुखादि भोग उत्पन्न करने के लिए साधक नहीं होती । यदि पुत्र अपने पिता की इच्छा के विरुद्ध कोई बात करे, तो पिता उस पर क्रोधित होता है । परंतु क्रोध के अधीन न होते हुए वह केवल क्रोध का दिखावा करता है । अर्थात् आहार्य क्रोध विकार धारण करते हैं । उसी प्रकार ज्ञानी पुरुष आहार्य विकार धारण करते हुए आहार्य व्यवहार करता है ।

(218) जीवदशा की अहंता

देह और अहंकार से भी शुद्ध 'अहं' ही ब्रह्म है । इसी 'अहं' को साक्षात्कार

प्राप्त होता है । वस्तुतः शुद्ध होने वाला यह चैतन्य नीचे आते—आते अन्नमय कोश के निकट पहुँचता है और कहने लगता है कि मैं ही वह कोश हूँ । इस प्रकार जीव-दशा का आरंभ होता है । ज्ञानेश्वर जी कहते हैं—

अर्जुनपण न घेता ।
मी ऐसे जे पंडुसुता ।
उठतसे ते तत्त्वता ।
तयाचे रूप ।। (ज्ञाने. 18.1315)

(219) अहंता के कारण जगदुत्पत्ति की कल्पना

यदि हम अपने मूल स्वरूप को विस्मृत न कर दें, तो हमें ऐसा प्रतीत ही नहीं होगा कि कुछ उत्पन्न हो गया है । वह हर स्थिति में सच्चिदानंदस्वरूप ही रहेगा। जिसे अपने स्वरूप का विस्मरण हो जाता है उसे ही प्रतीत होता है कि आत्मा से आकाशादि का निर्माण हुआ है । मूल आत्मवस्तु पर जो भी कल्पना की जाती है वह अहंता के कारण दृढ़ बनायी जाती है । अहंता से बद्ध कल्पनाओं के कारण जीव को प्रतीत होता है कि वह स्वयं बुद्धि, मन, प्राण, इंद्रियाँ आदि है और अंत में वह स्थूल शरीरधारी पुरुष के आकार का (पुरुषविधः) बन जाता है । मूल ब्रह्मस्वरूप को विस्मृत कर देने के कारण जीव उससे भिन्न होकर देहाकार बन गया। यह धारणा असत्य होने के कारण आत्मविचार से उसका निराकरण हो जाता है । इस कथन का अर्थ यह नहीं है कि आकार की निवृत्ति हो जाती है, बल्कि इस कल्पना का निरास अथवा बाध होता है कि ब्रह्म से भिन्न कोई वस्तु है जिसका स्वतंत्र अस्तित्व और वस्तुत्व है । इस निवृत्ति के पश्चात् कल्पना का आधारभूत परब्रह्म अवशिष्ट रहता है और जो कुछ भी प्रतीत होता है वह सब कुछ उस अधिष्ठानरूप परब्रह्म का विलास अथवा क्रीड़ा सिद्ध होता है । जिस प्रकार सागर के जल पर उठने वाली लहरें उस सागर का खेल अथवा क्रीडा होती हैं, उसी प्रकार यह ब्रह्मवस्तु की क्रीडा है ।

(220) विद्यारूप शक्ति को अन्यथा-रूप से देखना भ्रम अथवा अज्ञान है

वेदान्त के अनुसार प्रकृति अथवा माया परब्रह्म की शक्ति है । शक्त और शक्ति में तादात्म्य संबंध होता है अतः माया का स्वरूप सच्चिदानंद परब्रह्म के समान होता है । जीव उसे अविद्या-रूप में देखता है और उसे असत्, जड़ और दुखरूप समझता है । अज्ञान के कारण उसे वह परब्रह्म से भिन्न प्रतीत होती है । ब्रह्मज्ञान के पश्चात् उसे वह विद्यारूप में भासित होने लगती है और यह प्रतीत होता है कि वह परब्रह्म के साथ एकाकार हो गई है ।

(221) परब्रह्म का अज्ञान के साथ आधार-रूप से संबंध

अध्यास के कारण ब्रह्म के स्थान पर जगत् का आभास होता है । अध्यास का अर्थ है भ्रम ।

अध्यासो नाम अतस्मिंस्तद्बुद्धिरित्यवोचाम । (ब्र. सू. शां. भा.)

जीव के भ्रम के कारण ब्रह्म के साथ संबंध स्थापित हो गया है । उसकी अनुचित कल्पना का आधार होना ही संबंध स्थापित होना है । इस प्रकार जगत् कल्पित सिद्ध होता है और आत्मविचार से उसकी त्रैकालिक निवृत्ति होती है । ब्रह्म कल्पना का आधार मात्र होता है, अत: उसके मूल स्वरूप में कोई परिवर्तन अथवा विकृति निर्माण नहीं हो पाती । रज्जु पर भासित होने वाले सर्प के भ्रम में रज्जु भ्रम का आधार मात्र होता है । सर्प के भ्रम के कारण रज्जु में कोई परिवर्तन अथवा विकृति उत्पन्न नहीं होती । उसी प्रकार जीव की अनुचित धारणा के कारण यद्यपि उसमें विकृति उत्पन्न होती है तथापि उसकी अनुचित धारणा का मूलाधार ईश्वर अपने मूल स्वरूप को विस्मृत नहीं करता और माया का नियंता होने के कारण उसमें विकृति उत्पन्न नहीं होती । 'उत्पत्यसंभवात्' नामक ब्रह्मसूत्र पर किए गए भाष्य में रामानुजादि द्वैती भक्तिसंप्रदायवादियों का खण्डन किया गया है । वह खण्डन केवल इसी विषय तक सीमित रहता है कि जीव की उत्पत्ति परमात्मा से नहीं हो सकती । परंतु ध्यान देने योग्य बात यह है कि ईश्वर की शरण में पहुँचने का जो भाव भक्ति में निहित होता है, उसका खंडन वहाँ नहीं किया गया है ।

> अत्र ब्रूम: न वासुदेवसंज्ञकात्परमात्मन: संकर्षणसंज्ञकस्य जीवस्योत्पत्ति: संभवति, अनित्यत्वादिदोषप्रसंगात् ।...यदपि तस्य भगवतोऽभिगमनादिलक्षणमाराधनमजस्रमनन्यचित्ततयाभिप्रेते, तदपि न प्रतिषिध्यते, श्रुतिस्मृत्योरीश्वरप्राणिधानस्य प्रसिद्धत्वात् । (ब्र. सू. 2.2.42)

यह तो स्पष्ट है कि महाराष्ट्र के वारकरी भागवत संप्रदाय पर यह खंडन चरितार्थ नहीं होता, क्योंकि उनकी भक्ति अद्वैत-दर्शन की नींव पर आधृत है । उनका सिद्धान्त है कि अद्वैतज्ञान के सिवा परमप्रेम नहीं हो सकता ।

(222) ईश्वर की दृष्टि से समस्त नामरूप सच्चिदानंदरूप हैं

भक्ति के द्वारा जीव की उपाधि नष्ट हो जाने पर वह सत्, चित् और आनंदरूप से शेष रहता है और वही ब्रह्म का स्वरूप है । इसी को श्लोक में 'ऋतम्' कहा गया है । अत: इस स्वरूप के साथ संबद्ध होने वाली कोई भी कल्पना निवृत्त नहीं हो सकती । इसका कारण यह है कि ईश्वर-स्वरूप की दृष्टि से समस्त नामरूप सच्चिदानंद-स्वरूप हैं और यही स्वरूप-स्थिति है । जो व्यक्ति संपूर्णत:

ईश्वर की शरण में पहुँचता है, उसके बाहरी दुखों एवं आंतरिक कल्पनाओं को ईश्वर निवृत्त कर देता है । यद्यपि ईश्वर का भजन करने वाला व्यक्ति आर्त अथवा अर्थार्थी हो तथापि अंततः उसे मोक्ष की प्राप्ति हो ही जाती है । अतः ईश्वर कहते हैं कि इस प्रकार के भक्त भी श्रेष्ठ होते हैं ।

न मय्यावेशितधियां कामः कामाय कल्पते ।
भर्जिता क्वथिता धाना प्रायो बीजाय नेष्यते ।। (भाग 10.22.26)

(223) इंद्रियों की सुस्थिति ईश्वर के अधीन है

श्रीधरस्वामी का कथन है कि अभक्तों को अर्थ और काम भी साध्य नहीं हो सकते । क्योंकि उसे साध्य करने के लिए बुद्धि और शरीर का तंदुरुस्त होना आवश्यक है । परंतु उनका प्रवर्त्तक भी ईश्वर होता है, अतः उसके अनुग्रह के बिना बुद्धि और शरीर अच्छी हालत में नहीं रह सकते । इसीलिए उसे अर्थ और काम की प्राप्ति नहीं हो सकती ।

नन्वभक्तानामपि कामादिफलमस्त्येव ।
न, कार्यकारणानुग्राहकत्वेन जीवनहेतोस्तवाभजने
कृतहनानां तदपि नसिध्द्येदित्याशयेनाहमहदहमादय इति ।

अन्नमय, प्राणमय, मनोमय, विज्ञानमय और आनंदमय नामक पाँच कोश होते हैं । जीव मूलतः परब्रह्मस्वरूप होने के कारण परब्रह्म के समान वह भी वस्तुतः अन्नमयादि पाँच कोशों से परे होता है ।

(224) कर्तृत्वादिरहित मूल जीवस्थिति

हम स्वयं से भिन्न पदार्थों की कल्पना करते हैं और यह समझते हैं कि वे पदार्थ सत्य हैं । अतः उन भिन्न पदार्थों के आधार पर ही हमारे स्थान पर कर्तृत्व, ज्ञातृत्व और भोक्तृत्व के भाव उत्पन्न होते हैं । यदि हम इन पदार्थों की कल्पना के साथ अपना संबंध ही स्थापित न होने दें, तो ये भाव हमारे स्थान पर उत्पन्न ही नहीं होंगे। ज्ञाता और सुख का उपभोग करने वाला—दोनों ही ज्ञान तथा सुखभोग के पूर्व ही होते हैं । उसी प्रकार कर्ता भी क्रिया के पूर्व ही होता है। इस स्थिति में वह स्वाभाविक रूप से क्रियारहित, ज्ञानस्वरूप और भोक्तृत्वरहित होता है और अपनी इस वास्तविक स्थिति को जानना ही आत्मस्वरूप का ज्ञान प्राप्त करना है ।

(225) परब्रह्म ही पंचकोशों का आधार

जिन पंचकोशों का पहले उल्लेख किया गया है, उनका आधार अविकृत

ब्रह्मस्वरूप होता है । इसी स्वरूप पर ये पंचकोश अध्यस्तविवर्त हैं । ये सब केवल कल्पना मात्र हैं । परंतु एक कल्पना पर दूसरी कल्पना नहीं की गई है । क्योंकि हर एक कल्पना का आधार मूल अधिष्ठान ही होता है । अतः 'तैत्तिरीयोपनिषद्' में प्रत्येक कोश को 'ब्रह्मपुच्छ प्रतिष्ठा' कहा गया है । 'पुच्छ' का अर्थ इस स्थान पर 'आधार' के रूप में है ।

येन ते सर्वे आत्मवन्तः तद् ब्रह्म पुच्छं प्रतिष्ठा ।
तदेव च सर्वस्य अविद्यापरिकल्पितस्य
द्वैतस्यावसानभूतमद्वैतं ब्रह्म प्रतिष्ठा ।
आनंदमयस्यैकत्वावसानत्वात् । (तैत्ति. 2.5 शां.भा।)

(5)

उदरमुपासते य ऋषिवर्त्मसु कूर्पदृशः ।
परिसर पद्धतिं हृदयमारुणयो दहरम् ।
तत उदगादनन्त तव धाम शिरः परमं
पुनरिह यत्समेत्य न पतन्ति कृतान्तमुखे ।।18।।

अर्थ—हे असीम भगवन्, ऋषियों के संप्रदाय में जो स्थूल दृष्टि के पुरुष हैं वे उदरस्थ ब्रह्म की उपासना करते हैं और जो अरुण के अनुयायी हैं वे हृदयस्थ ब्रह्म की उपासना करते हैं जिससे कई नाड़ियाँ निसृत हैं । परंतु मस्तक में होने वाले तुम्हारे उच्च स्थान की प्राप्ति जिन्हें होती है वे पुरुष काल के मुख में नहीं गिरते ।

श्रीधराचार्य का श्लोक—

उदरादिषु यः पुंसां चिन्तितो मुनिवर्त्मभिः ।
हन्ति मृत्युभयं देवो हृदगतं तमुपास्महे ।। 5।।

अर्थ—ऋषियों के मार्ग का अनुसरण करने वाले कई साधक उदर, हृदय इत्यादि स्थानों पर ईश्वर का ध्यान करते हैं और वह परमेश्वर उन्हें मृत्यु के पाश से मुक्ति दिलाता है । उस हृदयस्थ परमात्मा की उपासना हम करते हैं ।

(226) उपासना से शुद्ध बुद्धि

दीपिका—ज्ञानप्राप्ति के लिए बुद्धि का अत्यंत सूक्ष्म होना आवश्यक होता है। सगुण अथवा निर्गुण— दोनों ही स्वरूपों का ज्ञान सूक्ष्म बुद्धि के अभाव में नहीं

हो सकता । उपासना से बुद्धि सूक्ष्म होती है अत: ब्रह्मज्ञान के पूर्व इन उपासनाओं का उपदेश किया गया है । इन उपासनाओं से बुद्धि एकाग्र होती है तथा सूक्ष्म बन जाती है ।

हमारे स्थान पर कर्तृत्व, ज्ञातृत्व और भोक्तृत्व की वृत्तियों का जाग्रत होना ही जीवदशा है । ये तीनों वृत्तियाँ अहंकार के आधार पर ही उठती रहती हैं । यही विकृति का स्वरूप है । 'अहं' ही हमारा मूल शुद्ध स्वरूप है । परंतु 'अहंता' अथवा 'मैं' से विकृत होकर उसने पंचकोशों के साथ ऐक्य स्थापित किया । यदि 'मैं' अथवा 'अहं' शुद्ध रहे तो उसे स्वरूप-स्थिति प्राप्त होती है तथा वह जीवन्मुक्तस्थिति को प्राप्त होता है । परंतु उसे स्थिर बनाने के लिए उसे सदैव दर्शन, मनोनाश तथा वासनाक्षय का अध्ययन करना चाहिए । ये सभी बातें ईश्वरप्रेम से भक्ति के द्वारा अनायास ही आत्मसात् हो जाती हैं । भगवद्भक्तों को स्वतंत्र अध्ययन की कोई आवश्यकता नहीं रहती ।

जब तक विकृतरूप दोष का निराकरण नहीं हो जाता तब तक बुद्धि सूक्ष्म नहीं हो सकती । और जब तक बुद्धि सूक्ष्म नहीं होती तब तक ब्रह्म का आकलन नहीं होता । 'ऐहिक-मध्यप्रस्तुत प्रतिबन्धे तद्दर्शनात्' (ब्र.सू. 3.4.51) पर भाष्य करते समय आचार्य ने इस बात को स्पष्ट किया है ।

श्रवणादिद्वारिणापि विद्योत्पद्यमाना प्रतिबंधक्षयापेक्षयैवोत्पद्यते । तथा च श्रुतिरर्दुर्बोधत्वमात्मनो दर्शयति । 'ऐकाग्र्यार्थमुपासना'—मन को एकाग्र करने के लिए उपासनाएँ बतायी गयी हैं । स्थूल दृष्टि के लोगों के लिए ऋषियों ने इस उपासना संप्रदाय का प्रवर्तन किया ।

(227) उपासना में ब्रह्मभावना

उपासना के लिए जिस वस्तु का चयन किया जाता है, उस वस्तु का ध्यान करते समय उस वस्तु के अतिरिक्त अन्य कुछ भी दिखाई न देना ही एकाग्रता है। हृदय के रिक्त स्थान पर अर्थात् दहराकाश के स्थान पर ब्रह्मभावना की जाती है इन उपासनाओं में स्थूल भावों का त्याग करते-करते अंतत: जो शेष रहता है, वह ब्रह्म है । उदरोपासना में उर का त्याग करते हुए अग्नि का ग्रहण किया जाता है—उसके बाद अग्नि का त्याग करते हुए तेज का स्वीकार किया जाता है और अंतत: तेज का भी त्याग करके ब्रह्म को ग्रहण किया जाता है । इस समस्त उपासना में जिस वस्तु के स्थान पर ब्रह्मभावना की जाती है, वह वस्तु दूर हटती जाती है ।

(228) भक्ति में भी ब्रह्म का ज्ञान

रामकृष्णादि की मूर्ति के स्थान पर ब्रह्मभावना करने का प्रश्न ही उपस्थित नहीं होता क्योंकि वह आकार तथा नाम मूल ब्रह्म का ही होता है । इस मूर्ति के ध्यान में वस्तु का त्याग करने की आवश्यकता नहीं होती अथवा उसके स्थान पर ब्रह्मभावना भी नहीं करनी पड़ती । मूर्तियों का ब्रह्मस्वरूप होना भावना न होकर परोक्ष ज्ञान हैं । क्योंकि यही परोक्ष ज्ञान मन के तीव्र संवेग के अपरोक्ष ज्ञान में परिणत होता है तथा साधक को उस प्रकार की अनुभूति दिलाता है ।

(229) उपासना से क्रममुक्ति और भक्ति से साक्षान्मुक्ति

हमारे शरीर में परिसर अथवा नाड़ियाँ हैं । नाड़ियाँ यद्यपि अनेक होती हैं तथापि योगशास्त्रकारों ने बताया है कि उसमें से एक सौ एक नाड़ियाँ प्रयोग में लायी जाती हैं । 'सुषुम्ना' नामक नाड़ी गुदस्थान से ब्रह्मरंध्र तक जाती है । वह तेजोमय होती है तथा योगशास्त्र में इसे ही 'कुंडलिनी' कहते हैं । उपासना में अद्वैत ज्ञान नहीं रहता । इसी कुंडलिनी के मार्ग से उपासक देहपात के अनंतर ब्रह्मलोक में पहुँचता है । उस स्थान पर ज्ञानप्राप्ति के पश्चात् ब्रह्मदेव के साथ-साथ वह भी मुक्त हो जाता है । यह उपासना मार्ग क्रममुक्ति देने वाला है ।

'अनावृत्तिः शब्दादनावृत्तिः शब्दात् ।' (ब्र. सू. 44-22)

इस पर किया गया आचार्य का भाष्य लक्षणीय है । परंतु ज्ञान से तथा सगुण ईश्वर की भक्ति से साक्षात् मुक्ति प्राप्त हो सकती है ।

(230) अंशात्मक भ्रम-निवृत्ति से संपूर्ण भ्रम निवृत्ति

सर्वव्यापक होने के कारण ब्रह्म हृदय में भी निवास करता है अतः हृदय के स्थान पर ब्रह्म का साक्षात्कार हो सकता है । परंतु प्रश्न यह उपस्थित होता है कि सृष्टि तो पूर्णतः भ्रम से व्याप्त है अतः कोई भी भ्रम से मुक्त नहीं रह सकता। हृदय का एक हिस्सा भी सृष्टि का ही अंश होता है । अतः इस हृदय के स्थान पर होने वाले साक्षात्कार से उस अंशमात्र भ्रम की निवृत्ति यद्यपि हो जाती है तथापि संपूर्ण सृष्टि में व्याप्त भ्रम की निवृत्ति कैसे हो सकती है? इस प्रश्न के उत्तर में कहा जा सकता है कि रज्जु-सर्प भ्रम में संपूर्ण रज्जु पर सर्प का भ्रम होता है, परंतु पूँछ के भ्रम की—अर्थात् एक अंश के भ्रम की—निवृत्ति हो जाने पर जिस प्रकार संपूर्ण रज्जु के स्थान पर होने वाला भ्रम नष्ट हो जाता है, उसी प्रकार इस स्थान पर अंशमात्र भ्रम की निवृत्ति से संपूर्ण सृष्टि के भ्रम की निवृत्ति हो जाती है।

(6)

स्वकृत विचित्र योनिषु विशन्निव हेतुतया
तरतमतश्चकास्स्यनलवत्स्वकृतानुकृतिः ।
अथ वितथास्वमूष्ववितथं तव धाम समं
विरजधियोऽन्वयन्त्याभिविपण्यव एकरसम् ।।19।।

अर्थ—हे ईश्वर, तुमने जिन विभिन्न योनियों का निर्माण किया है, उसमें तुम उपादान-कारण-रूप से रहते हो । जिस प्रकार लकड़ी के आकार के साथ-साथ अग्नि भी छोटा-बड़ा रूप धारण करता है, उसी प्रकार तुम भी उन योनियों के रूप में निवास करते हो । व्यवहार से निवृत्त निर्मल बुद्धि के सत्पुरुष जानते हैं कि इस मिथ्या योनि में समभाव से अनुस्यूत तुम्हारा एकरूप ही एकमात्र सत्य है ।

श्रीधराचार्य का श्लोक—

स्वनिर्मितेषु कार्येषु तारतम्यविवर्जितम् ।
सर्वानुस्यूतसन्मात्रं भगवन्तं भजामहे ।।6।।

अर्थ—अपने ही द्वारा निर्मित कार्यसृष्टि के स्थान पर जिसे तारतम्यभाव नहीं है तथा जो समस्त कार्यसृष्टि में व्याप्त होकर भी सत्ता मात्र है, ऐसे ईश्वर का हम भजन करते हैं ।

दीपिका—उपास्य ईश्वर तथा उपासक जीव दोनों का ही निवास हृदय में होता है । परंतु हृदयनिवासी होते हुए भी आधाररूप होने के कारण ईश्वर शुद्ध ही रहता है, वह अंतःकरण उपाधि से युक्त नहीं होता । इसीलिए वह उपाधि से युक्त जीव के लिए उपास्य बन जाता है ।

जिससे कार्य की उत्पत्ति होती है वह निमित्त कारण होता है और जो कार्यरूप होता है वह उपादान कारण होता है । वेदान्त की मान्यता है कि ब्रह्म अथवा ईश्वर जगत् का उपादान-कारण भी है और निमित्त-कारण भी । इसीलिए उसे 'अद्वैत' कहते हैं । अद्वैतेतर संप्रदायियों की मान्यता है कि ईश्वर केवल जगत् का निमित्तकारण ही होता है, उपादान-कारण नहीं, अतः वे द्वैतवादी सिद्ध हो जाते हैं।

परब्रह्म सच्चिदानंदस्वरूप है । मिट्टी से बनाया गया चूल्हा जिस प्रकार चूल्हे की अवस्था में भी हमें मिट्टी के रूप में ही दिखाई देता है, उसी प्रकार सच्चिदानंदरूपों से निर्मित सृष्टि हमें सच्चिदानंदादि धर्मों से ही प्रतीत होनी चाहिए । यथार्थ ज्ञानी की दृष्टि इसी प्रकार की होती है । परंतु हमें इस प्रकार का अनुभव प्राप्त नहीं होता ।

(231) ब्रह्म का विवर्त और अविद्या का परिणाम ही जगत् है

अज्ञानी व्यक्ति की दृष्टि से विचार किया जाए तो परब्रह्म अथवा ईश्वर विवर्त उपादान कारण तथा माया अथवा अज्ञान परिणामी उपादान कारण सिद्ध होता है। इसका अर्थ यह होता है कि जगत् ब्रह्म का विवर्त और अविद्या का परिणाम है।

हम जिसे सृष्टि कहते हैं वह क्या है ? भोक्ता, भोग्य और भोग—अर्थात् समस्त सृष्टि में ब्रह्म ही आद्योपान्त व्याप्त होता है । यदि दो वस्तुएँ हों, तभी एक वस्तु का दूसरी वस्तु में प्रवेश करना स्वीकार किया जा सकता है । परंतु 'एकमेवाद्वितीयं ब्रह्म' श्रुती ने तो कहा है कि परब्रह्म केवल एकमात्र ही है और वह चैतन्यधन है । अर्थात् चैतन्य के अतिरिक्त अन्य किसी वस्तु का अस्तित्व नहीं है । ऐसी स्थिति में एक का दूसरे में प्रवेश कैसे संभव है ? प्रवेश का अर्थ इस स्थान पर कहीं भी उसी की प्राप्ति होती है, इस अर्थ में लिया गया है । लकड़ी के लघु अथवा विशाल आकार के कारण अग्नि भी लघु अथवा विशाल प्रतीत होता है, परंतु वस्तुत: अग्नि में लघु अथवा विशाल का तरतमभाव नहीं होता । उसी प्रकार परब्रह्म निर्विशेष होने के कारण उसमें तरतमभाव नहीं रह सकता । परंतु अज्ञान के कारण जीव उसमें तरतमभाव—अर्थात् विशेष भाव देखता है ।

(232) व्यतिरेक

ब्रह्म की प्राप्ति दो पद्धतियों से होती है—व्यतिरेक और अन्वय । इस नामरूपात्मक जगत् में नामरूप के कारण हमें अनेकत्व का जो आभास होता है उसमें से एकरूप ब्रह्म का अन्वेषण करने के लिए हमें प्रथमत: व्यतिरेक-पद्धति को ही स्वीकार करना पड़ता है । हमें जो सृष्टिरूप कार्य दिखाई देता है उसका कारण क्या है, इसका अन्वेषण हम व्यतिरेक की सहायता से कर सकते हैं ।

व्यतिरेक का अर्थ है—अलग करना । जिस द्रव्य से कार्य का अस्तित्व रहता है तथा उस द्रव्य के अभाव में कार्य नहीं रह सकता वह द्रव्य उस कार्य का कारण होता है । उदाहरण के लिए मिट्टी और घट । ब्रह्म को अलग करने पर यदि सृष्टि शेष रहेगी तो यह कहा जा सकता है कि सृष्टि का कारण ब्रह्म से भिन्न है। परंतु यदि ब्रह्म को अलग करने पर सृष्टि नहीं रहेगी तो यही कहना होगा कि सृष्टि का कारण ब्रह्म ही है ।

(233) सृष्टि की उत्पत्ति का क्रम

ब्रह्मसत्ता के एक अंश पर अविद्या का आभास होता है और उसी अविद्या के एक अंश पर आकाश, आकाश के एक अंश पर वायु और इसी प्रकार क्रमश: प्रत्येक भूत के अंश पर अगले भूत का आभास होता है ।

'तदनन्यत्वमारम्भणशब्दादिभ्यः' (ब्रा.सू. 2.1.14)

पर भाष्य करते समय आचार्य ने इसे अधिक स्पष्ट किया है ।

कार्यमाकाशादिकं बहुप्रपंच जगत्कारणं परं ब्रह्म, तस्मात्कारणात्परमार्थतोऽनन्यत्वं व्यतिरेकेणाभावः कार्यस्यावगम्यते ।

प्रकृति अथवा अज्ञान के कारण परब्रह्म का सदंश आवृत्त हो जाता है, उस समय उसके अन्य विशेष अंश-चिदंश और आनंद भी आवृत्त से हो जाते हैं और फिर इस प्रकार समस्त सृष्टि की उत्पत्ति होती है । जिसकी सहायता से पदार्थ का ज्ञान प्राप्त किया जाता है, उसे 'सत्ता' कहते हैं । वस्तुतः पदार्थ के अस्तित्व को समझना ही उसका ज्ञान प्राप्त करना है । भविष्य में गुणों का ज्ञान होता है, उसे विशेष ज्ञान कहा जाता है ।

(234) हम आत्मस्वरूप किस प्रकार हैं ?

नामरूपों के द्वारा हमें मर्यादित वस्तु का ग्रहण होता है । व्यतिरेक से नामरूपों को भिन्न कर देने से केवल सत्ता शेष रहती है । इसका कारण यह है कि सत्ता का बाध करने वाली अन्य कोई भी वस्तु नहीं है । परंतु इस अविनाशी सत्ता का ज्ञान किसे होता है ? और इसे कौन निश्चित करता है ? यह तो स्पष्ट है कि ज्ञान भी हमें होता है तथा निश्चित करने वाले भी हम ही होते हैं । अतः हम और हमारा ज्ञान दोनों ही अविनाशी होते हैं । 'अहं ब्रह्मास्मि' वृत्ति से इसी प्रकार का अनुभव प्राप्त होता है । इस प्रकार सत्ता और ज्ञान का तादात्म्य संबंध सिद्ध होता है और उसके अतिरिक्त अन्य वस्तु का अभाव सिद्ध होने के कारण वह भी सुखस्वरूप ही सिद्ध होता है ।

(235) अन्वयज्ञान साध्य है तथा व्यतिरेकज्ञान उसे प्राप्त करने का साधन

व्यतिरेक से प्राप्त होने वाले ज्ञान का दृढ़ होना तथा प्राप्त अनुभव को अखंडित रूप में देखना अन्वयज्ञान कहलाता है । व्यतिरेक के बिना अन्वय के स्तर तक पहुँचना असंभव है, अतः समस्त वेदान्त में व्यतिरेक पर अधिक बल दिया गया है । परंतु इस बात को ध्यान में रखना आवश्यक है कि अन्वय ही अंतिम सिद्धान्त है, और उस अनुभव की प्रथम श्रेणी है व्यतिरेक ।

जिस समय यह बुद्धि नष्ट हो जाएगी कि परब्रह्म से भिन्न कोई पदार्थ है; तथा यह प्रतीत होगा कि पदार्थ कुछ भी नहीं हैं, केवल ब्रह्म ही है—तभी द्वैत की निवृत्ति हो सकती है । अन्वयज्ञान के दृढ़ हो जाने पर सगुण निर्गुण का भेद नष्ट हो जाता है । यदि अन्वयज्ञान दृढ़ न हो तो इस बात को समझना कठिन हो

जाता है, कि ईश्वर अपने निर्गुणत्व का त्याग किए बिना सगुण साकार कैसे बन जाता है ?

मन को जिस विषय के प्रति रुचि होती है, उस विषय का त्याग वह नहीं कर सकता और जिस विषय के प्रति अरुचि होती है उसको स्वीकार नहीं करता। यदि अंत:करण से विषयों को नष्ट करना हो तो विषय के प्रति अरुचि उत्पन्न होनी चाहिए । ऐसी स्थिति उत्पन्न हो जाने पर विषयों के प्रति आकर्षण समाप्त हो जाएगा, मन निर्विषय हो जाएगा और परब्रह्म प्रकट हो जाएगा ।

(7)

स्वकृतपुरेष्वमीष्वबहिरन्तरसंवरणं
तव पुरुषं वदन्त्यखिलशक्तिधृतोऽशकृतम् ।
इति नृगतिं विविच्य कवयो निगमावपनं
भवत उपासतेऽङ्घ्रिमभवं भुवि विश्वसिता: ।।20।।

अर्थ—अपने कर्मों के द्वारा संपादित शरीर में भोक्ता के रूप में रहने वाला जीव तत्त्वत: कार्यकारण के आवरण से निर्लिप्त होता है । अत: हे भगवन्, यह कहा जाता है कि तुम्हारे सर्वशक्तिमान अंश से ही जीव का निर्माण होता है । जीव की इस वास्तविक स्थिति का ज्ञान प्राप्त करते हुए ज्ञानी पुरुष इस लोक में वैदिक कर्मों को अर्पित करने के क्षेत्ररूपी तुम्हारे चरणों की सेवा पूजादि के द्वारा करते हैं ।

श्रीधराचार्य का श्लोक—

त्वदंशस्य ममेशान त्वन्मायाकृतबन्धनम् ।
त्वदङ्घ्रिसेवामादिश्य परानन्द निवर्तय ।। 7।।

अर्थ—हे ईश्वर, तुम्हारा अंशरूप 'मैं' तुम्हारी माया के बंधन से ग्रस्त हो गया हूँ । हे परानंद, तुम्हारी चरणसेवा करने की बुद्धि प्रदान करके उस बंधन का निराकरण कर दे ।

(236) 'अंश' का अर्थ 'अंश इवं' क्यों ?

ईश्वर ने गीता में कहा है कि जीव मेरा ही अंश है । इस स्थान पर अंश का अर्थ टुकड़ा या हिस्सा के रूप में नहीं किया गया है । क्योंकि सावयव पदार्थों

के स्थान पर ही अंश की कल्पना की जा सकती है । परब्रह्म निरंश है अत: अंश का अर्थ 'अंश इव' के रूप में ही करना पड़ता है ।

ममैवांशो जीवलोके जीवभूत: सनातन: ।
ननु निरवयवस्य परमात्मन: कुत: अवयव: एकदेश:
अंश: इति ? सावयवत्वे च विनाशप्रसङ्ग: अवयवविभागात् ।
नैव दोष: अविद्याकृतोपाधिपरिच्छिन्न:
एकदेश: अंश: इव कल्पितो यत: ।

(गीता श्लोक 15.7 पर किया गया शांकरभाष्य)

यद्यपि जीव को 'अंश इव' कहा गया, तथापि यह कथन तभी उचित होगा यदि जीव के स्थान पर ईश्वर के लक्षण चरितार्थ होते हों और तभी ईश्वर के साथ उसका ऐक्य हो सकता है । समस्त ज्ञानी पुरुषों का अनुभव यही है कि आज जीव को जिस उपाधि का आभास होता है वह यथार्थ ज्ञान से असत्य सिद्ध होती है । जब ज्ञान के पश्चात् वह असत्य सिद्ध होती है, तब यह तो स्पष्ट है कि जिस समय जीव को उसका आभास हो रहा था, उस समय भी वह असत्य थी। ज्ञानी पुरुष की भूमिका से विचार करने पर अज्ञानरूप उपाधि कभी भी नहीं रह सकती । ईश्वर के समान ज्ञानी भी नित्यमुक्त होता है अत: वह ईश्वर का अंश सिद्ध होता है । अत: अमृतानुभव के सप्तम प्रकरण में जो अज्ञान का खंडन किया गया है, वह ज्ञानी की भूमिका से यथार्थ ही है ।

(237) भक्ति के अज्ञान की त्रैकालिक निवृत्ति

हमारे स्थान पर होने वाला 'अहं' का स्फुरण ही वस्तुत: ब्रह्म है । वह ज्ञानस्वरूप है परंतु उसे ज्ञेय बनाकर कैसे जाना जा सकता है ? अज्ञानी जिसे न जानने की स्थिति कहता है उसे ही ज्ञानी पुरुष स्वरूपस्थिति कहता है । इस ज्ञानस्वरूप के स्थान पर ही अज्ञान की कल्पना की जाती है, अत: उसकी त्रैकालिक निवृत्ति हो सकती है । अपनी इस मूल स्थिति को प्राप्त करने के लिए 'मामेकं शरणं व्रज'—इस ईश्वरवचन पर विश्वास रखकर उसकी भक्ति करनी चाहिए । भक्ति से निरुपाधिक स्थिति प्राप्त होती है तथा उपाधि के कारण निर्मित उपास्य और उपासक का भेद नष्ट होता है ऐसा आचार्य का कथन है—

संराधनं च भक्तिध्यानप्राणिधानाद्यनुष्ठानम् ।
योगिनस्तंप श्यन्ति भगवन्तं सनातनम् इति चैवमाद्या ।
ननु संराध्यसंराधकभावाभ्युपगमात्परेतरात्मनोरन्यत्वं
स्यादिति, नेत्युच्यते । (ब्र. सू. शां. भा. 3.2, 24 और 25)

(238) भक्ति का अर्थ ज्ञान नहीं

'उपासते' का अर्थ श्रीधराचार्य ने पूजा, प्रणाम आदि के द्वारा सेवा करने के रूप में किया है ।

उपासते अर्चनवन्दनादिभिः सेवन्ते ।

निर्गुणाभिमानी ज्ञानियों ने भक्तिं को ज्ञान का साधन मात्र माना है और वे पुनः-पुनः प्रतिपादित करते हैं कि 'भक्त्या' का अर्थ ज्ञान से भिन्न कुछ न होकर ब्रह्माकार वृत्ति को ही 'भक्ति' नाम दिया गया है । श्रीधराचार्य के 'उपासते' पद के अर्थ को स्पष्ट करते हुए 'श्रीधरीप्रकाश' नामक अपनी टीका में धर्मसिंधुकार बाबा पाध्ये कहते हैं कि भक्ति का अर्थ है सगुण ईश्वर की पूजा, प्रणामादि सेवा। प्रस्तुत कथन के द्वारा भक्ति को ब्रह्माकार वृत्तिरूप ज्ञान मानने वाले निर्गुणाभिमानियों का खण्डन हुआ है ।

एतेन पुनः पुनर्ब्रह्माकारा वृत्तिरेव भक्तिर्नतु
भगवदर्चनादिरूपा भक्तिरपेक्षितेति निरस्तम् ।

(239) निरीश्वरवादी मीमांसकों का खण्डन

मीमांसक निरीश्वरवादी हैं । वे कहते हैं कि यज्ञ करने वाला कर्ता समस्त दृष्टिकोणों से समर्थ हो, इसलिए हमने उसे यह भावना रखने के लिए कहा है कि 'ईश्वर है' । वस्तुतः ईश्वर नहीं है । श्रीधराचार्य ने अपनी टीका में मीमांसकों के प्रस्तुत मत का खंडन करते हुए भक्ति के महत्त्व को प्रतिपादित करते हुए कहा है कि सगुण ईश्वर के चरणों के भजन से मुक्ति प्राप्त होती है ।

ननु ऋत्वर्थस्यात्मनः स्तुतिरियमीश्वरत्वेन
क्रियते नतु तस्येश्वरत्वं बोध्यते । नैतधुज्यते ।
...कृतावतारस्य भगवतश्चरणभजनमुपायं वदन्तीत्याह ।

(8)

दुरवगमात्मतत्त्वनिगमाय तवात्ततनो-
स्चरितमहामृताब्धिपरिवर्तपरिश्रमणाः ।
न परिलषन्ति केचिदपवर्गमपीश्वर ते
चरणसरोजहंसकुलसङ्गविसृष्टगृहाः ।।21।।

अर्थ—हे भगवन्, दुर्बोध आत्मतत्त्व का ज्ञान कराने के लिए तुम अवतार ग्रहण करते हो । तुम्हारे अवतारचरित्ररूप महासागर में स्नान करके श्रमरहित होने वाले कई भक्तपुरुष, तुम्हारे चरण-कमलों के स्थान पर हंस के समान निमग्न होने वाले भक्तजनों के सहवास के कारण घर-बार का त्याग करके तुम्हारे श्रवण-कीर्तन में निमग्न होते हैं और उस सुख से तृप्त हो जाने के कारण इंद्रपद की तो बात ही छोड़िए, मोक्ष की भी इच्छा नहीं रखते ।

श्रीधराचार्य का श्लोक—

तत्कथामृतपाथोदौ विहरन्तो महामुदः ।
कुर्वन्ति कृतिनः केचिच्चतुर्वर्गं तृणोपमम् ।।8।।

अर्थ—हे भगवन्, तुम्हारी कथारूपी अमृत के सागर में अत्यंत प्रसन्नता से विहार करने वाले कृतकृत्य भगवद्भक्तों को चारों पुरुषार्थ (धर्म, अर्थ, काम और मोक्ष) तृण के समान क्षुद्र प्रतीत होते हैं ।

दीपिका—'कृत प्रयत्नापेक्षस्तु विहित प्रतिषिद्धावैयर्थ्यादिभ्यः ।'

प्रस्तुत ब्रह्मसूत्र पर भाष्य करते समय आचार्य कहते हैं कि ईश्वर वर्षा के समान साधारण कारण है और प्राणिमात्रों का बुरा कर्म बीज के समान असाधारण कारण है । जैसा बीज होगा, उसी के अनुसार फल उत्पन्न होता है और बीजों के भिन्नत्व के कारण विभिन्न प्रकार के फल उत्पन्न होते हैं । जगत् में हमें प्राणिमात्रों के स्थान पर जो विषमता दिखाई देती है, उसका मूल कारण उनके पूर्वजन्म के शुभाशुभ कार्य होते हैं ।

जीवकृतधर्माधर्मवैषम्यापेक्ष एव तत्तत्फलानि विषम
विभजेत्पर्जन्यवदिश्वरो निमित्तत्वमात्रेण । (ब्र. सू. 2.3.42)

ईश्वर सत्यसंकल्प है । पुण्यकर्म करने वालों की सुरक्षा तथा पापकर्म करने वालों का विनाश उसके सत्यसंकल्प के ही कारण होता है । उसके लिए ईश्वर को अवतार धारण करने की आवश्यकता नहीं पड़ती । इस संबंध में पहले भी विवेचन किया जा चुका है । परंतु भक्तों के लिए उन्हें अवतार धारण करना पड़ता है । वैसे इस नियम के कुछ अपवाद भी हमें पुराणादि में दिखाई देते हैं ।

जय-विजय-कथा में जय-विजय ईश्वरभक्त होते हुए भी ऋषियों के शाप के कारण उन्हें दैत्यजन्म प्राप्त हुआ, यह कहा गया है । अंतःकरण में ईश्वर के प्रति प्रेमभावना होते हुए भी शाप के कारण उनके स्थान पर बाह्यतः द्वेष-प्रवृत्ति का निर्माण हुआ । ये दोनों ही भक्त थे, अतः किसी दूसरे के हाथों उनकी मृत्यु असंभव थी । और वे ईश्वरभक्त थे, अतः स्वयं ईश्वर उन्हें अपने स्वरूप के साथ

एकाकार करने की इच्छा कर रहे थे । उन्हें मारने के लिए ईश्वर को अवतार धारण करना पड़ा । परंतु इस अवतार-ग्रहण का प्रयोजन मात्र भक्त की सुरक्षा ही था ।

(240) भक्त के लिए ईश्वर का अवतार

रामायण के अरण्यकांड में एक कथा प्रस्तुत की गई है । ऋषियों के साथ जाते समय भगवान रामचंद्र को मार्ग में अस्थियों का ढेर दिखाई दिया । उन्होंने ऋषियों से प्रश्न किया कि ये अस्थियाँ किसकी हैं ? ऋषियों ने उत्तर दिया कि जिन ऋषियों को राक्षस खा गए हैं, उन्हीं की ये हड्डियाँ हैं । मृत ऋषि विजयप्राप्ति के लिए तपादि कर रहे थे, ईश्वर-प्राप्ति के लिए नहीं । उनका कर्म सकाम था, अत: ईश्वर ने उनकी रक्षा नहीं की । प्रह्लाद, देवकी, वसुदेव इत्यादि की भक्ति निष्काम थी, इसलिए ईश्वर ने अवतार धारण करते हुए उनकी रक्षा की । उपर्युक्त विवेचन से स्पष्ट होता है कि भक्तों की रक्षा के लिए ही ईश्वर अवतार धारण करते हैं ।

(241) गौण और मुख्य धर्म

उसी प्रकार प्रत्येक युग के धर्म भिन्न-भिन्न होने पर भी कुछ धर्म प्रमुख होते हैं तो कुछ गौण होते हैं । उदाहरण के लिए कलियुग में हरिकीर्तन प्रमुख धर्म है तथा अन्य धर्म गौण हैं । युग-युग के क्षीण बने धर्म की स्थापना करने के लिए ईश्वर अवतार नहीं धारण करते, बल्कि उस युग का जो प्रमुख धर्म होगा, उसका निष्काम रूप में आचरण किया जाए और उसका उद्देश्य ईश्वर-प्राप्ति हो, इसलिए ईश्वर अवतार धारण करता है तथा उस धर्म की स्थापना करता है । इसी को भक्तिमार्ग कहते हैं ।

(242) 'महाजन' का अर्थ है साक्षात्कारी संत

'श्रुयश्च भिन्ना: स्मृतयश्च भिन्ना: ।
नैको मुनिर्यस्य वच: प्रमाणम् ।
धर्मस्य तत्त्वं निहितं गुहायाम् ।
महाजनो येन गत: स पंथा: ।'

हमें अपनी बुद्धि के द्वारा धर्म का आकलन नहीं हो सकता, अत: बड़े-बड़े लोग जिस मार्ग का अनुसरण करते हैं, उसी मार्ग से हमें भी जाना चाहिए । इस स्थान पर यह प्रश्न उपस्थित होता है कि 'महाजन' का क्या अर्थ है ? धर्म का तत्त्व सूक्ष्म होता है और सूक्ष्म बुद्धि को ही उसका आकलन हो सकता है । जिनका अंत:करण निर्विषय बन गया हो, उन्हीं की बुद्धि सूक्ष्म हो सकती है ।

अर्थात् जिनकी बुद्धि शुद्ध होती है, उन्हीं को 'महाजन' कहना चाहिए । केवल साक्षात्कारी ईश्वरभक्त ही 'महाजन' हो सकते हैं और उन्हीं के आचरण और उपदेश को 'धर्म' कहा जा सकता है । श्रीज्ञानेश्वर जी जिन लोगों के विषय में कहते हैं—'जयाचे लीलेमाजी । नीती जियाली दिसे ।' वे ही वास्तविक अर्थों में महाजन हैं ।

(243) ज्ञान के द्वारा अंशतः प्राप्ति

यह सत्य है कि अद्वैतज्ञान से कैवल्य की प्राप्ति होती है, परंतु वह प्राप्ति अंशत: होती है । क्योंकि प्रेम के बिना प्रत्ययरहित एकता का अनुभव प्राप्त नहीं हो सकता । प्रेम से आत्मस्वरूप का आकलन होकर पूर्ण प्राप्ति हो, इसी उद्देश्य से ईश्वर अवतार धारण करते हैं ।

(244) प्रेम में ही प्रत्ययरहित ब्रह्मरूपता

जीव तथा ईश्वर का ऐक्य ही आत्मप्राप्ति है । आत्मप्राप्ति दो प्रकारों से संभव हो सकती है— प्रेम के द्वारा तथा ज्ञान के द्वारा । ज्ञान के द्वारा आत्मप्राप्ति के लिए अहंकार की आवश्यकता होती है । ज्ञानस्वरूपी अहं जिस समय जड़रूप देहादि के साथ ऐक्य प्रस्थापित करता है, उस समय द्वैत का निर्माण होता है । वही अहं जिस समय अपने विशुद्ध चैतन्य स्वरूप से अपने अधिष्ठानरूप ब्रह्म के साथ ऐक्य प्रस्थापित करता है, उस समय अद्वैत का निर्माण होता है । परंतु ज्ञान के द्वारा जो ऐक्य का अनुभव प्राप्त होता है, उसमें 'मैं ब्रह्मस्वरूप हूँ' का प्रत्यय सदैव यथावत् रहता है । इसके विपरीत प्रेम से होने वाले ऐक्य में यह प्रत्यय शेष न रहते हुए ऐक्य हो जाता है । ज्ञान में व्यतिरेक प्रधान होता है । उस व्यतिरेक से देहादि से भिन्न होकर ब्रह्म के साथ ऐक्य प्रस्थापित किया जाता है तथा उस ऐक्य का ज्ञान 'अहं ब्रह्मास्मि' वृत्ति से प्राप्त किया जाता है । देहादि से कोई संबंध न रहने के कारण ज्ञान के समान प्रेम में भी व्यतिरेक उत्पन्न होता ही है, परंतु 'मैं ब्रह्म हूँ' के प्रत्यय का स्फुरण हुए बिना ही ब्रह्म के साथ ऐक्य स्थापित हो जाता है ।

(245) प्रेम के सभी रिश्ते-नाते सगुण ईश्वर के ही साथ

प्रेम केवल सगुण स्वरूप के ही स्थान पर संभव है । अत: सुख-प्राप्ति के लिए इंद्रियाँ विषय की ओर आकर्षित होती हैं । परंतु इंद्रियाँ तथा विषय दोनों ही अनित्य होते हैं, तो उनके द्वारा नित्य सुख की प्राप्ति कैसे हो सकती है ? 'विषय इव' बने ईश्वर के दर्शन मात्र से सारी इंद्रियाँ एक साथ तृप्त हो जाती हैं । अत: विषयों के प्रति उनकी दौड़ भी समाप्त हो जाती है । प्रेम के सभी व्यावहारिक

संबंध भक्तिमार्ग में भी यथावत् रहते हैं । मातृप्रेम, पितृप्रेम, भ्रातृप्रेम, मित्रप्रेम इत्यादि प्रेमसंबंधों को हम सांसारिक प्रेम के लिए स्थापित करते हैं । परमार्थ में इस स्नेहसंबंध के प्रवाह को संसार से निकालकर ईश्वर की ओर उन्मुख कर देना पड़ता है । संन्यासप्रधान ज्ञानमार्ग में इन समस्त संबंधों को खंडित करना पड़ता है । ऐसा करते समय अत्यंत पीड़ा होती है तथा किसी प्रेमविषय के न रहने के कारण मन उदास हो जाता है । तत्त्वत: ईश्वर ही समस्त संबंधों का आधार होता है, अत: उसके स्थान पर इन सभी स्नेहसंबंधों को जोड़ा जा सकता है । ईश्वर अविनाशी होता है, इसलिए उसके स्थान पर किया गया प्रेम भी अविनाशी रहता है । प्रेम का अर्थ है परमानंद । अर्थात् सगुण ईश्वर के प्रेम से अखंड परमानंद की प्राप्ति होती है ।

(246) भक्ति में अनायास ही दर्शन मनोनाश तथा वासनाक्षय

ईश्वरचरित्र अथाह है तथा वह अमृत के सागर के समान है । जो उसमें स्नान करते हैं वे तृप्त होकर कृतकृत्य हो जाते हैं । उन्हें मोक्ष की भी इच्छा नहीं होती । भक्ति में दुख भी सुखरूप हो जाता है, अत: यह कहने की आवश्यकता हीं नहीं रहती कि 'दुख नष्ट हो जाए ।' जीवन्मुक्ति को दृढ़ बनाने के लिए दर्शन, मनोनाश तथा वासनाक्षय की आवश्यकता होती है । अत: वेदान्त का कथन है कि ज्ञानी उनका सदैव अध्ययन करे । परंतु जो भक्तजन ईश्वर के प्रेम में निमग्न हो जाते हैं, उन्हें अनायास ही इन तीनों की प्राप्ति हो जाती है । ज्ञानी व्यक्तियों की विदेहमुक्ति में जिस प्रकार अखंड परमानंदरूप स्थिति होती है, वैसी स्थिति ज्ञानी भक्तों की जीवन्मुक्ति में ही हो जाती है । उनके स्थान पर जीवन्मुक्ति और विदेहमुक्ति का भेद नहीं रहता ।

(247) प्रपंच का प्रेम शास्त्रानुसार होने से ही फलदायी

यदि प्रपंच में किया जाने वाला प्रेम शास्त्र के अनुसार हो, तभी उससे अच्छा फल मिलता है, नहीं तो वह विपरीत फल का कारण बनता है । शास्त्र का कथन है कि स्त्री को मुख्य रूप से अपने पति से प्रेम करना चाहिए । परंतु यदि स्त्री पति से अधिक प्रेम अपने पुत्र से करेगी तो अगले जन्म में वह पुत्र की पत्नी बनेगी । उसी प्रकार पुत्र यदि अपनी माता से अधिक प्रेम अपनी पत्नी से करे तो अगले जनम में उसकी पत्नी उसकी माता बनेगी ।

या माता सा पुनर्भार्या या भार्या सा जननी भवेत् । अतः शास्त्र ने जिससे प्रेम करने का आदेश दिया हो, उससे इसी भावना के साथ प्रेम करना चाहिए कि वह ईश्वर है ।

(248) भक्ति ही मोक्षप्राप्ति का श्रेष्ठ साधन है

योगादि कोई भी साधन भक्ति के सहित किया जाने पर ही सफल होता है । आचार्य का कथन है कि भक्ति स्वतंत्र और सर्वश्रेष्ठ साधन है । मोक्षकारणसामग्र्यां भक्तिरेव गरीयसी, (विवेक श्लो. 32), भक्ति दो प्रकार की होती है—(1) कर्ममिश्रा तथा (2) शुद्धा । ईश्वर की आज्ञा मानकर ईश्वर के लिए समस्त कार्य करना 'कर्ममिश्रा भक्ति' है । इसी का दूसरा नाम है गौण भक्ति । प्रबोधसुधाकर में आचार्य ने इसी को 'स्थूला भक्ति' कहा है ।

अत: पुम्भिर्द्विजश्रेष्ठा वर्णाश्रमविभागश: ।
स्वनुष्ठितस्य धर्मस्य संसिद्धिर्हरितोषणम् ।। (भागवत 1.2.13)

(249) भक्ति ज्ञान और कर्म की अविरोधी है

ईश्वर के गुणानुवाद का गायन करना तथा नामस्मरण करना शुद्ध भक्ति है । कर्ममार्ग और भक्तिमार्ग में कदापि विरोध नहीं है । कर्म मार्ग में जो विधिरूप अथवा निषेधरूप आज्ञाएँ दी जाती हैं वे ईश्वर की ही होने के कारण भगवद्भक्त उसका हेतुत: उल्लंघन नहीं करते । परंतु यदि प्रेम में वृत्ति निमग्न हो जाने के कारण आज्ञा का पालन न हो सके, तो उसमें भगवद्भक्त का कोई दोष नहीं माना जाता । शास्त्र केवल उसी समय तक कर्म मार्ग के आचरण की अपेक्षा करता है, जब तक ईश्वर-कथा श्रवण करने की रुचि उत्पन्न नहीं होती ।

तावत्कर्माणि कुर्वीत न निर्विद्येत यावता ।
मत्कथाश्रवणादौ वा श्रद्धा यावन्न जायते ।। (भाग 11-27-9)

(250) चारों पुरुषार्थ भक्ति के साधन

श्रीधराचार्य कहते हैं कि आत्मप्राप्ति के लिए भक्ति ही श्रेष्ठ साधन है । ईश्वर-गुणों का गायन तथा श्रवण करने वाला ही ज्ञान का उत्तम अधिकारी है । श्रुतियों ने भी प्रतिपादित किया है कि मुक्ति की अपेक्षा भक्ति ही श्रेष्ठ है । प्रमाण के रूप में 'यं सर्वे देवा नमन्ति मुमुक्षवो ब्रह्मवादिनश्च' श्रुती को प्रस्तुत किया जा सकता है । 'नृसिंहत्तापनीय' पर किए गए भाष्य में आचार्य ने भी कहा है कि 'मुक्ता अपि लीलया विग्रहं कृत्वा भजन्ते' ।

भक्तिरल्पसाधनमिति वचनमनुचितमिव मन्वानो
भक्तिं गृरु करोति ।
अनने श्रावण कीर्तने दर्शिते ।
श्रुतिश्च मुक्तेरप्याधिकं भक्तेर्दशयति ।

यथाह 'यं सर्वे देवा नमन्ति मुमुक्षवो ब्रह्मवादिनश्चेति ।
व्याख्यातंच सर्वज्ञैभष्यिकृद्भि: 'मुक्त अपि लील्या
विग्रहंकृत्वा भजन्त इति' ।

श्रीधराचार्य के कथन का स्पष्टीकरण करते हुए धर्मसिन्धुकार कहते हैं कि 'चारों पुरुषार्थ भक्ति के साधनरूप हैं तथा भक्ति ही परमफलरूप है ।' श्रुतियों का कथन है कि भक्ति पंचम पुरुषार्थ है और चारों पुरुषार्थ उसके साधन हैं ।

अनेन भक्तेः पुरुषार्थतुष्ट्यं साधनत्वं स्वतः
परमफलरूपत्वं च व्यंजितम् ।
धर्मार्थकाममोक्षाख्यपुरुषार्थचतुष्ट्यस्यापि साधनत्वं
मोक्षाधिकपंचमपुरुषार्थरूपत्वंच स्थापयतीत्यर्थः ।

(251) भक्ति पंचम पुरुषार्थ

ईश्वर के समान मुक्तों की देह भी पाँचभौतिक न रहकर विशुद्धसत्त्वात्मक होती है । मुक्त पुरुष स्वसंकल्प से ही भक्ति करने की इच्छा से देह धारण करते हैं । स्त्रोतसाहित्य से स्पष्टत: दिखाई देता है कि अद्वैत के होते हुए आचार्य प्रेम के लिए लघुत्व का स्वीकार करते हैं ।

सत्यपि भेदापगमे नाथ तवाहं न मामकीनसत्वम् ।
सामुद्रोहि तरंगो क्वचन समुद्रोहि न तारंग: ।

(252) आत्मरूप स्थिति

क्या आत्मप्राप्ति के लिए भक्ति की आवश्यकता है तथा अद्वैतज्ञान के पश्चात् भक्ति संभव है अथवा नहीं—इन प्रश्नों का विचार करते समय हमें प्रथमत: आत्मस्वरूप-स्थिति का विचार करना होगा । आत्मस्वरूप स्थिति निर्विकल्प है अर्थात् वह प्रत्यय तथा अप्रत्यय से रहित है । यद्यपि सच्चिदानंदरूप होना आत्मस्वरूप का स्वरूपलक्षण है, तथापि उपाधि का आश्रय ग्रहण किए बिना परब्रह्म का निर्देश नहीं किया जा सकता । इसका कारण यह है कि स्वरूप के अतिरिक्त अन्य कोई वस्तु नहीं है और उसे सत्, चित् और आनंद के अतिरिक्त अन्य आभास भी नहीं होता । फिर उसे सच्चिदानंदरूप कौन और कैसे कहे ?

(253) 'निर्विकल्प वृत्तिरहित' का अर्थ

इस कथन का अर्थ यह नहीं है कि स्थिति निर्विकल्प अर्थात् वृत्तिरहित है । निर्विकल्प अथवा निर्वृत्तिक स्थिति का अर्थ वृत्तिराहित्य अथवा वृत्ति का अभाव

नहीं है । इस कथन का अर्थ मात्र इतना है कि इस स्थिति में वृत्ति का प्रत्यय भिन्नत्व से प्राप्त नहीं होता । समुद्रजल की स्थिति जिस प्रकार लहर-रहित तथा लहर-सहित होती है, उसी प्रकार परब्रह्म की स्थिति वृत्तिसहित होती है ।

(254) ब्रह्म और ब्रह्मवित्

योगवसिष्ठकार के श्लोक को उद्धृत करते हुए विद्यारण्य कहते हैं कि ज्ञान के द्वारा यदि हम मन से दृश्य पदार्थों को हटा दें और इस बात को स्वीकार कर लें कि कोई भी दृश्य नहीं है, तो हमें निरतिशय मोक्षसुख की प्राप्ति होती है ।

दृश्यं नास्तीति बोधेन मनसो दृश्यमार्जनम् ।
संपन्नं चेत्तदुत्पन्ना परा निर्वाण निर्वृत्तिः । (पंचदशी 4.64)

परंतु ज्ञानप्राप्ति के साथ-साथ ब्रह्मरूपता की प्राप्ति नहीं होती, क्योंकि देहपात् के होने तक प्रारब्ध शेष ही रहता है अतः भोगकाल में चित्त व्यथित होता है तथा अखंडित ब्रह्माकार वृत्ति शेष नहीं रहती । जब तक ज्ञानी की अवस्था इस प्रकार होती है, तब तक उसे 'ब्रह्मज्ञानी' कहा जाता है, 'ब्रह्मरूप' नहीं ऐसा पंचदशीकार का कथन है ।

दर्शनादर्शने हित्वा स्वयं केवल रूपतः ।
यस्तिष्ठति स तु ब्रह्मन्, 'ब्रह्म न' ब्रह्मवित्स्वयम् । (पंच 4.68)

विद्यारण्य के उपर्युक्त कथन का स्पष्टीकरण करते हुए रामकृष्ण कहते हैं कि "जिस समय 'मैं ब्रह्म हूँ' अथवा 'मुझे ब्रह्मज्ञान प्राप्त हो गया है' अथवा 'प्राप्त नहीं हुआ है' की भाषा का लोप हो जाता है उस समय वह वास्तविक अर्थ में ब्रह्म हो जाता है । यह भाषा जब तक यथावत् रहती है तब तक 'ब्रह्म का ज्ञान रखने वाला' कहा जाएगा, ब्रह्मरूप नहीं ।"

(255) जीवसृष्टि तथा ईश्वर सृष्टि

विद्यारण्य ने पंचदशी में दो भेद प्रस्तुत किए हैं जीव सृष्टि तथा ईश्वर सृष्टि। उन्होंने कहा है कि ज्ञान के द्वारा जीवसृष्टि की अर्थात् अहंता और ममता की निवृत्ति होती है, परंतु उससे ईश्वर सृष्टि की निवृत्ति नहीं होती । ईश्वर-सृष्टि आभास के रूप में यथावत् रहती है । विद्यारण्यजी के मतानुसार जीवसृष्टि की निवृत्ति ही जीवन्मुक्ति की पराकाष्ठा है ।

जीवन्मुक्तेः पराकाष्ठा जीव द्वैतविवर्जनात् ।
लभ्यतेऽसावतोऽभेदमीशद्वैताद्विवेचितम् । (पंच 4.69)

आचार्य ने भी कहा है कि 'मैं ब्रह्म हूँ' की वृत्ति से संबद्ध रहना ही जीवन्मुक्ति है।

अहं ब्रह्मास्म्यहं ब्रह्मास्म्यहं ब्रह्मेति निश्चयः ।
चिदहं चिदहं चेति स जीवन्मुक्त उच्यते ।। (सर्ववेदा श्लो. 378)

संक्षेप में—ज्ञानी की तथा ज्ञानी भक्त की जीवन्मुक्तावस्था में अंतर होता है। ज्ञानी की जीवन्मुक्ति में वृत्तिविस्मरण के लिए अवसर प्राप्त नहीं होता, अतः वह ब्रह्मविद् तो होता है, परंतु ब्रह्म नहीं होता । इसके विपरीत, ज्ञानी भगवद्भक्त ईश्वर के प्रेम में निमग्न हो जाता है अतः उसका वृत्तिविस्मरण हो जाता है और वह केवल ब्रह्मविद् न रहकर ब्रह्मरूप भी हो जाता है । आचार्य का कथन है कि अहंभाव का अभाव ही बोध का चरमोत्कर्ष होता है, तथा वृत्ति का विस्मरण होना ज्ञानरूप समाधि का लक्षण है ।

अहंभाबोदयाभावो बोधस्य परमावधिः ।
वृत्तिविस्मरणं सम्यग्समाधिर्ज्ञानसंज्ञकः ।।

अर्थात् यह तो स्पष्ट ही है कि ईश्वर-प्रेम के अभाव में केवल ज्ञान से इस दशा की प्राप्ति नहीं हो सकती ।

(256) फलोन्मुख कर्म के अनुसार आधिकारिक पुरुषों का आविर्भाव

वेदों में जिस प्रकार मोक्ष की प्राप्ति कराने वाले कर्म, ज्ञान और भक्ति-मार्ग का प्रतिपादन किया गया है, उसी प्रकार उस मार्ग को प्रकट करने वाले अधिकारियों को भी प्रतिपादित किया गया है —

यावदधिकारमवास्थितिराधिकारिकाणाम् (ब्र.सू. 3.3.32)

इस पर भाष्य करते हुए आचार्य कहते हैं छोड़े हुए तीर के रुक जाने पर ही उसकी गति समाप्त होती है, उसी प्रकार फलोन्मुख कर्म की गति फल प्रदान करने पर ही समाप्त होती है । कुछ कर्म अनेक जन्मों के फल देने वाले होते हैं और इस प्रकार का कर्म यदि फलोन्मुख हो जाए, तो ब्रह्मज्ञान के पश्चात् भी वह फल प्रदान करके ही नष्ट हो जाता है । ऐसी स्थिति में आत्मज्ञान की प्राप्ति के बाद ईश्वरस्वरूप बने पुरुष भी फलोन्मुख बने पुण्यकर्म के अनुसार आधिकारिक हो जाते हैं तथा जीव को ब्रह्मप्राप्ति के मार्ग का उपदेश देते हैं ।

सत्यपि सम्यग्दर्शने कैवल्यहेतावक्षीणकर्माणो यावदधिकारभवतिष्ठन्ते ।
(ब्र. सू. 3.3.32 पर किया गया भाष्य)

श्रुतिप्रामाण्यादनागतफलमेव कर्म क्षीयते न

प्रवृत्तफलमित्यवगम्यते । (भामती)

प्रवृत्तफलाऽनेककर्मजन्य फलभोगस्याधिकारिष्वपीष्टत्वात् ।(कल्पतरु टीका)

गीताभाष्य के उपोद्‌घात में भी आचार्य ने कहा है कि प्रवृत्ति लक्षण और निवृत्ति लक्षण का धर्म समझाने के लिए ही ईश्वर क्रमश: मरीच्यादि तथा सनकसनंदनादि पुरुषों की नियुक्ति करके उन्हें पृथ्वी पर भेज देता है ।

स भगवान् सृष्ट्वेदं जगत्, तस्य च स्थितिं चिकीर्षु:,
मरीच्यादीन् अग्रे सृष्ट्वा प्रजापतीन् ।
प्रवृत्तिलक्षणं धर्मं ग्राह्यामास वेदोक्तम् ।
तत: अन्यान् च सनकसनन्दनादीन् उत्पाद्य
निवृत्तिलक्षणं धर्मं ज्ञानवैराग्य लक्षणं ग्राह्यामास ।

भगवान आचार्य ज्ञानमार्ग के अधिकारी थे और ज्ञान के सिवा यथार्थ भक्ति असंभव है, अत: भक्ति की नींव ज्ञानमार्ग का ही प्रतिपादन उन्होंने मुख्य रूप से किया । परंतु स्त्रोतादि साहित्य में आत्मरतिरूप होने वाली भक्ति को भी उन्होंने पूर्ण अवसर प्रदान किया और यह दर्शाया कि यथार्थ भक्ति का स्थान अद्वैत ज्ञान के पश्चात् ही होता है । नारदादि ईश्वरभक्त तथा उन्हीं के मार्ग का अनुसरण करने वाले श्रीज्ञानेश्वर तुकारामादि संत भक्तिशास्त्र के अधिकारी पुरुष हैं । अत: ज्ञानोत्तर सगुण ईश्वर के भक्ति की आवश्यकता क्या है, इससे संबंधित विवेचन हमें उन्हीं के साहित्य के आधार पर समझ लेना होगा ।

(257) बंधमुक्ति की कल्पना अज्ञानजन्य

ज्ञानेश्वर जी कहते हैं—इन चार वाणियों की ध्वनि से आत्मा की निद्रा नष्ट हो जाती है और वह पूर्ण रूप से जग जाता है । परंतु जग जाना भी निद्रा ही है, अत: इन वाणियों का ऋण समाप्त नहीं होता । जिस प्रकार देह के साथ देह के हाथ-पाँव आदि अवयव भी नष्ट होते हैं, मन के साथ इंद्रियाँ भी चली जाती हैं, सूर्य के साथ उसकी किरणें भी चली जाती हैं तथा निद्रा के समाप्त हो जाने पर सारे सपने भी लुप्त हो जाते हैं; उसी प्रकार जिस समय अविद्या का विनाश हो जाता है, उस समय अविद्या के साथ-साथ अविद्या का कार्य—अर्थात् चार वाणियाँ भी नष्ट हो जाती हैं अर्थात् उनका अविद्या के साथ कोई संबंध शेष नहीं रहता । जब तक अविद्या जीवित होती है तब तक उसके प्रभाव से विपरीत आभास उत्पन्न होते हैं तथा विपरीत धारणाएँ उत्पन्न होती हैं । परंतु जब वह मर जाती है, तब यथार्थ बोध के रूप से पुन: जीवित हो उठती है । वस्तुत: अविद्या न तो जीवित वस्तु है, न ही मृत—फिर भी वह बाँध लेती है और हमें बंधमोक्ष के गड्ढे में

धकेल देती है ।

ययाचेनि बोभाटे । आत्मयाची झोप लोटे ।
पूर्ण तरी ऋण न फिटे । जे चेणेचि नीद की ।।1।।
देहासवे हातपायें । जाती मनासवे इंद्रिये ।
कां सूर्यासवे जाये । किरणजाळ ।।3।।
नातरी निद्रेचिये अवधी । स्वप्ने मरती आधी ।
तेवि अविद्येचिये संबंधी । आटती इया ।।4।।
जिती अविद्या ऐसी । अन्यथा बोधाते गिवसी ।
तेचि यथा बोधेसी । निमाली उठी ।।10।।
परी जिती ना मेली । अविद्या हे जाकळी ।
बंधमोक्षी घाली । बांधोनिया ।।11।।

कई विद्वानों की मान्यता है कि ज्ञानेश्वर जी अज्ञान को स्वीकार नहीं करते। परंतु उपर्युक्त श्लोकों से स्पष्ट है कि शंकराचार्य के ही समान उन्हें भी अज्ञान का कल्पित अस्तित्व स्वीकार्य है । वस्तुत: आत्मा के स्थान पर बद्ध या मुक्त का कोई भेद नहीं होता । जब तक जीव अपने आपको अविद्याबद्ध समझता है, तब तक अविद्यानिवृत्ति—अर्थात् मोक्ष और निवृत्ति न होना— को बद्धता कहा जा सकता है । भगवान आचार्य के समान श्रीज्ञानेश्वरमहाराज का कथन है कि वस्तुत: बंध और मोक्ष नामक कोई कल्पना अस्तित्व में नहीं है, वे तो मात्र जीव के द्वारा निर्मित कल्पनाएँ हैं ।

नहि वस्तुतो मुक्तामुक्तत्वविशेषोऽस्ति आत्मनो नित्यैकरूपत्वात्
(बृह. 4.4.6)

अविद्यावतोऽविद्यानिवृत्त्यनिवृत्तिकृतो विशेष आत्मन: स्यादितिचेन्न ।
अविद्याकल्पनाविषयत्वाभ्युपगमात् । (बृह. 4.4.6)

मांडुक्योपनिषद् पर किए गए भाष्य में आचार्य ने माया अथवा अविद्या के स्वरूप को स्पष्ट किया है । वे कहते हैं कि माया एक ऐसी वस्तु का नाम है जिसका कोई अस्तित्व नहीं होता ।

माया नाम वस्तु तर्हि । नैवम् ।
साच माया न विद्यते । मायेत्यविद्यमानस्याख्या ।

(258) ज्ञान का प्रत्यय नष्ट हो जाने पर मोक्ष

जैसा कि हमने पहले देखा है, ब्रह्मज्ञान के पश्चात् भी ईश्वरसृष्टि का आभास

यथावत् रहता है । अविकृत और अव्यय होने के कारण ब्रह्म में कोई परिवर्तन नहीं होता । फिर उसे अज्ञानरूप बंध से बद्ध कैसे किया जा सकता है ? जीव ब्रह्म का ही स्फुरण होता है, अत: ब्रह्म के समान वह भी बद्ध नहीं हो सकता । ऐसी स्थिति में यह कहना कि 'मैं ब्रह्मस्वरूप हो गया,' अथवा 'हूँ', यही दर्शाना है कि जीव को पूर्वकालीन बद्ध स्थिति का विस्मरण अभी तक नहीं हुआ है । 'अहं ब्रह्मास्मि' कहते समय 'अहं' ब्रह्म के साथ ऐक्य का प्रदर्शन करता है । परंतु जब मूलत: ही उनमें ऐक्य होता है और वे नित्य होते हैं तब उसे दर्शाने की क्या आवश्यकता है ? वह ऐक्य यदि भिन्न वस्तु के साथ होता, तो उसका कोई कारण हो सकता था । परंतु 'मैं' मूलत: ब्रह्म ही होता है । अत: इस ऐक्य के प्रत्यय का कोई लाभ नहीं है । इस प्रत्यय के नष्ट हो जाने पर वास्तविक ऐक्य हो जाता है । मोक्ष शुद्ध है तथा नित्य ब्रह्म तत्स्वरूप होता है । आचार्य कहते हैं कि ब्रह्मभाव ही मोक्ष है ।

नित्यशुद्धब्रह्मस्वरूपत्वान्मोक्षस्य । ब्रह्मभावश्च मोक्ष: ।

(ब्र.सू. 1.1.4 शां. भा.)

आचार्य के ही समान ज्ञानेश्वर जी कहते हैं कि ज्ञान ('मैं ब्रह्म हूँ') स्वयं लीन होता है अत: उसका कोई मूल्य नहीं होता । जो ज्ञान नष्ट हो जाता है उसका भार उठाना अथवा उसकी प्रशंसा करना हमें अच्छा नहीं लगता । क्योंकि ज्ञान के लीन हो जाने पर ही वास्तविक मोक्ष की प्राप्ति होती है ।

जे ज्ञान स्वये बुडे । म्हणोनि भारी नावडे ।
ज्ञानें मोक्षु घडे । ते निमालेनि ।। (अमृता: 3.24)

जैसा कि हमने पहले देखा है, मोक्ष के दो अंगों में से दुखनिवृत्तिरूप अंग की दुख की कल्पना मिथ्यारूप होने के कारण उससे संलग्न दुखनिवृत्ति के अंगमोक्ष को अनित्य ही कहना पड़ता है । परंतु मोक्ष का दूसरा अंग-परमानंद प्राप्ति-नित्य होता है । क्योंकि परमानंदता आत्मा का स्वरूपलक्षण है ।

(259) भक्तिविरहित ज्ञानी की विदेह-मुक्ति वृत्तिरूप

निर्गुण ब्रह्माभिमानियों के अनुसार 'अहं ब्रह्मास्मि' वृत्ति से संलग्न स्थिति जीवन्मुक्ति है तथा देहपात् के अनंतर वह लीन हो जाती है अत: उसे विदेहमुक्ति माना गया है । उनके कथन के अनुसार देहपात् के अनंतर अनायास ही इस वृत्ति की निवृत्ति हो जाती है, इसलिए उसका विचार करने की कोई आवश्यकता नहीं रहती । प्रश्न यह उपस्थित होता है कि इस वृत्ति के देहपात के अनंतर निवृत्त होने का आधार क्या होता है ? देह प्रारब्ध के अधीन होने के कारण गिरती है तथा नष्ट हो जाती है । परंतु देह के समान 'मैं ब्रह्म हूँ' की वृत्ति प्रारब्ध से उत्पन्न

नहीं हुई है । यदि वह प्रारब्धजन्य होती तो देह के विनाश के साथ-साथ उसके विनाश को भी स्वीकार किया जा सकता था । अत: प्रारब्ध का क्षय हो जाने पर, देहपात हो जाने पर भी वह ज्ञानवृत्ति होने के कारण निवृत्त नहीं हो सकती। ज्ञानवृत्ति का उदय सद्गुरु की कृपा से होता है । केवल प्रीतिवृत्ति के अलावा अन्य किसी भी वृत्ति में उसे लीन बनाने की सामर्थ्य नहीं होती । अत: श्रीज्ञानेश्वर जी कहते हैं कि द्वैत को नष्ट करके आत्मस्वरूप के स्थान पर ऐक्य के कारण केवल स्वरूपाकार बोध शेष रहता है कि 'मैं आत्मस्वरूप हूँ ।' यही बोध वाणी का ऋण होता है, जिससे मृत्यु के बाद भी मुक्ति नहीं मिल सकती । अत: श्रीगुरु के चरणों में लीन होकर मैंने उस ऋण से मुक्ति पा ली ।

तैसे ग्रासुनि दुसरे स्वरूपी स्वरूपाकारे ।
आपुले पणे उरे । बोधु जो कां ।।31।।
ते ऋणशेष वाचा इया । न फेडवेचि मरोनिया ।
ते पाया पडुनि मिया । सोडविले ।।32।। (अमृ. प्र. 3)

प्रेम में वृत्ति इतनी निमग्न हो जाती है कि उसका प्रत्यय प्राप्त नहीं होता । वह निर्विकल्प स्थिति केवल प्रेम से अर्थात् भक्ति से ही प्राप्त होती है ।

(260) ईश्वर के स्थान पर स्वाभाविक प्रेमभावना न रखने वाला ज्ञानी पशुवत् है

ज्ञान के अनंतर यदि ईश्वर के स्थान पर स्वाभाविक रूप से प्रेम न रहे अथवा उसके विषय में द्वेष अथवा उपेक्षा-बुद्धि रहे तो सूतसंहिताकार के अनुसार उसे ज्ञानी नहीं, अपितु शुद्ध पशु कहना चाहिए । इस संबंध में धर्मसिंधुकार बाबा पाध्ये जी ने प्रस्तुत वचन को अपनी टीका में उद्धृत किया है—

शिवस्य लिङ्गपूजायां शिवस्थानेषु सुव्रता: ।
प्रिय बुद्धि: प्रजायेत स्वभावादेव सर्वदा ।।
यस्य विज्ञानिनस्तेषु प्रद्वेषो वापि जायते ।
उपेक्षा वा स न ज्ञानी पशुर्विज्ञानवंचक: ।।

इस ग्रंथ पर लिखी गई अपनी टीका में विद्यारण्य जी ने भी इस मत का समर्थन किया है ।

(261) भक्तिविरहित ज्ञानी को अखंडानंद की प्राप्ति नहीं होती

हमारे स्थान पर प्रमुख रूप से तीन वृत्तियाँ होती हैं—प्रेम, द्वेष और उपेक्षा। वेदान्त का कथन है कि समाधि अवस्था के अतिरिक्त व्युत्थानकाल में भक्तिविरहित ज्ञानी को ईश्वर सृष्टि का आभास होता है । इस आभास के विषय में ज्ञानी की

वृत्ति कैसी होती है ? वह सद्रूप से सर्वत्र ब्रह्म को ही देखता है, अतः यह तो उचित ही है कि उस आभास के विषय में उसके स्थान पर द्वेषभावना नहीं रह सकती । परंतु नामरूपों को मिथ्या समझने के कारण नामरूपों से प्रतीत होने वाला जगदाभास उसे मिथ्यारूप ही प्रतीत होता है । मिथ्याभास के प्रति यद्यपि उसके मन में द्वेषभावना नहीं होती, तथापि प्रेमभावना भी नहीं रहती है । अर्थात् उस आभास के विषय में उसकी वृत्ति उपेक्षा की होती है । यद्यपि यह उपेक्षावृत्ति द्वेषरूप नहीं होती तथापि वह प्रियरूप न होने के कारण द्वेषवत् होती है । इस उपेक्षावृत्ति के होते हुए उसकी परमानंदता यथावत् कैसे रह सकती है ? इसीलिए व्युत्थान में भक्तिविरहित ज्ञानी की परमानंदता खंडित होती है । परंतु ज्ञानी भगवद्भक्त की यह धारणा होती है कि नामरूपों से सर्वत्र ईश्वर ही अलंकृत है, अतः ईश्वर सृष्टि का आभास उसे प्रियरूप ही प्रतीत होता है । उसकी दृष्टि में समाधि और व्युत्थान एक समान ही होते हैं और यही निर्विकल्प दशा है । इस स्थिति में भगवत्प्रेम के कारण प्रत्यय और अप्रत्यय की भावना नष्ट हो जाती है तथा निर्विकल्पता का अनुभव प्राप्त होता है । जैसा कि ज्ञानेश्वर जी ने कहा है, आत्मस्वरूप 'है' अथवा 'नहीं है' प्रत्यय से विरहित होता है ।

म्हणोनि कांही नाही पण । देखता नाही आपण ।
नोहूनि असणे विण । असणे जे ।। (अमृता. 4.31)

ईश्वर की स्तुति करते हुए ब्रह्मदेव कहते हैं कि हे भगवन्, आपकी भक्ति ही समस्त कल्याण का मूल स्रोत है । जिस प्रकार धान कूटने वाले को केवल भूसे का ही लाभ होता है, अनाज का नहीं, उसी प्रकार जो लोग तुम्हारी भक्ति का त्याग करके केवल ज्ञान प्राप्ति के पीछे दौड़ते हैं, उनके हाथ में केवल दुख ही दुख आता है ।

श्रेयःस्तुतिं भक्तिमुदस्य ते विभोक्लिश्यन्ति ये केवल बोधलब्धये ।
तेषामसौ क्लेशल एव शिष्यते नान्यद्यथा स्थूलतुषावघातिनाम्

(भाग 10.14.4)

जीव को आत्मप्राप्ति कराने के लिए ही ईश्वर ने रामकृष्णादि अवतार शरीरों को धारण किया । प्रश्न यह उपस्थित होता है कि ज्ञान के अनंतर ये स्वरूप कैसे रह सकते हैं और उनके स्थान पर क्या भक्ति की जा सकती है ? भक्ति के तो भज्य और भजक नामक दो स्पष्ट घटक दिखाई देते हैं । भज्य भजक से भिन्न ही रहता है । परमप्रेम तो स्वयं अपने ही स्थान पर रहता है, फिर वह भज्य के स्थान पर कैसे रह सकता है ?

इन प्रश्नों का विचार करते समय हमें पुनः पूर्ववर्ती अध्यायों की तरफ़ मुड़ना होगा । परीक्षित राजा ने शुकाचार्य से प्रश्न किया था कि निरुपाधिक ब्रह्म का

निर्देश शब्दों के द्वारा कैसे किया जा सकता है ? और उसका उत्तर देते हुए शुकाचार्य ने कहा था कि सच्चिदानंदस्वरूप धर्मों से ही जिस समय सच्चिदानंदस्वरूप ब्रह्म प्रकट होता है, उस समय उसका निर्देश शब्दों के द्वारा किया जा सकता है। हम पहले देख चुके हैं कि इस प्रकार के स्वरूप को ही श्रीधराचार्य ने 'गुणैरनभिभूतं' कहा है ।

(262) माया के निमित्त से सच्चिदानंद धर्मात्मकता ही सगुण है

इस कल्पना को स्पष्ट करते हुए श्रीज्ञानेश्वर जी कहते हैं कि वीणा को न बजाने पर भी उस नाद का परिचय वीणा को होता ही है, उसी प्रकार की यह बात है ।

कां न सज्ञविता विणा । तो नादु जो अबोलणा ।
तया तेणेचि जाणा । होवावे लागे । (अम. 5.41)

अव्यक्त नाद तार की उपाधि के कारण उत्पन्न होता है परंतु वह तार से भिन्न ही रहता है । उसी प्रकार माया के निमित्त से ब्रह्म व्यक्त होकर आकार धारण करता है । यह तो स्पष्ट ही है कि उस स्वरूप में माया शेष नहीं रहती । इस स्थान पर माया निमित्त कारण होती है । वस्तु के निर्माण में जो कारण योगदान देता है तथा जो कारण वस्तु से भिन्न रहता है, उसे निमित्त कारण कहते हैं । सच्चिदानंदस्वरूप ब्रह्म ही अपनी विशुद्धसत्वात्मक माया के कारण सच्चिदानंदधर्मात्मक बनकर धर्मधर्मीभाव को मानो प्राप्त होता है और यही उस परब्रह्म की सगुणता है। यदि इस प्रकार परब्रह्म की अभिव्यक्ति अथवा प्रकटीकरण न हो, तो जीव को परिपूर्ण ज्ञान की प्राप्ति नहीं हों सकती । प्रेम से ही निर्वृत्तिक स्थिति उत्पन्न होती है और उसके लिए आलंबन के रूप में सगुण वस्तु की ही आवश्यकता होती है। इसीलिए सगुण ईश्वर के प्रेम में निर्विकल्पता का अनुभव प्राप्त हो सकता है ।

(263) ईश्वर तथा ज्ञानी में होने वाला अंतर

ब्रह्मज्ञान से ज्ञानी भी ब्रह्मरूप हो जाता है और देहपात् हो जाने तक वह भी सगुण ही रहता है । फिर भगवत्सगुण और ज्ञानी सगुण में क्या अंतर है ? इन दोनों में बहुत अधिक अंतर होता है । ज्ञानी को फलोन्मुख प्रारब्ध का भोग भगवत्संकल्प के अनुसार करना पड़ता है । उस समय वह प्रयत्नपूर्वक दुखभोग का साक्षी बन सकता है, परंतु सुखभोग का साक्षी नहीं बन सकता । ईश्वर यद्यपि अवतार-काल में सगुण होते हैं; तथापि उनकी निर्विकल्पता उस अवस्था में भी खंडित न होकर यथावत् ही रहती है, अत: ईश्वर सुखभोग के भी साक्षी रह सकते हैं । ज्ञानी प्रथमत: बद्ध तथा उसके अनन्तर मुक्त होता है । ईश्वर नित्यमुक्त होता है, अत: उनका अवतार भी नित्यमुक्त होता है ।

(264) अवतार शरीर मीमांसा

सुवर्ण पर भासमान होने वाले अलंकारों के समान अथवा समुद्रजल पर उठने वाली लहरों के समान निर्गुण और निरुपाधिक सच्चिदानंदात्मक ब्रह्म के स्थान पर ही अवतारों का आभास होता है । ज्ञान के द्वारा अज्ञान की निवृत्ति होती है, चिद्रूप विद्यावृत्ति की निवृत्ति नहीं होती । समस्त अवतार 'विद्यासाकार' हैं; अत: ज्ञान से उनकी निवृत्ति नहीं होती, वे यथावत् ही रहते हैं । केवल अब्रह्मप्रत्यय ही ज्ञान से निवृत्त होता है, ब्रह्मप्रत्यय नहीं ।

अवतार-शरीरों के स्वरूप के विषय में तीन मत दिखाई देते हैं—

(1) अवतार-शरीर पाँच भौतिक हैं ।

(2) अवतार-शरीर मायिक हैं ।

(3) अवतार-शरीर सच्चिदानंदघन हैं ।

मांडुक्यकारिका पर की गई टीका में आनंदगिरि ने कहा है कि अवतार-शरीर पाँचभौतिक होता है । परंतु उन्होंने अपने ही पूर्वमत का खण्डन करते हुए तलवकार उपनिषद पर किए गए भाष्य में कहा है कि अवतार-शरीर मायिक होता है ।

(265) ईश्वर का शरीर पंचभौतिक अथवा मायिक नहीं है

जीव ईश्वर का ही अंश होता है, अत: ईश्वर के सच्चिदानंदादि धर्म जीव के स्थान पर भी होते हैं । परंतु आत्मस्वरूप को विस्मृत कर देने के कारण वस्तुत: वे धर्म होते हुए भी जीव के स्थान पर तिरोहित हो गए हैं । ईश्वर को कभी भी आत्मविस्मृति नहीं होती, अत: उसके धर्म नित्य हैं, वे कभी तिरोहित नहीं होते ।

सत्यपि जीवेश्वरयोरंशाशिभावे प्रत्यक्षमेव जीवस्येश्वरविपरीतधर्मत्वम् ।
विद्यमानपि तत्तिरोहितमविद्यादिव्यवधानात् । (ब्र. सू. 3.2.5)

जीव स्वयं ईश्वर होते हुए भी उसने देह के साथ तादात्म्य कर लिया है, अत: उसके ज्ञानैश्वर्यादि धर्म तिरोहित हो गए हैं ।

अतोऽनन्य एवेश्वराज्जीव: सन् देहयोगात्तिरोहितज्ञानैश्वर्यो भवति ।

(ब्र.सू.शां.पा. 3.2.6)

संक्षेप में कहा जा सकता है कि जिस प्रकार जीव को आत्मविस्मृतिरूप अज्ञान के कारण पंचभौतिक शरीर की प्राप्ति होती है, उस प्रकार आत्मविस्मृतिरूप अज्ञान के अभाव में ईश्वर को पंचभौतिक शरीर की प्राप्ति नहीं हो सकती ।

यदि यह कहा जाए कि ईश्वर का अवतार शरीर मायिक है, तब प्रश्न यह

उपस्थित होता है कि वह माया कौन-सी है ? क्या उसे माया मानें जिसने जीव को बद्ध किया है ? जीव की माया तो आवरण और विक्षेपरूप है और आचार्य के कथन के अनुसार परब्रह्म नित्यशुद्धबुद्धमुक्त स्वभाव का होने के कारण उस स्थान पर कोई आवरण नहीं रहता ।

अहं पुनः नित्यशुद्धबुद्धमुक्तस्वभावत्वाद् अनावरणज्ञानशक्तिः इति वेद

(गीता भाष्य 4-5)

"जो मूर्ख व्यक्ति सगुण भगवान श्रीकृष्ण को अपने ही समान जीव और अज्ञानी समझते हैं, उनकी आशंका को नष्ट करने के लिए स्वयं भगवान् ने कहा"—इस प्रकार के उद्धरण को आचार्य ने गीता के चार-पाँच श्लोकों पर टीका करने से पूर्व प्रस्तुत किया है, यह बात भी इस संदर्भ में ध्यान में रखने योग्य है।

या वासुदेवे अनीश्वरासर्वज्ञाशङ्का मूर्खाणां
तां परिहरन् श्री भगवानुवाच, यदर्थं; हि अर्जुनस्य प्रश्नः (गीता 4.5)

(266) ईश्वर देहवान् इव होता है, देहरूप नहीं

'ईश्वर सच्चिदानंदस्वरूप है'—इस कथन का अर्थ यह है कि उसकी शक्ति सच्चिदानंदस्वरूप है । परंतु अपने अज्ञान के कारण जीव उसे त्रिगुणात्मक रूप में देखता है । शक्ति शक्त के अधीन होती है । अतः अवतार शरीर के स्वरूप को स्पष्ट करते हुए आचार्य कहते हैं कि "मूलतः सच्चिदानंदस्वरूप, परंतु अज्ञानी की दृष्टि से त्रिगुणात्मक शक्ति को नियंत्रित करके मैं 'देहवान् इव' के रूप में भासित होता हूँ, परंतु परमार्थतः मैं जीव के समान देहरूप नहीं होता ।"

प्रकृतिं स्वां मम वैष्णवीं मायां त्रिगुणात्मिकां यस्याः
वशे सर्व जगत् वर्तते, यया मोहितं जगत् सत् स्वं आत्मानं
वासुदेवं न जानाति तां प्रकृतिं स्वां अधिष्ठाय वशीकृत्य
संभवामि देहवान् इव भवामि जातः इव आत्ममायया
आत्मनः मायया, न परमार्थतः लोकवत । (गीता भाष्य 4.5)

(267) विद्यावृत्ति से साकार अवतार शरीर

अतः 'अवतार शरीर मायिक होते हैं'—इस वचन का अर्थ ग्रहण करते समय हमें आचार्य के उपर्युक्त स्पष्टीकरण को हमेशा ध्यान में रखना चाहिए । ईश्वर की विशुद्धसत्वात्मक माया—अर्थात् उसकी शक्ति अवतार-काल में उसे 'साकार इव' बनाकर उसके शरीर का आभास उत्पन्न करती है । उसकी स्वरूपभूत सच्चिदानंदात्मक शक्ति अव्यय होने के कारण उसमें किसी भी अवस्था में तथा किसी

भी काल में कोई परिवर्तन नहीं होता ।

(268) सच्चिदानंदघन शरीर

समस्त विवेचन के उपरान्त हम कह सकते हैं कि 'अवतार शरीर सच्चिदानंदस्वरूप होता है'—यह तीसरा पक्ष ही तर्क, युक्ति तथा साक्षात्कारी पुरुषों के अनुभव पर आधारित होने के कारण स्वीकार्य है । समस्त साक्षात्कारी संतों के समान आचार्यानुयायी श्रीधराचार्य ने अपनी भागवत पर लिखी गई टीका में इस तृतीय मत को स्वीकार किया है । (भाग; स्कंध ।, अ. 2 श्लोक 6, 7, 8, 19)

(269) अवतार-शरीर मानसिक नहीं

कुछ लोगों की मान्यता है कि ईश्वर का अवतार-शरीर मानसिक होता है । परंतु यह कथन अद्वैत-वेदान्त के आधार पर नहीं किया गया है । इस संबंध में ध्यान देने योग्य बात यह है कि ब्रह्मदेव के मानसपुत्रों के शरीर आकाश और वायु—इन्हीं दो भूतों से निर्मित होते हैं । परंतु इन पुत्रों में से जो अधिकारी पुत्र होते हैं उनके शरीर भूतों से निर्मित अर्थात् भौतिक नहीं होते । जब ब्रह्मदेव के पुत्रों की यह स्थिति है, तब समस्त सृष्टि का नियंत्रण करने वाले ईश्वर का शरीर मानसिक अथवा पूर्णत: भौतिक कैसे हो सकता है ?

(270) ईश्वर का अवतार शरीर अनध्यस्त-विवर्त

ईश्वर की माया यदि अस्तित्वहीन जगत् का आभास उत्पन्न कर सकती है, तो क्या साकार स्वरूप को दर्शाना उसके लिए संभव नहीं है ? परंतु जैसा कि हमने पहले देखा है, यह साकार स्वरूप आभासरूप होने पर भी यह आभास ज्ञानरूप होता है । इस स्थान पर अध्यास नहीं है । सुवर्ण के स्थान पर भासमान होने वाले अलंकारों के समान यह आभास है । अत: अध्यस्त आभास से भिन्न करने के लिए उसे अनध्यस्त आभास कहना पड़ता है । ये दोनों ही आभास मूल अधिष्ठानरूप परब्रह्म पर ही भासमान होते हैं अत: उनका कोई स्वतंत्र अस्तित्व नहीं होता । वे विवर्तरूप ही होते हैं । अध्यस्त विवर्त में अधिष्ठान की विस्मृति होती है, तो अनध्यस्त विवर्त में अधिष्ठान का ज्ञान यथावत् रहता है । अत: ज्ञान के अनंतर भी अनध्यस्त आभासरूप देह ज्ञानी के प्रेम का आलंबन हो सकता है, अध्यस्त देह इस प्रकार का आलंबन नहीं हो सकता ।

(271) ज्ञानी का मिथ्या आभास केवल विदेहमुक्ति तक ही यथावत् रहता है

ज्ञान से जगत् के विभिन्न रूप असत्य अर्थात् मिथ्या सिद्ध होते हैं, परंतु वे

नष्ट नहीं होते । विद्यारण्य जी का कथन है कि यह मिथ्या आभास ज्ञानी की विदेहमुक्ति तक ही यथावत् रहता है । अंत में वे यह भी कहते हैं कि जिस समय तक जागृति और स्वप्न होते हैं, उस समय तक ज्ञान से द्वैत की विस्मृति नहीं होती। वह केवल सुषुप्ति में तथा विदेहमुक्ति में ही होती है ।

इंद्रजालमिदं द्वैतमचिन्त्यरचनात्वत: ।
इत्यविस्मरतो हानि: का वा प्रारब्धभोगत: ।।74।।
निर्विकल्पसमाधौ तु द्वैतादर्शनहेतुत: ।
सैवापरोक्षविद्येति चेत्सुषुप्तिस्तथा न किम ।। 85।। (पंचदशी 5.7)

(272) आवरण और विक्षेप

माया के दो परिणाम हैं—आवरण और विक्षेप । आवरणरूप प्रथम परिणाम ब्रह्मज्ञान से नष्ट होता है । ब्रह्म की जो विस्मृति हो गई थी वह नष्ट हो जाती है तथा इस बात का ज्ञान होता है कि मैं ब्रह्मरूप हूँ । फिर ब्रह्मरूप पर नामरूपों का आभास होने लगता है । अर्थात् नष्ट नहीं होता, वह यथावत् ही रहता है । पंचदशीकार के अनुसार यही विक्षेप है ।

निस्तत्वे नामरूपे द्वे जन्मनाशयुते न चे ।
बुद्ध्या ब्रह्मणि वीक्षत्व समुद्रे बुद्धबुदादिवत् ।। (पंच 13.79)

विद्यारण्य जी का समस्त विवेचन व्यतिरेक की भूमिका से उचित ही है । परंतु इससे अन्वय की भूमिका साध्य नहीं हो सकती । विद्यारण्य जी का कथन है कि नामरूपों से भासमान होने वाले चेतन और अचेतन समस्त दृश्यों में एकमात्र सच्चिदानंदलक्षणों से युक्त ब्रह्म ही व्याप्त है, अत: नामरूपों का त्याग करते हुए सच्चिदानंदरूप ब्रह्म को ग्रहण करना चाहिए ।

चेतनाचेतनेष्वेषु सच्चिदानंदलक्षणम् ।
समानं ब्रह्म भिद्येते नामरूपे पृथक् पृथक् ।।
ब्रह्मण्येते नामरूपे पटे चित्रमिव स्थिते ।
उपेक्ष्य नामरूपे द्वे सच्चिदानंदधीर्भवेत् ।। (पंच 13.92.93)

इस ज्ञानदृष्टि में कार्य को भिन्न करके ही कारण को देखा जाता है, इसलिए इसमें व्यतिरेक की भूमिका यथावत् रहती है । क्योंकि अन्वय की स्थिति में कार्य और कारण को अभिन्न रूप से देखा जाता है और यह स्थिति नामरूपों के ब्रह्म के साथ ऐक्य के सिवा प्राप्त नहीं हो सकती ।

(273) नामरूप ज्ञानोत्तर विक्षेपरूप नहीं हैं

'इंद्रो मायाभिः पुरुरूप ईयते' (बृहदारण्यक 2.5.19) श्रुती पर भाष्य करते समय आचार्य कहते हैं कि यदि नामरूपों के कारण ब्रह्म अनेकरूप न हो जाता तो उसके निखिलज्ञानमात्र और निरुपाधिक स्वरूप का आकलन नहीं हो सकता था ।

यदि हि नामरूपे न व्याक्रियेते तदा अस्यात्मनो
निरुपाधिकं रूपं प्रज्ञानघनाख्यं न प्रतिख्यायेत ।

जिस प्रकार लहर, फेन इत्यादि शब्दों के प्रयोग से हमें एकमात्र जल का ही बोध होता है, उसी प्रकार देह से लेकर अहं तक जो कुछ भी है उसमें सर्वत्र केवल विशुद्ध चैतन्य ही व्याप्त है ।

तरंगफेन भ्रमबुद्बुदादि सर्वं स्वरूपेण जलं यथा तथा ।
चिदेव देहाद्यहंमंतमेतत्सर्वं चिदेवैकरसं विशुद्धम् । (विवेक श्लोक 3.91)

श्रुती का कथन है कि समस्त भूतमात्र परब्रह्म से ही निर्मित होने के कारण ब्रह्मरूप ही है ।

ब्रह्मणः सर्वभूतानि जायन्ते परमात्मनः ।
तस्मादेतानि ब्रह्मैव भवन्तीत्यवधारयेत् ।।
ब्रह्मैव सर्वनामानि रूपाणि विविधानि च ।
कर्माण्यपि समग्राणि बिभर्तीति श्रुतिर्जगौ ।। (अपरो. 49.50)

(274) नामरूप भी ब्रह्म का ही विलास

आचार्य के समस्त प्रतिपादन से स्पष्ट होता है कि अन्वय की भूमिका से नामरूप विक्षेपरूप सिद्ध नहीं होते, अतः वे त्याज्य भी नहीं सिद्ध होते । ज्ञान के अनंतर नामरूपों का आभास ब्रह्मरूप का आभास ही मानना पड़ता है । अतः वह विक्षेपरूप सिद्ध न होकर ब्रह्मस्वरूप का ही विलास सिद्ध होता है ।

(275) नामरूपों के सहित सर्वत्र ब्रह्म को स्वीकार करना ही वास्तविक अन्वय-प्रत्यय है

आचार्यानुयायी महाराष्ट्र की संतमंडली ने नामरूपों के आधार पर ही अन्वयज्ञान की कल्पना प्रस्तुत की है । ज्ञानेश्वर जी का कथन है कि घी यदि जम जाए तो भी घी ही रहता है । कंगन का सोना न गलाने पर भी सोना ही होता है । वस्त्र के धागे अलग करके न देखे जाए तो भी वह सूत ही होता है। उसी प्रकार समस्त विश्व का लय करके मेरा स्वरूप ग्रहण करने की आवश्यकता नहीं होती । विश्व के अस्तित्व के साथ ही नामरूपों के सहित मैं ही संपूर्ण विश्व हूँ।

घृताचे थिजलेपण । न मोडिता घृतचि जाण ।
न आटिता कांकण । सोनेचि ते ।।378।।
न उकलितां पट । तंतूचि असे स्पष्ट ।।
म्हणोनि विश्वपण जावे । मग ते माते घेयावे ।
तैसा नव्हे आघवे । सकटचि मी ।। (ज्ञाने. 14.378 से 380)

किसी भी अवस्था में आत्मा आत्मा ही होती है और वही दिखाई देती है । उसके सिवा अन्य कुछ भी नहीं होता । सुवर्ण तथा अलंकार—दोनों ही रूपों से एकमात्र सुवर्ण का ही आभास होता है क्योंकि वहाँ अन्य कुछ होता ही नहीं है । उसी प्रकार दृश्य अथवा द्रष्टा दोनों ही अवस्थाएँ असत्य हैं क्योंकि दोनों ही स्थानों पर एकमात्र ईश्वर ही स्फुरित होता है ।

भलतेणे विन्यासे । दिसत तेणेचि दिसे ।
हा वाचूनि नसे । येथे काही ।।
लेणे आणि भांगारे । भांगाराचि एक स्फुरे ।
कां जे जेथ दुसरे । नाही चि म्हणूनि ।
तैसा दृश्य कां द्रष्टा । या दोन्ही दशा वांझटा ।
पाहता एकी काष्टा । स्फूर्तिमात्र तो ।। (अमृता. 7.235.36 तथा 244)

अन्वय की भूमिका होते हुए भी उसमें नामरूपों के सहित परब्रह्म का अनुभव होता है । चैतन्य जिस समय चैतन्य पर ही स्फुरित होता है, उस समय वह नामरूपात्मक बन जाता है ।

(276) भक्तिविरहित ज्ञानी के लिए भी अन्वयस्थिति अप्राप्य

जब तक ज्ञानी नामरूपों को मिथ्या कहता है तब तक यही कहना पड़ता है कि वह व्यतिरेक की ही भूमिका पर है । विद्यारण्य जी के प्रतिपादन से यह दिखाई नहीं देता, कि आचार्य ने तथा श्रीज्ञानेश्वर महाराज ने अन्वय-भूमिका का जो स्वरूप वर्णन किया है, वह भूमिका भक्तिविरहित ज्ञानी को प्राप्त होती है । नामरूपों के सहित प्राप्त होने वाला ब्रह्म का प्रत्यय स्वाभाविक रूप से सगुण साकार ही रहेगा । नामरूपों को ब्रह्म के साथ एकरूप करने पर प्राप्त होने वाला यह सगुण का प्रत्यय मिथ्या भी नहीं कहा जा सकता । और अन्वय की भूमिका ही वेदान्त का अंतिम स्तर होता है । यदि ज्ञान के द्वारा उस स्तर तक नहीं पहुँचा जा सकता तो उसे प्राप्त करने के लिए भक्ति के सिवा अन्य कोई उपाय नहीं है ।

(277) नामरूप ब्रह्म के ही वाचक

कुछ लोग यह प्रश्न उपस्थित करते हैं कि नामरूपों के कारण ही मर्यादित्व को तथा उत्पत्ति-नाश को समझा जा सकता है, अत: परब्रह्म के साथ उनका ऐक्य स्थापित करने की अपेक्षा उन्हें अलग रखना ही क्या उचित नहीं होगा ? परंतु यदि हम इस संबंध में विचार करें कि उत्पत्ति और नाश की कल्पनाओं का उदय किस प्रकार होता है, तो हम समझ जाएंगे कि उनका संबंध केवल नामरूपों के साथ नहीं है । यदि समुद्रजल पर उठने वाली लहर को केवल 'लहर' नाम के कारण जल से भिन्न मान लिया जाए, तो ही उसकी उत्पत्ति तथा नाश को स्वीकार किया जा सकता है । परंतु भिन्न नाम का प्रयोग करने पर भी यदि उसे भिन्न नहीं माना गया और यदि उस नाम से भी जल का ही बोध होने लगा, तो वह लहर भी जल के ही समान उत्पत्ति-नाश-विरहित ही रहेगी । केवल यही नहीं, तो ऐसा प्रतीत होगा कि जल के उल्लास को ही लहर नाम दिया गया है और वह जल का विलास लगने लगेगा । क्योंकि लहर को अलग मानना ही उसे स्वतंत्र अस्तित्व प्रदान करना है । लहर पानी का आभास मात्र है, उसका उठना तथा नष्ट होना वस्तुत: पानी का ही स्वभाव-धर्म है, वह पानी की लीला है । अत: लहर का उठना अथवा न उठना जल की ही स्वरूप-स्थिति होने के कारण जल की दृष्टि से उत्पत्ति अथवा विनाश संभव नहीं होता ।

(278) ज्ञानोत्तर नामरूपों को मिथ्या समझना द्वैतमूलक

इस दृष्टिकोण से विचार करने पर हम कह सकते हैं कि नामरूपों को मिथ्या समझने का अर्थ है उन्हें मिथ्यारूप से ही सही-स्वतंत्र अस्तित्व प्रदान करना । यदि स्वतंत्र रूप में कुछ है ही नहीं, तो उन्हें मिथ्या क्यों कहा जाए ? परब्रह्म अथवा आत्मवस्तु सच्चिदानंदस्वरूप होने के कारण स्वयं अपने विषय में ज्ञान को प्राप्त करती है और अपने से ही प्रेम करती है तब वृत्ति-स्फुरण होता है । "वृत्ति प्रकाशरूप ही है । वस्तु का वस्तुत्व ही उस वस्तु की शक्ति है । वस्तु और वस्तु की शक्ति का जो भिन्नत्व अव्यक्त होता है वह शक्तिस्फुरण होने पर व्यक्त होता है। व्यक्त दशा में दोनों के नाम भिन्न होते हैं, परंतु वस्तु एक ही होती है ।" परब्रह्म और उसकी चिदानंदात्मक शक्ति अथवा दूसरे शब्दों में शिव और उसकी शक्ति के स्फुरण में जगत् का आभास होना और स्फुरण के लोप में जगत् का लय होना केवल शिव की अथवा परब्रह्म की क्रीडा है । यह निरुपाधिक स्फुरण ही अज्ञान के कारण सोपाधिक बनकर अन्यथा आभास का कारण बन जाता है । ज्ञान से उनके एकत्व को जान लेने पर नामरूपों के सहित उसकी चिदानंदात्मक

अनुभूति प्राप्त होना ही अन्वयज्ञान है । इसी अन्वय की भूमिका से आचार्य कहते हैं कि "जिस प्रकार मृत्तिका का घट मृत्तिकारूप होता है उसी प्रकार देह भी चिन्मय है । ज्ञानी लोग व्यर्थ ही आत्मानात्मविवेक करते हैं ।"

मृद्रूपोऽहि यथा कुंभो तद्वद्देहोऽपिचिन्मयः ।
आत्मानात्मविवेकोऽयं मुधैव क्रियते बुधैः ।।

देहादि के अनेकत्व के साथ एकत्व को देखना—यह जो अन्वय का प्रत्यय है, वह केवल ज्ञान से नहीं, अपितु सगुण ईश्वर के प्रेम में निमग्न भक्ति से प्राप्त होता है । अपने अन्वय के अनुभव का कथन करते हुए तुकाराम महाराज कहते हैं—'ब्रह्मरूप काया होतसे कीर्तनी ।'

(279) नामरूपों के सहित परब्रह्म का अनुभव ही सगुण का अनुभव है

नामरूपों के सहित परब्रह्म का अनुभव सगुण ब्रह्म का ही अनुभव होता है । सच्चिदानंदघन-स्थिति ही साकार स्वरूप है और ऐसी स्थिति का अभाव विरलावस्था अथवा निराकारता है । ब्रह्म साकार और निराकार है । परब्रह्म के चिदानंदात्मक शक्ति-स्फुरण के साथ जब परब्रह्म का उल्लेख किया जाता है तब उसे सगुण और साकार कहा जाता है । और जब शक्तिस्फुरण को छोड़कर परब्रह्म का उल्लेख किया जाता है, तब उसे निर्गुण-निराकार कहा जाता है । निराकार का अर्थ है—अमर्यादित, अर्थात् जिसकी कोई मर्यादा न हो । वस्तु के 'आकारवान् इव' हो जाने पर भी जब मर्यादा सत्य प्रतीत नहीं होती, तब वह निराकार अर्थात् अमर्यादित ही सिद्ध होती है ।

(280) 1. विद्या साकार 2. आनंद साकार 3. उभयविध साकार

वस्तु-परिच्छेद, देश-परिच्छेद तथा काल परिच्छेद से वस्तु मर्यादित हो जाती है। परब्रह्म के स्थान पर ये तीनों ही परिच्छेद नहीं होते । अतः परब्रह्म के अवतार-स्वरूप सगुण ईश्वर के स्थान पर भी ये तीन परिच्छेद नहीं होते । इसीलिए वराहपुराण में कहा गया है कि अवतार नित्य होते हैं । त्रिपादमहानारायणोपनिषद् में साकार के दो प्रकार बताए गए हैं—एक नित्य है तो दूसरा अनित्य । नित्य साकार के भी तीन प्रकार होते हैं —(1) प्रथम प्रकार है विद्यासाकार । 'मैं ब्रह्म हूँ' वृत्ति जब ब्रह्म को व्याप्त करती है तब वृत्तिव्याप्ति के कारण यह साकारत्व उत्पन्न होता है । (2) दूसरा प्रकार है आनंद साकार । आनंद का अथवा प्रेम का साकार रूप धारण करना आनंद साकार कहलाता है । (3) परब्रह्म का जो चिदानंद का स्फुरण होता है वह तीसरे प्रकार में समाविष्ट होता है जिसे चिदानंदसाकार अथवा उभयविधसाकार कहा जाता है ।

सत्पद ते ब्रह्म । चिद्पद ती माया ।
आनंदपदी जया । म्हणती हरी ।

(281) ब्रह्म-दृष्टि से साकार निराकार होता है

वृत्ति अर्थात् स्फुरण ही परब्रह्म की शक्ति होती है । वह मूलत: विशुद्धात्मक होती है, परंतु अज्ञान के कारण वही त्रिगुणात्मक भासित होती है । परब्रह्म के साकारत्व का आभास किस प्रकार होता है, यह बताते हुए ज्ञानेश्वर जी कहते हैं—

हे एकचि नव्हे एकसरे । दोघा दोन पण नाही पुरें ।
काय नेणो साकारे । स्वरूपे जिये । (अमृ. 1.4)

ब्रह्मवस्तु पर स्फुरण दिखाई देने पर उसे साकार कहा जाता है । परंतु स्फुरण वस्तु से भिन्न नहीं होता अत: वह वस्तु निराकार ही रहती है । "अवतार-रूप आनंदसाकार प्रेम से ही साकार होता है तथा वह साकार और निराकार होता ही रहता है ।"

जो प्रियचि प्राणेश्वरी । उलथे आवडीचे सरोभरी ।
चारुस्थली एकाहारी । एकांगाचा ।। (अमृ. 1.2)

इस श्लोक में ज्ञानेश्वर जी कहते हैं कि ज्ञान ही वृत्तिरूप होता है और प्रेम के आवेग से आत्मस्वरूप वृत्तिरूप से अपने ही स्थान पर एक ही सत्ता तथा एक ही वस्तुत्व से विपरीत रूप धारण करता है । इस प्रकार जो पति है वही पत्नी-रूप धारण कर लेता है । आत्मस्वरूप के स्थान पर प्रीतिवृत्ति उत्पन्न हो जाती है और वहीं पर लीन हो जाती है । यह स्वाभाविक स्थिति है । विद्यारण्य ने कहा है कि आत्मस्वरूप अत्यंत प्रेमास्पद होता है ।

एवं स्थिते विवादोऽत्र प्रतिबुद्धविमूढयो: ।
श्रुत्योदाहारि तत्रात्मा प्रेयानित्येव निर्णय: ।। (पंच 12.61)

(282) जगद्व्यवहारकाल में ज्ञानी को आनंदानुभव की प्राप्ति नहीं होती

अंदर और बाहर सर्वत्र परब्रह्म ही व्याप्त है । परब्रह्म चैतन्यरूप और आनंदरूप है । अत: जगत् में व्यवहार करते समय भक्तिविरहित ज्ञानी को जिस प्रकार सर्वत्र चैतन्य का अनुभव प्राप्त होता है, उसी प्रकार आनंद का भी अनुभव प्राप्त होना चाहिए । परंतु विद्यारण्यादि वेदान्तियों का कथन है कि ज्ञानी को चैतन्य का प्रत्यय प्राप्त होता है, आनंद का नहीं ।

चिदानंदायोरुभयोरप्यात्मस्वरूपत्वेऽपि वृत्तिषु
चित एवानुवृत्तिः, नानन्दस्येति । (रामकृष्णी 12.73)

दीप के दो धर्म होते हैं—प्रकाश तथा उष्णता । परंतु घर के दीप के द्वारा केवल प्रकाश का लाभ होता है, उष्णता अथवा गरमी का नहीं । उसी प्रकार ज्ञानी को चैतन्य की ही अनुभूति प्राप्त होती है, आनंद की नहीं ।

मैवमुष्णप्रकाशात्मा दीपस्तस्य प्रभा गृहे ।
व्याप्नोति नोष्णता तद्वच्चितेरेवानुवर्तनम् । (पंचदशी 12.74)

(283) व्यवहार में परब्रह्म का अंशांश से अनुभव

ज्ञानवृत्ति प्रत्ययप्रधान होने के कारण जगत् में व्यवहार करते समय ज्ञानी को परब्रह्म का अनुभव अंशरूप में ही प्राप्त होता है । उसकी वृत्ति में ज्ञानांश का ही स्फुरण होता है और वही प्रधान रहता है । आनंदांश प्रधान रूप से स्फुरित नहीं होता, वह सामान्य रूप से ही रहता है । शरीर के बाहर नामरूपों से व्याप्त जो परब्रह्म है, उसके स्थान पर जब प्रेम उत्पन्न होगा तभी आनंद प्रधान हो सकता है। परंतु ज्ञानी नामरूपों को मिथ्या मानता है अतः उनके स्थान पर वह प्रेमभावना नहीं रख सकता ।

(284) ज्ञानेश्वर जी के मतानुसार भक्तियोग क्या है ?

ज्ञानी की इस अपूर्णता को नष्ट करने के लिए सगुण ईश्वर के स्थान पर भक्ति करनी चाहिए । परब्रह्म के सत्, चित् और आनंद—तीनों अंशों की एकरूपता से जो अनुभव प्राप्त होता है, वह प्रेमप्रधान भक्ति से ही प्रात हो सकता है । अतः ज्ञानेश्वर जी ने कहा है कि इस त्रिविधता का प्रेम में ही लोप हो जाता है ।

एन्हवी सच्चिदानंदभेदे । चालली तिन्ही पदे ।
परी तिन्ही उणी आनंदे । केली येणे ।। (अमृ. 5.6)
जे जे भेटे भूत । ते ते मानिजे भगवंत ।
हा भक्ति भोगु निश्चित जाण माझा ।। (ज्ञाने. 10.118)

ज्ञानेश्वर जी के कथनानुसार यदि बाह्य ब्रह्मस्वरूप का ऐसा प्रत्यय प्राप्त हो जाए, तभी कहा जा सकता है कि परिपूर्ण ब्रह्मरूपता को आत्मसात् किया गया है।

अद्वैतवेदान्तियों ने जिन नामरूपों को विक्षेपरूप होने के कारण त्याज्य माना, वे ही नामरूप जिस समय सगुण ईश्वर के वाचक सिद्ध होते हैं, उस समय ब्रह्मानंद की प्राप्ति का कारण बन जाते हैं । जैसा कि हमने पहले देखा है, आचार्य ने 'तरंगफेन' श्लोक में नामरूपसहित सब कुछ को परब्रह्मस्वरूप माना है । उनके

इस कथन में विक्षेप के लिए कोई स्थान नहीं है । संक्षेप में—नामरूपों के सहित सर्वत्र सगुण भगवान ही अलंकृत होता है, अत: उसके स्थान पर भक्ति किए बिना अंतर्बाह्य सर्वत्र परब्रह्म के आनंद का अनुभव केवल ज्ञानी को प्राप्त नहीं हो सकता ।

(285) अंत:करण-सहित और अंत:करण-राहित्य के कारण जीवेश्वर भेद

वेदान्त में ईश्वर के विषय में कुल एक सौ बारह विभिन्न मत हैं । परंतु किसी भी मत में ईश्वर को आवरण नहीं माना गया है । दृष्टिसृष्टिवाद वेदान्त का अत्यन्त महत्त्वपूर्ण वाद है । इस वाद में जीव के ही स्थान पर अज्ञानी को स्वीकार किया गया है । जिसे अज्ञान नामक उपाधि लगती है वह जीव है तथा जिसे यह उपाधि नहीं लगती वह ईश्वर है । माया अथवा अज्ञानोपहित प्रतिबिंबरूप जीव की अपेक्षा से ही शुद्ध बिंब को बिंबभूत ईश्वर कहा गया है । अर्थात् प्रस्तुत मत में शुद्ध ब्रह्म ही ईश्वर है । कुछ मतों में माया और अविद्या में भेद माना गया है । शुद्धसत्वात्मक माया को ईश्वर की उपाधि मानकर उसे सबल ब्रह्म कहा गया है । विद्यारण्य जी ने अंत:करण-राहित्य को ईश्वर की उपाधि, तो अंत:करणसाहित्य को जीव की उपाधि माना है ।

अंत:करणसाहित्यराहिताभ्यां विशिष्यते ।
'उपाधिर्जीवभावस्य ब्रह्मतायाश्च नान्यथा ।। (पंच 7.85)

(286) ईश्वर नित्युपाधिरहित और नित्यमुक्त

चाहे किसी भी मत को स्वीकार किया जाए, तो भी ईश्वर जीव के समान आवरण तथा विक्षेपयुक्त कभी भी नहीं हो सकता । सबके मतानुसार वह नित्यमुक्त है । अर्थात् उसके स्थान पर किसी भी उपाधि को स्वीकार करने पर भी वह उपाधि से परे ही रहता है । वह कभी उपाधि के अधीन नहीं होता । अत: उपाधि के मानने अथवा न मानने के कारण उसके मूल सच्चिदानंदस्वरूप में कोई अंतर नहीं आता ।

(287) विद्यादि साकार अनध्यस्तविवर्तरूप

आचार्य गीताभाष्य में कहते हैं, कि यही ईश्वर अपनी चैतन्यशक्ति से अवतार धारण करता है । इसीलिए वह अवतार-काल में भी नित्य मुक्त और शुद्ध ही रहता है । उसकी देह भासमान होती है तथापि वह भ्रमयुक्त आभास नहीं होता । अत: उस आभास के लिए श्री गुलाबराव महाराज ने 'अनध्यस्त विवर्त' नामक पारिभाषिक शब्द का प्रयोग किया है जिससे भ्रमयुक्त आभास की निवृत्ति हो जाती

है । अवतार आनंदसाकार एवं नित्य होते हैं । वे ज्ञान के विरोधी नहीं होते, इसलिए ज्ञानोत्तर अवस्था में भी ज्ञानी के लिए सेव्य होते हैं ।

(288) 'ब्रह्मणो रूपकल्पना' में कल्पना करने वाला कौन है ?

"चिन्मयस्याद्वितीयस्य निष्कलस्य शरीरिणः ।
उपासकानां कार्यार्थं ब्रह्मणो रूपकल्पना ।।"

प्रस्तुत श्रुती में 'कल्पना' शब्द आया है । यह कल्पना करने वाला कौन है? जीव अथवा ईश्वर ? जीव यदि कल्पना कर सकता तो ही वह कल्पना करेगा। परंतु ईश्वर ने ऐसा नृसिंह रूप धारण किया जिसकी कल्पना भक्त प्रह्लाद को नहीं थी । प्रह्लाद तो विष्णुस्वरूप का ध्यान करता था । परंतु जो रूप प्रकट हुआ वह नृसिंह का था । अतः यही कहना पड़ता है कि कल्पना करने वाला जीव नहीं, ईश्वर ही होता है । इस स्थान पर ईश्वर की कल्पना का अर्थ है ईश्वर की इच्छा। यदि मूल स्वरूप को विस्मृत करके कल्पना की गई हो तो कल्पना करने वाला जीव हो सकता है । सिद्धान्त तो यही है कि मुक्त पुरुष भी पुनः जीवदशा में नहीं आते । फिर ईश्वर जीवदशा कैसे धारण कर सकते हैं ? जीवत्व की पुनः प्राप्ति के लिए कर्म की आवश्यकता होती है । ईश्वर तो कर्मरहित है । भ्रमजन्य कल्पना और रुचि के साथ अथवा प्रेम के साथ की गई कल्पना में अंतर होता है भ्रमजन्य कल्पना और रुचि आसक्ति का स्वरूप है । इस स्थान पर हम ज्ञानोत्तरं ज्ञानी भक्त की कल्पना अथवा रुचि के विषय में प्रतिपादन करना चाहते हैं । भक्त की कल्पना अथवा रुचि के अनुसार ईश्वर शरीर धारण करते हैं । इस रुचि का सुंदर वर्णन प्रस्तुत करते हुए ज्ञानेश्वर जी कहते हैं—

तो पहावा हे डोहळे । म्हणूनि अचक्षूसी मज डोळे ।
हाताचेनि लीला कमळे । पुजूं तयाचे ।। 223।।
दोवरी दोनी । भुजा आलो घेऊनी ।
आलिंगावया लागुनी । तयाचे अंग ।। 224।।
तया संगाचेनि सुखाडे । मज विदेहा देह धरणे धडे ।
किंबहुना आवडे । निरुपम ।। 225।। (गीता अ. 12)

इसका कारण प्रस्तुत करते हुए आचार्य ने कहा है कि ज्ञानी का आत्मस्वरूप ही वासुदेव होने के कारण उसे वह प्रिय होता है ।

तस्मात् ज्ञानिनः आत्मत्वात् वासुदेवः प्रियो भवति इत्यर्थ ।

(गीता भाष्य 7.17)

इसी प्रेम के कारण भक्त और ईश्वर एक-दूसरे के आराध्य दैवत बन जाते हैं और निराकारत्व का त्याग न करते हुए साकार बनते हैं । इसीलिए उन्हें 'अनध्यस्तविवर्त' कहा जाता है ।

(289) केनोपनिषद् का साकार ब्रह्म

केनोपनिषद् में प्रस्तुत कथा से स्पष्ट होता है कि निर्गुण निराकार सच्चिदानंदरूप परब्रह्म किस प्रकार साकार हो जाता है । सुर और असुरों के युद्ध में सुर विजयी हो गए । उससे सुरों को अपनी सामर्थ्य के प्रति अभिमान उत्पन्न हो गया । उनके इस वृथा अभिमान को नष्ट करने के लिए परब्रह्म उनके प्रेम से साकार होकर प्रकट हुए । यह 'प्रकट होना' ही 'साकार होना' है । इसे स्पष्ट करने के लिए आचार्य ने उस श्रुती पर किए गए भाष्य में कहा है कि अपने योगमाहात्म्य से ईश्वर ने अद्‌भुत साकार रूप धारण किया और सुरों ने उसका दर्शन किया ।

> प्रादुर्बभूव स्वयोगमाहात्म्यनिर्मितेनात्यद्‌भुतेन विस्मापनीयेन रूपेण देवानामिंद्रियगोचरे प्रादुर्बभूव । (केनो. 3.2 भाष्य)

आचार्य के इस स्पष्टीकरण से स्पष्ट हो जाता है कि ईश्वर के साकार होने में भ्रम का कोई संबंध नहीं है । इस कथा से स्पष्ट होता है कि ईश्वर अपनी इच्छा से ही भक्त के प्रेम के लिए साकार रूप धारण करता है ।

(290) ईश्वर का साकारत्व उसी की इच्छा के अनुसार

यदि यह मान लिया जाए कि जीव की कल्पना से ईश्वर शरीर धारण करता है तथापि जीव की कल्पना ईश्वर की शरीरधारणा के लिए निमित्त-कारण सिद्ध होती है । निमित्त-कारण के विनाश से वस्तु का विनाश नहीं होता । सुनार सोने से आभूषण गढ़ता है । इसमें सुनार आभूषण का निमित्तकारण है । कुछ दिनों के वाद सुनार की मृत्यु हो जाती है । परंतु उसकी मृत्यु के कारण गढ़े हुए आभूषण का नाश नहीं हो जाता । वह यथावत् ही रहता है । उसी प्रकार यदि इस बात को स्वीकार किया जाए कि जीव की कल्पना के निमित्त से ईश्वर साकार हो जाता है, तथापि जीव के देहपात् से उस साकारत्व का लोप नहीं हो जाता । जीव सीमित चेतन है तो ईश्वर असीम चेतन है । सीमित चेतन की कल्पना की ईश्वर केवल समर्थन करता है, परंतु उसकी स्वतंत्रता अबाधित ही होती है । वह कभी परवश नहीं होता, अत: यही कहना पड़ता है कि उसका साकारत्व उसकी इच्छा के अनुसार नित्य होता है ।

सारी श्रुतियों ने एकमुख से कहा कि परब्रह्म निर्विकल्प है । अत: कुछ लोग

यह प्रश्न उपस्थित करते हैं कि इस निर्विकल्प अवस्था में सगुण का स्थान कहाँ और कैसा है ? परंतु यदि उन्हें निर्विकल्प दशा के स्वरूप का आकलन हो जाए तो वे खुद ही समझ जाएंगे कि सगुण अर्थात् साकार आनंद उस स्थान पर कैसे निवास करता है ।

(291) सगुण ईश्वर के प्रेम में निर्विकल्पता का अनुभव

ज्ञानी का 'मैं ब्रह्म हूँ' का प्रत्यय तथा अज्ञानी का 'मैं ब्रह्म को नहीं जानता' का अप्रत्यय—इन दोनों से विरहित दशा को निर्विकल्प दशा कहा जाता है । अर्थात् यह दशा भेद का आभास होना तथा न होना—दोनों ही से विरहित होती है । जिस समय तक प्रत्यय होता है, उसी समय तक ये दोनों प्रकार की वृत्तियाँ रह सकती हैं । प्रत्यय के घुल जाने पर शब्द प्रवृत्ति ही समाप्त हो जाती है । जब तक ज्ञानवृत्ति प्रधान होती है तब तक शब्द प्रवृत्ति होती है, अत: प्रत्यय यथावत् रहता है । केवल प्रीतिवृत्ति में ही उसे पूर्ण करने की सामर्थ्य होती है । यदि प्रत्यय प्रधान हो जाए, तो फिर 'अबोलणी' अर्थात् निर्विकल्प दशा प्राप्त हो सकती है । शक्ति ही परमप्रेम है । अर्थात् परमप्रेमरूपा भक्ति में ही यह निर्विकल्प दशा प्राप्त हो सकती है ।

(292) भक्तिविरहित ज्ञानी को व्यवहार में निर्विकल्पता का अनुभव प्राप्त नहीं होता

त्रिपादमहानारायणोपनिषद् के आधार पर हम देख चुके हैं कि सगुण ईश्वर आनंद साकार है । परमप्रेमरूपा भक्ति की पुष्टि करने वाला अधिष्ठानरूप चिदानंदात्मक स्फुरण ही 'आनंद साकार' है । आनंदसाकार रूप ईश्वर का प्रत्यय प्रत्ययरहित आनंदप्रधान निर्विकल्पावस्था में ही प्राप्त हो सकता है इसीलिए ज्ञानेश्वर जी ने कहा है कि 'ज्ञानी भगवद्भक्त के सिवा केवल ज्ञानी को समाधि अवस्था के अतिरिक्त अखंड निर्विकल्प दशा का अनुभव प्राप्त नहीं हो सकता ।' (जाणीव नेणीव भगवंती नाही) । श्री गुलाबराव महाराज ने श्लोकार्ध में बताया है कि निर्विकल्प दशा में सगुण ईश्वर का प्रत्यय किस प्रकार प्राप्त होता है ।

'अहंताविलयाद्भाति इदंतेव परमेश्वर:' ।। (भक्तितत्त्वविवेक)

(293) विषयानंद-विद्यानंद-निजानंद और अध्ययनत्रयी

पंचदशी के तेरहवें प्रकरण में अद्वैतानंद का वर्णन मिलता है । चौदहवें अध्याय में विद्यानंद का तथा पंद्रहवें अध्याय में विषयानंद का वर्णन किया गया है। 'मैं सुखी हूँ' की भोक्तृत्ववृत्ति से जिस आनंद की प्राप्ति होती है वह विषयानंद है । अहंकार के सामान्य रहते जिस आनंद की प्राप्ति होती है वह विद्यानंद है ।

अहमस्मीत्यहंकार सामान्याच्छादितत्त्वत: ।

निजानंदो न मुख्योऽयं किंत्वसो तस्य वासना ।। (पंच 11.96)

विद्यारण्य का कहना है कि जैसे-जैसे इस सामान्य अहंकार की विस्मृति होती जाती है वैसे-वैसे निजानंद (आत्मानंद) प्रकट होता जाता है ।

यावद्यावदहंकारो विस्मृतोऽभ्यासयोगत: ।

तावत्तावत्सूक्ष्मदृष्टेर्निजानंदोऽनुमीयते ।। (पंच 11.98)

प्रस्तुत श्लोक में प्रयुक्त 'अभ्यास' शब्द का अर्थ है दर्शन, मनोनाश तथा वासनाक्षय का प्रयत्नपूर्वक अध्ययन । आचार्य ने भी कहा है कि अहंता का पूर्ण अभाव होना ही बोध की परमावधि है ।

अहं भावादेरभाव: बोधस्य परमावधि: ।

विद्यारण्य जी के कथनानुसार दर्शनादि तीन तत्त्वों के समान अध्ययन से निर्विकल्प दशा की प्राप्ति हो सकती है ।

(294) अकर्तृ आत्मस्वरूप की प्राप्ति कर्तृप्रधान अध्ययन से असंभव है

परंतु व्यवहार-काल में इस प्रकार का समान प्रयास क्या किसी के लिए संभव है ? प्रयत्न का अर्थ है कर्म । आत्मस्वरूप कर्ता कर्म और क्रिया से विरहित होता है । कर्तृप्रधान अध्ययन से अकर्तृ आत्मस्वरूप की प्राप्ति कैसे हो सकती है ? अध्ययन तो प्रत्यय-प्रधान ही होता है । सामान्य रूप से ही क्यों न हो, परंतु वह अहंता से संलग्न ही रहता है । अध्ययन से इस प्रत्ययप्रधान ज्ञानवृत्ति को आत्मसात् करना कदापि संभव नहीं है ।

यह आवश्यक नहीं है कि चैतन्यप्रधान ज्ञानवृत्ति के प्रकट होने के साथ-साथ आनंदांश भी प्रकट हो जाए । इस तथ्य को विद्यारण्य जी ने दीप के उदाहरण से स्पष्ट किया है । प्रीतिवृत्ति अथवा आनंदांश का प्रधान होना आवश्यक है और उसे प्रधान बनाने के लिए भक्ति का ही आश्रय लेना पड़ता है । उसके बिना वृत्तिविस्मरण संभव नहीं है ।

(295) आचार्य के मतानुसार सगुण ईश्वर का स्वरूप निर्विकल्प

ईश्वर ने कहा है कि परब्रह्म क्षर और अक्षर के परे है तथा वह निर्विकल्प है और वह मैं ही हूँ ।

अत: ताभ्यां क्षराक्षराभ्यां उत्तमत्वात् अस्मि भवामि लोके वेदे च प्रथित: प्रख्यात: पुरुषोत्तम: इत्येवम मां भक्तजना: विदु: । (गीता भाष्य 15.18)

प्रस्तुत भाष्य से आचार्य की सगुण ब्रह्मविषयक धारणा स्पष्ट हो जाती है ।

गीता 14.27 श्लोक पर किए गए भाष्य के द्वारा आचार्य ने अत्यंत स्पष्ट रूप से दर्शाया है कि ईश्वर का सगुण स्वरूप भी किस प्रकार निर्विकल्प होता है । आचार्य कहते हैं कि भक्तजनों के प्रेम के लिए जिस ईश्वर की शक्ति से ब्रह्म साकार होने के लिए प्रवृत्त होता है वह शक्ति ब्रह्म ही है तथा वह मैं ही हूँ क्योंकि शक्त और शक्ति में तादात्म्य संबंध होता है ।

ययाच ईश्वरशक्त्या भक्तानुग्रहादिप्रयोजनाय ब्रह्मप्रतिष्ठते प्रवर्तते ।
सा शक्तिः ब्रह्मैव अहं शक्तिशक्तिमतोः अनन्यत्वात् इत्यभिप्रायः ।

आचार्य के कथनानुसार ईश्वर का अवतारसगुणस्वरूप निर्विकल्प ही है, इसीलिए उसकी परमप्रेमरूप भक्ति से निर्विकल्प अवस्था की प्राप्ति होती है ।

(296) व्यवहार-काल में उपेक्ष्यवृत्ति के कारण परमानंदता खंडित

विद्यारण्य के कथनानुसार दर्शन, मनोनाश तथा वासनाक्षय का एक साथ अध्ययन करने से जीवन्मुक्तावस्था की प्राप्ति होती है । यदि इस बात को स्वीकार कर लिया जाए तो भी जीवन्मुक्त स्थिति में जीवसृष्टि के आभास के निवृत्त हो जाने पर भी ईश्वर सृष्टि का आभास निवृत्त नहीं होता, वह यथांवत् ही रहता है । उस आभास के स्थान पर स्वाभाविक रूप से भक्तिविरहित ज्ञानी की उपेक्ष्यवृत्ति ही यथावत् रहेगी । उपेक्ष्यवृत्ति आनंद की विरोधी प्रवृत्ति है, अतः परमानंदता खंडित हो जाएगी । परंतु यदि ज्ञानी का चित्त प्रेमपूर्वक सगुण ईश्वर की ओर लगा रहे तो उस प्रेम में उसे प्रारब्ध का पूर्णतः विस्मरण हो जाएगा, एकमात्र ईश्वर के सिवा उसे अन्य कुछ भासित नहीं होगा तथा उसकी प्रेमानंद स्थिति अखंडित रूप से यथावत् रहेगी ।

(297) ईश्वर का एकदेशीय सगुण स्वरूप उस अवस्था में भी व्यापक तथा सामर्थ्य-दृष्टि से समान

वृंदावन के भगवान् श्रीकृष्ण की द्विभुजमूर्ति निर्विकल्प है और वही भक्ति का आलंबन है । भक्त के प्रेम के लिए ही ईश्वर साकार रूप धारण करता है । यह अवतार शरीर सगुण होते हुए भी निर्गुण का त्याग नहीं करता । ज्ञानेश्वर जी ने कहा है कि शुद्ध सोने की ईंट का जो मूलतत्त्व होता है, वही उससे निकाले गए थोड़े से सोने का होता है । इसलिए एकदेशीय आँखों को दिखाई देने वाला व्यक्त स्वरूप तथा व्यापक विश्वरूप की योग्यता समान होती है । अमृत के सागर में अमरत्व प्रदान करने की जो महान् सामर्थ्य होती है, वही उसमें से निकाले गए चुल्लूभर अमृत में भी होती है—

पै जे वानी श्यातुका । तेचि वेगाळिये वाला एका ।
म्हणोनि एकदेशिया व्यापका । सहिसा पाडु ।। 25 ।।
अमृताचिया सागरी । जे लाभे सामर्थ्याची थोरी ।
तेचि दे अमृतलहरी । चुळी घेतलिया ।। 26 ।। (ज्ञाने. अ. 12)

(298) प्रीतिवृत्ति स्वरूपभूत

ईश्वर प्रेम का सागर है । उस सागर पर प्रीतिवृत्ति उदग्र होती रहती है । प्रेमवृत्ति भक्त है, तो उस वृत्ति का अधिष्ठान प्रेमसागर ईश्वर है । परब्रह्म का स्वरूपभूत प्रेम ज्ञान के ही समान अज्ञान-निवृत्ति के पश्चात् भी यथावत् रहता है। इसी को भक्ति कहते हैं और उसका अद्वैतज्ञान के साथ कोई विरोध नहीं है ।

(299) भक्ति और उपासना का भेद

क्रियारूप उपासना प्रेमरूपा भक्ति से भिन्न है । अत: भक्ति को ही उपासना समझने से ज्ञानोत्तर उपासना संभव नहीं होती—परिणामत: भक्ति भी संभव नहीं होती । यह कथन भक्ति के स्वरूप के विषय में अज्ञान प्रदर्शित करने वाला है। भक्ति में प्रारब्ध का संपूर्ण प्रवाह प्रेम से ईश्वर की ओर ही प्रवाहित होता रहता है, अत: भगवद्भक्त का समूचा प्रारब्ध ईश्वर के प्रति समर्पित हो जाता है । अत: भगवद्भक्त को प्रारब्ध का भोग नहीं करना पड़ता । भक्ति क्रियारूप नहीं है अर्थात् वह उपासना नहीं है, इस बात को स्पष्ट करते हुए ज्ञानेश्वर जी कहते हैं—

तैसी क्रिया कीर न साहे । तळी अद्वैती भक्ती आहे ।
हे अनुभवाचे जोगे नव्हे । बोला ऐसे । (ज्ञाने. 18.1151)

(300) प्रेम का आहार्य द्वैत-अद्वैत की वृद्धि कारक

द्वैत संतोषप्राधान्य की दृष्टि से प्रेम का आहार्य प्रत्ययप्रधान अद्वैतज्ञान की अपेक्षा श्रेष्ठ है । 'भक्त्यर्थं कल्पितं द्वैतम् अद्वैतादपि सुंदरम् ।' ज्ञानेश्वर जी कहते हैं कि एकमात्र आत्मवस्तु के अतिरिक्त अन्य कोई वस्तु नहीं है । जिस समय नामरूप भी आत्मरूप प्रतीत होते हैं, तथा उनके आधारभूत आत्मस्वरूप सगुण ईश्वर से स्वाभाविक रूप से प्रेम हो जाता है, उस समय प्रेम के कारण प्रारब्ध का समस्त व्यवहार ईश्वर के प्रति सहज रूप से समर्पित हो जाता है । इस समर्पण में द्वैत की उत्पत्ति का जो आभास होता है, वह सब अद्वैत से ही व्याप्त होता है। द्वैत का समस्त प्रांत अद्वैत से आक्रांत होता है और जैसे-जैसे भेदाभास होता है वैसे-वैसे अभेद की वृद्धि होती जाती है ।

द्वैत दशेचे आंगण । अद्वैत वोळगे आपण ।
भेद तव तव दूण । अभेदासी । (अमृ. 9.28)

(9)

त्वदनु पथं कुलायमिदमात्मसुहृत्प्रियवच्चरति
तथोन्मुखे त्वयि हिते प्रिय आत्मनि च ।
न बत रमन्त्यहो असदुपासनयाऽऽत्महनो
यदनुशया भ्रमन्त्युरुभये कुशरीरभृतः ।। 22 ।।

अर्थ—आत्मघातकी और निंद्य शरीर को धारण करने वाले अज्ञानी जनों को तुम्हारी सेवा करने योग्य यह मनुष्य-शरीर आत्मा मित्र तथा प्रिय के समान प्रतीत होता है । हितकर्ता, प्रिय और अंतर्यामी होने वाले तुम्हारे अनुकूल होने पर भी नश्वर देह के प्रति होने वाले प्रेम के कारण अज्ञानी जीव उसी देह के पीछे पड़ते हैं, वे तुमसे प्रेम नहीं करते । भ्रमग्रस्त संसार-चक्र में ही घूमते रहते हैं ।

श्रीधराचार्य का श्लोक

त्व आत्मनि जगन्नाथे मन्मनो रमतामिह ।
कदा ममेदृशं जन्म मानुषं संभविष्यति ।। 9 ।।

अर्थ—न जाने फिर से कब मुझे इस मानवी देह की प्राप्ति होगी । अतः इसी जन्म में ही हे जगन्नाथ, मेरा मन तुम्हारे ही स्थान पर रममाण हो ।

(301) भगवत्प्राप्ति के लिए मानवदेह

दीपिका—प्रस्तुत श्लोक में श्रुतियों ने प्रतिपादित किया है कि हमें इस मानवीय देह की प्राप्ति विषय सुख के लिए नहीं, अपितु भगवत्प्राप्ति के लिए हुई है। ऋषभदेव ने भी अपने पुत्रों को उपदेश देते समय कहा है कि पुत्रो, इस मर्त्यलोक में यह मानवीय देह दुखमय विषयोपभोग की प्राप्ति के लिए नहीं है । विषयभोग की प्राप्ति तो मल का भक्षण करने वाले सूअरों को भी होती है । इस शरीर के द्वारा दिव्य तप करके अंतःकरण की शुद्धि करनी चाहिए क्योंकि उसी से अखंडित ब्रह्मानंद की प्राप्ति होती है ।

नायं देहो देहभाजां नृलोके कष्टान् कामानर्हते विड्भुजां ये ।
तपो दिव्यं पुत्रका येन सत्त्वं शुद्धयेद्यस्माद्ब्रह्मसौरव्यं त्वनन्तम् ।।
(भाग 5.5.1)

(302) ज्ञानोत्तर देह भी ब्रह्मरूप

परब्रह्म के अतिरिक्त अन्य कोई वस्तु ही नहीं है, अतः परब्रह्म पर जो कुछ भी भासमान होगा वह परमार्थतः परब्रह्मस्वरूप ही रहेगा । भगवत्प्रेमारूपा भक्ति से स्थिति प्रत्यय-अप्रत्यय से विरहित होती है, अतः हमारा शरीर भी ब्रह्मरूप होता है । ('ब्रह्मरूप काया होतसे कीर्तनी ।'—तुकाराम महाराज) अपनी देह के रूप

में ईश्वर हमारे अनुकूल व्यवहार करता है और हम पर कृपादृष्टि रखता है तथापि हमें उसका विस्मरण हो जाता है । ज्ञान के पश्चात् भी जगत् का त्याग करने की इच्छा करने का अर्थ है जगत् को-मिथ्यारूप से ही सही, सत्यत्व प्रदान करना । मिथ्या अर्थात् जिसका कोई वस्तुत्व ही नहीं है, ऐसी अस्तित्वरहित वस्तु का ग्रहण अथवा त्याग क्या अविद्यालेश के अभाव में संभव है ?

(303) उपासना भावना पर निर्भर है तो भक्ति ज्ञान पर निर्भर है

सूर्यादि भौतिक पदार्थों के स्थान पर ब्रह्मभावना करना उपासना करना है । परंतु रामकृष्णादि अवतार पूर्ण ब्रह्मस्वरूप हैं । उन्हें पूर्ण ब्रह्मस्वरूप मानना उपासना न होकर ज्ञान है । वस्तु जैसी होती है उसे वैसी ही मानना ज्ञान कहलाता है, भावना नहीं । इसीलिए भक्ति ज्ञान पर निर्भर होती है। उपासना के समान वह भावना पर निर्भर नहीं होती ।

'तत्तु समन्वयात्' (ब्र. सू. 1.14) ब्रह्मसूत्र पर किए गए भाष्य में भगवान आचार्य ने उपासना के चार प्रकार बताए हैं तथा यह स्पष्ट किया है कि उपासना का अर्थ ब्रह्मज्ञान नहीं है ।

> तथोपास्तिक्रियाकर्मत्वप्रतिषेधोऽपि भवति यद्वाचानभ्युदितं येन वागभ्युद्यते इत्यविषयत्वं ब्रह्मण उपन्यस्य 'तदेव ब्रह्म त्वं विद्धि नेदं यदिदमुपासते' (केन 1.4) इति.......
>
> नहि शास्त्रीयदत्तया विषयभूतं ब्रह्म प्रतिपिपादयिषति ।
>
> किं तर्हि प्रत्यगात्मत्वेनाविषयतया प्रतिपादयदविद्याकल्पितं वेध वेदितृ-वेदनादिभेदमपनयति ।

(304) उपासक के लिए ब्रह्मलोक, ज्ञानी भक्त के लिए सर्वत्र भगवान्

उपासना का फल ब्रह्मलोकप्राप्ति है । अत: उपासक ब्रह्मलोक तक ही पहुँच पाते हैं—अर्थात् वे मायावरण से परे नहीं पहुँच पाते । ज्ञानी पुरुष मायावरण के परे पहुँचता है; परंतु उसे माया मिथ्या प्रतीत होती है इसलिए वह माया के आवरण में समाविष्य नहीं होता । ज्ञानी भक्त को मायावरण में तथा उस आवरण के बाहर सर्वत्र ईश्वर के ही दर्शन होते हैं अत: वे अंतर्बाह्य सर्वत्र सदैव संचार कर सकते हैं ।

(305) मानवीय देह से ही भगवत्प्रेम

मानवीय देह में ही ईश्वर से प्रेम किया जा सकता है । अत: देह का सदुपयोग ईश्वर की प्रेमप्राप्ति के लिए करना आवश्यक है । भगवत्प्राप्ति के साधन

की दृष्टि से देह अत्यंत महत्त्वपूर्ण है । प्रेमरूपा भक्ति से ही जीवन्मुक्ति में ज्ञानी भक्त को सदेह सच्चिदानंदरूपता का अनुभव प्राप्त हो सकता है । ज्ञानवृत्ति में इस प्रकार की सामर्थ्य न होने के कारण भक्तिविरहित ज्ञानी देह का त्याग करके ही ब्रह्मरूप होता है ।

(306) मानवीय जन्म दुर्लभ

मानवीय जन्म अत्यंत दुर्लभ है । इस जनम में कम-से-कम हमें परमार्थ का आरंभ करना चाहिए । क्योंकि इसका कोई भरोसा नहीं है कि पुनः मानवी जन्म की प्राप्ति हो जाएगी । संचित और क्रियमाण कर्म के अनुसार हम किसी भी योनि में प्रवेश कर सकते हैं । हमारे संचय में कई पुण्य एवं कई पाप होते हैं । पुण्य का अभिभव होकर यदि पाप-भोगों का आरंभ हो जाए तो एक के बाद एक निकृष्ट जनम की ही प्राप्ति होती रहेगी ।

(307) नियतविपाकी तथा अनियतविपाकी कर्म

कर्म दो प्रकार के होते हैं—नियतविपाकी कर्म और अनियतविपाकी कर्म । जिस कर्म के कारण फलप्राप्ति में किसी भी प्रकार की बाधा उपस्थित नहीं होती, उसे नियतविपाकी कर्म कहते हैं । इसके विपरीत जिसके कारण फलप्राप्ति में विघ्न उपस्थित होता है, उसे अनियतविपाकी कर्म कहते हैं । अनियतविपाकी कर्म की गति तीन प्रकार की होती है—(1) परिपक्व न होते हुए उस कर्म का नाश होना। इसमें पाप के विशाल समुच्चय का पुण्य के विशाल समुच्चय से नाश हो जाता है। (2) दूसरी गति किसी मुख्य कर्म के स्थान पर अंगभूत होकर अविरुद्ध फल प्रदान करना अथवा सहन करने योग्य दुख प्रदान करना । (3) किसी बलवान् नियत कर्म के कारण पुण्यकर्म का दबाव के नीचे रहना अनियत कर्म की तीसरी गति है ।

(308) नामस्मरण से नियतविपाकी कर्म किए जा सकते हैं

इस स्थान पर प्रश्न यह उपस्थित होता है कि यदि पुण्यकर्म पर किसी बलवान पाप का दबाव हो, तो फिर क्या किया जाए ? अपने तीव्र प्रयत्न से उस पुण्य को नियतविपाकी बनाना ही उसका उपाय है । ''भगवन्नामस्मरण से समस्त प्रायश्चितों तथा समस्त कर्मों को नियतविपाकी बनाया जा सकता है ।'' संक्षेप में—विषयासक्त अशुद्ध अंतःकरण से किए गए कर्म प्रायः अनियतविपाकी होते हैं और शुद्ध चित्त से किए गए कर्म प्रायः नियतविपाकी होते हैं ।

(प्रियलीला महोत्सव—सखीप्रेषण 16)

(309) संतकृपा जन्मजन्मांतर में भी पथप्रदर्शक

व्यवहार में जीवों का आपसी स्नेहपूर्ण व्यवहार हमें नित्य नहीं दिखाई देता । क्योंकि सारे जीवों का स्नेहभाव मूलत: स्वार्थपरक होता है । इसीलिए वह खंडित हो जाता है । परंतु संतों की दोस्ती वैसी नहीं होती, अत: वह कभी भी खंडित नहीं होती । एक जनश्रुति है कि महर्षि व्यास के मन में एक कीटक के प्रति दया उत्पन्न हो गई और उन्होंने उसे उपदेश दिया । इन पुण्यसंस्कारों के कारण कीटक ऊपरी स्तर के जन्म ग्रहण करते-करते अंतत: ब्राह्मण बन गया और व्यास जी की कृपा से उसका जीवन कृतार्थ बन गया । प्रत्येक जन्म में व्यास जी उसे उपदेश देते थे । संतों की कृपा तथा स्नेह इस प्रकार होता है । वे निर्हेतुक एवं दयायुक्त होते हैं । यदि शिष्य का पतन नहीं हुआ तो वे उसका त्याग नहीं करते; परंतु यदि शिष्य से कोई भूल भी हो जाए तो भी वे उसे सहारा देते हैं और अंत में उसका उद्धार करते हैं ।

(310) भक्तिमार्ग में अप्रयत्नपूर्वक इंद्रियनिग्रह

ज्ञानमार्ग में इंद्रियनिरोध करना आवश्यक होता है और मुमुक्षु को प्रयत्नपूर्वक इंद्रियनिग्रह करना पड़ता है । परंतु भक्तिमार्ग में प्रयत्नपूर्वक निरोध करने की आवश्यकता नहीं रहती । भगवद्भक्त विषय की ओर बहने वाले प्रेम के प्रवाह को सगुण ईश्वर की ओर उन्मुख कर देते हैं । अत: विषयों के प्रति उनकी प्रवृत्ति का अंत हो जाता है और बिना किसी विशेष प्रयास के अनायास ही उनका इंद्रियनिग्रह हो जाता है । इंद्रियनिग्रह की ओर होने वाला मुमुक्षु का प्रयास यदि कम हो जाए, तो उसे विषय की ओर प्रवृत्त होने का भय रहता है । परंतु भक्त के लिए इस प्रकार का भय रखने की कोई आवश्यकता नहीं रहती । अत: ज्ञान मार्ग की अपेक्षा भक्तिमार्ग निष्कंटक है तथा उसमें विघ्नों का कोई भय नहीं होता।

(311) ईश्वर को विस्मृत कर देने वाला जीव कृतघ्न

राजा जिस उद्यान का निर्माण करता है उसमें लोग संतोष के साथ विचरण करते हैं, परंतु उद्यान का निर्माण करने वाले राजा को जानने की इच्छा किसी के भी मन में नहीं होती । उसी प्रकार जिस ईश्वर ने हमें देहादि अवयव प्रदान किए हैं, उसे दुर्लक्षित करके समस्त जीव केवल देह में ही रत हो जाते हैं । इसीलिए तुलसीदास जी का ऐसे जीवों को कृतघ्न कहना सर्वथा उचित ही है ।

जो तन दियो ताहि बिसरायो, ऐसो नमकहरामी ।।

(312) सत्त्ववृद्धि ही धर्म है

धर्म शब्द की अनेक परिभाषाएँ प्रचलित हैं । परंतु निरंकुश वर्तन पर अंकुश रखने वाला तथा आत्मस्वरूप की ओर उन्मुख करने वाला ही वास्तविक अर्थ में धर्म कहलाने योग्य होता है । अत: श्रीगुलाबराव महाराज का यह कथन सर्वथा उचित है कि जिसके कारण सत्त्ववृत्ति की वृद्धि होती हो, वही धर्म है—

सत्त्ववृद्धिर्भवेद्येनान्यगुणद्वयाघातिनी ।
स हि धर्मो न चान्य: स्यादिति स्वमतनिर्णय: ।।

इस प्रकार स्वैचरण पर नियंत्रण रखने वाले धर्म का निर्माण ईश्वर के अतिरिक्त अन्य कोई भी नहीं कर सकता, इसीलिए आर्य धर्म में ईश्वर को धर्म का कर्ता माना गया है ।

(313) अखंडित सुखप्राप्ति के लिए भक्ति

भक्ति की परिभाषा प्रस्तुत करते हुए भक्तिसूत्रकार ने कहा है कि मन-ही-मन ईश्वर से प्रेम करना ही भक्ति है ।

सात्वस्मिन्परमप्रेमरूपा । (नारद भ.सू.)
सा परानुरात्तिरीश्वरे । (शांडिल्य भक्ति सूत्र)

प्रश्न यह उपस्थित होता है कि यह भक्ति किसलिए की जाए तथा उसके पीछे कौन-सी भूमिका होती है ? उसका उत्तर है हमारे स्थान पर होने वाली अखंडित सुख की इच्छा । हम देह के माध्यम से इस अखंडित सुख की इच्छा की पूर्ति करना चाहते हैं । परंतु देह विनाशी होती है और हम जिन विषयों से सुखप्राप्ति की इच्छा करते हैं वे विषय भी विनाशी ही होते हैं । अर्थात् उनसे अखंडित सुख की प्राप्ति संभव नहीं है । यदि अखंडित सुख की कामना करने वाला तथा अखंडित सुख —दोनों ही अखंडित हों, तभी अखंड सुख की इच्छा पूर्ण हो सकती है । ईश्वर अखंडित है तथा वह अखंडित रूप से सुखरूप है अत: यदि हम उससे प्रेम करें तो उस प्रेम से उसके साथ एकरूप होकर हम उसी के समान अखंडित और सुखरूप बन सकते हैं । अखंडित सुख की प्राप्ति ही मोक्ष है ।

इसी मोक्ष की प्राप्ति के लिए ईश्वर ने कर्म, ज्ञान और भक्ति नामक तीन मार्ग बताए हैं । जीव की विषय की ओर होने वाली प्रवृत्ति को ध्यान में रखकर ही दयालु ईश्वर ने उसे कर्ममार्ग का उपदेश दिया जिससे कि वह क्रमश: मोक्ष की ओर अग्रसर हो सके । इस कर्ममार्ग में ईश्वर की विधिनिषेधरूप आज्ञाओं के पालन की अपेक्षा की जाती है । भगवदाज्ञा जैसी हो, उसी के अनुसार साधक का आचरण होना चाहिए । 'परंतु कर्मों के स्थान पर अपनी स्वतंत्र आसक्ति नहीं

होनी चाहिए ।' इस प्रकार के कर्माचरण से मन शुद्ध हो जाता है और परंपरा से ज्ञान की उत्पत्ति का कारण बन जाता है । इसी ज्ञानमार्ग से सत्य वस्तु का अन्वेषण किया जाता है और भगवद्भक्ति से वस्तुस्वरूप बना जा सकता है ।

(10)

निभृतमरुन्मोक्षदृढ़योगयजो हृदि
यन्मुनय उपासते तदरयोऽपि ययुः स्मरणात् ।
स्त्रियउरगेन्द्रभोगभुदण्डविषयक्तधियो
वयमपि ते समाः समदृशोंघ्रिसरोजसुधाः ।।23।।

अर्थ—बड़े-बड़े योगी प्राण, मन और इंद्रियों का निरोध करके अपने हृदय में परमेश्वर के जिस पद की उपासना करते हैं उस पद को तुम्हारे प्रति द्वेषभावना रखने वालों ने भी तुम्हारे स्मरण में प्राप्त किया है । सर्पराज के शरीर के समान तुम्हारे भुजदंड पर जिनका मन आसक्त हुआ है ऐसी गोपियाँ और तुम्हारे चरणकमलों के मकरंद का आस्वाद व्यापक बुद्धि से ग्रहण करने वाली हम श्रुतियाँ—दोनों पर तुम्हारी कृपादृष्टि एक समान है ।

श्रीधराचार्य का श्लोक—

चरणस्मरणं प्रेम्णा तव देव सुदुर्लभम् ।
यथा कथंचिन्नृहरे मम भूयादहर्निशम् ।।10।।

अर्थ—हे ईश्वर, प्रेमपूर्वक तुम्हारे चरणकमलों का स्मरण अत्यंत दुर्लभ है । किसी भी प्रकार यों कीजिए कि तुम्हारे चरण कमल मेरे लिए अखंडित हों ।

दीपिका—ब्रह्म दो प्रकार का होता है—सगुण और निर्गुण । अतः उपासक भी दो प्रकार के होते हैं और उन्हें अपनी-अपनी उपासना के अनुसार फल की प्राप्ति होती है । प्रस्तुत श्लोक में श्रुतियों ने प्रतिपादित किया है कि निर्गुणोपासक तथा सगुणोपासक में आनंद-प्राधान्य की दृष्टि से क्या अंतर होता है ?

(314) पंचकोशों का कार्य

हमने देख लिया है कि अन्नमय, प्राणमय, मनोमय, विज्ञानमय और आनंदमय नामक पाँच कोश होते हैं । स्थूल देह ही अन्नमय कोश है । सूक्ष्म देह में तीन कोश होते हैं और अंतिम कोश कारणदेह में होता है ।

हमारी समस्त क्रियाओं का संबंध प्राण के साथ होता है । अत: जब समस्त क्रियाओं से हमारा संबंध विस्थापित हो जाता है तब हम प्राणमय कोश के बाहर निकल जाते हैं । संकल्प-विकल्प, विषय-चिंतन, रागद्वेषादि विकारों का संबंध मन के साथ होता है । संकल्पविकल्पादि से संबंध विस्थापित हो जाने पर हम मनोमय कोश से परे पहुँच जाते हैं । कर्तृत्व का संबंध विज्ञान के साथ होता है । अर्थात् श्रुति और स्मृतियों ने एकमुख से कहा है, कि कर्तृत्व का आत्मा के साथ कोई संबंध नहीं होता क्योंकि आत्मा अविक्रिय है । प्राणमय, मनोमय और विज्ञानमय कोशों के कारण ही कर्म का संबंध प्रतीत होकर कर्तृत्व का आभास उत्पन्न होता है । जिस समय हम उन तीनों से भिन्न हो जाते हैं, उस समय कर्तृत्व का संबंध खंडित हो जाता है ।

(315) पंचकोश की अवस्था ब्रह्मावस्था

अंतिम शेष कोश है आनंदमय कोश । इसी को कारणमय कोश भी कहा जाता है । नाम से ही स्पष्ट हो जाता है कि यह कारण अवस्था है । सुषुप्ति कारणावस्था है और इस अवस्था में निर्विषय आनंद होता है । परंतु उसमें अविद्यावृत्ति भी रहती है । जिस समय वृत्ति स्फुरित होती है, उस समय जीवदशा का अनुभव प्राप्त होता है । जिस समय वृत्ति लीन होती है उस समय वह ब्रह्म के साथ एकरूप होती है, अत: वह ब्राह्मी अवस्था होती है । सुषुप्ति के समान स्थिति विषयभोग में भी देखी जा सकती है । माया और माया के कार्य अंत:करण का संबंध खंडित हो जाने पर ब्रह्मदशा की प्राप्ति होती है क्योंकि पंचकोशादि समस्त आडंबर उन्हीं के द्वारा निर्मित होता है ।

(316) सुख और ज्ञान की प्रक्रिया

हमें बाह्य विषयों का ज्ञान प्राप्त होता है और उसके अनुसार उन विषयों से हमें सुख की प्राप्ति होती है । इस स्थान पर यह देखना आवश्यक हो जाता है कि ज्ञानप्राप्ति तथा सुखप्राप्ति के समय कौय-सी प्रक्रिया घटित होती है । प्रमाता का अर्थ है ज्ञाता, प्रमेय का अर्थ है ज्ञेय तथा प्रमा का अर्थ है ज्ञान । हमें जिस समय बाह्य विषय का ज्ञान होता है, उस समय ज्ञातृ चैतन्य तथा ज्ञेयचैतन्य में ज्ञान का प्रवाह होता है । ज्ञातृ चैतन्य और ज्ञेय चैतन्य का पलभर के लिए ऐक्य हो जाता है और फिर हम कहते हैं कि हमें उस विषय का ज्ञान प्राप्त हो गया । ज्ञान के ही समान भोग के समय भी भोक्ता का सुख और भोग्य के सुख का पलभर के लिए ऐक्य हो जाता है और फिर हम कहते हैं कि मुझे सुख की प्राप्ति हो गई। जिस पदार्थ का ज्ञान होता है अथवा जिस पदार्थ से हमें सुख की प्राप्ति होती है, उस पदार्थ साथ तदाकारता प्रस्थापित हुए बिना ज्ञान अथवा सुख की उत्पत्ति नहीं

होती । प्राय: हम व्यवहार में अनुभव करते हैं कि यदि हमारा मन किसी दूसरे स्थान पर व्यस्त और चिंतित हो, तो हमारे सामने होने वाले पदार्थ के विषय में भी हम ज्ञान प्राप्त नहीं कर सकते । ज्ञानकाल में और सुखकाल में हमारा ऐक्य ब्रह्म के ही साथ होता है, परंतु ज्ञातृवृत्ति और भोक्तृत्ववृत्ति के साथ जब हम उस तदाकारता से मुक्त हो जाते हैं तब हम ब्रह्मस्वरूप से भिन्न हो जाते हैं । यदि इन दोनों वृत्तियों की उत्पत्ति नहीं हुई तो फिर ब्रह्मस्वरूप के साथ ऐक्य ही रहता है।

(317) आनंदमय कोश का संबंध-विच्छेद कठिन

अन्नमय स्थूल देह और सूक्ष्म प्राण, मन और विज्ञान—चारों कोशों का संबंध ज्ञान के द्वारा खंडित किया जा सकता है । परंतु ज्ञान से आनंदमय कोश के संबंध का त्याग नहीं किया जा सकता । ज्ञान की सहायता से दुखभोग से त्वरित स्वतंत्रता प्राप्त हो सकती है क्योंकि दुख प्रतिकूल संवेदना है । परंतु सुखभोग अनुकूल संवेदना होने के कारण उसमें वृत्ति तल्लीन हो जाती है । अत: ज्ञानी सुखभोग का साक्षी बनकर नहीं रह सकता । विषय के प्रति होने वाली प्रीति खंडित होकर यदि ईश्वर से प्रीति हो जाए, तभी ज्ञानी सुखभोग का साक्षी बन सकता है । इस दृष्टिकोण से भी भक्ति परमावश्यक है ।

(318) ज्ञान तथा योग के समन्वय से ही ब्रह्मैक्य संभव है

ज्ञान और भक्ति ब्रह्मप्राप्ति के दो मार्ग हैं, तथापि केवल ज्ञान के आधार परब्रह्मैक्य नित्य रूप से यथावत् नहीं रह सकता अत: वेदान्त ने ज्ञान के साथ योग का समन्वय किया है । मन, प्राण और इंद्रियों के विषय के प्रति होने वाले आकर्षण पर योग के द्वारा नियंत्रण रखा जाता है । मन, प्राण और इंद्रियों के कारण ही मूलत: शुद्ध होने वाली बुद्धि विषयों के प्रति आकर्षित होती है । योग की सहायता से ज्ञानी पंचकोश से परे पहुँचता है । परंतु यह तो व्यतिरेक ज्ञान हुआ । योग के द्वारा साध्य समाधि अवस्था से ज्ञानी जिस समय प्रारब्ध के कारण बाहर आ जाता है, उस समय व्यवहार काल में उसे समाधि के समान ब्रह्मानंद की प्राप्ति नहीं होती । प्रारब्धभोग के समय वह ब्रह्मानंद की प्राप्ति नहीं होती । प्रारब्धभोग के समय वह ब्रह्मानंद का अनुसंधान रखता है और देहपात् के अनंतर मुक्त हो जाता है ।

(319) भक्ति के अभाव में योगमार्ग का अवलंब केवल दुख है

भक्तिविरहित ज्ञानी को इंद्रियनिरोध करना पड़ता है, अत: सगुण ईश्वर की भक्ति के बिना योगमार्ग का अवलंब करने वाले निर्गुणोपासक ज्ञानी के मार्ग में कई विघ्न उपस्थित होते हैं और उसे बहुत कष्ट सहने पड़ते हैं । इस संबंध में

श्रीमद्भगवत्गीता के बारहवें अध्याय के 5, 6 तथा 7वे श्लोक पर ज्ञानेश्वर जी द्वारा प्रस्तुत विवेचन द्रष्टव्य है । वे कहते हैं कि ज्ञानी पुरुष के स्थान पर प्रारब्ध के कारण कामक्रोधादि विकार चित्त को उपद्रव पहुँचाते हैं । उनका प्रतिकार करना मानो शून्य से लड़ने के समान है । यह योग जैसे पति के अभाव में किया जाने वाला नित्यनूतन अग्निप्रवेश है । जिन्होंने योगमार्ग का अनुसरण किया, उन्हें केवल दुख की ही प्राप्ति हुई ।

कामक्रोधांचे विलग । उठावती अनेग ।
आणि शून्येंसी आंग । झुंझवावे की ।। (ओवी 62)
किंबहुना पांडवा । हा अग्निप्रवेश नित्य नवा ।
भ्रताराविण करावा । तो हा योग ।। (ओवी 66)
म्हणोनि योगाचिया वाटा । जे निगाले गा सुभटा ।
तया दुःखाचाचि वाटा । भागा आला ।। (ओवी 69)

(320) ज्ञानी भक्तों के लिए दुख नहीं

परंतु यह स्थिति केवल भक्तिविरहित ज्ञानी की ही होती है, ज्ञानी भक्तों की नहीं । ज्ञानेश्वर जी कहते हैं, कि जो सगुण ईश्वर के भक्तिमार्ग का अवलंब करते हैं उन्हें कभी दुखभोग नहीं करना पड़ता ।

म्हणोन येर ते पार्था । नेणतीचि हे व्यथा ।
जे की भक्तिपंथा । वोटंगले ।। (ओवी 75)

केवल इतना ही नहीं, जिन्होंने रुचिपूर्वक केवल मेरे ही साथ संपूर्ण व्यवहार किया तथा मेरे प्रेमसुख की दृष्टि से क्षुद्र भासित होने वाले विषयसुख और मोक्षसुख का त्याग किया और इस प्रकार अनन्य भाव से जिन्होंने अपनी देह, मन तथा जीवभाव को मेरे प्रति समर्पित कर दिया, उनके समस्त कार्य मैं ही करता हूँ कोई एकाध कार्य ही नहीं ।

जयाचिये आवडी । केली मजशी कुळवाडी ।
भोगमोक्ष बापुडी । त्यजिली कुळे । (ओवी 91)
ऐसे अनन्य योगे । विकले जीवें मनें आंगें ।
तयांचे कायी एक सांगे । जे सर्व भी करी ।। (ओवी 82)

(321) निर्गुण के द्वेष से संसार, परंतु सगुण के द्वेष से भगवत्प्राप्ति

नामरूपों स भासमान होने वाला संपूर्ण दृश्य परब्रह्म का चिदानंदात्मक विलास होने के कारण ज्ञानी को वह समस्त आडंबर अनुकूल संवेदानात्मक तथा अविरोधी

प्रतीत होना चाहिए और तभी कहा जा सकता है कि निर्विकल्प अवस्था की प्राप्ति हो गई । नामरूपों से सर्वत्र सगुण ईश्वर ही अलंकृत है और इसीलिए सगुण स्वरूप उस अवस्था में भी निर्विकल्प ही रहता है । इस निर्विकल्प सगुण स्वरूप के स्थान पर कोई भी वृत्ति समर्पित हो सकती है । इसी प्रकार श्रीकृष्णस्वरूप के स्थान पर समस्त वृत्तियाँ समर्पित हो सकती हैं । निर्गुण परब्रह्म का द्वेष करने वाला प्रपंच में व्यस्त हो जाता है, परंतु अवतारस्वरूप भगवान श्रीकृष्ण का द्वेष करने वाला मुक्त हो जाता है । शिशुपालादि को ईश्वर का द्वेष करके भी मुक्ति मिल गई, क्योंकि द्वेष से उनकी ईश्वर के साथ तदाकारता स्थापित हो गई थी । परंतु द्वेषभावना के साथ ईश्वर की ओर जाने वालों को देहपात् हो जाने तक दुख का अनुभव करना पड़ता है । देहपात के अनंतर ही उन्हें विदेहमुक्ति का लाभ होता है । जीवन्मुक्ति के सुख की दृष्टि से विचार करने पर निर्गुणोपासकों को तथा सगुण की उपेक्षा करने वालों को जीवन्मुक्ति के सुख की प्राप्ति नहीं होती ।

(322) समस्त वृत्तियों का आधार सगुण ईश्वर

भगवान श्रीकृष्ण पूर्ण ब्रह्मस्वरूप होने के कारण वह समस्त वृत्तियों का आधार होता है । अपनी समस्त वृत्तियों का आधार ईश्वर को मानकर ही गोपियों ने अपनी समस्त वृत्तियों को ईश्वर के प्रति समर्पित कर दिया । अत: वे स्वयं निर्विकल्प बन गईं और ईश्वर तो सदैव ही निर्विकल्प होता है । जिस प्रकार भुना हुआ अथवा उबला हुआ बीज पुन: अंकुरित होने योग्य नहीं रहता, उसी प्रकार ईश्वर कहता है कि जिन्होंने मेरे प्रति अपने मन और प्राणों को समर्पित किया, उनके स्थान पर उदग्र होने वाली समस्त कामनाएँ उन्हें पुन: सांसारिक भोग की तरफ ले जाने में असमर्थ होती हैं ।

मय्यावेशितधियां काम: कामाय कल्पते ।
भर्जिता क्वथिता धाना प्रायो बीजाय नेष्यते ।।

(323) सगुण में निर्गुण की अनायास प्राप्ति, परंतु निर्गुण में सगुण की प्राप्ति नहीं

निर्गुण और सगुण की स्थिति को उदाहरणों से समझाना हो तो हम कह सकते हैं कि निर्गुण प्रकाश के समान होता है और सगुण सूर्य के समान । अथवा निर्गुण जल के समान है तो सगुण बर्फ के समान । प्रकाश में सूर्य की प्राप्ति नहीं है, परंतु सूर्य में प्रकाश की प्राप्ति है । पानी में बर्फ की प्राप्ति नहीं है, परंतु बर्फ में पानी की प्राप्ति है । उसी प्रकार सत्तासामान्य निर्गुण में सामान्य आनंद है, परंतु घनानंद नहीं । परंतु सगुण ईश्वर के स्थान पर घनानंद के सहित सत्तासामान्य का आनंद भी रहता ही है । सगुण में निर्गुण की प्राप्ति होती है, परंतु निर्गुण में सगुण की प्राप्ति नहीं होती ।

गोपियों ने ईश्वर से सकाम प्रेम किया । परंतु वह सकाम प्रेम ही निष्कांम प्रेम बन गया । ईश्वर के स्थान पर समर्पित किया जाने वाला कोई भी विकार भुने हुए बीज के समान निर्विकार होता है ।

(324) श्रुतियों की ब्रह्मदृष्टि

श्रुतियाँ कहती हैं कि हम सर्वत्र समान ब्रह्म के दर्शन करती हैं । 'विद्याविनयसंपन्ने ब्राह्मणे गवि हस्तनि'-गीता के प्रस्तुत श्लोक में (गीता 5.18) जिस समत्व को देखने के लिए कहा गया है, उसे विषमत्व को निकालकर देखना है । सर्वत्र एकमात्र सच्चिदानंद स्वरूप को व्याप्त देखना ही समदृष्टि है । भाव-कारण तथा अस्तित्व को समदृष्टि से कैसे देखें, इस बात को भगवान आचार्य ने ब्रह्मसूत्र के 'तदनन्यत्वमारम्भणशब्दादिभ्यः' (ब्र.सू. 2.1.14) सूत्र पर किए गए भाष्य में स्पष्ट किया है । वे कहते हैं कि मिट्टी के गोले का ज्ञान हो जाने के पश्चात् उससे निर्मित घट आदि के नामों के कारण यद्यपि अनेक कार्यरूपों का आभास होता है, तथापि वस्तुदृष्टि से वे सब मृत्तिकारूप ही होते हैं । मृत्तिका के अतिरिक्त उनका स्वतंत्र अस्तित्व न होने के कारण स्वतंत्र वस्तुत्व भी नहीं होता। उसी प्रकार नामरूपों से होने वाला अनेकत्व का आभास चिदानंदरूप ब्रह्म के सिवा स्वतंत्र अस्तित्व तथा वस्तुत्व का नहीं होता ।

(325) ज्ञानी पुरुष अनाचारी नहीं होते

ज्ञानी को चाहिए कि वह हमेशा अपनी स्थिति को आवृत्त रखे । लोगों में बड़प्पन की वृद्धि होकर लोकेषणा की भी वृद्धि होने की संभावना रहती है । 'अनाविष्कुर्वन्नन्वयात्' (ब्र.सू. 3.4.50) पर किए गए भाष्य में इस बात को स्पष्ट किया गया है । सामान्य लोगों की यह धारणा होती है कि ज्ञानी पुरुष पर विधिनिषेधात्मक आज्ञाओं का कोई बंधन नहीं होता, अतः चाहे जैसा आचरण करने पर भी उन्हें दोष नहीं लगता । परंतु यह कल्पना सर्वथा अनुचित है । ज्ञानी पुरुष सदाचार करके ही अंतःकरण की शुद्धि के द्वारा ज्ञान को प्राप्त कर लेता है । अतः सदाचरण उसका स्वभावधर्म ही बन जाता है । अतः ज्ञानप्राप्ति के पश्चात् भी उसका आचरण शास्त्र के अनुसार ही होता रहता है । इसलिए वह कभी शास्त्रबाह्य आचरण कर ही नहीं सकता ।

(326) संतोष की प्रधानता

समोऽहं सर्व भूतेषु न मे द्वेष्योऽस्ति न प्रियः ।
ये भजन्ति तु मां भक्त्या मयि ते तेषु चाप्यहम् ।। (गीता 9.29)

गीता के प्रस्तुत श्लोक के पूर्वार्ध में ईश्वर कहते हैं कि समस्त भूतमात्र में

मेरा सच्चिदानंद स्वरूप समान रूप से व्याप्त होता है । श्लोक के उत्तरार्द्ध में वे बताते हैं कि फिर भी ज्ञान से प्राप्त होने वाली स्थिति की अपेक्षा भक्ति से प्राप्त होने वाली स्थिति संतोष-प्रधानता की दृष्टि से श्रेष्ठ होती है । व्यवहार काल में ज्ञानी की उपेक्ष्यवृत्ति के कारण उसकी अखंडित परमानंदता जगतादि के स्थान पर नहीं रह सकती । परंतु व्यवहार काल में भक्तों की स्थिति समाधि के ही समान अखंडित परमानंद-स्थिति ही होती है । श्रुतियों के वर्णनानुसार गोपियों की स्थिति भी उसी प्रकार की थी । परंतु ईश्वरीय कृपा के अभाव में इस स्थिति की प्राप्ति नहीं हो सकती ।

(327) भक्तों के लिए समाधि और व्युत्थान एकरूप

देहपात् हो जाने तक योगीजन ब्रह्मैक्य का अनुभव करते हैं, तथापि उन्हें अधिक मात्रा में कष्टों का ही अनुभव करना पड़ता है । जो सदैव ईश्वर का द्वेष करते हैं, उन्हें भी दुख का अनुभव होता है । जगतादि के आभास के प्रति ज्ञानी की उपेक्ष्यवृत्ति रहती है, अत: वह भी परमानंदता को यथावत् रूप में नहीं रख सकता । परंतु भक्तों का संतोष अखंडित रूप से यथावत् रहता है, क्योंकि जैसा कि देवनाथ जी ने कहा है, चाहे समाधि हो अथवा व्युत्थान उनकी आँखों के सामने सदैव एकमात्र भगवान ही होते हैं ।

समाधी व्युत्थानी हरि विलसे ।
त्याविण अन्य न काही भासे ।।

यही श्रुतियों के द्वारा वर्णित श्लोक का सारतत्त्व है ।

(11)

का इह न वेद बतावरजन्मलयोऽग्रसरं
यत उदगादृषिर्यमनु देवगणा उभये ।
तर्हि न सन्न चाऽसदुभयं न च कालज: ।
किमपि तत्र शास्त्रमवकृष्य शयीत यदा ।।24 ।।

अर्थ—हे परमेश्वर, तुम सबका आदि हो । अत: जिसका जन्म अभी हो कर लय भी हुआ है, ऐसे कौन से पुरुष को तुम्हारे स्वरूप का ज्ञान हो सकता है? ब्रह्मदेव की उत्पत्ति भी तुम्हीं से हुई और उसी से आध्यात्मिक तथा आधिदैविक—दोनों प्रकार के सुर उत्पन्न हुए । परंतु जिस समय समस्त सृष्टि का संहार करके तुम शयन करते हो उस समय स्थूल, सूक्ष्म, उनके कारण निर्मित शरीर

तथा कालगति में से कुछ भी शेष नहीं रहता । वहाँ कोई शास्त्र नहीं होता ।

श्रीधराचार्य का श्लोक—

क्वाहं बुद्ध्याहि संरुद्धः क्वचभूमनम्महस्तव
दीन बन्धो दयासिन्धो भक्तिं में नृहरे दिश ।।11।।

अर्थ—कहाँ बुद्ध्यवच्छिन्न और सीमित मैं और कहाँ असीम तुम ? इसलिए हे दीनबंधु, दयासिंधु और नरहरी मुझे तुम्हारी भक्ति प्रदान करो ।

(328) आत्मस्थिति से प्रेम ही भक्ति है

दीपिका— उदयोन्मुख प्रारब्ध के कारण आत्मस्वरूपस्थिति को सँभाल कर यथावत् रखना ज्ञानी के लिए संभव नहीं होता । यदि उस अवस्था से उसका प्रेम हो, तभी उस अवस्था को सँभाला जा सकता है और वह स्थिर रह सकती है । उस स्थिति से किए जाने वाले प्रेम को ही भक्ति कहते हैं । इस प्रेम की उत्पत्ति के लिए ईश्वरीय कृपा की आवश्यकता होती है ।

(329) ईश्वर ही सबका आद्य गुरु

प्रलय के पश्चात् ईश्वर के स्थान पर 'अहं ब्रह्मास्मि' वृत्ति उदग्र होती है तथा उसी के साथ वेद, ब्रह्मांड आदि की उत्पत्ति होती है । प्रथमतः ब्रह्मदेव, फिर देवादि तथा उसके पश्चात् मनुष्यादि जीव उत्पन्न होते हैं । ब्रह्मदेव शुद्ध जीव है। परंतु ब्रह्मदेव को भी स्वयं अपनी बुद्धि के आधार पर आत्मज्ञान नहीं होता, तो औरों के विषय में क्या कहे ? श्रीगुरु के रूप में ईश्वर उसे मिलकर उपदेश देते हैं तथा वेदादि का ज्ञान कराते हैं ।

प्रलय में शास्त्र तथा ज्ञानप्राप्ति के मार्ग उपलब्ध नहीं होते । अतः जब तक स्वयं ईश्वर उसका ज्ञान नहीं कराता, तब तक जीव मोक्षप्राप्ति के लिए प्रयत्नशील नहीं हो सकता । जीव प्रपंच को सत्य मानता है । उसकी इस धारणा के प्रतिकूल 'प्रपंच असत्य है', यह बताने वाला कोई दूसरा व्यक्ति होना चाहिए । जिसे संसार कभी भी सत्य प्रतीत नहीं हुआ ऐसा ईश्वर ही यह प्रतिपादित कर सकता है । अतः ईश्वर समस्त गुरुओं का आद्य गुरु सिद्ध होता है ।

(330) ईश्वरी कृपा के बिना आत्मज्ञान नहीं

अविद्येचे अडवे । भुंजीत जीवपणाचे भवे ।
तया चैतन्याचे धावे । धावेकारू जो ।। (अमृ. 2.2)

इसीलिए ज्ञानेश्वर जी ने श्रीगुरुकृपा की आवश्यकता को प्रतिपादित किया है। जीव स्वयं अपनी सामर्थ्य के बल पर आत्मप्रातिरूप मोक्ष को प्राप्त नहीं कर

सकता। उसके लिए श्रीगुरु की ही आवश्यकता होती है । श्रीगुरु के अभाव में अपनी बुद्धि से शास्त्र के यथार्थ ज्ञान को ग्रहण नहीं किया जा सकता । इसलिए भगवान आचार्य का भी कथन है कि चाहे कितना भी बड़ा विद्वान् क्यों न हो, उसे अपनी स्वतंत्र बुद्धि से ब्रह्मज्ञान की प्राप्ति का प्रयास नहीं करना चाहिए ।

शास्त्रज्ञोऽपि स्वातंत्र्येण ब्रह्मान्वेषणं न कुर्यात् ।
स गुरुमेव अभिगच्छेत्समित्पाणिः ।।

(331) गुरुकृपा के बिना सत्वगुण भी बाधक

एक अन्य महत्त्वपूर्ण बात यह है कि मलिन सत्वरूप होने वाला यह जीव ईश्वर की कृपा से शुद्ध होता जाता है और उसके सत्वगुण में वृद्धि होती है । परंतु सद्गुरु की कृपा के बिना वह सत्त्वगुण भी उसके लिए बाधक होता है । यदि सद्गुरु की सहायता के बिना सत्त्वगुण की वृद्धि की गई, तो वही सत्त्वगुण भविष्य में रज और तम गुणों की वृद्धि का कारण बन जाता है । अतः सत्त्वगुण की वृद्धि भी सद्गुरु के आदेश के अनुसार करनी चाहिए । सद्गुरु ही सत्त्वगुण की वृद्धि उचित पद्धति से करके उसका कल्याण कर सकते हैं । जीवों के उद्धार के लिए गुरु के रूप में ईश्वर ही अवतरित होता है ।

ब्रह्म एव गुरुरूपेणावतिष्ठते ।

(332) भक्ति के बिना माया को पार करना असंभव

श्रीधराचार्य कहते हैं कि भगवत्तत्त्व का आकलन होना असंभव है, इसीलिए भक्ति का अवलम्ब करके ईश्वर का स्तवन किया जाता है ।

श्रुतयो भगवत्तत्त्वं दुर्ज्ञेयं वदन्त्यो भक्तिमेवोररीकृत्य स्तुवतीत्याह ।।

ज्ञानेश्वर जी ने भी कहा है कि ईश्वर की माया दुर्लंघ्य है और ईश्वर की भक्ति करने वाले ही उसको पार कर सकते हैं ।

एथ एकचि लीला तरले । जे सर्वभावे मज भजले ।
तया ऐलीच थडी सरले । मायाजळ ।। (ज्ञाने. 7.87)

(333) उत्क्रांतिवाद से सुनिश्चित स्थिति नाशमान

अपने आपको बुद्धिवादी कहलाने वाले विद्वानों पर आधुनिक उत्क्रांतिवाद का बहुत अधिक प्रभाव दिखाई देता है । परंतु बुद्धिवादी कहलाने वाले इन विद्वानों ने कभी समस्त शास्त्रों की कसौटी पर उत्क्रान्तिवाद को परखने का प्रयास नहीं किया। उन्होंने इस बात का स्वीकार किया है कि उत्क्रान्तिवाद के अनुसार सबकी उत्क्रान्ति ही होती है और इसी प्रकार अंत में पूर्ण स्थिति की प्राप्ति होती है ।

यदि इस बात का स्वीकार कर लिया जाए कि यह पूर्ण स्थिति नित्य न होकर उत्पन्न होने वाली है, तो हम देखते हैं कि जगत् में उत्पन्न होने वाली हर एक वस्तु नाशवान् होती है—अत: उत्पन्न होने वाली यह पूर्ण स्थिति भी नाशवान् ही सिद्ध हो जाएगी । अत: पूर्ण स्थिति को उत्क्रान्तिरहित ही स्वीकार करना पड़ता है । भारतीय दर्शन उत्क्रान्ति के साथ-साथ अपक्रान्ति का भी स्वीकार करते हैं ।

जगत् का सत्य प्रतीत होना अपक्रान्ति है । यदि जगत् मिथ्या अथवा असत्य प्रतीत हो, तो ही इस बात का अन्वेषण करना संभव होगा कि सत्य क्या है ? जगत् असत्य है और एकमात्र सच्चिदानंद ब्रह्म ही त्रिकालाबाधित सत्य है, ऐसा प्रतीत होना ही पूर्ण स्थिति है और वही जीव की वास्तविक उत्क्रान्ति है । परंतु पूर्णता की आस उत्पन्न हुए बिना उसके लिए प्रयास भी नहीं किए जाते । जो स्वयं पूर्ण हो, वही इस पूर्णता की आस को शमन कर सकता है । केवल ईश्वर ही पूर्णस्वरूप है । अत: पूर्णत्व की आस जिस साधक के मन में उत्पन्न हुई है, उसका मार्गदर्शन करने के लिए ईश्वर को ही गुरुरूप में अवतरित होना चाहिए । नहीं तो जीव की अपनी ओर से किए जाने वाले सारे प्रयास व्यर्थ हो जाते हैं । अवतार धारण करके ईश्वर जीवों को आत्मज्ञान का बोध कराते हैं, परंतु अज्ञानी लोग अपने ही समान ईश्वर को भी अल्पज्ञ तथा अल्पशक्ति समझते हैं । अपने ही समान उसे भी जन्ममृत्युवान् समझते हैं । परंतु अवतार काल में भी ईश्वर सच्चिदानंदस्वरूप ही होता है । ज्ञानेश्वर जी कहते हैं कि जिस प्रकार पीलिए के मरीज़ को चाँदनी भी पीली दिखाई देती है उसी प्रकार मेरे मूलत: निर्मल होते हुए भी लोग मुझे सदोष दृष्टि से देखते हैं । जिस प्रकार ज्वर से मुँह का स्वाद चला जाने पर दूध भी कड़वा लगता है उसी प्रकार अलौकिक होते हुए भी लोग मुझे लौकिक मानते हैं ।

> येन्हवीं दिठी वेधली कवळे । तैं चांदणियातें म्हणे पिवळें ।
> तेही माइया स्वरूपीं निर्मळें । देखिती दोष ।।41।।
> ना तरी ज्वरें विटाळले मुख । ते दुधाते म्हणे कडू विख ।
> तेवीं अमानुषा मानुष । मानिती मातें ।। 41।। (ज्ञाने. अ. 9)

(334) भगवान के गुण भोक्ता होने का अर्थ

जैसाकि कृष्ण भगवान ने गीता में बताया हैं, अवतार-काल में ईश्वर निर्गुण रहते हुए ही गुणभोक्ता होने के समान प्रतीत होता है । ज्ञानेश्वर जी कहते हैं कि जिस प्रकार सूरज की किरणें मरीचिका को धारण करती हैं, उसी प्रकार सगुण भगवान गुणों का भोक्ता होता है ।

ना तरी सूर्य प्रतिमंडळ । जैसेनि धरी सलिल ।
कां रश्मिकरी मृगजळ । धरिजे जेवी ।। (ज्ञाने. 13.909 ओ.)

व्यवहार से उदाहरण देना हो, तो अपने घर से भरपेट भोजन करके आए हुए मित्र को यदि हम थोड़ा-सा श्रीखंड चखने का अनुरोध करें, तो हमारे प्रेम की खातिर वह उसे खा तो लेता है; परंतु भरपेट भोजन करने के कारण वह श्रीखंड खाकर भी तृप्त होने का संतोष प्राप्त नहीं करता अर्थात् उसके स्थान पर भोक्तृत्व उत्पन्न नहीं होता, उसी प्रकार ईश्वर की स्थिति होती है । वह भक्त के प्रेम के कारण भोक्ता होने पर भी नित्यतृप्त होने के कारण उसके स्थान पर भोक्तृत्व उत्पन्न नहीं होता ।

(12)

जनिमसत: सतो मृति मृतात्मनि ये च भिदां
विपणमृतं स्मरन्त्युपदिशन्ति त आरुपितै: ।।
त्रिगुणमय: पुमानिति भिदा यदबोधकृता
त्वयि न तत: परम स भवेदवबोदारसेके ।।25।।

अर्थ—जो कहते हैं कि जगत् की उत्पत्ति असत् से होती है, जो कहते हैं कि इक्कीस प्रकार के दुखों का नाश होता है, जो आत्मा के स्थान पर भेद की कल्पना करते हैं और कहते हैं कि कर्मफलों का व्यवहार सत्य है, वे सब आरोपित भ्रम के कारण ही ऐसा कहते हैं । तुम्हारे स्थान पर अज्ञान के कारण इस भेदबुद्धि को स्वीकार किया गया है कि पुरुष तीन गुणों से युक्त है । उस अज्ञान से परे होने वाले ज्ञानरस में अज्ञान नहीं हो सकता ।

श्रीधराचार्य का श्लोक—

मिथ्यातर्कसुकर्कशेरित महावादान्धकारान्तरभ्राम्यन्मन्दमते-
रमन्दमहिमंस्त्वज्ञान वर्त्मास्फुटम् ।
श्रीमन्माधव वामन त्रिनयन श्रीशंकर श्रीपते ।
गोविन्देति मुदा वदन् मधुपते मुक्त: कदा स्यामहम् ।।12।।

अर्थ—अव्यथित और कर्कश (व्यर्थ) तर्कों के कारण वादरूपी विशाल अंधकार फैल गया है । मैं मंदमति हूँ और तुम अमर्यादित हो । इन शास्त्र-वादों के कारण तुम्हारा मार्ग खोजना दुष्कर हो गया है । अत: मेरी माँग है कि श्रीमन्माधव, वामन, त्रिनयन, श्रीशंकर, श्रीपती, गोविंद इत्यादि तुम्हारे विभिन्न नामों का प्रेमपूर्वक गायन करते-करते मेरी मृत्यु हो जाने तक मेरा काल व्यतीत हो ।

(335) सत् वस्तु ही अवस्थानंतर से भिन्न रूप में भासित होती है

दीपिका—प्रस्तुत श्लोक में यह प्रतिपादित किया गया है कि अपनी बुद्धि के सहारे यथार्थ बोध क्यों नहीं हो सकता । द्वैत सत्य है अथवा अद्वैत ब्रह्म सत्य है, इसी विचार से वेदान्त का आरंभ होता है । अथवा यह कहना अनुचित नहीं होगा कि समस्त शास्त्रों का आरंभ इसी प्रश्न से होता है ।

अंत:करण से विषय का निर्वासन ही सूक्ष्म बुद्धि कहलाता है और पूर्ववर्ती श्लोक में स्पष्ट किया गया है कि ईश्वरप्रेम से ही सूक्ष्मबुद्धि अथवा चित्तशुद्धि होती है ।

(336) दर्शनों ने प्रमुख रूप से ज्ञेय का ही विचार किया है

वेदान्त का विचार करते समय षड्दर्शनों का विचार स्वाभाविक और अनिवार्य हो जाता है । परंतु इन दर्शनों के अध्ययन से बुद्धि को संदेह की बाधा नहीं होनी चाहिए । दर्शनों के द्वारा निश्चित सिद्धान्तों का प्रयोग केवल उतनी ही मात्रा में किया जाना चाहिए जो कि अद्वैतज्ञान के लिए सहायक हो । वेदान्त के अतिरिक्त अन्य सभी शास्त्रों ने ज्ञाता के स्वरूप की अपेक्षा ज्ञेय के स्वरूप का ही विचार प्रमुख रूप से किया है, अत: वह विचार केवल सतही तौर पर किया गया है । इसलिए यह कहना पड़ता है कि उनके सिद्धान्त सूक्ष्म न होकर स्थूल हैं ।

हमारा समस्त व्यवहार जगत् के ही आधार पर होता है, अत: महत्त्वपूर्ण विचार करते समय जगत् का विचार करना आवश्यक हो जाता है । इसीलिए समस्त दार्शनिकों ने प्रमुख रूप से इस बात का विचार किया है कि जगत् का कारण क्या है ?

श्रुतियों ने प्रथमत: वैशेषिकों के जगदुत्पत्ति से संबंधित मत को प्रस्तुत किया है । वैशेषिकों की मान्यता है कि जगत् की उत्पत्ति असत् से हुई । 'असत: जनिम ये स्मरन्ति'—उनके कथन का सारांश यह है कि अभाव से ही भाव की उत्पत्ति होती है । उनका यह कथन श्रुति, युक्ति और साक्षात्कारी पुरुषों का अनुभव—तीनों ही का विरोधी है । श्रीमद्भगवद्गीता में भी इस मत का खंडन करते हुए कृष्ण भगवान कहते हैं कि 'नासतो विद्यते भावो नाभावो विद्यते सत:।'

सांख्य और वेदान्त—दोनों ही दर्शनों ने स्वीकार किया है कि सत् से ही सत् की उत्पत्ति होती है । इस कथन का अर्थ यह है कि कार्य कारणदशा में अव्यक्त होता है, वही कार्यदशा में व्यक्त रूप में दिखाई देता है । इस पर आपत्ति उठाते हुए आलोचक कहते हैं कि सत् से सत् की उत्पत्ति होती है, इस कथन की पुष्टि करने वाला एक भी उदाहरण नहीं दिखाई देता । घट से दूसरे घट का निर्माण होता हुआ नहीं दिखाई देता । इसका उत्तर प्रस्तुत करते हुए आचार्य कहते हैं कि

हमारे कथन का अर्थ यह नहीं है कि सत् से दूसरे सत् का निर्माण होता है बल्कि सत् ही अवस्थांतरण से अन्य रूप में भासमान होता है । सर्प जिस प्रकार कुंडलाकार दिखाई देता है, उसी के समान यह बात है । श्रुतियों का कथन है कि ब्रह्म निरवयव है, फिर ऐसे निरवयव परब्रह्म के स्थान पर अवस्थांतर का विकार कैसे संभव है ? आचार्य कहते हैं कि जिस प्रकार भ्रांति के कारण हम रज्जु के अवयवों के स्थान पर सर्पादि के अवयवों का दर्शन करते हैं, उसी प्रकार भ्रांतबुद्धि के कारण सत् के स्थान पर विकार का आभास होता है ।

> ननु सद्वादिनोऽपि सतः सदुत्पद्यत इति नैव दृष्टान्तोऽस्ति । घटाद्घटान्तरोत्पत्त्यदर्शनात् । सत्यमेवं न सतः सदंतरमुत्पद्यते, किं तर्हि सदेव संस्थानांतरेणावतिष्ठते । यथा सर्पः कुंडली भवति । निरवयवस्य सतः कथं विकारसंस्थानमुपपद्यते । नैव दोषः । रज्वाद्यवयवेभ्यः सर्पादिसंस्थानवत् बुद्धिपरिकल्पितेभ्यः सदवयवेभ्यः विकारसंस्थानोपपत्तेः । (छांदो 6.2.2 शां. भाष्य)

(337) 'असत्' का अर्थ 'अव्यक्त' करने से समन्वय

जिस समय कार्य दिखाई नहीं देता, उस समय वह शून्य नहीं होता, अपितु अव्यक्त अर्थात् दिखाई न देने वाला होता है ऐसा वेदान्त और सांख्य का कहना है। यदि असत् अथवा अभाव का अर्थ 'अ-व्यक्त' के रूप में किया जाए तो वैशेषिक तथा बौद्ध मतों का भी समन्वय किया जा सकता है ।

(338) पातंजलों के मतानुसार ब्राह्मी स्थिति उत्पाद्य

पातञ्जल योगी कहते हैं कि प्रथमतः जिस ब्रह्मस्थिति का अभाव होता है, उसे योगबल से आत्मसात् किया जा सकता है । (तदा द्रष्टुः स्वरूपेऽवस्थानम् । योगसूत्र ।3) योगशास्त्र के अनुसार जीव का जीवस्वरूप सत्य है तथा जिस प्रकार रसादि के प्रभाव से ताम्र को सुवर्ण बनाया जा सकता है, उसी प्रकार योग के प्रभाव से जीव को ब्रह्मरूप बनाया जा सकता है ।

> पातञ्जल योगशास्त्रप्रणेतारः जीवरूपं सत्यं नत्वौपाधिकं यथा ताम्रादिरसुवर्णरूप एव सन्तौषधिपुटपाकादिप्रभावात्सुवर्णं भवति एवम् ब्रह्मभूतो जीवो योगप्रभावाद् ब्रह्म भवतीति योगशास्त्रशयः ।
>
> प्रकाशव्याख्या बाबा पाध्येकृत ।

योगशास्त्र वेदान्त के समान ब्रह्मस्थिति को त्रिकालाबाधित एवं नित्य नहीं मानता अपितु यह स्वीकार करता है कि ब्रह्मस्थितिं प्रथमतः नहीं होती, वह बाद में उत्पन्न होती है । इसलिए तर्क के आधार पर वह अनित्य अर्थात् विनाशी सिद्ध होती है । त्रिकालाबाधित स्थिति ही नित्य रह सकती है ।

(339) नैयायिकों का मत

नैयायिकों ने छः इंद्रियाँ, उनके छः विषय, छः इंद्रियों से प्राप्त होने वाला छः प्रकार का ज्ञान, शरीर, सुख और दुखादि विभिन्न इक्कीस प्रकार के दुखों को स्वीकार किया है ।

सतः मृतिं ये स्मरन्ति ।

उनके विचार में आत्मा के समान ये दुख भी सत्य हैं । वे कहते हैं कि आत्मा यदि मन और बुद्धि के संबंध का त्याग करे, तो दुख का अभाव होकर मोक्ष की प्राप्ति होती है ।

षडिन्द्रियाणि षड्विषयाः षडिन्द्रियजन्यज्ञानषट्कं शरीरं सुखं दुखं चेत्येकविंशतिविधं दुःखम् । प्रकाश बाबा पाध्ये ।।
सतः एवैकविंशतिप्रकारस्य दुःखस्य नाशं
मोक्षं वदन्ति ये नैय्यायिकाः ।। (श्रीधरी)

यदि आत्मा अत्यंत व्यापक है और आत्मा के समान दुख भी सत्य है, तो दुख से आत्मा को भिन्न कैसे किया जा सकता है ? वेदान्त ने दुख को भ्रमरूप माना है अतः ज्ञान के द्वारा भ्रम की त्रैकालिक निवृत्ति होते ही दुख का भी त्रैकालिक नाश होता है । इसलिए अखंडित ब्रह्मस्थिति को प्राप्त करने की दृष्टि से नैयायिकों का मत समीचीन सिद्ध नहीं होता ।

(340) सांख्यमत में दुख के ज्ञान का अर्थ है दुखनिवृत्ति

सांख्य भी दुख को सत्य मानते हैं तथा इस बात को स्वीकार करते हैं कि आत्मा जिस समय प्रकृति का साथ छोड़ देती है, उस समय दुख की निवृत्ति होती है ।

उतच आत्मभिदां ये स्मरन्ति ।।

उनकी दृष्टि में दुख शब्द का अर्थ है दुख का केवल ज्ञान होना । वे कहते हैं कि दुख का ज्ञान न होना ही उसकी निवृत्ति है । परंतु जिस समय आत्मा सोचती है कि वह दुख से भिन्न है, उस समय क्या आत्मा को दुख का ज्ञान नहीं होगा ? वैसा ज्ञान होना ही यदि उनके मतानुसार दुख है, तो फिर उसकी निवृत्ति कैसे संभव है ? इस प्रकार सांख्य के विचारानुसार आत्यंतिक दुखनिवृत्ति संभव नहीं है । आदि और अंत में जो नहीं होता, वह वर्तमान में भी नहीं रहता । वर्तमान-काल में उसके अस्तित्व का प्रतीत होना मात्र भ्रम के कारण प्रतीत होता है ।

आदावन्ते च यन्नास्ति वर्तमानेऽपि तत्तथा ।।

तीनों कालों में जिसका किसी से भी बाध नहीं होता उसे सत्य कहते हैं । विचार के आधार पर केवल एक ब्रह्म ही सत्य सिद्ध होता है और इसीलिए यह भी यह सिद्ध होता है कि जगत् के पूर्व भी उसका अंस्तित्व होता है । अज्ञानी के दृष्टिकोण से जगत् अव्यक्त होता है तो ज्ञानी की दृष्टि से वह सत्स्वरूप अर्थात् ब्रह्मस्वरूप होता है । सत्य वस्तु केवल एक ही होती है और उसके अतिरिक्त कोई अन्य वस्तु नहीं होती, अतः उसके विनाश की कल्पना नहीं की जा सकती ।

(341) द्वैत का स्वीकार करने पर मोक्ष भी अनित्य

सांख्य जगत् और दुख को सत्य मानते हैं तथा कहते हैं कि सत्य वस्तुओं का भी नाश होता है । उनका यह कथन बुद्धि को स्वीकार्य नहीं हो सकता । वे आत्मा के सद्वित सर्वत्र भेद को स्वीकार करते हैं । परंतु यदि भेद सत्य हो, तो मर्यादित्व के कारण आत्मा भी विनाशी सिद्ध होगी । आत्मा के अभाव की कल्पना ही वस्तुतः दुख है । अतः सांख्यों की इस विचारप्रणाली के अनुसार मोक्ष सिद्ध नहीं होता । औपाधिक होने के कारण वेदान्त ने मोक्ष को असत्य माना है। इसीलिए वेदान्त अद्वैत की सिद्धि कर सका और मोक्ष को नित्य सिद्ध कर सका। वेदों के अतिरिक्त अन्य समस्त दर्शनकारों के द्वारा प्रस्तुत मोक्ष का विचार भ्रम के लिए साधक सिद्ध होता है, भ्रम से मुक्ति पाने के लिए सहायक नहीं होता ।

(342) सत्य की परिभाषा

सर्वाधिक महत्त्वपूर्ण बात यह है कि अन्य दर्शनों ने सत्य और असत्य को उचित पद्धति से परिभाषित ही नहीं किया है । त्रिकाल में कभी भी जिसका बाध नहीं हो सकता, उसे ही वेदान्त 'सत्य' कहता है । ऐसा सत्य तो केवल ज्ञातृस्वरूप सच्चिदानंदरूप ब्रह्म ही हो सकता है । जब ब्रह्म ही एकमात्र त्रिकालाबाधित सत्य सिद्ध होता है, तब यह तो अनायास ही स्पष्ट होता है कि उसके अतिरिक्त जो कुछ भी अन्य भासित होता हो, वह सब कुछ असत्य है । ब्रह्मज्ञान के अनंतर जगत् का प्रत्यय शेष नहीं रहता, अतः यह कहना पड़ता है कि जगत् असत्य है।

परब्रह्म के सत्, चित् और आनंद लक्षणों से केवल ब्रह्म ही असीम सिद्ध होता है । अतः उसके अतिरिक्त अन्य वस्तु का ग्रहण संभव नहीं है । यदि सच्चिदानंदादि ब्रह्म में भी द्वैत को स्वीकार किया जाए तो दोनों के मर्यादित्व के कारण वह भी विनाशी सिद्ध होगा ।

(343) नित्य वस्तु की उत्पत्ति असंभव है

हमें जगत् ज्ञेयरूप से भासित होता है और जीव ज्ञातारूप से भासित होता है। वेदान्त का कथन है कि एकमात्र ज्ञाता ही सत्य है । उसी को हम भ्रम अथवा

अज्ञान के कारण ज्ञेय रूप में देखते हैं। नैयायिक जगत् और आत्मा दोनों को ही नित्य मानते हैं । परंतु वे यह भी स्वीकार करते हैं कि जगत् प्रथमत: नहीं था, परंतु बाद में उत्पन्न हुआ । यदि जगत् नित्य हो, तो उसकी उत्पत्ति कैसे मानी जा सकती है ? व्यवहार में हम प्राय: देखते हैं कि जो वस्तु उत्पन्न होती है, वह नाशवान ही होती है । फिर जगत् उसका अपवाद कैसे हो सकता है ?

(344) कर्म के द्वारा प्राप्त होने वाली वस्तु नाशमान

मीमांसकों की मान्यता है कि समस्त व्यवहार सत्य है, स्वर्ग ही नित्य सुखरूप है तथा यज्ञ के द्वारा स्वर्ग की प्राप्ति होने से अक्षय सुख की प्राप्ति होती है । (विपणं ऋत ये स्मरन्ति) । परंतु कर्म से निर्माण होने वाली वस्तु नाशमान ही होगी, वह नित्य नहीं रह सकती । अत: यज्ञ से प्राप्त होने वाला स्वर्ग कर्मजन्य होने के कारण नित्य सुखरूप तर्क से सिद्ध नहीं होता । अत: श्रुती का कथन है कि पुण्य का क्षय होते ही वह पुन: मर्त्यलोक में प्रविष्ट होता है (क्षीणे पुण्य मर्त्यलोकं विशन्ति ।)

(345) ब्रह्मज्ञान-प्राप्ति तक सांख्य और मीमांसक प्रमाण

आत्मा और अनात्मा के संवंध में सांख्यशास्त्र द्वारा किया गया विचार वेदान्त के व्यतिरेक ज्ञान के लिए उपयुक्त है और इसी दृष्टि से कहा जाता है कि सांख्य दर्शन वेदान्त के निकट का दर्शन है । ब्रह्मज्ञान होने तक समस्त व्यवहार हमें सत्य प्रतीत होता है और इसी दृष्टि से मीमांसकों का विचार भी ब्रह्मज्ञान की प्राप्ति होने तक वेदान्त को स्वीकृत है ।

परंतु बुद्धिवाद की दृष्टि से सांख्यों के अन्य सिद्धान्त वेदान्त को स्वीकृत नहीं है । प्रकृति तथा सत्व, रजादि उसके गुण और उनके परिणामस्वरूप प्राप्त होने वाली बद्ध दशा यदि सत्य हो; तभी उस पर आधृत सिद्धान्तों को सत्य मानना पड़ेगा । परंतु यदि वे तर्क के द्वारा असत्य सिद्ध होते हों, तो स्वाभाविक रूप से उन पर आधृत सिद्धान्त भी असत्य ही सिद्ध होंगे ।

(346) वस्तु का स्वभाव उसकी अपनी सुरक्षा के लिए

वस्तु का स्वभाव ही वस्तु का वस्तुत्व है । कोई भी वस्तु यह कभी नहीं चाहती कि उसका स्वभाव नष्ट हो । स्वभाव के विनाश की कल्पना ही वस्तु का विनाश है । अत: यह कहना पड़ता है कि वस्तु का स्वभाव वस्तु की रक्षा के लिए ही होता है । वस्तु का स्वभाव उसका नित्यधर्म है। वस्तु से उस धर्म के विच्छेद की कल्पना भी नहीं की जा सकती ।

(347) दुख को कल्पित मानने पर ही उसकी त्रैकालिक निवृत्ति

सांख्यों के अनुसार प्रकृति के तीन गुणों से जीव के स्थान पर उत्पन्न होने वाली बद्धता एक स्वाभाविक अवस्था है । यदि ऐसा हो, तो जीव बद्धता से मुक्त होने की कभी इच्छा ही नहीं करेगा । स्वभाव के कारण उसे उस बद्धता के प्रति संतोष ही प्रतीत होगा । परंतु इसके विपरीत जीव को दुख प्रतीत होता है और वह उससे मुक्ति पाने की इच्छा करता है । 'दुःखम् स्वभावतो द्वेष्यम् '—इसलिए दुखरूप बंध को जीव का स्वभाव नहीं माना जा सकता । स्वभाव की विरोधी बातों का ही हम त्याग कर सकते हैं । दुख को यदि किसी भी प्रकार सत्यत्व प्रदान किया जाए, तो उससे मुक्ति असंभव है । यदि दुख की आत्यंतिक निवृत्ति की चाह हो, तो दुख को भ्रमरूप अर्थात् कल्पित ही मानना पड़ेगा । व्यवहार में भी हम अनुभव करते हैं कि कल्पित पदार्थों की ही निवृत्ति यथार्थ ज्ञान से हो सकती है और वह निवृत्ति त्रैकालिक होती है । जिस समय रज्जु पर भ्रम के कारण भासित सर्प की निवृत्ति हो जाती हैं, उस समय वह निवृत्ति इसी प्रकार होती है कि अभी जिसका आभास हो रहा था, वह सर्प नहीं था और भविष्य में भी कभी सर्प नहीं हो सकता ।

सांख्यों का कथन है कि मनुष्य अकेला ही पैदा होता है और अकेला ही मरता है अतः पुरुष अनेक हैं । परंतु साथ ही वे यह भी प्रतिपादित करते हैं कि वह पुरुष असंग है । यदि आत्मा असंग हो, तो देह के साथ उसका क्या संबंध ? जन्म, मरण आदि भाव देह से संबद्ध हैं । अतः सांख्यों का पुरुषबहुलता का सिद्धान्त भी तर्क से असंगत है ।

(348) वेदान्त के अतिरिक्त अन्य दर्शन भ्रमरूप

ज्ञान के द्वारा त्रिगुणात्मक प्रकृति, अज्ञान आदि कुछ भी सिद्ध नहीं होता । परब्रह्म के साथ एकरूप होने वाली परब्रह्म की चिदानंदात्मक शक्ति ही अज्ञान के कारण जीव को त्रिगुणात्मक रूप में भासमान होती है । ज्ञान से मिथ्या सिद्ध हो जाने पर वह अधिष्ठानरूप चिदानंदात्मक शक्ति के ज्ञान में परिणत हो जाती है । नित्यज्ञानदृष्टिरूप परब्रह्म का निराकरण किसी भी प्रकार से न होने के कारण वही एकमात्र सत्य सिद्ध होता है । श्रुतियों ने जिस निर्विकल्प अवस्था का वर्णन किया है, वह अवस्था जिन दर्शनशास्त्रों से सिद्ध नहीं की जा सकती, उन्हें भ्रमरूप ही कहना पड़ता है । एकमात्र वेदान्त दर्शन ही इस अवस्था की सिद्धि करने वाला है, परंतु उसका आकलन होने के लिए तथा उसे आत्मसात् करने के लिए श्रीगुरुकृपा की नितांत आवश्यकता है ।

(13)

सदिव मन स्त्रिवृत्त्वयि विभात्यसदामनुजात् ।
सदभिभृशन्त्यशेषमिदमात्मतयाऽऽत्मविदः ।
नहि विकृतिं त्यजन्ति कनकस्य तदात्मतया
स्वंकृतमनुप्रविष्टमिदमात्मतयाऽवसितम् ।।26 ।।

अर्थ—आपुरुष, समस्त, केवल मन के द्वारा कल्पित त्रिगुणात्मक मिथ्या जगत् तुम्हारे स्थान पर सत्य के समान भासित होता है । आत्मज्ञानी लोग आत्मस्वरूप के कारण जान लेते हैं कि सर्वत्र सत् ही व्याप्त है । जो पुरुष सुवर्णप्राप्ति की इच्छा करते हैं वे जानते हैं कि सुवर्ण से निर्मित अलंकार सुवर्णमय ही होता है, अतः वे उसका त्याग कभी नहीं करते । उसी प्रकार यह स्वयंनिर्मित तथा बाद में प्रविष्ट जगत् आत्मस्वरूप से ही निश्चित किया जाता है ।

श्रीधराचार्य का श्लोक—

यत्सत्वतः सदा भाति जगदेतदसत्त्वतः ।
सदा भासमसत्यस्मिन्भगवन्तं भजाम तम् ।।13।।

अर्थ—असत्-स्वरूपी जगत् उसकी सत्ता के कारण सत्य के समान भासमान होता है । इस प्रकार जगदाभास में पूर्णतः व्याप्त ईश्वर का हम भजन करते हैं।

दीपिका—पूर्ववर्ती श्लोक में प्रतिपादित किया गया है कि जीव और जगत् का आभास अज्ञान के कारण होता है । जगत् का उपादान और निमित्त कारण ब्रह्म के सिवा कोई अन्य वस्तु नहीं, केवल ब्रह्म ही है । अतः ब्रह्म से भिन्न पदार्थ की कल्पना करके उसके दर्शन करना केवल भ्रम है—उसे ही अज्ञान कहते हैं । परंतु इस स्थान पर यह संदेह उत्पन्न होता है कि इस आभास को असत्य क्यों कहा जाए तथा वह असत्य होते हुए भी हमें सत्य क्यों प्रतीत होता है ? इन संदेहों का समाधान उपर्युक्त श्लोक में किया गया है ।

(349) जड़सृष्टि भी जीवरूप

कार्य का अन्वेषण करते-करते ही कारण का आविष्कार किया जाता है । हम जीव और जगत् का अनुभव ग्रहण करते हैं । जगत् का अनुभव हमें जड़रूप में प्राप्त होता है । वस्तुतः जड़ कुछ भी रह नहीं सकता । जड़ भी वस्तुतः हमारे समान जीव ही होते हैं । इस जड़योनि में तमोगुण की अत्यंत अधिकता होने के कारण उनके स्थान पर अंतःकरण प्रकट नहीं हो सकता । अतः चैतन्ययुक्त जीवों के लिए जड़ जीव सर्वथा भोग्य होते हैं ।

(350) जगत् मन:कल्पित

जिसमें तीन गुण अथवा तीन भूत हैं (इन तीनों में ही अन्य दो भूतों का समावेश होता है) ऐसा त्रिवृत् जग केवल मन:कल्पित अथवा मन का विलास है। मन ही संपूर्ण जगत् की कल्पना करता है तथा मन ही वस्तुत: प्राकृतिक है । इसीलिए आचार्य ने कहा है कि मन के अतिरिक्त कोई अविद्या नहीं है—नास्त्यविद्या मनसोऽतिरिक्ता ।

(351) मन:कल्पनाओं के लिए ब्रह्म आधार

ब्रह्मकल्पना के अतिरिक्त जो कुछ भी कल्पनाएँ की जाती हैं, उन सभी कल्पनाओं को दूर हटाने पर जगत् नामक कोई वस्तु दिखाई नहीं देती । मन की इसी अवस्था को 'उन्मनी अवस्था' कहा जाता है । ब्रह्म को विस्मृत करके मन जो भी कल्पना करेगा, उन समस्त कल्पनाओं का आधार ईश्वर का सत् स्वरूप ही होता है और वही सत्स्वरूप जगद्रूप से भासमान होने लगता है । यदि उन कल्पनाओं का ईश्वरी सत्तारूपी आधार निकाल दिया जाए तो जगत् नामक वस्तु ही भासित नहीं होगी । उस आधार के कारण ही जगत् सत्य प्रतीत होता है ।

मन के तीन संवेग हैं—मृदु, मध्य और तीव्र । मन का तीव्र संवेग ही जगत् है । योगवासिष्ठ में कहा गया है कि मन की अनुचित कल्पना ही जगत् का कारण होने से जगत् कल्पित सिद्ध होता है ।

मनसस्तीव्रता विश्वं मार्दवं तस्य कल्पना ।
स्वप्नो मध्यमता चैव इति स्वमतनिर्णय: ।।

मन जो अनुचित कल्पना करता है, उसके साथ ईश्वर का सत्स्वरूप घुल-मिल जाता है और फिर कल्पना ही सत्य प्रतीत होने लगती है ।

(352) भक्तिरहित ज्ञानी का अन्वयज्ञान ही व्यापक व्यतिरेक ज्ञान है

व्यतिरेक ज्ञान से समस्त कल्पनाओं को भिन्न-भिन्न करने से ब्रह्म का प्रत्यय प्राप्त होता है । परंतु हटाई गई कल्पनाओं का विलास होने वाला जगत् मिथ्या, असत्य तथा क्षुद्र प्रतीत होने लगता है । नामरूपों के मिथ्यात्व के कारण ज्ञानी उनके आधारभूत सद्रूप ब्रह्म का प्रत्यय प्राप्त करता है और यही उसका अन्वय ज्ञान होता है । परंतु नामरूपों को ब्रह्म के अतिरिक्त कोई सत्ता ही नहीं होती अत: नामरूपों को अलग रखकर ब्रह्म का अनुभव प्राप्त करना—निषेध रूप से ही क्यों न हो— उसे पुन: स्वतंत्र अस्तित्व प्रदान करना है । वस्तुत: ज्ञानी के अन्वय में व्यापक व्यतिरेक ज्ञान ही होता है । जिस समय संपूर्ण नामरूपात्मक आभास भी भगवत्स्वरूप के साथ पूर्ण ऐक्य स्थापित करता है, उस समय ही कहा जा सकता

है कि वास्तव में अन्वयज्ञान प्रात हो गया और वही वास्तविक पूर्ण ब्रह्मस्थिति होगी 'ब्रह्मसत्यंजगन्मिथ्या' व्यतिरेक ज्ञान है । वस्तुत: पूर्ण अन्वयज्ञानी वही है जिसके सत्य और मिथ्या दोनों ही आभास पूर्ण रूप से निवृत्त हो गए हैं । अत: जिस समय प्रतीत होता है कि 'मिथ्यात्वस्यापि मिथ्यात्वम्', उस समय पूर्ण ज्ञान की प्राप्ति होती है। पूर्ण ज्ञानी जगत् को ब्रह्मरूप से देखता है । सुवर्ण का आकार जिस प्रकार स्वर्ण के साथ एकाकार होता है, उसी प्रकार नामरूप भी ब्रह्म से एकाकार होते हैं । भ्रम के कारण वे भिन्न प्रतीत होते हैं । परंतु भक्तिविरहित ज्ञानी को यह पूर्ण अन्वय का प्रत्यय प्राप्त नहीं होता । इसलिए ज्ञानी को चाहिए कि अद्वैतज्ञान के पश्चात् भी वह सगुण ईश्वर की भक्ति का ही अवलम्ब करे ।

(353) सर्वत्र ज्ञानोत्तर अधिष्ठानरूप ब्रह्म का ही आभास

'तत् सृष्ट्वा तदेवानुविशत्' श्रुती के अनुसार जीव और सृष्टि का उपादान तथा निमित्त कारण ब्रह्म ही है । रज्जुसर्प के समान अज्ञान के कारण ब्रह्म पर उसके विपरीत धर्मात्मक जगत् का आभास होता है । यथार्थ ज्ञान से जिस प्रकार वह आभास अधिष्ठानरूप रज्जु के ज्ञान में परिणत होता है, उस प्रकार जगत् का आभास निवृत्त होकर अधिष्ठानरूप सच्चिदानंदात्मक परब्रह्म के ज्ञान में परिणत हो जाता है और फिर सुवर्णालंकार के समान परब्रह्म ही चिदानंदात्मक रूप से भासित होने लगता है । आचार्य के इसी अद्वैतज्ञान को उपर्युक्त श्लोक में श्रुतियों ने अपने मुख से प्रतिपादित किया है ।

(14)

तव परि ये चरन्त्यखिलसत्वनिकेततया
त उत पदाऽऽक्रमन्त्यविगणय्य शिरो निऋतेः ।
परिवयसे पशूनिव गिरा विबुधानपि तान्
त्वयि कृतसौहदाः खलु पुनन्ति न ये विमुखाः ।।27।।

अर्थ—समस्त प्राणिमात्रों का निवासस्थान होने वाली तुम्हारी स्थिति के कारण जो तुम्हारी सेवा करते हैं, वे ही वस्तुत: घृणा से मृत्यु के मस्तक पर चरणों से आक्रमणं करते हैं । जिस प्रकार पशुओं को बाँधा जाता है उसी प्रकार उन ज्ञानियों को भी तुम अपनी वाणी से बद्ध कर देते हो । जिन्हें तुमसे स्नेह है वे औरों को भी पवित्र करते हैं और जो तुमसे विमुख होते हैं वे औरों को पवित्र नहीं कर सकते ।

श्रीधराचार्य का श्लोक—

तपन्तु तापैः प्रपतन्तु पर्वतादटन्तु तीर्थानि पठन्तु चागमात् ।
यजन्तु यागैर्विवदन्तु वादैर्हरिं विना नैव मृतिं तरन्ति ।।14।।

अर्थ—कोई तप करे, कोई पर्वत से अपने आप कूद पड़े, कोई तीर्थयात्रा करे, कोई वेदों का पठन करे अथवा यज्ञ करे परंतु हरिभक्ति के अतिरिक्त कोई भी इस संसार से मुक्ति नहीं पा सकता ।

(354) अकर्तृत्व का प्रत्यय भी अहंकार से संबद्ध

दीपिका—जब तक अहंता होती है तब तक प्रयास रहता है तथा जब तक प्रयास रहता है तब तक अहंता रहती है । प्रयास और अहंता कभी एक दूसरे का त्याग नहीं करते । 'मैं कुछ करता हूँ'—यह कथन जिस प्रकार अहंकार से संबंधित है, उसी प्रकार यह कथन भी अहंकार से संबंधित है कि 'मैं कुछ भी नहीं करता ।'

तुष्णीम् अकुर्वन् सुखं आसे इति अहंकाराभिसंधि हेतुत्वात् ।

(गीता भा. 4/18 आचार्य)

समस्त कर्मों-अकर्मों के मूल में अहंता होती है । प्रत्यय के साथ-साथ अहंता भी आती है । 'मैं ब्रह्म हूँ' के अपरोक्ष प्रत्यय में भी अहंकाररूप कर्म होता है । अतः जिस समय इस अहंता का लोप हो जाएगा, उसी समय निष्कर्म स्थिति उत्पन्न हो सकती है । निर्विकल्प स्थिति में कोई भी प्रत्यय शेष नहीं रहता । अतः प्रेम में ही अहंता का पूर्णतः लोप हो सकता है । प्रेम के सिवा निर्विकल्प स्थिति प्राप्त नहीं हो सकती । सत्यत्व से अथवा मिथ्यात्व से भी भेद का आभास न होना ही निर्विकल्प अवस्था है । जब तक प्रत्यय शेष है तब तक निर्विकल्प अवस्था प्राप्त नहीं हो सकती ।

(355) गृहस्थाश्रमी लोगों के परमार्थ में देवताओं की ओर से विघ्न

हम पीछे देख चुके हैं कि भक्तिमार्ग प्रमुख रूप से गृहस्थाश्रमी लोगों के लिए ही होता है । गृहस्थाश्रम में अतिथि, अभ्यागतों का स्वागत, देवदेवताओं को हविर्भाग प्रदान करना इत्यादि बातों का समावेश होता है । अतः जिस समय गृहस्थाश्रमी पुरुष परमार्थ-प्राप्ति के मार्ग पर अग्रसर होता है, उस समय देवताएँ उसके मार्ग में बाधाएँ उपस्थित करती हैं, गृहस्थ जो हव्यकव्य अर्पित करता है, उसी पर उनकी ज़ीविका निर्भर होती है । यदि वही परमार्थ-पथ का अनुसरण करे, तो उनकी जीविका को बाधा पहुँच सकती है । इसी भय के कारण देवताएँ विघ्न उपस्थित करती हैं ताकि वह परमार्थ-पथ का अनुसरण न करे । शरीरादि की

अभिमानी देवता होने के कारण उनका निवास शरीरादि में ही होता है और वे उसी स्थान पर मन, इंद्रियाँ तथा शरीर में विकृति उत्पन्न करती हैं । इन कठिनाइयों के कारण परमार्थ के पथ पर अग्रसर होने की इच्छा करने वाले मुमुक्षु का मार्ग दुष्कर हो जाता है । मुमुक्षु की सामर्थ्य देवताओं की अपेक्षा अल्प होने के कारण उनके द्वारा उपस्थित विघ्नों से अपनी सामर्थ्य के बल पर मुक्ति पाना उसके लिए असंभव होता है । यदि वह सगुण ईश्वर का आश्रय ग्रहण करे, तभी विघ्न दूर हो सकते हैं । इतना ही नहीं, बल्कि ईश्वर के संकल्प से प्रारब्धभोग की प्राप्ति होती है, इसलिए उसकी करुणा के परिणामस्वरूप मुमुक्षु के प्रारब्धादि में भी परिवर्तन हो सकता है । ईश्वर तो शरणागत-वत्सल है । उसकी शरण में पहुँचने से वह अपना संकल्प केवल प्रेम से ही बदल देता है ।

भागवत में निमि राजा के प्रश्न का उत्तर देते समय द्रुमिल ने एक कथा बताई है । उसमें कामदेव ईश्वर से कहते हैं कि हे ईश्वर, आपके भक्त देवताओं की राजधानी को अतिक्रमित करके तुम्हारे परमपद को प्राप्त होते हैं । अतः जब वे भजन करने लगते हैं तब देवताएँ उसमें कई विघ्न उपस्थित करती हैं । परंतु जो लोग बलि के रूप में उन्हें हविर्भाग अर्पित करते हैं, उनके पथ में वे विघ्न नहीं उपस्थित करते । परंतु ऐसी स्थिति में भी आपके भक्त उन विघ्नों के सिर पर पाँव रखकर आगे बढ़ते हैं ।

त्वां सेवतां सुरकृता बहवोऽन्तरायाः स्वौको विलंघ्य परमं व्रतां पदं ते।
नास्यस्य बर्हिषि बलीन् ददतः स्वभागान् ।
धत्ते पदं त्वमविता यदि विघ्नमूर्ध्नि ।। (भाग 11.4.10)

(356) आचार्य के मतानुसार श्रीकृष्ण-स्वरूप निर्विकल्प

तव परि ये चरन्त्यखिलसत्वनिकेतनया

'ब्रह्मणो हि प्रतिष्ठाऽहम्'—गीता के अ. 14, श्लो. 7 पर भाष्य करते समय आचार्य कहते हैं कि ब्रह्म का अर्थात् परमात्मा का मैं आधार हूँ अथवा प्रत्यगात्मा हूँ ।... जिस ईश्वरीय शक्ति के कारण ब्रह्म भक्त पर अनुग्रह करने के लिए प्रवृत्त होता है, वह शक्ति अर्थात् ब्रह्म, मैं ही हूँ । शक्त और शक्तिमान का सदैव ऐक्य होता है । इस स्थान पर 'ब्रह्म' शब्द से उल्लेख किया गया है, अतः इस स्थान पर ब्रह्म सविकल्प है । उस सविकल्प ब्रह्म की निर्विकल्प प्रतिष्ठा अथवा आधार मैं ही हूँ ।

ब्रह्मणः परमात्मनो हि यस्मात्प्रतिष्ठाहं
प्रतितिष्ठत्यस्मिन्निति प्रतिष्ठाहं प्रत्यगात्मा ।
ययाच ईश्वरशक्त्या भक्तानुग्रहादि प्रयोजनाय

ब्रह्मप्रतिष्ठते प्रवर्तते सा शक्तिर्ब्रह्मैवाहं
शक्तिशक्तिमतोरनन्यत्वादित्यभिप्रायः ।
अथवा ब्रह्मशब्दवाच्यत्वात् सविकल्पकं ब्रह्म तस्य
ब्रह्मणो निर्विकल्पकोऽहमेव नान्यः प्रतिष्ठा आश्रयः ।।

भाष्य में 'अहं प्रत्यगात्मा', 'अहंनिर्विकल्पक:' इत्यादि शब्दों का प्रयोग किया गया है । इस स्थान पर 'अहं' अर्थात् 'मैं' शब्द का प्रयोग ईश्वर के सगुण साकार स्वरूप को लक्ष्य करके ही किया गया है अत: आचार्य के भाष्य का निष्कर्ष भी यही है कि ईश्वर के रामकृष्णादि सगुण साकार रूप कार्यब्रह्मपरक न होकर परब्रह्म के ही समान शुद्ध और निरुपाधिक, कारणब्रह्मपरक तथा साक्षात् मुक्ति प्रदान करने वाला है । इसीलिए आचार्य कहते हैं कि सगुण श्रीकृष्ण-स्वरूप निर्विकल्प हैं । तस्य ब्रह्मण: निर्विकल्पोऽहमेव नान्य: प्रतिष्ठाश्रय: । निर्विकल्प होने के कारण ही उसकी प्रेमरूपा भक्ति से ही निर्विकल्प स्थिति की प्राप्ति हो सकती है।

(357) निर्गुण के स्थान पर माया का आभास

सूरज के पारदर्शी प्रकाश के स्थान पर मरीचिका का आभास हो सकता है परंतु सघन प्रकाशरूप सूरज के स्थान पर नहीं हो सकता । उसी प्रकार निर्गुण ब्रह्म के स्थान पर माया अथवा अज्ञान के कारण होने वाला आभास अज्ञानी की दृष्टि से सत्य और ज्ञानी की दृष्टि से मिथ्या प्रतीत हो सकता है । परंतु चिदानंदघन सगुण स्वरूप के स्थान पर माया के कारण प्रतीत होने वाला सत्य अथवा मिथ्या—दोनों ही प्रकार के आभास नहीं रह सकते ।

अणु-रेणु से लेकर सर्वत्र ईश्वर समान रूप से व्याप्त है (अखिलसत्व निकेतनया) । परंतु मुमुक्षु को ईश्वर का ज्ञान दो प्रकारों से होता है—परोक्ष तथा अपरोक्ष । शास्त्रादि के आधार पर ईश्वर के अस्तित्व का दृढ़ विश्वास उत्पन्न होना परोक्ष ज्ञान है तो उसका प्रत्यक्ष अनुभव प्राप्त करना अपरोक्ष ज्ञान है ।

(358) सगुण का ज्ञान दो प्रकार का—व्यापक और अव्यापक

व्यतिरेक से प्राप्त होने वाले परोक्ष ज्ञान के भी दो प्रकार होते हैं—व्यापक तथा अव्यापक । अपरोक्ष ज्ञान भी व्यापक और अव्यापक दो प्रकार का होता है। यह दृढ़ श्रद्धा होना कि ईश्वर मेरे अंत:करण में है, अव्यापक परोक्ष ज्ञान है। और इस तथ्य को दृढ़ श्रद्धा के साथ ग्रहण करना कि ईश्वर जिस प्रकार मेरे अंत:करण में है उसी प्रकार वह सबके हृदय में है, व्यापक परोक्ष ज्ञान है ।

अज्ञान की निवृत्ति के पश्चात् प्राप्त होने वाला 'मैं ब्रह्म हूँ' का अनुभव

अव्यापक अपरोक्ष ज्ञान का है । अपने अनुभव के समान समस्त सृष्टि ही ब्रह्मरूप है, यह ज्ञान अपरोक्ष व्यापक ज्ञान है ।

(359) सगुण के परोक्ष ज्ञान से ही भक्ति का आरंभ

ईश्वर का प्रत्यक्ष अर्थात् अपरोक्ष अनुभव प्राप्त करने के लिए प्रथमत: उसके अस्तित्व पर दृढ़ विश्वास होने की आवश्यकता है । हम पहले भी पंचदशीकार के वचनों के आधार पर देख चुके हैं कि यह विश्वास ही परोक्ष ज्ञान है, यह भावना नहीं । परोक्ष ज्ञान से ही भक्ति का प्रारंभ होता है । यदि हमें इस बात का अबाधिक ज्ञान हो कि ईश्वर का निवास हमारे हृदय में है, तो हम उससे कुछं भी छुपा कर रखने का प्रयास नहीं करेंगे । और यदि यह बुद्धि यथावत् रहे तो पथभ्रष्ट होना असंभव हो जाएगा । इस प्रकार की बुद्धि ही भक्ति का वास्तविक आरंभ है । परंतु इस मार्ग में यह विचार सर्वथा निरर्थक है कि ईश्वर का निवास हमारे हृदय में है, अत: वह तो सब कुछ जानता है, उसे निवेदन करने की क्या आवश्यकता है ?

(360) पुलक की पौराणिक कथा का तात्पर्य

इस संदर्भ में एक पौराणिक कथा लक्षणीय है । गौतम ऋषि अनुष्ठान के लिए आश्रम से बाहर चले गए । जाते समय उन्होंने अहल्या की सुरक्षा का उत्तरदायित्व अपने शिष्य पुलक पर सौंप दिया । पुलक ने अपनी योगसामर्थ्य के बल पर गुरुपत्नी की देह में प्रवेश किया तथा उसकी रक्षा की । गौतम ऋषि जब आश्रम वापस लौटे तब उसने उन्हें यह नहीं बताया कि उसने अहल्या की रक्षा किस प्रकार की । एक दिन वन में पुलक को दो पंछियों का वार्तालाप सुनाई दिया। एक पंछी दूसरे पंछी से कह रहा था कि "यदि मैं असत्य-भाषण कर रहा हूँ तो मुझे वही दुर्गति प्राप्त हो जो पुलक को होगी ।" उनका वार्तालाप सुनकर पुलक को बहुत दुख हुआ । आश्रम में वापस आने पर उसने गौतम ऋषि से इसके विषय में प्रश्न किया । अंतर्ज्ञान की सहायता से गौतम ऋषि सब कुछ जान गए थे । परंतु वे चाहते थे कि पुलक स्वयं सारी बात उन्हें कथन करे । उन्होंने कहा, "पुलक, तुम्हारे हाथों यही प्रमाद हुआ है । हमारे हाथों जो कुछ भी अच्छा या बुरा घटित हुआ हो, ईश्वर तथा तत्स्वरूप श्रीगुरु को निवेदित कर देना चाहिए।"

शास्त्रों के द्वारा प्रतिपादित कर्मों का आचरण करना ईश्वरीय आज्ञा का पालन करना है । प्रेम से ही आज्ञा का पालन किया जा सकता है जिससे अंत:करण शुद्ध हो जाता है ।

(361) व्यापक परोक्षज्ञान से चित्तशुद्धि

जिस समय हमारी यह दृढ़ श्रद्धा होती है कि ईश्वर अणु-रेणु में व्याप्त है—अर्थात् व्यापक परोक्षज्ञान होने के पश्चात्—जिस प्रकार हम अपने आप को धोखा नहीं दे सकते, उसी प्रकार किसी और को भी धोखा नहीं दे सकते । यदि हम यह श्रद्धा रखते हुए ईश्वर की भक्ति करें कि ईश्वर अंतर्बाह्य सर्वत्र व्याप्त है, तो ईश्वर हमारी सहायता करता है और विघ्नों का विनाश होकर हमें शुद्धचैतन्यज्ञान की प्राप्ति होती है । स्वार्थवृत्ति के कारण ही हमारे स्थान पर दूसरे के साथ छल और कपट से व्यवहार करने की बुद्धि उत्पन्न होती है । कपटाचरण की बुद्धि का लोप हो जाने पर तथा स्वार्थ-वृत्ति से मुक्त हो जाने पर देहबुद्धि भी कम होती जाती है और देहबुद्धि का सर्वथा अभाव ही चित्तशुद्धि है ।

जीव और ईश्वर का निवास शरीर में ही होता है । परंतु जीव कहता है कि 'मैं देह हूँ' और ईश्वर तो देह के साथ किसी प्रकार का संबंध नहीं रखता । देह से संबंधित वृत्ति से मुक्त हो जाने पर वह ईश्वर-स्वरूप बन जाता है । ऐसा पुरुष काल के माथे पर पाँव रखकर आगे बढ़ जाता है ।

विषयसुख की इच्छा से ही हम देवताओं से संबंध स्थापित करते हैं । यदि विषयसुख की इच्छा निवृत्त हो जाए, तो देवताओं के साथ हमारा कोई भी संबंध नहीं होगा । जगत् की सारी व्यवस्था उन देवताओं के अधिकार में होती है ।

(362) ईश्वर प्रेम के अतिरिक्त मुक्ति का केवल आभास, मुक्ति नहीं

ब्रह्मादि देवताओं ने ईश्वर की स्तुति करते समय कहा है कि हे ईश्वर, जो लोग आपके चरणकमलों की शरण में नहीं पहुँचते, और जिनकी बुद्धि अशुद्ध होती है, वे लोग व्यर्थ ही मान बैठते हैं कि उन्हें मुक्ति मिल गई है । यदि वे महान तप और कष्ट से साधन-अनुष्ठान की सहायता से महान पद को प्राप्त करें, तो भी उन्हें उस पद से च्युत होना पड़ता है ।

येऽन्येऽरविन्दास विमुक्तमानिनस्त्वय्यस्तभावादविशुद्धबुद्धयः ।
आरुह्य कृच्छ्रेण परं पदं ततः पतन्त्यधोऽनादृत युष्मदङ्घ्रयः ।।

(भाग 10.2.32)

(363) श्रीगुरु के बिना निर्विकल्प दशा कठिन

ईश्वर के आश्रय के बिना निर्विकल्प स्थिति प्राप्त नहीं हो सकती । और यदि प्राप्त हो भी गई, तो भी व्यक्ति को वहाँ से दूर हटना पड़ता है । भक्ति के अभाव

में पूर्ण स्थिति को प्राप्त करना तथा उसे यथावत् रखना असंभव है । श्रुती का कथन है कि जो ईश्वर और सद्गुरु से समान रूप से प्रेम करते हैं, उन्हें ही निर्विकल्प स्थिति की प्राप्ति होती है ।

यस्य देवे पराभक्तिर्यथा देवे तथा गुरौ ।
तस्यैते कथिता ह्यर्थाः प्रकाशन्ते महात्मनः ।।

श्रीज्ञानेश्वर जी भी कहते हैं कि यदि श्रीगुरु उदास हो जाए तो प्राप्त ब्रह्मस्थिति से भी भक्त का पतन होता है ।

जयाचेनि सावाये । जीव ब्रह्म उपरु लाहे ।
ब्रह्म हातातळील जाये । उदासे जेणे ।। (अमृ. 2.16)

(364) जिस वृत्ति के साथ ईश्वर की ओर जाएँ उसी के अनुसार फलप्राप्ति

हम जैसी वृत्ति ईश्वर के प्रति समर्पित कर देते हैं, उसी के अनुसार हमें फल प्राप्त होता है । विषय के प्रेम से ईश्वर की तरफ जाने वाले को ईश्वर विषयप्रेम ही प्रदान करता है । उपेक्ष्य-वृत्ति धारण करने वाले के विषय में वह भी उपेक्ष्य-वृत्ति ही धारण करता है । परंतु यदि उसे प्रेम समर्पित करने वाला भक्त हो, तो उसे वह अपना प्रेम ही प्रदान करता है ।

(365) भगवद्भक्तों को भगवान की स्वरूप-प्राप्ति

'समोऽहं सर्वभूतेषु' (गीता 9.28) गीता के प्रस्तुत श्लोक पर भाष्य करते समय भगवान आचार्य कहते हैं कि भगवान अग्नि के समान है । जो उससे दूर होते हैं उनकी ठंड को वह दूर नहीं करता, परंतु जो उसके पास होते हैं उनकी ठंड का निवारण अवश्य करता है । उसी प्रकार जो भक्त प्रेमपूर्वक उसके निकट पहुँचते हैं उन्हें वह प्रेम का दान करता है, अन्यों को नहीं । परंतु यह सब वह द्वेष-भावना के साथ नहीं करता, वह तो उसका स्वभावधर्म ही होता है ।

अग्निवत् अहं दूरस्तानां यथा अग्निः शीतं न अपनयति,
समीपं उपसर्पतां अपनयति तथा अहं भक्तान् अनुगृह्णामि,
न इतरान् । स्वभावतः एव, न मम रागनियमित्तं वर्तते ।

(366) भगवद्भक्ति में सहज रूप में साक्षित्व की प्राप्ति

परब्रह्म का अपरोक्ष ज्ञान अर्थात् साक्षित्व ईश्वर के प्रेम से ही सहज रूप से सँभाला जाता है । उसके लिए विशेष प्रयास करने की आवश्यकता नहीं होती । अहंकार के आधार पर ही प्रयास किया जाता है और साक्षित्व को आत्मसात् करने का प्रयत्नपूर्वक अध्ययन करते रहने से साक्षित्व छूट जाता है और अहंकार ही

यथावत् रहता है ।

(367) ईश्वर भक्त ही वास्तविक संन्यास को साध्य कर सकते हैं

ज्ञानी भक्त के विषय में यह कथन सर्वथा योग्य है कि ज्ञानी कर्म का सेवक नहीं होता । परंतु यह कथन भक्तिविरहित ज्ञानी पर चरितार्थ नहीं होता । भक्तिविरहित ज्ञानी भगवदाज्ञा-पालन के बंधन को टाल नहीं सकता । इस पर कुछ लोग यह प्रश्न उपस्थित कर सकते हैं कि जगत् की दृष्टि से तो ज्ञानी पुरुष संन्यासी ही होता है, फिर उस पर ईश्वरीय आज्ञाओं का बंधन कैसे स्वीकार किया जा सकता है ? परंतु संन्यास के जो दो प्रकार माने गए हैं उनके आधार पर यह महत्त्वपूर्ण प्रश्न उपस्थित होता है कि क्या वस्तुतः भक्तिविरहित ज्ञानी संन्यासी होता है ?

संन्यास के दो प्रकार हैं—विविदिशा संन्यास तथा विद्वत् संन्यास ।

विविदिशा संन्यास बाह्य संन्यास है । परंतु इस संन्यासी को संन्याश्रम के नियम तथा कर्मों का पालन करना ही पड़ता है । विद्वत् संन्यास आंतरिक संन्यास है । अंतःकरण से कामनाओं की पूर्णतः निष्कृति होकर निर्वासन स्थिति प्राप्त होती है, अतः कर्म से संबंध पूर्ण रूप से खंडित हो जाता है । परंतु केवल ज्ञान की सहायता से यह स्थिति प्राप्त नहीं होती । इसलिए वेदान्त ने दर्शन, मनोनाश तथा वासनाक्षय के एकत्रित अध्ययन का उपदेश दिया है । परंतु यह निखिल ज्ञानमात्र निर्विकल्प स्थिति केवल ज्ञान की नहीं, अपितु प्रेम की सहायता से प्राप्त हो सकती है क्योंकि जैसा कि हमने पहले भी देखा है, ईश्वर का सगुण स्वरूप ही निर्विकल्प होता है । ज्ञानेश्वर जी कहते हैं कि इसी स्थिति को ज्ञानी स्वसंविति कहते हैं, शैव शक्ति कहते हैं और भगवद्भक्त पराभक्ति कहते हैं ।

ज्ञानी इयेते स्वसंविति । शैव म्हणती शक्ती ।
आम्ही परमभक्ति । आपली म्हणो । (ज्ञाने. 18.1133 ओ वी)

(368) भक्ति की सहायता से ही कर्मबंधन से मुक्ति

परिवयसे पशुनिव गिरा विबुधानपि

समस्त शब्दसृष्टि (गिरा) वेदरूप रस्सी से बाँधी गई है । भक्ति की सहायता से ही इस बंधन से मुक्ति मिल सकती है । जीव के कल्याण के लिए ही वेदों ने विधिनिषेधरूप कर्ममार्ग का प्रतिपादन किया है । परंतु यदि इस कर्ममार्ग का उपयोग स्वर्गादि वासनाओं की पूर्ति के लिए किया जाए, तो उससे क्षणिक भोग की प्राप्ति होती है । परंतु अंत में उसके कारण सांसारिक बंधन दृढ़ हो जाते हैं। परंतु यदि निष्काम प्रवृत्ति से कर्ममार्ग का आचरण करें, तो चित्तशुद्धि के द्वारा

ईश्वर की प्राप्ति होती है । परंतु फिर भी कर्म के बंधन से पूर्णतः मुक्ति पाने के लिए भक्तिमार्ग का ही अवलम्ब करना चाहिए । भगवत्प्रेम से अनायास ही मनोनाश और वासनाक्षय होता है । आत्मज्ञान से विषय की आसक्ति नष्ट हो जाती है, अतः चित्त उनकी ओर से हटकर सगुण ईश्वर के प्रति प्रेमपूर्वक आकर्षित हो जाता है। इसलिए आत्मज्ञान और सगुण ईश्वर के प्रेम से ही पूर्ण ब्रह्मस्थिति प्राप्त होती है। अतः श्रुती का कथन है कि ज्ञानी भक्त स्वयं तो पवित्र होते ही हैं, परंतु साथ ही साथ वे दूसरों को भी पवित्र कर देते हैं ।

तां स्वविकृतसौहृदाः खलु पुनन्ति ।

(369) भक्तों का पतन कदापि नहीं होता

ब्रह्मदेवादि ने ईश्वर की स्तुति करते हुए कहा है कि हे ईश्वर, जो तुम्हारे चरणों से सच्चा प्रेम करते हैं, ऐसे भक्त ज्ञानाभिमानी के समान अपने साधनामार्ग से कभी भी च्युत नहीं होते । बड़े-बड़े विघ्न उपस्थित करने वाले सैन्य के सरदार के सिर पर पाँव रखकर वे निर्भयता से विचरण करते हैं क्योंकि उनके रक्षक स्वयं आप होते हैं ।

तथा न ते माधव तावकाः क्वचिद भ्रश्यन्ति मार्गात्त्वयि बद्धसौहृदाः ।
त्वयाभिगुप्ता विचरन्ति निर्भया विनायकानीकपमूर्धसु प्रभो ।।

(भागवत 10.2.33)

(370) केवल ज्ञान प्रत्यक्षसंसारभ्रम को निवृत्त करने में असमर्थ

श्रुतियों ने प्रतिपादित किया है कि ज्ञान से ही इसलिएं ज्ञानाभिमानी यह प्रश्न उपस्थित करते हैं कि फिर ज्ञानोत्तर भक्ति की आवश्यकता ही क्या है ? इस मत को उद्धृत करते हुए श्रीधराचार्य कहते हैं कि यद्यपि यह सत्य है कि ज्ञान से अपरोक्ष ज्ञान की उत्पत्ति होती है, तथापि असंभावना तथा विपरीत भावना के कारण प्रत्यक्ष संसार-भ्रम की निवृत्ति नहीं होती । परंतु ईश्वर की कृपा से अंतःकरण वासनारहित हो जाता है तथा अपरोक्षज्ञान की प्राप्ति होकर मोक्ष साध्य हो जाता है । श्रुतियों ने भी कहा है कि ईश्वर जिस पर कृपा करता है, उसे ही मोक्ष की प्राप्ति होती है । उसी प्रकार वे यह भी कहती हैं कि ईश्वर तथा श्रीगुरु के प्रति जो समान रूप से भक्ति करता है, वही ब्रह्मरूपता के अनुभव को प्राप्त करता है ।

...एवं भूतस्य भगवतः प्रतिपादनात् तज्ज्ञानं सुकरमेवेति कृतं भक्त्या अत आह... अयमभिप्रायः— सत्यमेव भूतंमात्मानं श्रुतयः प्रतिपादयन्ति। तत्रच यद्यपि वस्तुतोऽपरोक्षत्वाद् परोक्षमेव ज्ञानमुत्पद्यते

> तथाप्यसंभावना विपरीतभावनां तिरस्कृतत्वान्मलिनचित्तेषु परोक्षमिव भक्तीति नापरोक्षसंसार भ्रमनिवृत्तिसमर्थम् । भगवत्परिचर्यया तु सम्यगमलचित्तानां तत्प्रसादन लब्धापरोक्षज्ञानानामयत्न एव करकलितो मोक्ष इति । तथाच श्रुतय:.... यमेवैष वृणुते तेनलभ्य: ।। यस्यदेवे पराभक्तिरित्यादय: ।।

श्रीधराचार्य के कथन का स्पष्टीकरण करते हुए धर्मसिंधुकार बाबा पाध्ये जी ने कहा है कि जो लोग वेदान्तशास्त्र का तात्पर्य न समझते हुए केवल उस शास्त्र के अभिमान को धारण करते हैं, उन्हें प्रतीत होता है कि संसार की निवृत्ति ज्ञान से ही होती है अत: ज्ञान के अतिरिक्त किसी अन्य साधन की कोई आवश्यकता नहीं है ।

> एवं हि वेदान्ततात्पर्यानभिज्ञास्तच्छास्त्राभिमानो वदन्ति ।
> अज्ञानकृत: संसारी ज्ञानादेव निवर्तते न तत्र ज्ञानादन्यसाधनापेक्षा ।।

(371) ज्ञानोत्तर 'दर्शन, मनोनाश तथा वासनाक्षय' की आवश्यकता और उसके लिए भक्ति

ज्ञानोत्तर भक्ति की आवश्यकता की दृष्टि से बाबा पाध्ये जी ने श्रीधराचार्य की टीका का जो विस्तृत विवेचन किया है, उसे इस स्थान पर प्रस्तुत करना परमावश्यक है । वे कहते हैं कि वाचस्पति मिश्र के मतानुसार 'तत्त्वमस्यादि' महावाक्यों के प्रभाव से प्रथमत: परोक्ष ज्ञान होता है और फिर निदिध्यास के कारण वही ज्ञान अपरोक्ष होकर साक्षात्कार का कारण बन जाता है । जिस प्रकार साक्षात्कार के लिए वाक्यश्रवण के पश्चात् भी निदिध्यास की अपेक्षा अनिवार्य मानी जाती है, उसी प्रकार ज्ञानोत्तर भक्ति की आवश्यकता स्वीकार की जाती है ।

> शब्दस्य परोक्षज्ञानजनकत्वस्वभावात् श्रवणकाले परोक्षमेव ज्ञानं निदिध्यासनोत्तरमेव मनसा साक्षात्कार इति वाचस्पतिमते श्रवणोत्तरमपि साक्षात्कारार्थ निदिध्यासनाद्यपेक्षावत्सिद्धा भक्त्यपेक्षा ।

(372) ज्ञान से प्राप्त होने वाला अपरोक्ष ज्ञान परोक्ष के समान ही अनुमेय

विवरणकारों के मतानुसार यद्यपि महावाक्य के श्रवण से अपरोक्ष ज्ञान उत्पन्न होता है तथापि असंभावनादि अनेक दोषों के कारण उसमें प्रतिबंध उत्पन्न होता है। अत: वह ज्ञान अविद्या की पूर्ण निवृत्ति करने में सक्षम नहीं होता । यद्यपि हम उस ज्ञान को 'अपरोक्ष ज्ञान' कहते हैं तथापि वह वस्तुत: परोक्ष ज्ञान के समान ही होता है । भक्ति के बिना ये दोष नष्ट होकर चित्त का शुद्धिकरण नहीं हो सकता । यदि चित्त अशुद्ध हो, तो ईश्वर की कृपा असंभव है और उसकी कृपा के अभाव में साक्षात्कार ख-पुष्प के समान दुर्लभ ही रहेगा । 'यस्यदेवे पराभक्ति'

श्रुती ने कहा है कि केवल ईश्वरभक्तों को ही ब्रह्मरूपता का अनुभव प्राप्त होता है। अत: व्यतिरेक-व्याप्ति से सिद्ध होता है कि भक्तिरहित लोगों को यह अनुभव प्राप्त नहीं होता ।

> अयं तम विवरणसिद्धान्तानुसार्याशयः—श्रवणकाले उत्पन्नमपि अपरोक्षज्ञानमसंभावनाअनंतदोषैः प्रतिबद्धतया नाविद्यानिवर्तनादिकार्यक्षयम् । श्रवणकालिकं ज्ञानं परोक्षसंज्ञमपि परोक्षतुल्यमेव भवति । भक्तिं विना दोषक्षयलक्षणचित्तशुद्धसंभवात्, अशुद्धचित्ते भगवत्प्रसादाभावात्, तत्प्रसादाभावे साक्षात्कारस्य खपुष्पायमाणत्वमिति सर्वसिद्धान्तात् । किं 'यस्य देवे पराभक्तिरित्यादिश्रुतदर्शनं गाढमन्धोऽसि भक्तिमत एते कथिता अर्था ब्रह्मात्मैक्यादयःप्रकाशन्ते साक्षात्कृता भवन्ति इत्यन्वयोक्तौ भक्तिहीनस्य गुरुणा कथिता अप्यर्था न प्रकाशन्ते इति व्यतिरेकसिद्धेः स्पष्टत्वात् ।

यदि अपरोक्ष ज्ञान के दृढ़ होने के लिए भक्ति की आवश्यकता होती, तो भगवान आचार्य ने ब्रह्मसूत्रभाष्य में वैसा स्पष्ट रूप से कह दिया होता । परंतु ज्ञानाभिमानियों का कहना है कि ब्रह्मसूत्रभाष्य में भक्ति को स्वीकार नहीं किया गया है । परंतु बाबा पाध्ये जी की मान्यता है कि ज्ञानाभिमानियों का यह कथन हठधर्मिता मात्र है ।

> ननु तथापि शारीरिकसूत्रभाष्यादौ भक्तेः साधभत्वं
> नांङीकृतमिति चेन्मैवम् । दुराग्रहग्रस्तप्रज्ञानां तथाभिमानात्

(373) स्नेहाख्य अंतःकरणवृत्तिविशेष ही भक्ति है

ब्रह्मसूत्र के द्वितीय अध्याय के 'प्रवृत्तेरुत्पत्त्य संभवात्' अधिकरण में ईश्वर की शरण लेना, अष्टाक्षर मंत्र का जप करना, उसका ध्यान करना आदि भक्ति के जो विविध प्रकार बताए गए हैं उनका भगवान आचार्य ने विरोध नहीं किया है । श्रुति-स्मृतियों ने भी ईश्वर की भक्ति को स्वीकार किया है । अतः यह कहते हुए उन्होंने भक्ति को साधन रूप में स्वीकार किया है कि भक्ति स्वीकार्य ही है ।

> भगवतोऽभिगमनपूजार्थद्रव्यार्थ
> पूजनाष्टाक्षरादिमंत्रजपध्यानादिळक्षणमाराधनं नात्राधिकरणे प्रतिषिध्यते । श्रुतिस्मृत्योरीश्वरप्रणिधानस्य प्रसिद्धत्वादित्यर्थकं भाष्येण स्पष्टं साधनभक्तेरङ्गीकारान् ।।

तृतीय अध्याय के 'अपि च सराधने' सूत्र पर भाष्य करते समय 'संराधन' का अर्थ आचार्य ने 'प्रणिधानादि अनुष्ठान' के रूप में किया है । 'विद्याभरण' में भक्ति का अर्थ है ईश्वर का माहात्म्यपूर्वक ज्ञान तथा 'ईश्वर के प्रति अंतःकरण में

प्रेमवृत्ति का होना ।' इससे स्पष्ट होता है कि भाष्यादि में भक्ति का ही प्रतिपादन किया गया है ।

> अपि संराधने इत्यादिसूत्रे-भाष्यं संराधनं
> भक्तिध्यानप्रणिधानाद्यनुष्ठानमिति ।
> भक्तिर्माहात्म्यज्ञानपूर्वकः स्नेहारख्योन्तः करणविशेष
> इति ब्रह्मविद्याभरणे व्याख्यातम् ।

(374) ज्ञान का अर्थ भक्ति नहीं

ज्ञानाभिमानियों के मतानुसार ज्ञान का ही दूसरा नाम भक्ति है । परंतु ब्रह्मविद्याभरण के स्पष्टीकरण से तथा आचार्य के द्वारा प्रस्तुत संराधना की परिभाषा से ज्ञान को भक्ति नहीं कहा जा सकता । ब्रह्मविद्याभरण ने भक्ति और ज्ञान में होने वाले भेद को स्पष्ट किया है । 'संराधन सूत्र' में जब यह संदेह उपस्थित हो जाता है कि भक्त और भगवान में भेद संभव है, अतः जीव तथा परमात्मा में भी भेद को स्वीकार करना पड़ेगा; तब 'प्रकाशवत्' सूत्र के द्वारा उसका निराकरण करते हुए आचार्य कहते हैं कि यह संबंध सूर्य और सूर्यप्रकाश के समान अभेद संबंध होता है । अतः इस संदेह का पूर्णतः समाधान हो जाता है कि भक्ति को स्वीकार करने से द्वैतापत्ति उत्पन्न हो जाती है ।

> एतेन ज्ञानमेवभक्तिरिति केनांचिदुक्तिः परास्ता ।
> ज्ञानपूर्वकः स्नेहारव्यः इति पदाभ्यां ब्रह्मविद्याभरणे
> भक्तिज्ञाननयोर्भेदोक्तेः स्पष्टत्वात् ।...
> किंच संराधनसूत्रे ब्रह्मात्मैक्यानुसंदानरूपभक्तिविवक्षणे
> संराध्यसंराधकभावाभ्युपगमकृता जीवपरमात्मनोर्भेदशङ्का
> प्रकाशादिवदित्त्यादिसूत्रैस्तन्निरसनं च भाष्याद्युक्तं न स्वरसतः संगच्छतेति द्रष्टव्यम् ।
> जीव ब्रह्मणारौपाधिकानृतभेदाभ्युपगमात् संराध्यसंराधकभाव उपपद्यते इत्यभिप्रायेण सूत्रे योजयति-यथा प्रकाशेति । (ब्रह्मविद्याभरणम्, पृ. 629)

'मन्मना भव भद्भक्तो'—पर किए गए गीताभाष्य में आचार्य कहते हैं कि भगवद्भक्तों को मोक्ष सहजप्राप्य है, अतः उन्होंने भगवच्छरणैकपंरायण होने का उपदेश दिया है ।

> तथा गीताभाष्ये 'मन्मना भव मद्भक्त' इत्यत्र
> भगवद्भक्तेरवश्यंभामोक्षफलमवधार्य
> भगवच्छरणैकपरायणो भवेत्युक्तम् ।

(375) श्रीधराचार्य तथा बाबा पाध्ये जी के मतानुसार भक्ति की सहायता से ही अप्रतिबद्ध साक्षात्कार

अंत में बाबा पाध्ये जी कहते हैं कि विवेचनकार वाचस्पति मिश्र के कथन का विचार करने के पश्चात् दिखाई देता है कि केवल महावाक्य के श्रवण से प्रत्यक्षत: दिखाई देने वाले संसार के भ्रम की निवृत्ति करने वाला साक्षात्कार संभव नहीं होता; परंतु ईश्वर-भक्ति से तथा उसकी कृपा के कारण प्रतिबंध-रहित साक्षात्कार की प्राप्ति होती है ।

तथाच विवरण वाचस्पत्यादि सर्व सिद्धन्तपर्यलोचने
श्रवणमात्रादपरोक्षसंसारभ्रमनिवर्तकः साक्षात्कारो न संभवति,
भगवद्भक्तयादिना तु तत्प्रसादाक्ष्प्रतिबद्धः साक्षात्कार इति सिद्धम् ।

(376) प्रारब्ध के कारण ज्ञानी के स्थान पर हर क्षण जगत्सत्यव बुद्धि उत्पन्न होती है

अनंत जन्मों के अध्ययन के फलस्वरूप यह प्रत्यय उत्पन्न होता है कि 'मैं देह हूँ', अतः 'मैं देह से भिन्न हूँ' का प्रत्यय एक जन्म के अध्ययन से प्राप्त नहीं हो सकता । जब तक प्रारब्ध होता है, तब तक देह और जगत् की भावना रहती है। ज्ञान के पश्चात् जब उदयोन्मुख प्रारब्ध को गति प्राप्त होती है, तब देह के स्थान पर अहंता उत्पन्न होती है । इस बात को विद्यारण्यादि वेदान्तियों ने स्पष्ट रूप से प्रतिपादित किया है--

बहुजन्मदृढ़ाभ्यासाद्देहादिष्वात्मधीः क्षणात् ।
पुनः पुनरुदेत्येवं जगत्सत्यत्वधीरपि । (पंच 7.103)

(377) भक्ति में अनायास ही चित्त की एकाग्रता

ज्ञान की सहायता से यह समझ लेने पर कि मैं देहादि से भिन्न हूँ, आत्मस्वरूप की ओर एक समान चित्त को केंद्रित कर देना ही एकाग्रता है । रज्जु के स्थान पर सर्प का आभास होता है और ज्ञान के अनंतर रज्जु का ज्ञान हो जाने पर भी सर्प के आभास से उत्पन्न भयकंपादिक भावनाएँ यथावत् ही रहती हैं । रज्जु पर चित्त एकाग्र होकर सर्प की पूर्ण विस्मृति हुए बिना वे भावनाएँ नष्ट नहीं होतीं । उसी प्रकार परब्रह्म के स्थान पर चित्त एकाग्र हो जाने से ही दृष्ट दुखनिवृत्ति हो सकती है । परन्तु निर्गुण ज्ञान में परब्रह्म के स्थान पर सप्रयास चित्त को एकाग्र करने का कष्टदायक प्रयास करने पर भी असंभवनादि दोषों के कारण एकाग्रता कायम नहीं रह सकती । सगुण ईश्वर के प्रेम में निमग्न चित्त को सप्रयास एकाग्रता का अध्ययन करने की आवश्यकता ही नहीं रहती । प्रेम के स्वभावधर्म के कारण

अनायास ही एकाग्रता साध्य हो जाती है । देह के सहित जगतादि का विस्मरण हो जाता है और अनायास ही ईश्वरभक्तों की दृष्ट दुखनिवृत्ति हो जाती है ।

(378) वृत्तिफुरण-काल में भी उसका प्रत्यय प्राप्त न होना निर्विकल्पदशा है

आत्मस्वरूप अत्यंत निकट होते हुए भी परोक्ष बन गया है । उसके मार्ग में देहादिक बाधा-स्वरूप हैं । ब्रह्म के साथ ऐक्य प्रस्थापित करते हुंए यदि यह ज्ञान प्राप्त कर लिया जाए कि 'मैं ब्रह्म हूँ' तो फिर आत्मा अपरोक्ष बन जाती है । अपरोक्ष ज्ञान के पश्चात् भी यदि व्यवहार करते समय देहादि की बाधा उपस्थित हो जाए, तो आत्मस्वरूप पुन: परोक्ष-सा बन जाता है । इस प्रकार के ज्ञान से प्राप्त होने वाला मोक्ष, जो उत्पन्न हुआ-सा प्रतीत होता है, कभी नित्य नहीं हो सकता। त्रिकालाबाधित मुक्त स्थिति को आत्मसात् करना ही वस्तुत: नित्य मुक्ति है । इसीलिए ज्ञानेश्वर जी ने कहा है कि ज्ञान का शमन होने के उपरान्त ही वास्तविक मोक्ष की प्राप्ति होती है ।

ज्ञाने मोक्षु धडे । तो निमालेनि ।। (अमृ. 9.24)

प्रस्तुत कथन का अर्थ यह है कि व्यवहार काल में वृत्तिस्फुरण होते समय भी जब ज्ञान का प्रत्यय प्राप्त नहीं होगा, उस समय कहा जा सकता है कि निर्विकल्प ज्ञान की प्राप्ति हो गयी । यही नित्य मुक्ति है । जिस समय तक प्रत्ययप्रधान ज्ञानवृत्ति का स्फुरण होता रहता है, उस समय तक यह स्थिति प्राप्त नहीं हो सकता। सगुण ईश्वर की परमप्रेमरूपा भक्ति से वह वृत्ति प्राप्त हो सकती है । जब तक प्रत्यय कायम रहता है तब तक सत्, चित् और आनंदरूप परब्रह्म का त्रिविधत्व भी कायम रहता है । वह त्रिविधत्व केवल परमप्रेमरूपा भक्ति में ही लुप्त हो जाता है । और इसी दृष्टि से ज्ञानोत्तर भक्ति की आवश्यकता को प्रतिपादित किया गया है ।

एरव्ही सच्चिदानंद भेदे । चालली तिन्ही पदे ।
परी तिन्ही उणी आनंदे । केली एके ।। (अमृ. 5.6)

(379) भक्ति से देह के सहित ब्रह्मरूपता

चित्त शुद्ध हो जाने पर भी उसमें रजोगुण और तमोगुण चाहे अत्यल्प मात्रा में ही क्यों न हो विद्यमान होते ही हैं । भक्ति की दृष्टि से विचार करने पर ऐसे अंत:करण को मलिन ही कहना पड़ता है ।

ज्ञान से देहबुद्धि तिरस्कृत होता है अर्थात् देहादि उपेक्षणी प्रतीत होते हैं । अर्थात् 'ज्ञानी को देह के सहित सर्वब्रह्म का प्रत्यय प्राप्त नहीं होता ।' आचार्य के कथनानुसार 'चिदेवदेहाद्यहमंतमेतत्' का अनुभव प्राप्त होना चाहिए ।

परंतु केवल ज्ञान से वैसा अनुभव प्राप्त नहीं हो सकता अतः इस प्रकार के ज्ञान से संसार की वास्तविक निवृत्ति नहीं हो सकती ।

ईश्वर के प्रेम में अंतःकरण से रज और तम गुणों की निष्कृति होती है और अंतःकरण अत्यंत शुद्ध हो जाता है । इससे अनायास ही आत्मप्राप्ति हो जाती है और वह यथावत् रखी जाती है ।

कृष्ण भगवान उद्धव से कहते हैं कि हे उद्धव, जिस प्रकार आँखों में अंजनं डालने से दृष्टिदोष दूर हो जाता है तथा आँखों को अत्यंत सूक्ष्म वस्तु के दर्शन करने की शक्ति प्राप्त हो जाती है, उसी प्रकार जैसे-जैसे मेरी परमपावन लीलारूप कथाओं का श्रवण और कीर्तन घटित होता है, वैसे-वैसे अंतःकरण का मैल धुल जाता है और अंतःकरण सूक्ष्म आत्मतत्त्व को ग्रहण करने के लिए समर्थ हो जाता है ।

यथा यथाऽऽत्मा परिमृज्यतेऽसौ मत्पुण्यगाथा श्रवणाभिधानैः ।
तथा-तथा पश्यति वस्तु सूक्ष्मर्यचक्षुथैवजनांसम्प्रयुक्तम् ।।(भाग 11.14.26)

(380) भक्तजनों की आत्मस्थिति की रक्षा स्वयं भगवान करते हैं

भक्त प्रेमपूर्वक ईश्वर का भजन करता है और उस भजन के कारण ईश्वर भी भक्त से प्रेम करने लगते हैं । इस प्रकार ईश्वर स्वयं ही भक्त को अपरोक्ष ब्रह्म की प्राप्ति कराते हैं और स्वयं उसकी रक्षा भी करते हैं ।

'अनन्याश्चिंतयन्तो मां' (गीता 9.22) श्लोक पर भाष्य करते समय आचार्य कहते हैं कि ऐसे भगवद्भक्त केवल भगवत्शरण होते हैं, अतः ईश्वर ही उनकी आत्मस्थिति की रक्षा करते हैं ।

केवल एव भगवच्छरणाः ते अतः भगवान् एव तेषां
योगक्षेमं वहतीति ।
त्वमकरणः स्वराड्खिलकारकशक्तिधर-
-स्तवबलिमुद्वहन्ति समदन्त्यजयाऽनिमिषाः ।
वर्षभुजोऽखिळाक्षितिपतेरिव विश्वसृजो
विद्धति यत्र ये त्वधिकृता भवतश्चकिताः ।।28।

अर्थ—हे ईश्वर, तुम इंद्रियरहित हो, फिर भी स्वयंप्रकासी हो तथा अन्य समस्त लोगों की इंद्रिय-शक्ति के सूत्र तुम्हारे ही हाथ में होते हैं । इसीलिए सुरगण तथा उनके अधिपति सृष्टिकर्ता ब्रह्मदेव स्नेहपूर्वक तुम्हारे प्रति ही पूजा समर्पित करते हैं तथा तुम्हारी सामर्थ्य के कारण अन्यों के द्वारा समर्पित पूजा का उपभोग करते हैं।

यह बात ठीक उस प्रकार है जैसे मातहत राजा सार्वभौम को करभार देकर उसी आधार पर अन्य लोगों से लिये गये करभाग का उपभोग करते हैं । तुम्हारे भय के कारण ही देवताएँ सुनिश्चित स्थान पर रहकर अपने कर्तव्यों का निर्वाह करती हैं।

श्रीधराचार्य का श्लोक—

अनिन्द्रयोऽपि यो देवः सर्वकारकशक्तिधृक्
सर्वज्ञः सर्वकर्ता च सर्वसेव्य नमामि तम् ।।15।।

अर्थ—इंद्रियरहित होते हुए भी जो ईश्वर समस्त इंद्रिय-शक्तियों को धारण करता है तथा जो सर्वज्ञ, सर्वकर्ता तथा सर्वसेव्य है, उस ईश्वर को मैं प्रणाम करता हूँ ।

(381) स्वयंप्रकाशरूप ईश्वर को ज्ञान के लिए इंद्रियों की आवश्यकता नहीं-

दीपिका—जीव तथा ईश्वर दोनों ही चैतन्यरूप हैं, दोनों ही सामर्थ्यशाली होते हैं। जीव की ज्ञानशक्ति तथा क्रियाशक्तियों का कार्य इंद्रियों के द्वारा अभिव्यक्त होता है । ईश्वर के स्थान पर ज्ञानशक्ति और क्रियाशक्ति स्वरूपभूत होती हैं । उन्हें प्रकट करने के लिए उसे शरीर की आवश्यकता नहीं पड़ती । उसके संकल्प से ही कई ब्रह्मांडों की उत्पत्ति होती है । उसके द्वारा उत्पन्न एक ब्रह्मांड के समष्टिजीवों के अभिमान को धारण करने वाले को ब्रह्मदेव कहते हैं । उसी का दूसरा नाम हिरण्यगर्भ है । जन्म ग्रहण करने के उपरान्त इस ब्रह्मदेव को इस बात का ज्ञान नहीं होता कि उसका जन्म कहाँ से हुआ । उसे केवल स्थूल सृष्टि का ज्ञान होता है । जीव की ज्ञानशक्ति को और क्रियाशक्ति को उसके पापसंचय के कारण प्रतिबंध होता है । यह प्रतिबंध पुण्य के संचय से दूर हो जाता है । 'ईक्षतेनशिब्दम्' ब्रह्मसूत्र पर किए गए भाष्य में आचार्य ने इस बात को स्पष्ट किया है ।

एवमसत्यपि ज्ञानकर्मणि ब्रह्मणः 'तदैक्षत' इति
कर्तृत्वव्यपदेशोपपत्तेर्न वैषम्यम् ।
सवित्प्रकाशवद्ब्रह्मणो ज्ञानस्वरूपनित्यत्वे
ज्ञानसाधनापेक्षा नुपपत्तेः ।
अपिचाऽविद्यादिमतः संसारिणः शरीरद्यपेक्षा
ज्ञानोत्पत्तिः स्यान्न ज्ञानप्रतिबन्धकारण रहितस्येश्वरस्य ।
"परास्य शक्तिर्विविदैव श्रूयते स्वाभाविकी ज्ञानबलक्रियाच"

(श्वेता. 6/8) (ब्र. सू. 1.1.5)

ईश्वर की संकल्पना उसकी शक्ति के सहित होती है । व्यतिरेकज्ञान में उसकी शक्ति को दूर हटाकर उसका अनुभव ग्रहण किया जाता है । यही निर्गुण स्वरूप का अनुभव है । उसका शक्ति सहित अनुभव ही सगुण स्वरूप का अनुभव है ।

यह शक्ति परमार्थतः सच्चिदानंद स्वरूप ही होती है । अज्ञान के कारण वही त्रिगुणात्मक रूप में भासित होती है । आचार्य कहते हैं कि शक्त और शक्ति में तादात्म्य संबंध होता है अतः शक्त शक्ति का त्याग करके नहीं रह सकता और शक्ति भी शक्त के अभाव में नहीं रह सकती ।

या शक्तिः ब्रह्मै अहं शक्तिशक्तिमतीः अनन्यत्वात् । (गीता 14.27)

यदि जीव और ईश्वर एक ही स्थान पर रहते हैं, तो फिर ईश्वर की ही उपासना क्यों की जाए ? इसका उत्तर देते हुए आचार्य कहते हैं कि संपूर्ण नेदान्त में ब्रह्म को ही उपास्य माना गया है, जीव को नहीं ।

यत्सर्वेषु वेदान्तेषु प्रसिद्धं बह्मशब्दस्यालम्बनम् जगत्कारणं ।
तदेव मनोमयत्वादिधर्मैर्विशिष्टमुपदिश्यत इति युक्तम् । (ब्र. सू. 1.2.1)

'अनुपपत्तेस्तु न शरीरः' ब्रह्मसूत्र पर किए गए भाष्य में आचार्य कहते हैं कि ब्रह्म के स्थान पर होने वाले गुण जीव के स्थान पर नहीं होते, अतः वह उपास्य नहीं होता ।

पूर्वेण सूत्रेण ब्रह्ममणि विवक्षितानां गुणानामुपपत्तिरुक्ता ।
अनेन तु शरीरे तेषामनुपपत्तिरुच्यते । (ब्र. सू.भा. 1.2.3)

(382) सगुण विद्यात्मक, अतः अनध्यस्त-विवर्तरूप

त्वमकरण— ईश्वर के स्थान पर जीव के समान भौतिक स्थिति न होने के कारण उसके स्थूल शरीर का इस स्थान पर विरोध किया गया है । परंतु सच्चिदानंदस्वरूप का विरोध नहीं किया गया है । सुवर्ण के अलंकार के समान ब्रह्म पर ब्रह्मस्वरूप से ही होने वाला सगुण का आभास है । यह आभास अधिष्ठानरूप पर ब्रह्म के ज्ञान को यथावत् रखते हुए ही होता है, इसलिए वह विवर्तरूप ही होता है । परंतु रज्जु-सर्प के समान उस आभास में आवरण और विक्षेप न होने के कारण वह ज्ञानरूपविवर्त है। अर्थात् यह कहना पड़ता है कि अनध्यस्त विवर्तरूप सगुण स्वरूप है । परंतु ज्ञान से वह बाधित नहीं होता, वह आभास यथावत् ही रहता है अतः ज्ञानी उससे साक्षात्कार कर सकता है और वह आभास उसके प्रेम का आलंबन भी हो सकता है।

स्वराट्— सगुण ईश्वर स्वयं अपने ही स्वरूप के स्थान पर स्थित है । श्रुतिकथन है कि अखिलकारक शक्तिधर पद से संपूर्ण शक्ति पूर्ण रूप से ईश्वर के स्थान पर होती है । 'सर्वोपेता च तद्दर्शनात्' (ब्र. सू. 2.1.30) सूत्र पर किए गए भाष्य में आचार्य कहते हैं कि ब्रह्म एकमात्र होते हुए भी उसके स्थान पर होने वाली विचित्र शक्तियों के कारण हमें विचित्र प्रपंच का आभास होता है । यह समझ लेना चाहिए कि परा देवता सर्वशक्तियुक्त है ।

एकस्यापि ब्रह्मणो विचित्रशक्तियोगादुपपद्यते
विचित्रो विकार प्रपञ्च इत्युक्तम् ।
सर्वशक्ति युक्ता च परा देवतेत्यभ्युपगन्तव्यम् ।
कुत: । तद्दर्शनात् ।

(383) ईश्वर की इच्छा से अधिकारिक उत्पन्न होते हैं

अनिमिषा— जगत् की व्यवस्था के लिए ईश्वर ने अधिकारियों को नियुक्त किया है । यमादि नाम व्यक्तियों के नहीं, अधिकारों के हैं । अपान्तरतमादि ऋषि मुक्ति हो जाने के कारण ईश्बरस्वरूप हो जाते हैं, परन्तु ईश्वर पुन: विशिष्ट कार्य के लिए उनकी नियुक्ति करते हैं । उनके कार्यकाल के समाप्त हो जाने पर वे पुन: अपना पूर्वस्वरूप ग्रहण करते हैं ।

एवमपान्तरतम प्रभृतयोऽपीश्वरा: परमेश्वरेण तेषु
तेष्वाधिकारेषु नियुक्ता: सन्त: सत्यपि सम्यग्दर्शने
कैवल्यहेतावक्षीण कर्माणो यावदधिकारम्रवतिष्ठन्ते,
तदवसाने चापवृज्यन्त इत्यविरुद्धम् । (ब्र. सू. भा.3.3.32)

(384) देवताएँ विग्रहधारी

बलिम् उद्वहन्ति — जिस प्रकार अधिकारी पुरुष अपने स्वामी की सेवा करते हैं, उसी प्रकार देवताएँ तुम्हारी सेवा करती हैं । सेवा करने का अर्थ है आज्ञापालन करना । प्रत्येक देवता का जो भी स्थान होता है उसे उस देवता का नाम दिया जाता है । परंतु मीमांसकों का मत वेदांत का विरोधी है । वे कहते हैं कि देवताएँ मंत्ररूप होती हैं । परंतु आचार्य इस मत को स्वीकार नहीं करते । देवताधिकरण में आचार्य ने मीमांसकों के मत का खंडन करके यह सिद्ध किया है कि देवताएँ देहधारी होती हैं।

तस्मादुपपन्नो मन्त्रादिभ्यो देवादीनां विग्रहत्त्वाद्यवगम: (ब्र. सू. भा. 3.3.33)

(385) देवताएँ विषयसुख प्रदान करती हैं

जीवों को वैषायिक सुख की प्राप्ति कराने का कार्य देवताओं के प्रति सौंपा गया है । अत: उन देवताओं को लक्ष्य करके समस्त कामनिक व्रत बताए गए हैं।

इष्टान् अभिप्रेतान् भोगान् हि व: युष्मभ्यं देवा: दास्यन्ते वितिरष्यन्ति
स्त्रीपशुपुत्रादीन् यज्ञभावित: यज्ञे: वर्धिता: तोषिता: इत्यर्थ: ।

(गी. भा. 3.12)

(386) देवताएँ भी अज्ञानी

जीव के समान देवताएँ भी अज्ञानी होती हैं, परंतु यदि उनके स्थान पर

ईश्वरभावना रखते हुए उन्हें कुछ अर्पित किया जाए, तो वह ईश्वर के प्रति समर्पित हो जाता है । यदि मुमुक्षु इंद्र को ईश्वर मानकर उसके प्रति कुछ अर्पित कर दे, तो वह ईश्वर के प्रति समर्पित हो जाता है । ये देवताएँ अधिकारी होने के कारण यदि उनका स्वामी अर्थात् ईश्वर प्रसन्न हो जाए, तो वे भी प्रसन्न हो जाती हैं । इस प्रकार ईश्वर भावना रखते हुए यदि कर्म किया जाए, तो वह अप्रत्यक्ष रूप से मोक्ष के लिए साधक बन जाता है ।

हमें ब्रह्म से भिन्न धर्म की सृष्टि का आभास होता है । हमारी यह धारणा बनायी जाती है कि ईश्वर की माया-शक्ति से सृष्टि का निर्माण हुआ । ईश्वर के साथ मूलत: हमारा जो ऐक्य होता है, उसका ज्ञान होकर ईश्वर के साथ ऐक्य स्थापित करने की दृष्टि से यह कहा जाता है कि माया ईश्वर की शक्ति है । ज्ञान के पश्चात् त्रिगुणात्मक माया की त्रैकालिक निवृत्ति हो जाती है तथा यह प्रत्यक्ष प्राप्त होता है कि यह शक्ति चिदानंदरूप है । द्वैत का पूर्णत: निराकरण हो जाता है और अद्वैत की अनुभूति प्राप्त होती है । जिसे विकल्प है वह जीव है तथा जिसे विकल्प नहीं है वह ईश्वर है । इसीलिए कहा जाता है कि ईश्वर निर्विकल्प है । ईश्वर की निर्विकल्प अवस्था कदापि खंडित नहीं होती और उसके स्थान पर यह संकल्प उदग्र हो जाता है कि 'मैं बहुरूप हो जाऊँ ।'

(अहं बहुस्याम् प्रजायेय) । उसका यह ज्ञातृत्व वृत्तिरहित है, इसीलिए उसे नित्यदृष्टवान् कहा जाता है । जीव वृत्ति की सहायता से ज्ञान प्राप्त करता है । उसका ज्ञान इंद्रियों पर निर्भर होता है । अत: जब तक वह वृत्तिरूप नहीं बन जाता, तब तक ज्ञान को प्राप्त नहीं किया जा सकता । इसीलिए ईश्वर के समान निर्विकल्प स्थिति को आत्मसात् करने के लिए ईश्वर की प्रेमरूपा भक्ति करने की आवश्यकता है। ईश्वर के स्थान पर उत्पन्न होने वाली इस पराप्रीती से द्वैताद्वैत का प्रत्यय पूर्ण रूप से नष्ट हो जाता है और ईश्वर के समान हमारे भी स्थान पर नित्य निर्विकल्प अवस्था का आविर्भाव हो जाता है ।

(387) परब्रह्म का ज्ञातृत्व वृत्तिरहित

ईश्वर की भक्ति की आवश्यकता जिस प्रकार मोक्षसुख के लिए होती है, उसी प्रकार विषयसुख के लिए भी होती है । परंतु भक्ति का सही उपयोग आत्मसुख के लिए ही होता है । परमेश्वर ही जीव का यथार्थ स्वरूप है अत: जीव को चाहिए कि वह प्रेमपूर्वक ईश्वर के साथ ऐक्य स्थापित करे ।

स्थिरचरजातय: स्युरजयोत्थनिमित्तयुजो
विहर उदक्षिया यदि परस्य विमुक्त तत: ।

नहि परमस्य कश्चिदपरो न परस्य भवेत्
वियत इवापदस्य तव सून्यतुलां दधतः ।।29।।

अर्थ— हे नित्यमुक्त ईश्वर, माया से परे होने वाले तुम जिस समय केवल अवलोकन से क्रीडा करते हो, उस समय उससे निसृत कर्मजन्य लिंगदेहों को धारण करने वाले स्थावर तथा जंगम—अर्थात् चल और अचल—प्राणिमात्रों की उत्पत्ति होती है । आकाश के समान शून्य की बराबरी करने वाले तथा मन और वाणी से परे होने वाले तुम्हारे लिए कोई भी आत्मीय अथवा परकीय नहीं होता ।

श्रीधराचार्य का श्लोक —

त्वदीक्षणवशक्षोभमायाबोधितकर्मभिः
जातान्संसरतः खिन्नानृहरे पाहि नः पितः ।।16।।

अर्थ—तुम्हारे अवलोकन के कारण क्रोधित बनी हुई माया के कारण प्रकट होने वाले कर्म तथा निसृत जीव संसार में आकर दुःख का भोग करते हैं । हम जीवों का तू ही पिता है, अतः हे नरहरि, तुम हमारा उद्धार करना ।

(388) इंद्रियपरतंत्र जीव, ईश्वर इंद्रियों का प्रवर्तक

दीपिका—पूर्ववर्ती श्लोक में प्रतिपादित किया गया है कि ईश्वर इंद्रियों का प्रवर्तक है और जीव इंद्रियों के परतंत्र है, इसलिए उसे ईश्वर का भजन करना चाहिए। प्रस्तुत श्लोक में बताया गया है कि जीव ईश्वर का अंश होता है अतः उसके लिए ईश्वर का भजन करना आवश्यक हो जाता है । ईश्वर से भिन्न रह कर जीव अपनी स्वतंत्रता का प्रदर्शन करता है, इसलिए वह दुखी हो जाता है ।

यदि वह ईश्वर के साथ एकाकार हो जाएगा तो उसे दुख से मुक्ति मिल जाएगी ।

(389) ईश्वरी अंश के समान जीव

यदि जीव का ईश्वर के साथ कोई संबंध नहीं होता, तो उसे ईश्वरी सहायता लेने की कोई आवश्यकता नहीं रहती । परंतु ईश्वरी अंश होंने के कारण जीव स्वतंत्र नहीं होता । 'ममैवांशो जीव लोके' (गी. 15. 7) श्लोक पर भाष्य करते समय आचार्य कहते हैं कि निरवयव परब्रह्म का जीव अंश-रूप कैसे रह सकता है? यह स्पष्ट है कि वह अविद्या के कारण 'अंश इव' रूप में भासमान होता है, सावयव पदार्थ के समान अंशरूप नहीं ।

ननु निरवयवस्य परमात्मनः कुतः अवयवः एकदेशः अंशः इति ?.......
नैवदोषः, अविद्याकृतोपाधिपरिच्छिन्नः एकदेशः अंश इव कल्पितो यतः ।
स च जीव मदंशत्वेन कल्पितः ।

जीव जिसके अंश के समान है, उसी के स्थान पर वस्तुत: उसे अपना अहं केंद्रित कर देना चाहिए अर्थात् उसी के साथ ऐक्य स्थापित करना चाहिए ।

(390) सत्ता, ज्ञान और प्रेम—तीन स्वरूपों से ऐक्य

यह ऐक्य तीन प्रकारों से होता है— (1) सत्तास्वरूप से, (2) ज्ञानस्वरूप से और (3) प्रेमस्वरूप से । अपनी सत्ता अथवा अपने अस्तित्व को परमेश्वरी सत्ता अथवा अस्तित्व से अभिन्न मान लेना सत्तास्वरूप से ऐक्य होना है । इसी को वेदान्त में सत्ता सामान्याधिकरण कहा जाता है । इस प्रकार के ऐक्य से द्वैत की निवृत्ति होने के कारण दु:ख की भी निवृत्ति होती है । अपने से भिन्न वस्तु की कल्पना यदि सत्य प्रतीत होती हो, तभी उससे भय लग सकता है । हमें कभी भी अपने आप से भय नहीं लगता । श्रुति ने भी कहा है कि द्वैत के कारण भय का निर्माण होता है । (द्वितीयाद्वै भयं भवति ।)

(391) स्वतंत्र ज्ञातृत्व को स्फुरित न होने देना ही ज्ञानस्वरूप से ईश्वर के साथ ऐक्य स्थापित करना है

ईश्वर ही एकमात्र ज्ञाता है ऐसा मानकर अपने स्थान पर स्वतंत्र ज्ञातृत्व को स्फुरित न होने देना ही ज्ञानस्वरूप से ईश्वर के साथ ऐक्य स्थापित करना है । वृत्ति का स्फुरण होते ही हम वृत्ति पर आरूढ़ होकर वृत्तिस्वरूप बन जाते हैं और उसके कारण हमारे स्थान पर ज्ञातृत्व का स्फुरण होता है । ईश्वर वृत्तियों का आधार होता है, अत: वह वृत्तिरूप नहीं होता । यदि हम भी वृत्ति से भिन्न होने लगे तो ईश्वर के समान हमारे भी स्थान पर भी वृत्ति के कारण उत्पन्न होने वाला ज्ञातृत्व स्फुरित नहीं होगा और ईश्वर के समान हम भी साक्षीरूप बन जाएँगे । यही साक्षी-दशा है ।

(392) द्वैत सत्य प्रतीत होता है, इसीलिए उसके विषय में ज्ञान प्राप्त करने की प्रवृत्ति

जिस समय जीव कहता है कि वह किसी वस्तु को जानता है, उस समय उसके कथन का अभिप्राय क्या होता है ? वह अपने से भिन्न होने वाली ज्ञेय वस्तु को जानता है । वह ज्ञेय वस्तु के स्वतंत्र अस्तित्व को स्वीकार करता है और उसे ही सत्य समझ लेता है । इसी का अर्थ यह हुआ कि वह द्वैत को स्वीकार करता है । स्वयं के विषय में ज्ञान प्राप्त करते समय वह स्वयं को अपने आप से भिन्न नहीं मानता, इसलिए उसके अपने ज्ञान में ज्ञातृत्व उत्पन्न नहीं होता । यदि ईश्वर के समान वह अपने स्थान पर साक्षित्व को आत्मसात् करना चाहता है तो उसे ज्ञेय पदार्थों के अस्तित्व का आभास नहीं होना चाहिए। ईश्वर का साक्षित्व अथवा कूटस्थत्व ही नित्यज्ञानदृष्टि है तथा इसी का दूसरा नाम 'ज्ञाता' है । अर्थात् जब तक द्वैत सत्य प्रतीत होता है तब तक दुख से मुक्ति नहीं मिलती ।

(393) अद्वैतज्ञान तथा परमप्रेमरूपा भक्ति से ही निर्विकल्पता

प्रेम से ईश्वर के साथ घुल-मिल जाना ही प्रेमैक्य को साध्य करना है । प्रेम में कोई भी प्रत्यय शेष नहीं रहता अत: प्रेम से होने वाला ऐक्य ही स्वाभाविक ऐक्य होता है । इसी को 'निर्विकल्प दशा' कहते हैं । अद्वैतज्ञान तथा परमप्रेमरूपा भक्ति से ही जीव पूर्ण निर्विकल्प अवस्था को प्राप्त कर सकता है ।

जीव और ईश्वर के संबंध को दर्शाने के लिए कुछ वेदान्ती कहते हैं कि जीव ईश्वर का अंश होता है । कोई कहता है कि जीव प्रतिबिंबरूप है । कोई उसे आभास कहता है तो कोई अवच्छेद कहता है ।

परंतु सभी के कथन का समान सूत्र यही है कि जीव के अध्यास के कारण ही वह उस रूप में भासमान होता है । सभी ने अध्यास को स्वीकार किया है ।

(394) प्रक्रिया का अर्थ सिद्धान्त नहीं है

ये विभिन्न वाद सिद्धान्त नहीं हैं । जीव और ईश्वर के ऐक्य को समझाने के लिए प्रतिपादित की गई ये विभिन्न प्रक्रियाएँ हैं । अत: किसी भी वाद को स्वीकार करने से सिद्धान्त की हानि नहीं होती । मुमुक्षु को जो वाद सुलभ प्रतीत होता हो तथा जीवेश्वर-ऐक्य को साध्य करने की दृष्टि से उपयुक्त हो, वही उसकी दृष्टि से उचित है ।

(395) द्वैत और द्वित्व एक नहीं हैं

द्वैत और द्वित्व में अंतर है । दो स्वतंत्र अस्तित्व की वस्तुओं का होना द्वैत है । इस स्वतंत्रसत्तात्मक द्वैत से अद्वैत को हानि पहुँचती है । परंतु जल पर उठने वाली लहरों के कारण जो द्वित्व—जल और लहरें—भासित होता है उसे द्वैत नहीं कहते । उसे अद्वैत कहते हैं । इस द्वित्व से उनका अद्वैत ही सिद्ध होता है ।

म्हणोनिया श्रुती । द्वैतभावे अद्वैती ।
निरुपणाची वाहती । वाट केली ।। (ज्ञाने:अ.13)

(396) बिम्ब-प्रतिबिम्ब वाद

अद्वैतवेदान्त में बहुत से लोगों ने सुलभता की दृष्टि से बिंब-प्रतिबिंबवाद को स्वीकार किया है । आधुनिक भौतिकवादियों का कहना है कि जलने वाली मोमबत्ती का प्रतिबिंब दर्पण में दिखाई देने पर उसकी रोशनी में भी हम पढ़ सकते हैं, अत: प्रतिबिम्ब को असत्य नहीं माना जा सकता । वेदान्तियों का कथन है कि बिंब तथा प्रतिबिंब का द्वित्व असत्य है, क्योंकि बिंब और प्रतिबिंब में ऐक्य ही होता है । दर्पण की उपाधि के कारण उनमें भ्रामक द्वित्व उत्पन्न होता है ।

(397) नामरूपों के द्वित्व के कारण ही प्रज्ञानघन ब्रह्म की पहचान

ज्ञानेश्वर जी ने कहा है कि अद्वैत के लिए ही द्वैत का आभास होता है । भगवान आचार्य ने भी कहा है कि यदि नामरूपों के कारण द्वित्व उत्पन्न नहीं होता, तो परब्रह्म के अर्थात् स्वयं के निरुपाधिक सच्चिदानंदघन स्वरूप का आकलन नहीं हो पाता ।

यदि नामरूपे न व्याक्रियेते तदा अस्यात्मनो
निरुपाधिकं रूपं प्रज्ञानघनाख्यं न प्रतिख्यायेत् । (ब्र. सू .2.5.18)

का बिंब प्रतिबिंबा द्योतक । प्रपतिबिंब बिंबा अनुमापक ।
तैसे द्वैतिमषे एक मिरवतसे । (अमृ. 1.26)

उपर्युक्त श्लोक के माध्यम से ज्ञानेश्वर जी ने स्पष्ट किया है कि ज्ञानरूप शिव तथा वृत्तिरूप शक्ति का द्वित्व निमित्तमात्र है, क्योंकि अद्वैतरूप परब्रह्म का अनुभव द्वित्व के सिवा प्राप्त नहीं हो सकता ।

यदि प्रतिबिंब से बिंब की यथार्थ कल्पना प्राप्त होती हो, तो उसे असत्य कैसे कहा जा सकता है ? प्रतिबिंब हमें बिम्ब और प्रतिबिम्ब के ऐक्य का ज्ञान कराता है, अत: उसे सत्य ही मानना पड़ता है ।

जीव परमार्थत: सच्चिदानंद-स्वरूप ही है, अत: वह ब्रह्म के सच्चिदानंद स्वरूप की कल्पना कर सकता है और ब्रह्म के साथ ऐक्य स्थापित कर सकता है ।

ब्रह्म को सत्, चित् और आनंदरूप कहना उसकी शक्ति का ही वर्णन करना है। जीव भी मूलत: वैसा ही होता है, परंतु अज्ञान के कारण वह उस शक्ति के स्थान पर उपाधि की कल्पना करता है और देह के साथ ऐक्य स्थापित करके मान लेता है कि वह देहरूप है । अत: उसे ब्रह्म के विरोधी-आसत् जड़ तथा दुखरूप- धर्मों का अनुभव प्राप्त होता है । ज्ञान के द्वारा जब उसकी यह अनुचित धारणा निवृत्त हो जाती है, तब उसे समस्त नामरूपों के सहित सच्चिदानंद स्वरूप की अनुभूति प्राप्त होती है । प्रस्तुत श्लोक में श्रुतियों ने इसी का प्रतिपादन किया है।

(398) सृष्टि की युगपत् उत्पत्ति

ईश्वर के ईक्षण के साथ ही समस्त सृष्टि की सहसा उत्पत्ति हो जाती है । परंतु अज्ञान के कारण जीव को प्रतीत होता है कि वह क्रमश: उत्पन्न हो गई । जीव के इसी अज्ञान के आधार पर सृष्टि की उत्पत्ति के क्रम को प्रतिपादित करते हुए श्रुतियाँ कहती हैं कि 'आत्मा से आकाश की निर्मिति हुई ' (आत्मत: आकाश: संभूत:) ।

जीव की धारणा का ही यह अनुवाद होता है । जीव की अनुचित कल्पना के कारण जीवदशा उत्पन्न होती है । अत: जीव आज जिस अवस्था में है, उस अवस्था में वह ब्रह्मस्वरूप नहीं होता । जिस समय उसकी यह अनुचित धारणा

नष्ट हो जाती है, उस समय वह ब्रह्म के साथ ऐक्य स्थापित करता है ।

(399) सत्य का अर्थ है त्रिकालाबाधित

जीव की अनुचित कल्पना के कारण जीव तथा ऐश्वर के मूल ऐक्य में प्रतिबंध उत्पन्न होता है । जीव की यह अनुचित कल्पना ही माया है । उसी के कारण दोनों में प्रतिबंध उत्पन्न होता है । आचार्य ने माया अथवा जीव की अनुचित या भ्रमात्मक धारणा को सत्य वस्तु नहीं माना है । यदि वे सत्य वस्तु के रूप में उसको स्वीकार करते तो उसकी त्रैकालिक निवृत्ति नहीं हो पाती । आचार्य-वेदान्त में सत्य वही है जो कभी बाधित नहीं होता । केवल ज्ञातृस्वरूप चैतन्य ही सत्य वस्तु हो सकता है।

इसीलिए ऐसी माया का परमार्थत: वस्तुत्व आचार्य भ्रमरूप ही मानते हैं । उनका कथन है कि जिसका कभी कोई अस्तित्व ही नहीं होता उसे ही 'माया' कहते हैं ।

माया इति अविद्यमानस्याख्या । (माण्डुक्य कारिका) माया का कोई अस्तित्व नहीं होता, केवल अनुचित कल्पना से ही उसकी निर्मिति होती है अत: यथार्थ ज्ञान से उसकी त्रैकालिक निवृत्ति हो सकती है । इस प्रकार जीव और ईश्वर में होने वाला मूल्य ऐक्य स्थापित हो जाता है ।

(400) दुख कल्पित, अत: त्रैकालिक निवृत्ति

आज के विज्ञान-युग में विनाश की कल्पना वस्त्वंतर तक ही सीमित होती है। जब हम कहते हैं कि किसी वस्तु का नाश हो गया, तब वैज्ञानिक मानते हैं कि वस्तु का किसी अन्य रूप में परिवर्तन हो गया । वे नहीं मानते कि वस्तु जगत् से ही पूर्ण रूप से नष्ट हो गई । जब हमें प्रतीत होता है कि दुख नष्ट हो जाए, उस समय हमारे कथन का अर्थ यह कदापि नहीं होता कि दुख भिन्न रूप में अस्तित्व में रहे, बल्कि हमें प्रतीत होता है कि तीनों ही कालों में उसका अस्तित्व न हो । जिस समय वह दुख कल्पित सिद्ध होगा, उसी समय उसका ऐसा विनाश संभव हो सकता है । कल्पित पदार्थों का ही त्रैकालिक नाश संभव है ।

यदि जीव और ईश्वर के ऐक्य को नित्य स्वीकार करना हो, तो आज उनके मध्य भासित होने वाला द्वैत कल्पित सिद्ध होना चाहिए । उसी को माया कहते हैं और इसीलिए वेदान्त कहता है कि ज्ञान से माया की जो निवृत्ति होती है, वह त्रैकालिक होती है । अद्वैत की तार्किक मीमांसा मायावाद के अतिरिक्त परिपूर्ण हो ही नहीं सकती ।

(401) परब्रह्म और जगत् का कारण-कार्य संबंध अज्ञान के कारण

श्रुतियों ने कहा कि जगत् की निर्मिति ब्रह्म से हुई । जब हम तर्क के आधार

पर इस कथन की सत्यता के बारे में विचार करने लगते हैं, तब हमारे समक्ष वैचारिक कठिनाइयाँ उपस्थित होती हैं । ब्रह्म और जगत् के स्वरूप का विचार करने पर उनके मध्य दक्षिण ध्रुव तथा उत्तर ध्रुव के समान दो सिरों का अंतर दिखाई देता है । श्रुती के अनुसार ब्रह्म के जो सच्चिदानंदादि धर्म हैं, उनके सर्वथा विपरीत धर्म जगत् के होते हैं । ये विरोधी धर्म परब्रह्म के धर्मों के नाशक धर्म हैं । अत: यह वैचारिक प्रश्न उपस्थित होता है कि ऐसे परब्रह्म से जगत् की उत्पत्ति कैसे संभव हो सकती है ? जिस स्थान पर हम कार्यकारण-संबंध को स्वीकार करते हैं, उस स्थान पर हम पाते हैं कि कारण के ही गुण कार्य में होते हैं अत: उस कारण में कार्य का नाश हो जाता है । 'मृत्तिका से घट की निर्मिति हुई'—ऐसा कहकर जब हम मृत्तिका और घट में कार्य-कारण संबंध को दर्शाते हैं, तब हम देखते हैं कि मृत्तिका के ही गुण घट में हैं और पुन: घट का विनाश मृत्तिका में ही हुआ हमें दिखाई देता है । परब्रह्म से निर्मित जगत् में हमें परब्रह्म के सच्चिदानंदादि धर्म नहीं दिखाई देते । इसके विपरीत उन धर्मों के नाशक असत्, अचित् तथा दुखरूप धर्मों से ही हमें जगत् का अनुभव प्राप्त होता है । फिर परब्रह्म को जगत् का कारण मानकर उनके कार्यकारण की संगति क्या हम तर्क के आधार पर स्थापित कर सकते हैं ? भ्रम के घटक का आधार ग्रहण किए बिना उनके परस्पर-विरोधी धर्मों की संगति नहीं स्थापित की जा सकती । अत: उस स्थान पर ब्रह्म को अर्थात् उसके धर्मों को आवृत्त करने वाली तथा विपरीत आभास उत्पन्न करने वाली माया को स्वीकार करना होगा, तभी तर्क के आधार पर उन दोनों के कार्य-कारण संबंध को दर्शाया जा सकता है । यदि माया को स्वीकार न किया जाए, तो विचार के आधार पर यह नहीं कहा जा सकता कि जगत् की उत्पत्ति परब्रह्म से हुई ।

(402) वल्लभ मतसमीक्षा

वल्लभादि द्वैती संप्रदायी मानते हैं कि ईश्वर ही अपनी सामर्थ्य से जड़चेतन-स्वरूप बन जाता है । उसकी इसी सामर्थ्य को वे माया-शक्ति कहते हैं। कार्य-कारण संबंध के आधार पर कहना हो तो कारण के ही धर्म कार्य में प्रविष्ट होते हैं अत: ईश्वर ही जड़चेतन-रूप होता है । परंतु यदि ऐसा मानना हो तो इस बात को स्वीकार करना होगा कि ईश्वर में मूल रूप से जड़त्व धर्म होता है । परंतु वल्लभ मत में वैसा नहीं माना गया है । अद्वैत वेदान्तियों के समान उन्होंने भी ईश्वर को निरवयव, चेतनस्वरूप और सच्चिदानंदरूप ही माना है । ईश्वर को ही यदि मूलत: जड़चेतन स्वीकार करें, तो जड़त्वधर्म के कारण वह सावयव और मर्यादित सिद्ध होता है और उन्हीं के द्वारा स्वीकृत ईश्वर के स्वरूप को बाधा पहुँचती है । अत: जैसा कि आचार्य वेदान्त ने स्वीकार किया है, चेतन ईश्वर के स्थान पर भासित होने

वाला जड़भाव भ्रमरूप ही मानना पड़ता है । मधुसूदन सरस्वती ने कहा है—

'चैतन्येहि जड़त्वमध्यस्तम् ।'

यदि जड़भाव को भ्रमरूप मान लिया जाए, तो फिर ईश्वर और जगत् के कारण-कार्य संबंध को स्वीकार किया जा सकता है । परंतु एक बात को हम अवश्य पुन: प्रतिपादित करना चाहेंगे कि " ज्ञान के पश्चात् द्वैतवादियों के समान आचार्य भी माया को ईश्वरी शक्ति ही मानते हैं । अंतर केवल इतना ही है कि उसका स्वरूप त्रिगुणात्मक न रहकर सच्चिदानंदस्वरूप होता है ।" इस बात को अधिक स्पष्ट करते हुए हम कह सकते हैं कि परब्रह्म की सच्चिदानंदरूपी शक्ति ही अज्ञान के कारण जीव को त्रिगुणात्मक रूप में भासित होती है और अज्ञान की भूमिका से उसका स्वरूप-वर्णन करते समय केवल औपचारिक रूप से कहा जाता है कि ईश्वर की शक्ति त्रिगुणात्मक होती है, पारमार्थिक दृष्टि से नहीं ।

(403) निरवयव के स्थान पर परिणामवाद संभव नहीं है

उपर्युक्त विवेचन से पाठक समझ जाएँगे कि आचार्य ने द्वैतवादियों के समान परिणामवाद को स्वीकार न करते हुए विवर्तवाद को स्वीकार क्यों किया । आचार्य कहते हैं कि केवल सावयव पदार्थों में ही परिणाम संभव है, निरवयव पदार्थों का परिणाम नहीं हो सकता । एक और बात यह है कि कारण जिस समय कार्य में परिणत हो जाता है, तब वह परिणाम पुनः कारण में रूपांतरित नहीं हो सकता । परिणाम में वस्त्वतर होता है— अर्थात् मूल वस्तु के स्थान पर अन्य वस्तु का आविर्भाव होता है । दूध का परिणाम दही है । ये दोनों ही पदार्थ सावयव हैं, अत: उनमें परिणाम के लिए अवसर होता है । दूध का दही बन जाने पर पुन: दही का दूध नहीं बन सकता । 'दूध' नामक कारण के स्थान पर 'दही' नामक अन्य वस्तु आ गई इसलिए वस्त्वंतर हो गया । उसी प्रकार यह वस्त्वंतर दूध का नाश करके हुआ है । इसमें कारण का नाश होकर कार्य भिन्न हो गया है ।

(404) मूलतः अनध्यस्त-विवर्त, परंतु भ्रम के कारण अध्यस्त-विवर्त

प्रश्न यह है कि क्या परिणामवाद को स्वीकार करके हम जगत् को ब्रह्म का परिणाम कह सकते हैं ? संक्षेप में परब्रह्म सावयव वस्तु नहीं है और उसके अतिरिक्त अन्य कोई वस्तु नहीं है फिर भी क्या यह स्वीकार किया जाए कि उससे परिणाम के कारण जगत् का वस्त्वंतर हुआ ? अथवा यह मान लिया जाए कि परब्रह्म निरवयव होने के कारण उस पर जगत् का आभास होता है ? यदि जगत् को परब्रह्म का वस्त्वंतर मान लिया जाए; तो जिस प्रकार दूध का विनाश होकर दही बनता है उसी प्रकार परब्रह्म के विनास से जगत् की उत्पत्ति को स्वीकार करना होगा और फिर परब्रह्म अविनाशी नहीं बल्कि विनाशी सिद्ध होगा और उसके कारण

मोक्ष भी विनाशी सिद्ध होगा । इस वैचारिक कठिनाई से बचने के लिए परब्रह्म और जगत् के संबंध को अधिष्ठान और आभास-रूप मानना ही तर्क की दृष्टि से उचित होगा । इसी को विवर्तरूप कार्यकारण संबंध कहते हैं । परब्रह्म चिदानंदरूप से स्फुरित होता है, अत: जीव और जगत् परब्रह्म पर आभास-रूप से स्फुरित होते हैं और उनका संबंध सुवर्ण तथा अलंकारों के समान विवर्तरूप होता है । मूलत: यह आभास आवरण और विक्षेप-रहित होने के कारण वह अधिष्ठान के ज्ञान को यथावत् रखकर तथा आभास अधिष्ठान के ज्ञान पर ही आधारित होता है । अत: वह भ्रमजन्य अथवा अध्यस्त नहीं होता । अध्यस्त को निवृत्त करते हुए यदि इस आभास के विषय में कहना हो तो हम कह सकते हैं कि यह आभास विवर्तरूप होता है तथापि अध्यस्त नहीं होता, इसलिए उसे 'अनध्यस्त विवर्त' कहा जा सकता है । यही अनध्यस्त विवर्त अज्ञान के कारण तथा आवरण और विक्षेप के कारण अध्यस्त-विवर्त जैसा भासमान होता है । ज्ञान से आवरण और विक्षेप की निवृत्ति हो जाने से मूल अनध्यस्त विवर्त की अनुभूति पुन: प्राप्त हो जाती है ।

(405) अद्वैत में ही अखंड परमानंद

द्वैतमत में यह स्वीकार किया गया है कि जीव ब्रह्मस्वरूप नहीं होता, अपितु वह ईश्वर के निकट होता है । ईश्वर के निकट रहने को ही वे मोक्ष मानते हैं । परंतु यदि जीव ईश्वर से भिन्न रहे तो उसे परमानंद की प्राप्ति नहीं हो सकती । यदि वह परमानंदरूप ईश्वर के साथ एकाकार हो जाए, तो ही वह परमानंदरूप हो सकता है । इसलिए साक्षात्कारी संत-महात्माओं का अनुभव, श्रुतीकथन तथा सत्तर्क के आधार पर यही कहना पड़ता है कि भगवान शंकराचार्य के अद्वैतदर्शन से ही जीव की अखंड परमानंद प्राप्ति की तड़प शांत हो सकती है ।

(406) समरूप ब्रह्म भ्रम के कारण ही विषयरूप भासित होता है

एक अन्य महत्त्वपूर्ण बात यह है कि श्रुतियों के अनुसार ईश्वर सम है और उसके स्थान पर आप पर भाव नहीं होता । समस्त दर्शनकारों ने भी इस बात को स्वीकार किया है । प्रश्न यह है कि क्या सम वस्तु के स्थान पर वस्तुत: उसके विरोधी स्वभाव की विषमता को क्या स्वीकार किया जा सकता है ? यदि विषमता असत्य हो अथवा अज्ञान से भासित होती हो तो फिर सम ईश्वर के स्थान पर विषमता को स्वीकार किया जा सकता है । अनुचित कल्पना अथवा अज्ञान के कारण जिस विषमता को स्वीकार किया जाता है उसका सम-स्वरूप ईश्वर पर कुछ भी परिणाम नहीं होता क्योंकि मूलत: कल्पना नामक कोई वस्तु ही नहीं होती। ईश्वर और जगत के संबंध में विचार किया जाए तो यदि समरूप ईश्वर के स्थान पर विषम जगत् का आभास होता है, तो उस विषम जगत् को असत्य अथवा कल्पित माने

बिना तर्क की कसौटी से बचा नहीं जा सकता । इसीलिए आचार्य कहते हैं कि माया अथवा अज्ञान के कारण विषम जगत् हमें सत्य प्रतीत होता है और मूलत: असत्य होने के कारण ही वह सत्य ईश्वर के स्थान पर भी रह सकता है । सत्य वस्तु पर जिस समय अज्ञान के कारण असत्य का आभास होता है, उस समय सत्य और असत्य एक ही स्थान पर रह सकते हैं । सत्यरूप रज्जु पर अज्ञान के कारण असत्य सर्प का आभास होने पर भी वे दोनों एक ही स्थान पर रह सकते हैं ।

(407) अज्ञान से विकल्प, ज्ञान से निर्विकल्प

ईश्वर निर्विकल्प है । अज्ञान के कारण हमारे अंत:करण में विकल्प की उत्पत्ति होती है । विकल्प के कारण उत्पन्न होने वाले विषमत्व को यदि भ्रमजन्य मान लिया जाए, तो भ्रम की निवृत्ति के पश्चात् उन विकल्पों की त्रैकालिक निवृत्ति हो सकती है। सत्य की परिभाषा इस प्रकार की गई है— जिसका कभी विनाश नहीं होता, वही सत्य है । अत: विकल्प को यदि सत्य मान लिया जाए तो विकल्प की निवृत्ति कभी भी नहीं हो सकती । ऐसी स्थिति में हम कभी भी ईश्वर के समान निर्विकल्प नहीं हो सकेंगे । संक्षेप में विकल्प की निर्मिति अज्ञान के कारण होती है और उसी से विषमता का जन्म होता है । यथार्थ ज्ञान से अज्ञान की त्रैकालिक निवृत्ति हो जाने पर मुमुक्षु निर्विकल्प और सम रूप धारण करता है जो वस्तुत: ईश्वर का ही यथार्थ रूप है ।

(17)

अपरिमिता ध्रुवास्तनुभृतो यदि सर्वगता-
स्तर्हि न शास्यतेति नियमो ध्रुव नेतरथा
अजनि च यन्मयं तदविमुच्य नियन्तृ भवेत्
सममनुजानतां यदमतं मतदुष्टतया ।।30।।

अर्थ—हे त्रिकालाबाधित ईश्वर, यदि प्राणी अगणित, नित्य और सर्वगामी हो, तो सुव्यवस्था रखना संभव नहीं होगा, परंतु स्थिति यदि इसके विपरीत हो तो नियमन हो सकता है । जिसके विकार के रूप में जीव नामक वस्तुओं का निर्माण हुआ है, उसका त्याग न करते हुए उन सबमें समान रूप से अर्थात् उपादान रूप से होने वाला तत्त्व उसका नियामक होगा । जो लोग कहते हैं कि हम वस्तु को जानते हैं, उन्हें वस्तुत: वस्तु के संकुचित दोष के कारण उसका यथार्थ ज्ञान नहीं होता ।

श्रीधराचार्य का श्लोक—

> अंतर्यन्ता सर्वलोकस्य गीत: श्रुत्या युक्त्या चैवमेवावसेय: ।
> य: सर्वज्ञ: सर्वशक्तिनृसिंह: श्रीमन्तं तं चेतसैवावलम्बे ।।17।।

अर्थ—अनंत ब्रह्मांड का निर्माण करके जो अंतर्यामित्व से उनका नियमन करता है, और श्रुती, युक्ति और अनुभव के माध्यम से जिसके स्वरूप का प्रत्यय प्राप्त होता है वही सर्वज्ञ और सर्वशक्तिमान नृसिंहरूप से प्रकट हुआ है और उस धनवान को मैंने अपने हृदय में स्थान दिया है ।

दीपिका—पूर्ववर्ती श्लोक में यह प्रतिपादित किया गया है कि सृष्टि की उत्पत्ति किस प्रकार होती है । परंतु प्रश्न यह उपस्थित होता है कि हम जिस सृष्टि का अनुभव प्राप्त करते हैं, वह क्या परब्रह्म से उत्पन्न हो सकती है ? 'लोकवस्तु लीला कैवल्यम्' ब्रह्मसूत्र पर किए गए भाष्य में आचार्य ने कहा है कि इसका अर्थ मात्र इतना है कि वस्तुत: इस प्रकार की सृष्टि उत्पन्न नहीं हो सकती, केवल अज्ञान के कारण हमें ऐसा प्रतीत होता है कि वह उत्पन्न हुई है ।

(408) परब्रह्म की चिदानंदरूप लीला जगत् है

> नत्वियं परमार्थविषया सृष्टिश्रुति:
> अविद्याकाल्पितनामरूप व्यवहारगोचरत्वात् ।

जिस प्रकार किसी भी बाह्य प्रयोजन के न होते हुए भी हमारी साँस स्वाभाविक रूप से चलती रहती है, उसी प्रकार आत्मरूप ईश्वर के स्थान पर कोई भी बाह्य प्रयोजन नहीं, अपितु केवल लीलारूप प्रवृत्ति होती है ।

चैतन्य और संतोष जैसे अपने स्वभावधर्मों से स्फुरित होना ही उसकी लीला है । इसी लीला के स्थान पर अज्ञान के कारण हमें सृष्टि की रचना का आभास होता है, परंतु ईश्वर अपरिमित शक्तिमान होने के कारण उसके स्थान पर तो यह मात्र लीला ही होती है ।

> यथाचोच्छ्वासप्रश्वासादयोऽनभिसंधाय बाह्यं किंचित्प्रयोजनं स्वभावादेव संभवति, एवमीश्वरस्यप्यनेक्ष्य किंचित्प्रयोजनान्तरं स्वभावदेव केवलं लीलारूपा प्रवृत्तिर्भविष्यति ।
>
> नहीश्वरस्य प्रयोजनान्तरं निरूप्यमाणं न्यायत: श्रुतितो वा संभवति । यद्यप्यस्माकमियं जगद्विम्बविपचना गुरुतरसंरंभेवाभाति तथापि परमेश्वरस्य लीलैव केवलेयं । अपरिमित शक्तित्वात् ।
>
> (ब्र. सू. भा. 2.1.33)

ईश्वर जगत् का कारण है, यह कहने का महत्त्वपूर्ण उद्देश्य यह है कि जीव और जगत् दोनों ही ब्रह्मस्वरूप होते हैं ।

ब्रहमात्मभाव प्रतिपादन परत्वाच्चेत्ये तदपि नैव विस्मर्तव्यम् ।

(ब्र. सू. भा. 2.1.33)

प्रस्तुत श्लोक में जीव, अविद्या आदि से संबंधित अन्य वादियों के मत प्रतिपादित करते हुए श्रुतियाँ उनका खण्डन तथा अद्वैतवेदान्त-मत का मंडन कर रही हैं ।

(409) अज्ञान के कारण-मर्यादित्व की कल्पना

मीमांसक और योगी मानते हैं कि जीव अनेक हैं तथा वे नित्य एवं व्यापक भी हैं । परंतु पुन: प्रश्न तो यथावत् ही रहता है कि अनेक जीव व्यापक कैसे हो सकते हैं ? देशकालादि की मर्यादा को स्वीकार किए बिना भिन्नत्व की कल्पना को ग्रहण नहीं किया जा सकता और भिन्नत्व पर आधारित अनेकत्व अव्यापकत्व का त्याग नहीं कर सकता । जीव के मर्यादित सिद्ध हो जाने पर जीव नाशवंत होंगे, नित्य नहीं रह सकते । वेदान्त इस बात को स्वीकार नहीं करता कि जीव वस्तुत: अनंत हैं । वेदान्त का कहना है कि जीव को एक अथवा अनेक मानना भ्रम मात्र है । यदि इस बात को स्वीकार किया जाए कि जीव अनेक, नित्य तथा व्यापक हैं तो बड़ी कठिनाई उत्पन्न हो सकती है । यदि यह न माना जाए कि अनंत जीवों का कोई एक नियंता है, तो जगद्व्यवस्था ही नहीं बचेगी ।

(410) स्वतंत्रता की कामना करने वाला जीव मन के पारतंत्र्य में

हम देखते हैं कि जगत् में प्रत्येक जीव आत्यंतिक आधिभौतिक सुख की इच्छा करता है । विषय-भोग के स्थान पर उसे स्वतंत्रता की चाह होती है । और इसीलिए उसके विषय-सुख पर नियंत्रण रखने वाली धर्माज्ञाओं के पारतंत्र्य को वह दूर फेंक देना चाहता है । एक ओर तो वह स्वतंत्रता की इच्छा करता है, परंतु उसी समय वह मन के अधीन होकर मन के परतंत्र समस्त व्यवहारों का आचरण करता है । मन के परतंत्र होने को ही वहं स्वतंत्रता समझ बैठता है । परंतु अज्ञान के कारण वह इस बात को नहीं समझ पाता ।

(411) प्रतिबिंबरूप जीव अधिष्ठानरूप बिंब पर निर्भर

मन से भिन्न होकर मन के परतंत्र हो जाना ही परमार्थ में स्वतंत्रता कहलाता है। अत: परमार्थी व्यक्ति की दृष्टि में मन में उत्पन्न होने वाली वासनाओं से भिन्न हो जाना ही स्वतंत्रता को प्राप्त करना है । परंतु बिंब-प्रतिबिंब वाद के अनुसार प्रतिबिंब का अस्तित्व ही अधिष्ठानरूप बिंब पर निर्भर होने के कारण अधिष्ठानरूप ईश्वर के साथ ऐक्य अर्थात् उसके परतंत्र होने में ही जीव की आत्यंतिक नित्य सुख की इच्छा परिपूर्ण होती है । अधिष्ठान रूप ईश्वर से भिन्न अर्थात् स्वतंत्र रहने की उसकी इच्छा

ही उसके दुख का मूल कारण होती है । इस प्रकार स्वतंत्रता की व्यावहारिक कल्पना वासनारूप है, और परतंत्रता की पारमार्थिक कल्पना परमानंदरूप है ।

विषयसुख भिन्न पदार्थ से ही प्राप्त होता है अत: दूसरे व्यक्ति पर आक्रमण करने की इच्छा उत्पन्न होती है और उसी से संघर्ष पनपने की संभावना बढ़ जाती है जिससे कि सब पर विपत्तियाँ आ सकती हैं । जब यह इच्छा प्रबल हो जाती है तब धर्म दुर्लक्षित होता जाता है और क्षीण होने लगता है, अधर्म की वृद्धि होती है श्रीमद्भगवत्गीता के उपोद्घात में आचार्य की वृद्धि होती है । श्रीमद्भगवद्गीता के उपोद्घात में आचार्य ने इसको प्रतिपादित करते हुए कहा है—

> दीर्घेण कालेन अनुष्ठातृष्णां कामोद्भवात् हीयमाने विवेकविज्ञान हेतुकेन अधर्मेण अभिभूयमाने धर्मे प्रवर्धमाने च अधर्मे...

(412) विषयसुख की वृद्धि दुख का कारण

विषयसुख की वासना की वृद्धि के साथ-साथ दुख की ही प्राप्ति होती है । शासक की आवश्यकता इसलिए होती है कि कोई भी किसी को दुख नहीं पहुँचाए। परंतु वास्तविक शासक तो ईश्वर ही है । ईश्वर का जीव के साथ नित्य संबंध होता है, अत: वह संबंध माता-पिता के अनित्य प्रेम से भी अधिक प्रेम का होता है । इसीलिए ईश्वर पिता के समान अत्यंत प्रेमपूर्वक जीवसृष्टि का शासन करता है, परंतु अज्ञान के कारण जीव इस बात को समझ नहीं पाता ।

(413) उपादान कारणरूप ईश्वर कार्यरूप जीव जगत् का नियंता

अजनि च यन्मयं...भवेत्-कार्य प्राय: अपने उपादान कारण के अनुरोध से ही रहता है । जगत् तथा जीव ईश्वररूप कारण से व्याप्त होते हैं । इसका कारण यह है कि ईश्वर ही जीव और जगत् का उपादान कारण है । कारण ही कार्य का नियामक होता है, इस नियम के अनुसार उपादान कारणरूप ईश्वर जीव और जगत् का नियामक सिद्ध होता है ।

(414) ईश्वर ही निर्विकल्प स्वरूप

ईश्वर चेतन और आनंदरूप होता है अत: उसके चैतन्य तथा आनंदात्मक स्फुरण में ही नामरूपात्मकता होती है और अज्ञान के कारण उसे ही जीव और जगत् नामक संज्ञाएँ प्राप्त होती हैं । जीव और जगत् का जो कार्य प्रपंच दिखाई देता है, वह ईश्वर के स्थान पर होने वाला केवल आभास मात्र है । ज्ञानदृष्टि से यह आभास अधिष्ठानरूप परब्रह्म को ही सिद्ध हो जाता है, क्योंकि उसके अतिरिक्त अन्य कोई वस्तु ही नहीं होती । अत: उस स्थान पर किसी भी विकल्प की संभावना नहीं हो सकती । इसलिए यही कहना पड़ता है कि ईश्वर स्वरूप ही निर्विकल्प होता है ।

(415) कार्यरूप में भी परब्रह्म का पूर्णत्व यथावत्

पूर्णमदः पूर्णमिदं पूर्णात्पूर्णमुदच्यते ।
पूर्णस्य पूर्णमादाय पूर्णमेवा वशिष्यते । (बृ.भा. 5. 3)

प्रस्तुत मंत्र पर भाष्य करते समय आचार्य कहते हैं कि कार्यत्व से तथा विशेष रूप से भासित होने वाला सब कुछ आत्मस्वरूपी पूर्ण कारण से ही उत्पन्न होता है। परंतु ऐसी स्थिति में भी उसका परमात्मरूप पूर्णत्व नष्ट नहीं होता, अपितु पूर्ण ही रहता है । अविधा के कारण पाँच भौतिक रूप में जो भिन्न आभास भास्मान होता है उसे ज्ञान की सहायता से नष्ट करके तथा आत्मस्वरूप के अखंडत्व का ग्रहण करके चिद्घनानंद-स्वरूप से केवल ब्रह्म ही शेष रह जाता है ।

तदिदं विशेषापन्नं कार्यात्मकं ब्रह्म पूर्णात्कारणात्मनः उदच्यते उद्रिच्यते उद्गच्छतीत्येतत् । यद्यपि कार्यात्मनोद्रिचृयते तथापि यत्स्वरूपं पूर्णत्वं परमात्मभावं तन्न जहाति, पूर्णमेवोद्रिच्यते । पूर्णस्य कार्यात्मनों ब्रह्मणः पूर्ण पूर्णत्वं आदाय गृहीत्वा आत्मस्वरूपैकर सत्वमापद्य विद्ययाऽविद्ययाकृतं भूतमात्रोपधि संसर्गत्वं अन्यत्वावभासं तिरस्कृत्य पूर्णमेवानंतरमूबाह्यं प्रज्ञानघनैकर सस्वाभावं केवलं ब्रह्मनवशिष्यते ।

ईश्वर जीव और जगत् में व्याप्त है तथा वह उनके कल्याण की कामना करता है । वह उनकी ओर अद्वैत-दृष्टि से देखता है अतः वही उनका शासक सिद्ध होता है । 'परायुतच्छ्रुतेः'(ब्र.सू. 2. 3. 1) पर भाष्य करते हुए आचार्य कहते हैं कि जीव अज्ञानावस्था में जिस कर्तृत्व और भोक्तृत्व के सहित प्रपंच करता है, वह प्रपंच कर्माध्यक्ष एवं साक्षिस्वरूप ईश्वर की आज्ञा से ही संभव होता है । उस ईश्वर के अनुग्रहरूप ज्ञान से ही उसे मोक्ष की भी प्राप्ति हो जाती है ।

अविद्यावस्थायां जीवस्याविद्यातिमिरान्धस्य सतः परस्मादात्मनः कर्माध्यक्षात्सर्वभूताधिवासात्साक्षिणश्चेत-यितुरीश्वरात्तदनुज्ञया कर्तृत्व भी कृत्वलक्षणस्य संसारस्य सिद्धिः ।
तदनुग्रहहेतुकेनैव च विज्ञानेन मोक्षसिद्धिर्भवितुमर्हति ।

इसीलिए ईश्वर प्रयोजक कर्ता है और जीव प्रयोज्य कर्ता है ।

(416) प्रत्यय और अप्रत्यय भी विकल्प ही हैं जो प्रेम में लुप्त हो जाते हैं

विशेष भावी जीव और जगत्कार्य नामरूपात्मक हैं । यह तो अपने आप में ही स्पष्ट है कि उन भिन्न भावों के शासक को सम तथा व्यापक होना चाहिए ।

सममनुजानवतां यदमतं मतदुष्टतया । जब हम कहते हैं कि हम समवस्तु को जानते हैं, तब समवस्तु ज्ञेय होती है और जानने वाला उसका ज्ञाता होता है।

अर्थात् यह कहना कि 'मैं जानता हूँ', उस समवस्तु से भिन्न रहना है ज्ञातृत्व की वृत्ति को आत्मसात् कर लेना आवश्यक है । ज्ञानेश्वर जी ने भी कहा है कि 'ज्ञाने मोक्षु घंटे । ते निमालेनी ।' यह ज्ञानवृत्ति होने के कारण यह भी संभव नहीं कि वह अन्य ज्ञानवृत्ति से आत्मसात् हो जाए क्योंकि ज्ञानवृत्ति स्वाभाविक रूप से प्रत्ययप्रधान होती है । प्रेमवृत्ति से ही उसको आत्मसात् किया जा सकता है । उसी से निर्विकल्पता का अनुभव प्राप्त हो सकता है । प्रत्यय और अप्रत्यय दोनों ही ब्रह्म दृष्टि से विकल्प ही हैं । सगुण ईश्वर के प्रेम में ये दोनों विकल्प नष्ट हो जाते हैं।

जाणीव नेणीव भगवंती नाही । (हरिपाठ)

(18)

न घटत उद्भवः प्रकृति पुरुष योरजयो-
रुभययुजा भवन्त्यसुभृतो जलबुद्बुदवत् ।
त्वयि त इमे ततो विविधनामगुणैः परमे ।
सरित इवार्णवे मधुनि लिल्युरशेषरसाः ।।31।।

अर्थ—जन्मरहित प्रकृति (माया) और पुरुष से जीव की उत्पत्ति असंभव है। जिस प्रकार पवन और जल के संयोग से जलबुदबुदों का निर्माण होता है, उसी प्रकार प्रकृति और पुरुष के संयोग से प्राणिमात्रों का निर्माण होता है । इसीलिए ये प्राणिमात्र विभिन्न नामों तथा गुणों से युक्त होते हैं । जिस प्रकार नदियाँ समुद्र में विलीन हो जाती हैं अथवा समस्त रस जिस प्रकार मधु में विलीन होते हैं, उसी प्रकार तुम सर्वश्रेष्ठ कारण हो, इसलिए समस्त प्राणिमात्र तुम्हारे स्वरूप में विलीन होते हैं ।

श्रीधराचार्य का श्लोक—

यस्मिन्नुद्यद्विलयमपि यद्भाति विश्वं लयादौ ।
जीवोपेतं गुरुकरुणया केवलात्मावबोधे ।
अत्यन्तान्तं व्रजति सहसा सिन्धुवसिन्धुमध्ये
मध्येचित्तं त्रिभुवनगुरुं भावये तं नृसिंहम् ।।18।।

अर्थ—जिस स्वरूप के स्थान पर विश्व के सहित जीव का लोप हो जाता है और जिस स्थान से ही उसकी पुनः उत्पत्ति होती है उसकी कृपा से गुरु के प्रसाद के फलस्वरूप जीव केवल ज्ञानस्वरूप होता है और फिर जिस प्रकार गंगा समुद्र के

साथ एकाकार होती है, उसी प्रकार समस्त विश्व भी ब्रह्मरूप हो जाता है । त्रिभुवन के गुरु नृसिंह का मैं अपने हृदय में ध्यान करता हूँ ।

दीपिका— जगत् में हमें अचल पदार्थ दिखाई देते हैं । ये पदार्थ विभिन्न योनियाँ ही हैं । विभिन्न योनियों में होने वाले समस्त जीवों का समुदाय ही जगत् है । प्रस्तुत श्लोक में श्रुतियाँ ईश्वर, जीव और जगत् में दिखाई देने वाले भेद के कारण को प्रतिपादित कर रही हैं । इस भेद को नष्ट कर देना ही वेदान्त का उद्देश्य है ।

जिस प्रकार पुत्र की निर्मिति पिता से होती है उसी प्रकार से जीव और जगत् की निर्मिति ईश्वर से होती, तो उन्हें स्वतंत्र अस्तित्व तथा वस्तुत्व प्राप्त होने के कारण अद्वैत नहीं हो सकता ।

प्रकृति जड़ है अर्थात् उसे स्वयं का तथा अन्यों का भी ज्ञान नहीं होता । चेतन वही है जिसे स्वयं के और अन्यों के विषय में ज्ञान होता है । ज्ञानहीन जड़ प्रकृति से चेतन जीव की उत्पत्ति नहीं हो सकती । यदि यह कहा जाए कि जीव की उत्पत्ति पुरुष से हुई, तो पुरुष वस्तुतः निरवयव होता है और यह कहना कि ऐसे निरवयव पुरुष से जीव की उपत्ति होती है मानो उसको खंडों में विभाजित करना होगा । ऐसी स्थिति में वह निरवयव न रहकर सावयव हो जाएगा ।

यही कहना पड़ता है कि प्रकृति और पुरुष के संबंधों से ही जीवदशा उत्पन्न हुई । दोनों ही अनादि हैं तथा पुरुष अनंत हैं । पुरुष की शक्ति के रूप में प्रकृति को भी अनंत कहा जा सकता है । उन दोनों का संबंध स्थापित होने का अर्थ है उनके विषय में अविवेक का होना ।

...उभययुजा तु भवन्ति उभयं च तद्युज्यत इति
युक् संबंधं परस्पराध्यस्तमिति यावत् ।
तेन असुभृतः प्राणाद्युपाधयो जीवा जायन्त इत्यर्थः । (श्रीधरी)

(417) ब्रह्म जगत् का निमित्तकारण और माया उपादानकारण — एक प्रक्रिया

जीव और ब्रह्म के ऐक्य को स्पष्ट करने के लिए वेदान्त में जो विभिन्न प्रक्रियाएँ प्रतिपादित की गई हैं उसमें एक प्रक्रिया ऐसी है जिसमें ब्रह्म को जगत् का निमित्त-कारण मानते हुए माया को उपादान कारण स्वीकार किया गया है । इस प्रक्रिया के अनुसार नामरूपों को दूर हटाकर ब्रह्म का प्रत्यय प्राप्त किया जाता है । परंतु यह तो व्यतिरेक ज्ञान हो गया । इस ज्ञान में नामरूप ब्रह्म से भिन्न रूप में भासित होते हैं अतः उन्हें मिथ्या कहा जाता है । इस ज्ञान में सत्य और मिथ्या के भाव का लोप नहीं होता, वह भाव यथावत् ही रहता है और जब तक सत्यमिथ्या भाव यथावत् होता है तब तक व्यतिरेक ज्ञान की ही स्थिति रहती है।

'ब्रह्म सत्यं जगन्मिथ्या' व्यतिरेक ज्ञान की ही स्थिति है । 'सर्वं खल्विदं ब्रह्म' अन्वय ज्ञान का प्रत्यय है और इसमें वस्तुत: नामरूपों के सहित ब्रह्म का प्रत्यय प्राप्त होना चाहिए । परंतु अन्वय का अनुभव ग्रहण करते समय ज्ञानी के मन में पूर्वकालीन अध्ययन के कारण नामरूपों से भासमान होने वाले सगुणत्व के प्रति अरुचि तथा उपेक्षाभाव रहता है । यदि उसके मन में सगुण ईश्वर के प्रति प्रेम हो, तो नामरूपों से भासित होने वाला समस्त आडंबर उसे सगुणभगवन्मय रूप में भासमान हो सकेगा और उसे नामरूपों के सहित वास्तविक अन्वय का अनुभव प्राप्त होगा । नामरूपों से भासित होने वाला साकारत्व निर्गुण ज्ञानी को मिथ्या ही प्रतीत होगा । उसके अन्वयज्ञान में केवल सत्तारूप में व्याप्त रहने वाला ब्रह्म ही होता है अत: एक दृष्टि से उसका अन्वयज्ञान व्यापक व्यतिरेक ज्ञान ही सिद्ध होता है ।

(418) दूसरी प्रक्रिया — पुरुष उपादान-कारण तथा माया निमित्तकारण

श्रीधराचार्य ने इस स्थान पर दूसरी प्रक्रिया का अवलंब किया है । उन्होंने पुरुष को उपादान-कारण और प्रकृति को निमित्त कारण स्वीकार किया है । कार्य में जो अनुगत रहता है वह उपादान कारण होता है तथा कार्य करके जो भिन्न रहता है वह निमित्त कारण होता है । जल पर उठने वाले बुलबुले केवल जल अथवा केवल वायु के कारण नहीं उठते, बल्कि दोनों के संयोग से ही उठते हैं । उस स्थान पर वायु निमित्त कारण होता है और जल उपादान कारण होता है । उसी प्रकार जीव और जगत् की उत्पत्ति के लिए प्रकृति निमित्त-कारण एवं पुरुष उपादान कारण होता है । श्रीधराचार्य कहते हैं —

यथा केवले न जलेनानिलेन वा जलबुद्बुदा न भवन्ति
किन्तु मिलिताभ्यां तद्वत् तत्र यथाऽनिलो निमित्तं,
जलमुपादानं एवमत्रापि प्रकृतिर्निमित्तं पुरुष उपादानम् ।

(419) इस प्रक्रिया से अन्वय-प्रत्यय सुलभ

श्रीधराचार्य के द्वारा स्वीकृत इस प्रक्रिया के अनुसार प्रकृति अर्थात् माया जब ज्ञान के कारण निवृत्त हो जाती है तब उपादानरूप परब्रह्म का नामरूप के सहित प्रत्यय प्राप्त होता है । निमित्तकारणरूप माया के कारण परब्रह्म को नामरूपात्मकता प्राप्त होती है, वह माया के विनाश के पश्चात् भी नष्ट नहीं होती । जगत् में भी हम अनुभव करते हैं कि निमित्तकारण के नाश से वस्तु का नाश नहीं होता । सुवर्णालंकार गढ़ने में सुवर्णकार निमित्तकारण होता है । सुवर्णकार की मृत्यु के पश्चात् भी सुवर्णालंकार यथावत् ही रहता है । उसी प्रकार नामरूप परब्रह्म के ही वाचक सिद्ध होते हैं, अत: उन्हें मिथ्यात्व से भिन्न रखने की कोई आवश्यकता नहीं होती । इस प्रक्रिया से 'सर्वं खल्विदं ब्रह्म' का अन्वयानुभव सुलभता से आत्मसात्

किया जा सकता है । अन्वयज्ञान के सुलभतापूर्वक दृढ़ होने में यह प्रक्रिया साधक सिद्ध होती है, अत: महाराष्ट्र के संतों ने भी प्रमुख रूप से इसी प्रक्रिया को स्वीकार किया है ।

इस स्थान पर एक प्रश्न यह भी उत्पन्न हो सकता है कि जल और वायु दोनों भिन्न वस्तुएँ हैं, अत: जल पर उठने वाले बुलबुलों का निमित्तकारण वायु को माना जा सकता है । परंतु सांख्यों के समान वेदान्त में माया को परब्रह्म से भिन्न अस्तित्व प्रदान करके अलग नहीं माना गया है । फिर इस प्रक्रिया के अनुसार उसे निमित्तकारण कैसे माना जा सकता है ?

(420) जीव को माया सत्य प्रतीत होती है, इसलिए निमित्तकारण

यह सत्य है कि माया कल्पनारूप होने के कारण उसका स्वतंत्र अस्तित्व नहीं होता । परंतु जब तक अज्ञान होता है तब तक जीव उसे स्वतंत्र अस्तित्व प्रदान करता ही है । वह उसे सत्य मान लेता है तथा ब्रह्म की चिदानंदरूप शक्ति के स्थान पर उसके विपरीत धर्मों के जगत् के दर्शन करता है । वह कल्पित अर्थात् भ्रमरूप होने के कारण ही यथार्थज्ञान से उसका त्रैकालिक नाश संभव होता है । इस कथन का अर्थ यह है कि जीव के अज्ञान की दृष्टि से सत्य होने के कारण वह निमित्तमात्र हो सकती है और भ्रमरूप होने के कारण उसकी ज्ञान से त्रैकालिक निवृत्ति भी हो सकती है ।

सुषुप्ति और प्रलय में ईश्वर का जीव के साथ ऐक्य होता है । परंतु इन दोनों ही अवस्थाओं में जीव अपने वासना संस्कारों के साथ विलीन होता है । उन दोनों स्थानों पर अज्ञान रहता है । परंतु ज्ञान के पश्चात् जिस प्रकार गंगा का स्रोत समुद्र के साथ एकाकार होकर विलीन हो जाता है, उसी प्रकार मुक्त पुरुष ईश्वर के साथ ऐक्य स्थापित करते हुए उसमें विलीन हो जाते हैं ।

(421) पुरुष उपादान-कारण अर्थात् विवर्तोपादान कारण

यदि पुरुष को उपादान-कारण और प्रवृत्ति को निमित्त-कारण माना जाए तो उपादान-कारण के विरोधी धर्मों से भासित होने वाले जगत् की संगति किस प्रकार स्थापित की जा सकती है ? यही स्वीकार करना होगा कि जिस प्रकार दूध का दही होता है, उसी प्रकार जगत् परब्रह्म का परिणाम है । श्रीधराचार्य कहते हैं कि यद्यपि हम परब्रह्म को उपादान कारण कहते हैं तथापि हम उसे विवर्तोपादान कारण मानते हैं । अत: परिणामवाद को स्वीकार करने से जो विकारित्व उत्पन्न होता है, वह हमारे कथन में नहीं दिखाई देता ।

नच विकारित्वं, परिणामानङ्गीकारात् । (श्रीधरी)

(422) विवर्त और परिणाम में भेद

श्रीधराचार्य के कथन का स्पष्टीकरण करते समय बाबा पाध्ये कहते हैं कि कारण की सत्ता के समान सत्ता होने वाले अन्यथाभाव को विवर्त कहा जाता है—

कारणसमसत्ताकोऽव्यथाभाव: परिणाम: ।
कारणविषमसत्ताकोऽन्यथाभावो विवर्त: ।।

वे कहते हैं कि पारमार्थिक दृष्टि से सत्य होने वाले बह्म से व्यावहारिक सत्य अर्थात् प्रातिभासिक जगत् की उत्पत्ति होती है अत: ब्रह्म में विकार उत्पन्न होने का प्रश्न ही उपस्थित नहीं होता वह जगत् का विवर्तकारण होता है ।

प्रवृत्ते पारमार्थिक सत्याद् ब्रह्मणो व्यावहारिक सत्यं जगदुत्पद्यते इति विवर्तोपादानत्वं ब्रह्मण इति न विकारित्व प्रसंग इत्यर्थ: ।

बिंब-प्रतिबिंबवाद के अनुसार ईश्वर बिंबस्थानीय है तथा जीव प्रतिबिंबस्थानीय है । अत: इस बात को स्वीकार करने में कोई हानि नहीं है, कि बिंबरूप ईश्वर प्रतिबिंबरूप जीव का नियमन करता है—

...जीवस्येशंनियम्यत्वं न विरुद्धं
प्रतिबिंब मात्रस्य बिंबनियम्यत्वोपपत्तेरित संक्षेप: ।

(19)

नृषु तव मायया भ्रमममीष्ववगत्य भृशं
त्वयि सुधियोऽभवे दधाति भावमनुप्रभवम् ।
कथमनुवर्ततां भवभयं तव यद्भृकुटि:
सृजति मुहु स्त्रिणे मिर भवच्छरणेषु भयम् ।।32।।

अर्थ— हे ईश्वर, ज्ञानी पुरुष जानते हैं कि तुम्हारी माया के ही कारण जीव पुन: जन्म ग्रहण करने की विपत्ति में फँसता जाता है, अंत: प्रपंच का निराकरण करने वाले तुम्हारे ही स्थान पर वे दृढ़ श्रद्धाभाव रखते हैं । जो तुम्हारी भक्ति करते हों, उन्हें संसार से भय कैसा ? क्योंकि शीतकाल, गर्मी और बरसात नामक तीन विभागों से युक्त काल के रूप में जिसकी प्रतीति प्राप्त होती है ऐसी तुम्हारी भृकुटि ही तुम्हारा आश्रय न ग्रहण करने वालों के मन में भय उत्पन्न कर देती है।

श्रीधराचार्य का श्लोक—

संसारचक्रक्रकचैर्विदीर्णनाना भवतापतप्तम् ।

कथंचिदापन्नमिह प्रपन्नं त्वमुद्धर श्रीनृहरे नृलोकम् ।।19।।

अर्थ—जिस प्रकार आरी से लकड़ी काटी जाती है, उसी प्रकार हम जीव संसाररूपी आरी से काटे जाते हैं तथा विभिन्न प्रकार के दुखों का भोग करते हैं। यदि किसी भी कारण से हमें तुम्हारे चरणों में पहुँचने का सौभाग्य प्राप्त हो जाए, तो हे नृसिंह, तुम हमारा उद्धार करना ।

(423) भक्तों को मायाजाल नहीं दिखाई देता

दीपिका— ज्ञान से माया मिथ्या सिद्ध होती है और ब्रह्म का बोध होता है और भक्ति से यह ब्रह्म बोध प्राप्त होता है कि तीनों कालों में माया कभी थी ही नहीं। जीव ने (अज्ञान से) माया को ईश्वर से भिन्न कर दिया अतः उसे आत्मविस्मृतिरूप भ्रम हुआ । इसीलिए वह माया के अधीन होकर उसके प्रभाव में आ गया । ऐसी माया के चंगुल में फँसा जीव केवल अपने ज्ञान की सामर्थ्य से उससे मुक्ति नहीं पा सकता । भक्ति की प्रधानता का वर्णन करते हुए ज्ञानेश्वर जी कहते हैं, "जिस प्रकार सकामी पुरुष स्त्री को जीत नहीं सकता, जिन्होंने संपूर्ण रूप से मुझसे प्रेम किया, केवल वे ही सहज रूप से माया से मुक्ति पा सकते हैं। उन्हें तो अपने निकट के तीर पर ही मायाजाल नष्ट होता हुआ दिखाई देता है ।"

म्हाणऊन गा पंडुसुता । जैसी सकामा न जिणवेचि वनिता ।
तेवी मायामय हे सरिता । न तरवे जीवा ।।
एथ एकचि लीला तरले । जे सर्वभावे मज भज ले ।
तया ऐलीच थडीं सरले । मायाजल ।। (ज्ञाने .7.96.97)

इसीलिए ज्ञानी पुरुष ज्ञान के अनन्तर भी ईश्वर की भक्ति करते हैं । ईश्वर की वक्रदृष्टि ही काल की दृष्टि है । जो ईश्वर से विमुख होता है उसे यह दृष्टि बाधा पहुँचाती है । जो लोग ईश्वर से आत्मवत् प्रेम करते हैं उन्हें उस काल का प्रत्यय प्राप्त नहीं होता । ईश्वर के प्रेम के कारण उन्हें कालादि प्रपंच का एहसास तक नहीं होता । ईश्वर-प्रेम के अभाव में निर्विकल्पता का प्रत्यय प्राप्त नहीं हो सकता ।

(20)

विजितहृषीक वायुभिरदान्तमनस्तुरगं
य इह यतन्ति यन्तुमतिलोलमुपायरिवदः ।

व्यसनशतान्विता: समवहाय गुरोश्चरणं

वणिज इवाऽज सन्त्यकृतकर्ण धराजलधौ ।।33।।

अर्थ— अत्यंत चंचल मनरूपी अश्व का दमन करना अत्यंत कठिन है । सद्गुरु के चरणों का आश्रय छोड़कर उस मनरूपी अश्व पर नियंत्रण रखने के लिए जो व्यक्ति इंद्रियों तथा प्राणों का नियमन करते हैं, वे उन उपायों से दुखी ही होते हैं तथा सैकड़ों संकटों से ग्रस्त होते हैं । हे जन्मरहित ईश्वर, इस प्रकार के जीव ठीक उन व्यापारियों के समान होते हैं जो नावक की सहायता लिये बिना ही समुद्र में अपनी नौका लेकर जाते हैं ।

श्रीधराचार्य का श्लोक—

यदा परानन्दगुरो भवत्पदे पदं मनो में भगवन्नूलभेत् ।

तदा निरस्ताखिलसाधनश्रम: श्रयेय सौख्यं भवतः कृपात् ।। 20।।

अर्थ— हे परानन्द गुरो ईश्वर, जब मेरे मानस को तुम्हारे चरणों के निकट स्थान प्राप्त होगा तब समस्त साधनों का श्रम नष्ट हो जाएगा और तुम्हारी कृपा से मुझे अखंड सुख का लाभ होगा ।

दीपिका—रजोगुणात्मक होने के कारण मन चंचल होता है । उसे एक स्थान पर स्थिर करना बहुत कठिन है । संकल्प और विकल्प ही मन का स्वरूप होने के कारण मन के सिवा अन्य इंद्रियाँ अपना कार्य नहीं कर सकतीं । इसीलिए इंद्रियनिग्रह में मनोनिग्रह को ही प्रधानता दी जाती है । योगादि की सहायता से मनोनिग्रह किया जा सकता है तथा समाधि भी साध्य हो सकती है । परंतु समाधि से व्युत्थान होने के पश्चात् व्यवहार काल में जिस समय वृत्तिस्फुरण होता है, उस समय समाधि के समान स्थिति को यथावत् रखने में योग का उपयोग नहीं होता। 'वृत्तिसारुप्यमितरत्र' (यो. 1.4) सूत्र से सिद्ध होता है कि योग के बल पर व्युत्थान में आत्माकार वृत्ति को नहीं सम्हाला जा सकता ।

(424) समाधि-काल में मन पर नियंत्रण, व्युत्थान में कठिनाई

यह सत्य है कि मन को प्रयत्नपूर्वक नियंत्रित किया जा सकता है । परंतु यह अल्पकाल तक ही संभव होता है । मन पर सदैव नियंत्रण रखना असंभव है। अत: ऐसे मन को श्रुतियों ने ज़िद्दी घोड़े की उपमा दी है ।

योग के समान ज्ञान की सहायता से भी मन के विषयों के प्रति होने वाले आकर्षण पर नियंत्रण किया जा सकता है, परंतु वह भी सीमित काल के लिए ।

अत: वेदान्त का कहना है कि यदि ज्ञानी एक साथ दर्शन, मनोनाश तथा वासनाक्षय का अध्ययन करे, तो ही उसे जीवन्मुक्ति साध्य हो सकती है । परंतु

जैसा कि भागवतकार ने कहा है— योग से हो अथवा ज्ञान से, मनोनिग्रह का चाहे जितना प्रयास किया जाए, मन ज़िद्दी घोड़े के समान पुन: विषय के प्रति दौड़ने लगता है ।

युञ्जानानामभक्तानां प्राणायामादिभिर्मन: ।
अक्षीणवासनं राजन् दृश्यते पुनरुत्थितम् । (भाग .10. 51. 61)
आत्मारामाश्च मुनयोर्निर्ग्रन्थाऽप्युरुक्रमे ।
कुर्वनन्त्यहेतुकीं भक्तिमित्थं भूतगुणो हरि: । (भाग)

केवल भगवत्प्रेम में ही मन को मोड़ने की सामर्थ्य होती है इसलिए श्रुतियों ने ज्ञान के अनन्तर भी सगुण ईश्वर की भक्ति की आवश्यकता को प्रतिपादित किया है । परंतु इस कथन का अर्थ यह नहीं है कि कर्म, ज्ञान तथा योग अनुपयोगी हैं। कर्म से असत् प्रवृत्ति को नष्ट कर देना चाहिए, योग से चित्तवृत्तियों का निरोधन करके ईश्वर की ओर मन को केंद्रित कर देना चाहिए तथा अंतत: सगुण ईश्वर से पराप्रीतिरूप भक्ति करते हुए निर्विकल्पदशा का अनुभव प्राप्त करना चाहिए।

तत्रज्ञानेन कारणविद्या निवृत्ति: । योगेन क्लेशनिवृत्ति: ।
भक्तया प्रारब्धाभिभवो लेशाविद्या निवृत्तिश्च ।

(श्री धरोच्छिष्ट पुष्टि. श्लो. 10 श्रीगुलाबराव महाराज)

भगवान श्रीकृष्ण ही प्रेमदाता हैं, परमगुरु हैं । श्रीगुरु के बिना केवल अपने मन के सहारे परमार्थ प्राप्ति का प्रयास करना जैसे नावक के बिना सागर को पार करने की इच्छा रखने के समान है, सर्वथा हास्यास्पद है । परमार्थ के मार्ग में अंतर्बाह्य हज़ारों विघ्न उपस्थित होते रहते हैं । केवल सद्गुरु ही उनका नाश कर सकते हैं । श्रीधराचार्य कहते हैं कि श्रीगुरु के मार्गदर्शन में ही मन को निश्चल करने की सामर्थ्य होती है ।

गुरुणोपदर्शित भगवद्भजन सुखानुभूतौ तु ।
स्वत एव मनो निश्चलं भवति नान्यथेति भाव: ।।

(21)

स्वजनसुतात्मदारधनधामधरा सुरथै-
स्त्वयि सति किं नृणा श्रयत आत्मनि सर्वरसे ।
इति सद जानतां मिथुनतो रतये चरतां

सुखयति को न्विह स्वविहते स्वनिरस्त भगे ।। 34 ।।

अर्थ—हे ईश्वर, तुम्हारी भक्ति करने वाले को समस्त सुखों का सारांश-स्वरूप होने वाले तुम सहजप्राप्य हो, तो फिर मनुष्य के लिए रिश्तेदार, पुत्र, देह, स्त्री, द्रव्य, गृह, भूमि, प्राण, रथ इत्यादि की क्या आवश्यकता है ? परंतु इस सत्य सिद्धान्त का ज्ञान न होने के कारण मनुष्य पति-पत्नी-संबंध प्रस्थापित करके सुखप्राप्ति के लिए प्रयत्नशील होते हैं । अपने आप नष्ट होने वाले तथा तत्त्वतः सारहीन होने वाले इस संसार की कौन-सी बातों से मनुष्य को वास्तविक सुख की प्राप्ति हो सकती है।

श्रीधराचार्य का श्लोक—

भावतो हि भवान्साक्षात्परमानन्दचिद्घनः ।
आत्मैव किमतः कृत्यं तुच्छदार सुतादिभिः ।।21।।

अर्थ—साक्षात् परमानंदस्वरूप, चैतन्यस्वरूप और आत्मस्वरूप होने वाले तुम्हारा भजन करने वाले को तुच्छ पत्नी, पुत्रादि की क्या आवश्यकता है ।

दीपिका—मैं जिससे प्रेम करता हूँ (जिसकी भक्ति करता हूँ) वह मेरी आत्मा ही है, ऐसा अनुभव ईश्वर की शरण में पहुँचे भगवद्भक्त को प्राप्त होता है । इस परमप्रेम में ऐक्य का प्रत्यय रहे बिना ही ईश्वर के साथ ऐक्य हो जाता है ।

भक्त अनुभव करता है कि ईश्वर के चरणों के स्थान पर ही परमसुख है अतः जगत् का गृह, पत्नी आदि कोई भी विषय उन्हें सुखदायक प्रतीत नहीं हो सकता, क्योंकि उनके ज्ञान में प्रपंच नामक कोई वस्तु होती ही नहीं है । अतः उन वस्तुओं में सुख है ऐसा उन्हें प्रतीत हो ही नहीं सकता ।

(425) समस्त सुखों का भंडार सगुण भगवान

जीव को इस बात का ज्ञान नहीं होता कि उसका सुख किसमें है, अतः वह संसार में आसक्ति रखता है । जिस समय उसे इस बात का ज्ञान हो जाता है कि ईश्वर समस्त सुखों का भंडार है और उसका चित्त प्रेमपूर्वक ईश्वर के स्थान पर आसक्त हो जाता है, उस समय देहादि के स्थान पर होने वाला उसका प्रेम अनायास ही नष्ट हो जाता है । ज्ञान की सहायता से विषयों के स्थान पर दोषैक-दृष्टि रखते हुए सप्रयास वैराग्य को आत्मसात् करने का अध्ययन करना पड़ता है । इस प्रकार के वैराग्य को अपर वैराग्य कहा जाता है । परंतु इस वैराग्य से विषयों के स्थान पर द्वेषभावना उत्पन्न हो जाती है । जब यह द्वेषभावना भी नष्ट हो जाती है तभी परवैराग्य को आत्मसात् किया जा सकता है ।

(426) भक्ति से ही परवैराग्य

ज्ञानी के स्थान पर विषयों के प्रति ज्ञानोत्तर मिथ्याबुद्धि रहती है । यह उपेक्ष्यवृत्ति होते हुए भी द्वेष के समान ही होती है । जब परब्रह्म के सिवा अन्य कोई वस्तु ही नहीं है तो द्वेष्य अथवा उपेक्ष्य क्या रह सकता है ? परब्रह्म के समान सर्वत्र संतोष की अनुभूति प्राप्त करने के लिए सर्वत्र अनुकूल संवेदनाओं का होना आवश्यक है । भगवत्प्रेम के कारण ज्ञानी भक्तों के प्रेम का प्रवाह ही परिवर्तित हो जाता है अतः उनके मन अनायास ही विषयों से मुक्त होते जाते हैं। उसके अंतःकरण में विषयों के प्रति उपेक्ष्य अथवा द्वेषवृत्ति के लिए कोई स्थान शेष नहीं रहता । ईश्वर ही उनका एकमात्र विषय होता है। 'विषयचि ज्यांचा झाला नारायण' ।। अतः अन्य विषयों के लिए उनके मन में कोई स्थान नहीं रहता । इस प्रकार भगवत्प्रेम के कारण ज्ञानी भगवद्भक्तों को अनायास ही विषयद्वेषरहित परवैराग्य का लाभ होता है। भगवद्भक्त अखंड समाधि अवस्था में रहते हैं, अतः भक्तिविरहित ज्ञानियों को भासित होने वाला समाधि और व्युत्थान का भेद उनके स्थान पर नहीं दिखाई देता ।

(22)

भुवि पुरुपुण्यतीर्थसदनान्यृषयो विमदा-
स्त उत भवत्पदाम्बुजहृदोऽघभिदङ्घ्रिजलाः ।
दधति सकृन्मनस्त्वयि य आत्मनि नित्यसुखे
न पुनरुपासते पुरुषसारहरावसथान् ।।35 ।।

अर्थ—हे ईश्वर, तुम्हारे चरणकमलों को अपने हृदय में नित्य धारण करने के कारण जिनके चरणों का तीर्थ पापनाशक बन गया है । ऐसे निरहंकारी ऋषि भी पृथ्वी पर होने वाले अत्यंत पवित्र तीर्थस्थानों का ही सेवन करते हैं । शाश्वतसुखात्मक आत्मस्वरूपी होने वाले तुम्हारे स्थान पर जो व्यक्ति एक बार मन को केंद्रित कर देते हैं, वे पुनः पुरुष के विवेकादि गुणसारों का हरण करने वाले गृहादि का सेवन कदापि नहीं करते ।

श्रीधराचार्य का श्लोक—

मुखन्नङ्ग तदङ्ग सङ्गमनिशं त्वामेव संचितयन्
सन्तः सन्ति यतो यतो गतमदास्तानाश्रमानावसन् ।
नित्यं तन्मुखपङ्कजाद्विगलित त्वत्पुण्यगाथामृत-
स्रोतः संप्लवसंप्लुतो नरहरे, न स्यामहं देहभृत् ।। 22 ।।

अर्थ—भोग्य विषयों की संगति का त्याग करके तथा अभिमान से रहित होकर तुम्हारा ही चिंतन करने वाले संत जिस आश्रम में रहते हैं वे आश्रम ही परमतीर्थ हैं। हे नरहर, उनके मुखकमलों से नित्य स्रवित होने वाली तुम्हारी पावन करने वाली कथाएँ जैसे अमृत की नदी है और उसमें स्नान करने वाला मैं, निश्चय ही मुक्त हो जाऊँगा।

दीपिका— ईश्वर अविनाशी होता है, अत: उसके साथ जिनका ऐक्य हो जाता है वे सभी अविनाशी हो जाते हैं। इस प्रकार भक्त और ईश्वर दोनों ही अविनाशी हैं। उनमें होने वाला द्वित्व जल और जल पर उठने वाली लहरों अथवा सुवर्ण तथा उस पर भासित होने वाले अलंकार के समान है। ईश्वर पारमार्थिक सत्तावान है, तो भक्त प्रतिआभास के कारण मर्यादित पारमार्थिक सत्तावान (प्रतिभासावच्छिन्न पारमार्थिक सत्तावान) है, अत: उनका अद्वैत माना जा सकता है।

(427) ईश्वर की पारमार्थिक प्रतिभासावच्छिता भक्त की पारमार्थिक सत्ता

जिस प्रकार ईश्वर अहंकाररहित होता है, उसी प्रकार भक्त भी अंहकाररहित होता है। उन्हें किसी भी बात पर अभिमान नहीं रहता। लोगों को पवित्र बनाने के लिए ऐसे भक्त तीर्थक्षेत्रों में विचरण करते हैं। अथवा समस्त पुण्यसंचय के लिए आश्रयभूत महात्मा जिस स्थान पर रहते हैं वही तीर्थ होता है। ऐसे भक्तों का चरणतीर्थ लोगों को पवित्र बनाने में सक्षम होता है। ऐसे भगवद्भक्तों की शरण में पहुँचने पर तथा उनके मुख से ईश्वर के गुणानुवाद का श्रवण करते-करते मुमुक्षु को ज्ञान और प्रेम का लाभ होता है। (तत्तु महत्कृपयैव। नारदभक्तिसूत्र।)

(428) भक्ति के लिए ईश्वर-कृपा की आवश्यकता

मुमुक्षु स्वयं अपने प्रयासों से कर्म, उपासना और ज्ञान प्राप्त कर सकता है। परंतु ईश्वर की कृपा के बिना मुमुक्षु को प्रेम की प्राप्ति नहीं हो सकती। जिसके हृदय में ईश्वरकृपा के फलस्वरूप ईश्वर के प्रति प्रेम उत्पन्न होता है उसे विषयों की तरफ देखने की कदापि इच्छा नहीं होती। बल्कि उसके प्रेम के तीव्र संवेग के कारण उसे विषय दृष्टिगत भी नहीं होते।

(23)

सत इदमुत्थितं सदिति चेन्ननु तर्कहतं
व्यभिचरति क्वच मृषा न तथोभययुक्।
व्यवहृतये विकल्प इषितोऽन्धपरंपरया
भ्रमयति भारती त उरुवृत्तिभिरुक्थजडान्॥36॥

अर्थ—इस जगत् की निर्मिति सत्य ब्रह्म से हुई, परंतु यदि यह कहा जाए कि जगत् सत्य है, तो वह अनुचित हैं । वस्तुतः यह कथन तर्क के द्वारा बाधित हो जाता है । कहीं-कहीं उसकी व्याप्ति दिखाई भी नहीं देती और कुछ एक स्थानों पर तो वह असत्य ही होता है । इसलिए जगत् ब्रह्म के समान सत्य नहीं होता। उसकी निर्मिति सत्य ब्रह्म और अज्ञानजन्य ब्रह्म दोनों से मिलकर हुई है । यद्यपि सत्य ब्रह्म के स्थान पर होने वाला असत्य जगत् का आभास व्यावहारिक दृष्टि से उचित होता है, तथापि उसकी उत्पत्ति दृष्टिहीन परंपरा के कारण ही होती है । कर्म के कारण जड़बुद्धि बने मीमांसकों को परमात्मा की वेदरूप वाणी अपनी लक्षणादि विभिन्न अर्थबोधक शक्तियों से भ्रमित कर देती है ।

श्रीधराचार्य का श्लोक—

उद्भूत भवतः सतोऽपि भुवनं सन्नैव सर्पस्त्रजः
कुर्वन् कार्यमपीह कूटकनकं वेदोऽपि नैवंपरः ।
अद्वैतं तव सत्परंतु परमानन्दं पदं तन्मुदा
वन्दे सुन्दरमिन्दिरानुत हरे मामुञ्च मामानतम् ।।23।।

अर्थ—तुम्हारे सत्यस्वरूप से निर्मित यह जगत् सत्य नहीं है । रज्जु के स्थान पर भासमान होने वाले सर्प के समान वह असत्य है । जिस प्रकार व्यवहार में कभी-कभी खोटा सिक्का भी चल जाता है, उसी प्रकार यह जगत् असत्य होकर भी सत्य प्रतीत होता है, इसीलिए व्यवहार चलता रहता है । अज्ञानी पुरुष को ब्रह्मबोध कराने के लिए ही वेदों ने जगत् और ब्रह्म का संबंध स्थापित किया है। एक दृष्टि से कर्ममार्ग को भी आत्मप्राप्ति के उद्देश्य से ही प्रतिपादित किया गया है। इंदिरा जिसे प्रणाम करती है उस परमानंदस्वरूप सुंदर की मैं चरण-वंदना करता हूँ । हे हरि, इस शरणागत को मुक्ति प्रदान कीजिए ।

(429) प्रपंच असत्य प्रतीत होने से ही ब्रह्मैक्य संभव

दीपिका—प्रपंच सत्य प्रतीत होता है, इसलिए देह पर होने वाला अहंकार नष्ट नहीं हो सकता और देह के साथ होने वाला तादात्म्य भी नष्ट नहीं हो सकता। यदि प्रपंच अत्यंत असत्य अर्थात् भ्रमात्मक सिद्ध होगा, तभी देह के स्थान पर होने वाला अहंकार नष्ट होकर वह अधिष्ठानरूप ब्रह्म से संलग्न हो जाएगा और तब देह के साथ होने वाले ऐक्य के स्थान पर ब्रह्म के साथ ऐक्य हो जाएगा । ज्ञान और भक्ति की प्राप्ति के लिए प्रपंच का असत्य सिद्ध होना आवश्यक है और वैराग्य के बिना उसकी असत्यता का अनुभव प्राप्त नहीं हो सकता । इसीलिए प्रस्तुत श्लोक

में श्रुतियों ने वैराग्य का समर्थन कियां है ।

(430) वैराग्य के अभाव में ज्ञान दृढ़ नहीं हो सकता

विषयों के प्रति अरुचि अथवा द्वेषभावना ही वैराग्य है । जब तक यह अरुचि उत्पन्न नहीं होती तब तक मन में अखंडित रूप से विषयों का ही प्रेम और ध्यान रहता है और चाहे जितना ब्रह्मविचार करे वह मन में दृढ़ नहीं हो पाता । श्री ज्ञानेश्वर जी का कथन है कि यह ईश्वर-वचन है कि वैराग्य के बिना ब्रह्मज्ञान चित्त में दृढ़मूल नहीं हो सकता । जिस प्रकार यदि भोजन करने वाले को पता चले कि भोजन में विष है, तो वह जिस प्रकार भोजन का त्याग करके चला जाता है, उसी प्रकार इस समस्त संसार की अनित्यता अथवा क्षणभंगुरता जब मन में दृढ़ है तब वैराग्य का साथ अनिवार्य हो जाता है ।

तरि विरक्ती वांचूनि कहीं । ज्ञानासि तगणे नाही ।
हे विचारूनि ठाई । ठेविले देवें ।।
जे विषे रांधिली रससीये । जै जेवणारा गउवी होये ।
तैं तो तटचि सांडूनि जाये । जयापरी ।।
तैसी संसारा या समस्ता । जाणिजे जै अनित्यता ।
तैं वैराग्य दवडितां । पाठी लागे ।।

(ज्ञाने: अ. 15 ओ. 36,38 और 39)

वैराग्य को आत्मसात् करने के अध्ययन का आरंभ चित्तवृत्तियों के निरोधन से होता है । हमारे स्थान पर कई वृत्तियाँ होती हैं । परंतु योगसूत्रकारों ने उनका पाँच वर्गों में विभाजन किया है । इन पाँच वर्गों की वृत्तियों का निरोधन होने से समस्त वृत्तियों का निरोधन होता है । ये पाँच प्रमुख वृत्तियाँ इस प्रकार हैं— प्रमाण, विपर्यय, विकल्प, निद्रा और स्मृति ।

योगश्चित्तवृत्तिनिरोधः । 1.2
प्रमाणविपर्ययविकल्पनिद्रास्मृतयः । (यो. सू. 1.6.)

(431) प्रत्यक्षादि तीन प्रमाणों का निरोधन

प्रत्यक्ष प्रमाण जगत् के सत्यत्व के आभास का प्रमुख कारण है । हमारा अटल विश्वास होता है कि जो कुछ भी प्रत्यक्ष रूप में दिखाई देता हो, वह सत्य है । प्रत्यक्ष प्रमाण के स्थान पर जब वेद एवं सत्पुरुषों के प्रति अटल विश्वास उत्पन्न हो जाता है तब ऐसा प्रतीत होने लगता है कि वेद और सत्पुरुष जो कुछ भी प्रतिपादित करते हैं वही सत्य है तथा अन्य सब कुछ असत्य है । जव ऐसा

प्रतीत होने लगता है तभी प्रत्यक्षं प्रमाण का निरोधन होता है ।

तर्क से ज्ञान प्राप्त करना अनुमान-प्रमाण है । फसल के अच्छे अथवा बुरे आने से तर्क द्वारा निश्चित करना कि बारिश अच्छी हुई थी अथवा नहीं, तर्क के द्वारा अनुमान लगाना है । अनुमान-प्रमाण प्रत्यक्ष के अंश पर आधारित होता है अतः उसके कारण प्रत्यक्ष प्रमाण के समान ही जगत् के सत्यत्व का आभास हमें प्राप्त होता है । वेदों और सत्पुरुषों पर होने वाले दृढ़ विश्वास से उसका भी निरोधन हो जाता है ।

श्रुतियाँ सृष्टि की उत्पत्ति तथा प्रवृत्तिशास्त्र का प्रतिपादन करती हैं । श्रुतियों का शब्द प्रमाणभूत प्रतीत होना स्वाभाविक ही है । उसके कारण हमें प्रतीत होता है कि जगत् सत्य है । क्योंकि यदि जगत् सत्य प्रतीत न हो, तो विधिनिषेधात्मक वेदाज्ञाएँ व्यर्थ सिद्ध होती हैं ।

उपर्युक्त तीनों ही प्रमाणों का निरोधन वेद तथा सत्पुरुषों के प्रति दृढ़ विश्वास एवं वेदान्त के श्रवण-मनन से हो जाता है ।

(432) ब्रह्मास्तित्व संदेह विपर्यय

विपर्यय का अर्थ है संदेह । विपर्ययोमिथ्याज्ञानमतद्रूप प्रतिष्ठम् । यो. सू. 1.8 ।। मन संदेह से ग्रस्त हो जाता है कि ब्रह्म है अथवा नहीं । यह वृत्ति ब्रह्मज्ञान की दृष्टि से हानिकारक है, अतः उसका निरोधन करके यह दृढ़ निश्चय कर लेना चाहिए कि ब्रह्म है ही । श्रुतियों ने भी यही कहा है । अस्तीत्येवोपलब्धव्यः । एकानाथ जी कहते हैं कि आस्तिक व्यक्ति को ब्रह्म सर्वत्र ही व्याप्त दिखाई देता है । नास्तिक का निश्चय निषेधात्मक होने के कारण उसे कहीं ब्रह्म के दर्शन नहीं होते ।

आस्तिकासी सर्वाठायीं ।
नास्तिकासी कोठचि ना ही ।।

(433) शब्द को अर्थसत्ता प्रदान करना विकल्प है

शब्द के उच्चारण के साथ ही यह कल्पना करना कि उसका कोई अर्थ है, विकल्प कहलाता है ।

शब्द ज्ञानानुपाती वस्तुशून्यो विकल्पः । (योग. सू. 1.9)

तात्त्विक दृष्टि से समस्त सृष्टि केवल विकल्पमात्र सिद्ध होती है । विद्यारण्य जी ने पंचदशी में योगवासिष्ठ की एक कथा प्रस्तुत की है (पंचदशी 13.22 से 26)। उसमें एक छोटे बालक को उसकी दाई माँ कहानी सुनाती है ।

तीन राजपुत्र थे । उनमें से दो का जनम ही नहीं हुआ था और तीसरा तो गर्भ में भी नहीं था । वे धर्मात्मा अस्तित्वहीन शहर में निवास करते थे । उन्होंने आकाश में फलों से लदे वृक्ष देखे । विचार करने वाली बुद्धि का बालकों के स्थान पर अभाव था, अतः उन्हें दाई माँ की यह कहानी सच्ची लगी ।

बालस्यहि विनोदाय धात्री वक्ति शुभां कथाम् ।
क्वचित्सन्ति महाबाहो ! राजपुत्रास्त्रय: शुभाः ।।22।।
द्वौ न जातौ तथैकस्तु गर्भ एव न च स्थितः ।
वसन्ति ते धर्मयुक्ता अत्यन्तासति पत्तने ।। 23।।
गच्छन्तौ गगने वृक्षान्ददृशुः फलशालिनः ।।24।।
निश्चयं स ययौ बालो निर्विचारणया धिया ।। 26।।

जिस प्रकार उपर्युक्त कहानी के शब्द निरर्थक हैं, उसी प्रकार आत्मा से आकाश की निर्मिति हुई [आत्मनः आकाशः संभूतः ।।] आदि श्रुती के शब्द भी निरर्थक हैं । जगत् के समस्त विषयों की उत्पत्ति शब्दों से ही हुई है, इसलिए वे विकल्परूप होते हैं । इस विकल्प का अवरोध करते ही ज्ञान से समस्त विषय नष्ट हो जाते हैं ।

निद्रा कारणरूप अविद्या है । अभावप्रत्ययालंबना वृत्तिर्निद्रा ।। आत्मज्ञान से आत्मविस्मृतिरूप अज्ञान के नष्ट हो जाने से निद्रा का अवरोध होता है ।

जगत् का स्मरण ही स्मृति है । अनुभूत विषयासंप्रमोषः स्मृतिः । यो. सू. 1.11. इस श्लोक से श्रुतियों ने प्रमाणवृत्तियों के अवरोध का उपदेश किया है । सत्य स्वरूपी ब्रह्म से निर्मित होने के कारण जगत् को सत्य कहा जाता है । सतः इदमुत्थितम् ।। यह अनुमान अयोग्य है कि सत्य वस्तु से जगत् की निर्मिति हुई। यदि नेत्रों में दोष हो तो अनुचित वस्तुएँ भी देखी जा सकती हैं । इस प्रकार के उदाहरणों से इंद्रियानुभव सत्य सिद्ध नहीं होता । ननु तर्कहतं व्यभिचरति क्व च क्व च ।। जिस प्रकार भ्रम के कारण रज्जु के स्थान पर सर्प का आभास होता है, उसी प्रकार अविद्यादोष के कारण हमें जगत् के दर्शन होते हैं (न तथा उभययुक) ।

यदि कोई पदार्थ असत्य होते हुए भी सत्य प्रतीत होता हो, तो भी उससे व्यवहार हो सकता है । (व्यवहृतये) व्यवहार के लिए किसी पदार्थ के सत्य होने की आवश्यकता नहीं होती । एक बार असत्य के साथ व्यवहार आरंभ हो जाने पर वह अंधपरंपरा से चलता ही रहता है (अंधपरंपरया)

जिन्हें विषय-वासना होती है, उन्हें ही संसार और प्रवृत्तिमार्ग सत्य प्रतीत होता है ।

(भारती——उक्थजडान्)

(434) चित्तशुद्धि के लिए कर्ममार्ग उपयुक्त

समस्त वेदों का कर्ता ईश्वर ही है । वेदों ने पूर्वमीमांसा में कर्ममार्ग अर्थात् प्रवृत्तिमार्ग का प्रतिपादन किया और उत्तरमीमांसा में निवृत्तिमार्ग का प्रतिपादन किया। पूर्व तथा उत्तर मीमांसाएँ एक-दूसरे से संबद्ध हैं । कर्ममार्ग का आचरण करने से निवृत्ति की प्राप्ति के लिए आवश्यक चित्तशुद्धि प्राप्त हो जाती है । मन्वादि स्मृतिकार कहते हैं, "जो ब्रह्मवेत्ता है उसी को प्रवृत्तिधर्म का आकलन हो सकता है और वही प्रतिपादित कर सकता है कि चित्तशुद्धि के लिए प्रवृत्ति धर्म का आचरण किस प्रकार करना चाहिए ।" इसलिए श्रुतियों का अर्थ उसी प्रकार लगाना चाहिए जिससे कि इन दो मार्गों में विरोध उत्पन्न न हो ।

(435) विधि का तात्पर्य मोक्ष में

'लोके व्यवायामिषमद्यसेवा नित्यास्तु जन्तोर्नहि तत्र चोदना ।
व्यवस्थितिस्तेषु विवाहयज्ञसुराग्रहैरासु निवृत्तिरिष्टां ।।'

भागवत के प्रस्तुत श्लोक की टीका में श्रीधराचार्य ने कहा है कि प्राणिमात्रों के स्थान पर जिन विषयों का स्वाभाविक आकर्षण होता है ऐसे विषयों के संबंध में प्रतिपादित विधि का तात्पर्य निषेध में होता है ।

व्यवाय: स्त्रीसङ्ग: । नित्या रागत एवं नित्यप्राप्ता: ।
जन्तो: प्राणिमात्रस्य । अत: तत्र तासु चोदनाविधिर्नास्ति ।
...आसु व्यवायामिष मद्यसेवासु निवृत्तिरिष्टा । (भाग. 11. 5. 11)

श्रीधराचार्य जी इस बात को स्पष्ट करना चाहते हैं कि श्रुतियों का कर्मपरक अर्थ करने से उत्तरमीमांसा के साथ विरोध उत्पन्न होता है । जो इस प्रकार शब्दश: अर्थ ग्रहण करता है उसके विषय में यही कहना पड़ता है कि वह ईश्वर की माया से मोहित हो गया है । एक श्रुतिवचन है कि "ऋतुकाल में पत्नी के साथ रत होना चाहिए । ऐसा न करने से भ्रूण हत्या का पातक लग जाता है ।" यदि इसका शब्दश: अर्थ ग्रहण करें, और यह मान लें कि यह वेदाज्ञा है, तो वैराग्य के लिए कोई स्थान नहीं रह पाता । अत: इस श्रुती का अर्थ इस प्रकार करना पड़ता है कि 'जब तक मोक्षमार्ग की ओर ध्यान नहीं लगता, तब तक ही विधि के रूप में स्वस्त्रीगमन करना चाहिए ।' उसका शब्दश: अर्थ ग्रहण नहीं किया जा सकता । जीव का प्रमुख ध्येय आत्मप्राप्ति है । (आत्मने अकल्पनाच) विषयप्रवृत्ति को नियंत्रित किए बिना आत्मप्राप्ति नहीं हो सकती । और इसी उद्देश्य से कर्ममार्ग का उपदेश दिया गया है ।

(436) ब्रह्मनिष्ठ पुरुष ही वेदों का अर्थ करने में सक्षम

'तत्त्वमसि' जैसे महावाक्यों का अर्थ भी अभिधा वृत्ति से अर्थात् वाच्यार्थ से नहीं किया जा सकता । अत: उनका अर्थ जहदजहत् लक्षणा से करना पड़ता है। परंतु केवल ब्रह्मनिष्ठ पुरुषों को ही इस समस्त विवेक का आकलन होता है, अतः कर्ममार्ग हो या निवृत्तिमार्ग —उससे संबंधित विचारों का ज्ञान प्राप्त करने के लिए मुमुक्षु को ब्रह्मनिष्ठ पुरुषों के निकट ही जाना होगा ।

यज्ञ में पशुबलि का विधान है । प्रश्न यह उपस्थित होता है कि वेदों ने यज्ञीय हिंसा को अनुमति दी है, अतः विधि के कारण क्या वह हिंसा अनिवार्य हो जाती है ? किसी विशिष्ट परलोक में प्राप्त होने वाले सुख के साथ विशिष्ट पशुहिंसा का संबंध स्वीकार किया गया है । अर्थात् जिसे भी उस परलोक के सुख की कामना हो, वह यदि उस यज्ञ में पशु की हिंसा करे तो वह अधर्म्य सिद्ध नहीं होगी ।

'अशुद्धमितिचेन्न शब्दात् ।' (ब्र. सू. 3.1.25) ब्रह्मसूत्र पर किए भाष्य में आचार्य ने कहा है कि हिंसात्मक यज्ञ धर्म्य है ।

> तेन शास्त्रादृते धर्माधर्मविषयं विज्ञानं न कस्यचिदस्ति ।
> शास्त्राच्च हिंसानुग्रहाद्यात्मको ज्योतिष्टोमो धर्म इत्यवधारित: स कथमशुद्ध इति शक्यते वक्तुम् ।

परंतु आचार्य ने जिसे 'धर्म्य' कहा है उसे ही उन्होंने 'अपूर्त' अर्थात् अपवित्र भी कहा है । छांदोग्य उपनिषद के पंचम अध्याय के चतुर्थ खंड से पंचाग्निविद्या का विवेचन किया गया है । उस स्थान पर यह प्रश्न उपस्थित हो गया है कि शास्त्र के अनुसार अग्निहोत्रादि वैदिक कर्मों का आचरण करने वाले गृहस्थाश्रमी को कौन से मार्ग से जाना होगा ? जो नैष्ठिक ब्रह्मचारी होते हैं, वे मरणोत्तर उत्तर मार्ग से प्रस्थान करते हैं । उन्हीं के समान क्या गृहस्थाश्रमी भी उत्तरमार्ग का ही अनुसरण करते हैं ? आचार्य कहते हैं कि अग्निहोत्रादि वैदिक कर्म करने वाले हिंसादि कर्मों से अपवित्र हो जाते हैं, अतः वे उत्तर मार्ग से प्रस्थान नहीं करते।

> अपूता हि ते ।......हिंसावृतमायाब्रह्मचर्यादिच
> बह्यशुद्धिकारणमपरिहार्यं तेषाम् । अतोऽपूताः ।
> अपूतत्वान्नोत्तरेणपथा गमनम् ।।

(437) यज्ञीय हिंसा निवृत्तिमार्ग के लिए बाधक

आचार्य के उपर्युक्त कथन से स्पष्ट हो जाता है कि हिंसा निवृत्तिमार्ग का समन्वय करते हुए कहा जा सकता है कि यद्यपि प्रवृत्तिमार्ग की हिंसा उस मार्ग

की दृष्टि से वह अधर्म्य ही होती है । इसीलिए परमार्थ-मार्ग का अनुसरण करने वाले को चाहिए कि वह उस विधिवाक्य का अर्थ नियमपरक रूप में न करते हुए निवृत्तिपरक रूप में करे ।

(438) वेदों में तीन प्रकार की भाषा

वेद और शास्त्रों में तीन भाषाओं का प्रयोग किया गया है — (1) समाधि भाषा, (2) लौकिक भाषा तथा (3) परकीय भाषा । ईश्वर के साथ ऐक्य हो जाने के पश्चात् जिस भाषा का आकलन होता है वह समाधि भाषा है । वेदों का अर्थ समझने के लिए इस भाषा की आवश्यकता होती है । शब्दों का लौकिक अर्थ जो भी होता है, उसी रूप में उसे प्रयुक्त करना लौकिक भाषा है । परकीय भाषा से जो शब्द आए हों उनका उस भाषा में जो भी अर्थ हो, उसी रूप में उसका ग्रहण करना परकीय भाषा है ब्रह्मज्ञानी पुरुषों के अतिरिक्त अन्य लोगों को वेदों के वास्तविक अर्थ का आकलन नहीं हो पाता, इसीलिए इस झमेले में पड़ना आवश्यक हो जाता है ।

यस्य देवे पराभक्तिर्यथा देवे तथा गुरौ ।
तस्यैते कथिताह्यर्थाः प्रकाशन्ते महात्मनः ।

श्रीधराचार्य ने प्रस्तुत श्लोक पर विस्तृत टीका लिखी है और उसमें शांकर-वेदान्त के कई महत्त्वपूर्ण सिद्धान्तों का स्पष्टीकरण किया ह । उनकी टीका से स्पष्ट हो जाता है कि कर्म, ज्ञान और भक्ति —तीनों का शांकरवेदान्त में क्या स्थान है, अतः इस टीका का समूल अध्ययन करना आवश्यक हो जाता है ।

पूर्वमीमांसा दर्शन तथा उत्तरमीमांसा दर्शन दोनों ही वेदप्रामाण्यवादी हैं । पूर्वमीमांसा में कर्ममार्ग का विचार किया गया है, तो उत्तरमीमांसा में ब्रह्म का विचार किया गया है । पूर्वमीमांसकों के मतानुसार वेदवचनों का विचार अभिधावृत्ति से अर्थात् वाच्यार्थ से करना चाहिए । श्रीधराचार्य ने मीमांसकों को पूर्व पक्ष में रखते हुए उनके मत का खण्डन किया है।

वेद में प्रस्तुत विधिवाक्य बताता है कि क्रिया करनी चाहिए । परंतु कुछ स्थानों पर ब्रह्म का जो वर्णन किया गया है उसके साथ क्रिया का कुछ भी संबंध दिखाई नहीं देता । फिर ऐसे निरर्थक प्रतीत होने वाले हिस्से की संगति कैसे स्थापित की जाए ?

आम्नायस्य क्रियार्थत्वादांनर्थंक्यमतदर्थानाम् ।

इस पर मीमांसक कहते हैं कि ऐसे वाक्य निरर्थक न हों, इसलिए उनका अर्थ इस प्रकार करना चाहिए ताकि उनका क्रिया में उपयोग हो सके । ज्ञान के साथ

क्रिया का समन्वय करने से यह आपत्ति उपस्थित नहीं होती ।

यज्ञ में जिन वस्तुओं का प्रयोग किया जाता है वे सारी वस्तुएँ यज्ञ का अंग होती हैं । जैसे— यज्ञमान, हवनद्रव्य आदि वस्तुएँ यज्ञ का अंग होती हैं । ब्रह्म प्रतिपादक वाक्यों का अर्थ यह है कि यज्ञकर्ता को यह भावना रखनी चाहिए कि मैं ब्रह्म हूँ अर्थात् सर्व-समर्थ हूँ । ऐसी भावना रखने से यज्ञकर्म उत्कृष्टता से संपन्न हो जाएगा और फिर ब्रह्मप्रतिपादक वचन निरर्थक सिद्ध नहीं होंगे ।

(439) मीमांसकों के मत का खण्डन

मीमांसक तथा वेदान्ती दोनों ही स्वीकार करते हैं कि वेदों में कर्म तथा उपासना का वर्णन किया गया है । परन्तु वेदान्तियों की मान्यता है कि वेदों में स्वत: सिद्ध ब्रह्म का भी वर्णन किया गया है । मीमांसकों का कथन है कि कर्म तथा उपासना दोनों में ही कर्म करना पड़ता है अत: यह कहना उचित ही है कि वेदों में उनका वर्णन किया गया है, परंतु यह कहना अनुचित है कि उसमें केवल बह्म का वर्णन भी किया गया है । यदि वह वर्णन ब्रह्म के आकलन के लिए उपयुक्त हो, तभी उसे उचित कहा जा सकता है । परंतु जैसा कि वेदान्ती कहते हैं, यदि वह ब्रहम निष्क्रिय सिद्ध होता हो तो उसका कुछ भी उपयोग नहीं है । उस ब्रह्मवर्णन का उपयोग इस रूप में हो सकता है कि कर्मकर्ता अपने स्थान पर सच्चिदानंद लक्षणों की उच्च भावना करे । इस प्रकार क्रिया के साथ उसका समन्वय किया जा सकता है ।

(440) ब्रह्म अकर्तृ

मीमांसकों के उपर्युक्त मत का खंडन करते हुए श्रीधराचार्य कहते हैं कि यज्ञकर्ता ब्रह्मभावना नहीं रख सकता; क्योंकि ब्रह्मभावना रखने का अर्थ है अपने स्थान पर इस ज्ञान को दृढ़ बनाना कि मैं अकर्ता हूँ । ब्रह्म का वर्णन कार्य के विपरीत है । ब्रह्म एकमेवाद्वितीय है । वह कर्म का अंग नहीं हो सकता । ब्रह्म अकर्तृ होने के कारण ऐसी भावना करने वाला कर्म कैसे कर सकता है ? 'तत्तु समन्वयात्' (ब्र. सू.1.1.4) ब्रह्मसूत्र पर किए गये भाष्य में आचार्य ने मीमांसकों के मत का विस्तृत खण्डन किया है । आचार्य कहते हैं कि जब तक ब्रह्म का ज्ञान प्राप्त नहीं होता, तब तक आत्यंतिक दुखनिवृत्ति नहीं हो सकती । ब्रह्मज्ञान से हम ब्रह्मस्वरूप हो जाते हैं तथा ब्रह्म के समान आनंद-स्वरूप हो जाते हैं यही ब्रह्मज्ञान का लाभ है । हेयोपादेयशून्य ब्रह्मात्मतावगमादेव सर्वक्लेशत्रहाणात्पुरुषार्थसिद्धेः ।

(ब्र. सू. 1. 1. 4)

(441) विधिक्रिया के साथ ब्रह्म का कोई संबंध नहीं

भगवान कृष्ण ने गीता में प्रतिपादित किया है कि अधिष्ठान, कर्ता, कारण प्राणापानों की गति और दैव आदि पाँच बातों का कर्ता के साथ संबंध होता है ।

(गीता 18.14) ये सारी बातें अविद्या से आत्मस्वरूप के स्थान पर कल्पित हैं (अधिष्ठानाद्वय: अविद्यया आत्मनि कल्पिताः ।। गीता भा. 17. 18) अतः अकर्तृ ब्रह्मस्वरूप की भावना करने वाला कर्म अथवा क्रिया नहीं कर सकेगा । अतः आत्मस्वरूप वर्णन करने वाले ब्रह्म का समन्वय विधिक्रिया के साथ नहीं किया जा सकता ।

संसार और परलोक-प्राप्ति कर्म का फल है । ब्रह्मज्ञान का फल मोक्ष है । मीमांसकों के मतानुसार स्वर्ग ही सर्वोत्कृष्ट फल है, परंतु श्रुतियों ने उसे नाशमान सिद्ध किया है— क्षीणे पुण्ये मर्त्यलोकं विशन्ति ।।

यह बात नहीं है कि केवल हम ही कहते हैं कि ब्रह्मज्ञान कर्म का अंग नहीं हो सकता । वार्तिककार का भी मत इसी प्रकार का है । वे कहते हैं कि सर्वत्र कर्म का ज्ञान है, यह संस्काररूप है । आत्मज्ञान के अतिरिक्त जो अन्य ज्ञान है, उसी का कर्म में उपयोग होता है ।

सर्वत्रहि विज्ञानं संस्कारत्वेन गम्यते ।
पराक् चात्मविज्ञानादन्यन्नेत्यवधार्यताम् ।

(442) ज्ञानी का कर्म अहंकाररहित

लिंग शरीर से भिन्न होने के कारण ज्ञानी कभी भी अहंकार के साथ ऐक्य नहीं करता । जब तक प्रारब्ध है तब तक वह कर्म करता हुआ दिखाई देता है। अहंकार ही उसका कर्तृत्व और भोक्तृत्व प्राप्त करता है तथा ज्ञानी उसका साक्षी रहता है । ज्ञानी व्यक्ति से पूर्वकालीन संस्कारों के अनुसार कर्म घटित होता है अतः उसके अंतःकरण में कर्तृत्व और भोक्तृत्व भावनाएँ उत्पन्न नहीं होतीं ।

ज्ञानी और अज्ञानी जीव की कर्मपद्धति में भेद होता है । ज्ञानी प्रारब्ध के अनुसार क्रिया करता है अज्ञानी जीव प्रारब्ध के अनुसार क्रिया तो करता ही है, परंतु क्रियमाण क्रिया भी करता है । ज्ञानी क्रियमाण क्रिया नहीं करता क्योंकि क्रियमाण क्रिया देहाहंकार के बिना नहीं हो सकती । यदि कर्म का फल प्राप्त हो जाने के बाद भोगवासना निवृत्त हो जाए, तो वह प्रारब्धानुसार कर्म है । कर्म समाप्त हो जाने पर पुनः भोगवासना से कर्म करना क्रियमाण कर्म है । इस संपूर्ण विवेचन का अर्थ यह होता है कि ब्रह्मज्ञान कर्म का अंग कभी नहीं हो सकता जैसा कि मीमांसक मानते हैं ।

(443) अखंड सुख कर्मजन्य नहीं

श्रीधराचार्य कहते हैं कि हम द्वैत को प्रत्यक्ष रूप में देख सकते हैं । यदि

वह सत्य हो तो उसका नाश संभव नहीं है । जिस प्रकार श्रुति में यह कहा गया है कि कर्म से अक्षय सुख की प्राप्ति होती है, उसी प्रकार यह भी श्रुतिवचन ही है कि कर्म से अक्षय सुख की प्राप्ति नहीं होती । ये दोनों वचन परस्परछेदक हैं । अतः उनका विचार तात्पर्यवृत्ति से ही करना पड़ता है । केवल वाच्यार्थ से यदि उनका अर्थ किया जाए तो विसंगति भासमान होती है ।

जब हम कहते हैं कि "विश्व की उत्पत्ति सत्स्वरूपी ब्रह्म से हुई, इसलिए ब्रह्म सत्य है" उस समय यदि उस कथन में कोई बाधा उत्पन्न हो जाए तो यह कथन अनुचित सिद्ध होगा । उष्णता अग्नि का स्वभावधर्म है । उसके अनुसार यदि किसी स्थान पर अग्नि का अनुमान किया जाए तो वह उचित ही है । परंतु 'धुआँ' है, इसलिए अग्नि है, इस प्रकार किया गया अग्नि का अनुमान सर्वत्र उचित ही सिद्ध होगा ऐसा नहीं कहा जा सकता । क्योंकि अग्नि के बुझने के पश्चात् भी धुआँ रह सकता है ।

मीमांसक जब जगत् को सत्य कहते हैं, तब 'सत्यत्व' धर्म को वे विश्व के स्थान पर सिद्ध करना चाहते हैं, इसलिए विश्व अथवा जगत् धर्मी हो जाता है । सत्यस्वरूपी ब्रह्म से निर्मिति होने के कारण जगत् सत्य है । मीमांसकों का कथन है कि जिस प्रकार सुवर्ण से बनाया गया कुण्डल सुवर्णरूप होता है, उसी प्रकार जगत् सत्य है ।

इस स्थान पर यह प्रश्न किया जा सकता है कि जब आप कहते हैं कि जगत् सत्य है, तब आप ब्रह्म के साथ उसका ऐक्य करते हैं अथवा उसे ब्रह्म से भिन्न रखते हैं ? भेद को दर्शाने के लिए व्यवहार में पंचमी विभक्ति का प्रयोग किया जाता है— उदाहरण के लिए पिता से पुत्र का होना ।

'सतः इदमुत्थितम् — यह जगत् सत् से निर्माण हुआ । इस कथन में भी पंचमी का प्रयोग किया गया है । अतः मीमांसकों के कथनानुसार जगत् ब्रह्म से भिन्न हो जाता है । जो कुछ भी ब्रह्म से भिन्न होगा, वह सत्य (स्वरूपी ब्रह्म) से भिन्न होने के कारण असत्य सिद्ध होगा । इसलिए जगत् असत्य सिद्ध हो जाता है । तत्र यदि सदभेदः साध्यते तदा अपादानत्वनिर्देशेनैव भेदप्रतीतेर्द्धविरुद्धो हेतुः ।

(श्रीधरी)

इस बात पर मीमांसकों का स्पष्टीकरण यह है कि हम जगत् और ब्रह्म के ऐक्य को सिद्ध नहीं करना चाहते । हमारा कथन केवल इतना ही है कि ब्रह्म से निर्मित जगत् ब्रह्म से भिन्न नहीं है ।

श्रीधराचार्य कहते हैं कि आपका यह कथन सर्वत्र समान रूप से चरितार्थ नहीं होता कि कारण कर्ता से भिन्न नहीं होता । उदाहरण के लिए पिता से उत्पन्न पुत्र

तथा मुद्गर से घट का नाश अर्थात् घटभंग दोनों ही क्या पिता और मुद्गर से भिन्न नहीं हैं ? अवश्य ही भिन्न हैं । इन दोनों उदाहरणों में कार्य और कारण का अभेद नहीं है । वे दोनों भिन्न-भिन्न हैं ।

(444) जगत् और ब्रह्म का संबंध

मीमांसकों का कथन है कि जो वस्तु जिस उपादान कारण से उत्पन्न होती है, वह वस्तु उस उपादान कारण से कभी भी भिन्न नहीं रहती । उपर्युक्त उदाहरणं में क्रमशः पिता और मुद्गर, पुत्र और घटभंग नामक कार्यों के कारण नहीं हैं । वे निमित्तकारण हैं । परंतु सुवर्णरूप उपादान कारण से निर्मित कुंडलरूप कार्य सुवर्ण से भिन्न कदापि नहीं हो सकता । अतः हमारा कथन बाधित नहीं होता ।

श्रीधराचार्य कहते हैं कि आपका यह नियम भी अनुचित है । उपादान कारणरूप रज्जु से निर्मित सर्परूप कार्य, रज्जु के सत्य होते हुए भी असत्य सिद्ध होता है । यदि सर्प को सत्य कहा जाए, तो जिस प्रकार कुडंलरूप कार्य के सुवर्णरूप कारण से अभिन्न होने के कारण कुंडल का बाध नहीं होता, उसी प्रकार सर्प का भी बाध नहीं होता, परंतु हम तो देखते हैं कि सर्प का बाध होता है । इसीलिए सर्प असत्य सिद्ध होता है ।

मूल विषय से हटकर इस स्थान पर एक महत्त्वपूर्ण बात का उल्लेख करना आवश्यक है । इस स्थान पर श्रीधराचार्य ने रज्जुसर्प और सुवर्णकुंडल—दोनों ही विवर्त के उदाहरण प्रस्तुत किए हैं । प्रथम उदाहरण में उन्होंने भ्रम का संबंध दर्शाया, तो दूसरे में नहीं । इसीलिए श्रीगुलाबराव महाराज ने अपने समग्र साहित्य में अध्यस्तविवर्त और अनध्यस्तविवर्त नामक दो पारिभाषिक शब्दों के द्वारा उनमें होने वाले भेद को दर्शाने का जो प्रयास किया है, वह कितना मौलिक है इस बात को पाठक स्वयं समझ जायेंगे ।

रज्जु के स्थान पर होने वाले आभास में अधिष्ठानरूप रज्जु का ज्ञान आवृत्त होकर उसके स्थान पर विपरीत धर्मों का आभास होता है । इसमें भ्रम का संबंध होने के कारण आवरण होता है । इसलिए उसे अध्यस्तविवर्त कहा जाता है । सुवर्ण-कुंडल के उदाहरण में अधिष्ठानरूप सुवर्ण का ज्ञान आवृत्त नहीं होता, उसके यथावत् रहते हुए ही कुंडल का आभास होता है । इसमें कुंडल का आभास अधिष्ठानरूप सुवर्ण की शोभा बढ़ाने में सहायक सिद्ध होता है । परब्रह्म तथा उसके रामकृष्णादि अवतार शरीर अनध्यस्त विवर्त के उदाहरण हैं तथा जीव और जगत् अध्यस्त विवर्त के उदाहरण हैं । इस भेद को स्पष्ट करते हुए ज्ञानेश्वर जी

कहते हैं—

हे अवतार सकल । जया समुद्रीचे का कल्लोळ ।
आणि विश्व हे मृगजल । जया रश्मीस्तव दिसे । (ज्ञाने. अ. 11)

(445)जगत् अध्यस्तविवर्त और ईश्वरावतार अनध्यस्तविवर्त

परब्रह्म के स्थान पर भ्रम से अधिष्ठान के ज्ञान का लोप करके तथा उसके सच्चिदानंदादि धर्म के विरोधी असत्, जड़ एवं विनाशी धर्मों से स्वतंत्र वस्तु के रूप में हमें जीव और जगत् का आभास होता है । अतः उनके विरोधी धर्मों का बाध हुए बिना उनका ब्रह्म के साथ ऐक्य नहीं हो सकता । इसी को बाधसामान्याधिकरण कहते हैं । इसके विपरीत ब्रह्म और अवतार में मुख्य सामान्याधिकरण होता है क्योंकि अधिष्ठान के धर्मों को यथावत् रखते हुए वह आभास उन्हीं धर्मों से भासमान होता रहता है ।

मीमांसक कहते हैं कि आप हमारे कथन के आशय को नहीं समझे । आपके द्वारा प्रस्तुत उदाहरण में केवल रज्जु ही सर्प का उपादान कारण नहीं है, बल्कि रज्जु और उसका अज्ञान (विस्मृति) उपादान कारण है । इसीलिए अज्ञान के सहित रज्जु से निर्मित सर्प मिथ्या सिद्ध होता है । परंतु सत्यस्वरूपी उपादानरूप ब्रह्म से निर्मित जगत् को मिथ्या नहीं कहा जा सकता । जगत् मिथ्या न होकर सत्य ही है ।

श्रीधराचार्य कहते हैं कि सत्यस्वरूपी ब्रह्म तथा अविद्या— दोनों ही के कारण जगत् का निर्माण होता है, अतः वह भी रज्जु के स्थान पर भासित होने वाले सर्प के समान मिथ्या ही सिद्ध होता है, सत्य नहीं ।

इस पर मीमांसकों का कथन है कि आपके अनुसार यदि जगत् का सत्यत्व सिद्ध न होता हो तो कोई बात नहीं। हम दूसरी पद्धति से उसके सत्यत्व को सिद्ध कर सकते हैं । जगत् सत्य है क्योंकि उसी के कारण व्यवहार होता है । यदि वह सत्य न होता तो उससे व्यवहार नहीं हो सकता था । असत्य वस्तु से व्यवहार नहीं हो सकता । सीप के स्थान पर रजत का आभास होता है । परंतु वह रजत असत्य है क्योंकि उसके कारण व्यवहार नहीं हो सकता । यदि जगत् भी रजत के समान असत्य होता, तो उसके कारण व्यवहार नहीं हो सकता था । इसलिए हम कहते हैं कि जगत् सत्य हैं ।

(446) व्यवहार के लिए वस्तु का सत्य होना आवश्यक नहीं

श्रीधराचार्य कहते हैं कि व्यवहार के लिए वस्तु का सत्य होना आवश्यक नहीं

होता । वस्तु के सत्य न होते हुए भी यदि उसे गलती से सत्य मान लिया जाए तो भी उससे व्यवहार हो सकता है । हम देखते हैं कि कभी-कभी खोटा सिक्का भी चल जाता है । व्यावहारिक दृष्टि से द्वैतरूपी भ्रम का स्वीकार हम भी करते हैं । स्वप्न में दिखाई देने वाला शेर जागृति की दृष्टि से असत्य होने पर भी स्वप्न में वह सत्य ही प्रतीत होता है इसीलिए उस समय वह हमारे मन में भय उत्पन्न करता है । यदि वस्तुतः ऐसा प्रतीत हो कि वस्तु असत्य है, तो फिर उससे व्यवहार संभव नहीं होता ।

(447) मीमांसकों के मतानुसार द्वैत सत्य

वेदान्त के द्वारा स्वीकृत अध्यास पर ही आपत्ति उठाते हुए मीमांसक कहते हैं कि एक स्थान पर सत्य होने वाली वस्तु का अन्य स्थान पर आरोप ही व्यवहार में भ्रम कहलाता है । सर्प एक स्थान पर सत्य होता है । रज्जु भी एक स्थान पर सत्य होता है । इसलिए सत्य रज्जु के स्थान पर दूसरे सत्य सर्प का भ्रम हो सकता है । ब्रह्म के स्थान पर जगत् का आभास होने के लिए यह आवश्यक हो जाता है कि दूसरे स्थान पर जगत् सत्य हो । ख-पुष्प अत्यंत मिथ्या होने के कारण उसका दूसरे स्थान पर आरोप नहीं हो सकता । यदि जगत् खपुष्प के समान अत्यंत मिथ्या होता तो उसका आरोप ब्रह्म पर कभी नहीं किया जा सकता । परंतु इस बात को तो आप स्वीकार करते हैं कि वैसा आरोप होता है, इसलिए आपको जगत् को भी सत्य मानना होगा । इससे यही सिद्धि होता है कि द्वैत सत्य है ।

इस पर श्रीधराचार्य कहते हैं कि यदि भ्रम के कारण किसी अस्तित्वहीन पदार्थ की परंपरा चलती रहे, तो अंधपरंपरान्याय के अनुसार किए गए आरोप के कारण अर्थात् भ्रम के कारण व्यवहार चल सकता है । यदि कोई दृष्टिहीन व्यक्ति किसी से कहे कि 'मैंने बरगद के पेड़ पर भूत देखा;' और यही बात एक व्यक्ति दूसरे से, दूसरा तीसरे से कहे और यदि हर एक व्यक्ति उस बात को सत्य मान ले तो उस भूत के ज्ञान का परिपाठ चल सकता है । उसके लिए भूत का वस्तुतः होना आवश्यक नहीं है ।

(448) ख्यातिवाद

ब्रह्मसूत्र भाष्य के आरंभ में ही आचार्य ने भ्रम के विषय में विचार-विमर्श किया है । उसी को अध्यास भाष्य कहते हैं । भ्रम की कारणमीमांसा अथवा निरूपण करना ख्यातिवाद कहलाता है । एक वस्तु के स्थान पर अन्य वस्तु का उसके धर्मों के सहित आरोप भ्रम अथवा अध्यास कहलाता है । सीप के स्थान

पर रजत का भ्रम होते समय उस स्थान पर भ्रम रजत का निर्माण करता है । विचार के आधार पर उस स्थान पर रजत नहीं दिखाई देता । उसका अस्तित्व सिद्ध नहीं होता । भ्रम से उत्पन्न होने वाली वस्तु का सत्य होना आवश्यक नहीं है, परंतु वह सत्य प्रतीत होने से व्यवहारोपयोगी हो जाती है । उससे संबंधित व्यवहार घटित होता है । भ्रम की मीमांसा विभिन्न दर्शनकारों ने किस प्रकार की है, यह बताते हुए आचार्य ने प्रतिपादित किया है कि एक के स्थान पर अन्य का आभास समस्त दर्शनकारों के ख्यातिवाद का समान सूत्र है । सर्वथापि त्वन्यस्यान्यधर्मात्वभासंतां न व्यभिचरति । वेदान्त के द्वारा स्वीकृत ख्याति को अनिर्वचनीय ख्याति कहा जाता है ।

(449) जगत् प्रतीतिमात्र

कोई भी भ्रम पूर्व संस्कारों के कारण ही उत्पन्न होता है । जिस वस्तु के स्थान पर भ्रम होता है, उसके स्थान पर इस संस्कार की अपेक्षा तो रहती ही है कि यह वस्तु पहले थी । उसके सत्यत्व की अपेक्षा नहीं की जाती । वस्तु के सत्य न होने पर भी जब एक बार उसके सत्यत्व की ख्याति फैल जाती है तब क्रमशः उसके भ्रम में वृद्धि होती जाती है । इसी प्रकार ब्रह्म के स्थान पर द्वैत का आभास होता है । ब्रह्म सत्य होने के कारण उसके स्थान पर भासमान होने वाला द्वैत भी सत्य भासमान होता है । प्रपंच का व्यवहार अंधपरंपरान्याय के अनुसार असत्य रूप में ही चलता है । अतः श्रीधराचार्य कहते हैं कि प्रपंच की सत्यता के संदर्भ में मीमांसकों के द्वारा प्रस्तुत अर्धक्रियाकारित्व का उद्देश्य निष्फल ही सिद्ध होता है । रज्जु के स्थान पर भासित होने वाले सर्प को रज्जु से भिन्न नहीं किया जा सकता । उसी प्रकार जगत् को ब्रह्म से भिन्न नहीं किया जा सकता। सर्प के ही समान जगत् मात्र प्रतीत है, आभास है अथवा कल्पना है । भ्रम के नष्ट होते ही उसका स्वतंत्र अस्तित्व और वस्तुत्व भी नष्ट हो जाता है ।

(450) विषम सत्ता में अद्वैत

दो स्वतंत्र अस्तित्व तथा वस्तुत्व रखने वाली तथा सत्य मानी गई वस्तुओं का ऐक्य कभी संभव नहीं होता । जब एक वस्तु स्वतंत्र अस्तित्व रखने वाली हो और सत्य हो; तथा दूसरी वस्तु स्वतंत्र अस्तित्व न रखने वाली और भासमात्र हो तब वो दोनों वस्तुएँ समान सत्ता न होने के कारण अर्थात् विषमसत्ताक होने के कारण उनका ऐक्य संभव हो सकता है । परब्रह्म पारमार्थिक सत्तावान् तथा जीव और जगत् भासमात्र होने के कारण प्रतिभासित सत्तावान् हो तो ही उनका ऐक्य संभव है ।

इसी ऐक्य के कारण संतोष की प्राप्ति होती है । इस ऐक्य में जगत् जगत्रूप से अर्थात् असत्, जड़ और दुखरूप दिखाई न देकर सच्चिदानंदादि धर्मों से भासमान होने लगता है । इसलिए जगत् अधिष्ठानरूप सच्चिदानंदरूप परब्रह्म का विलास प्रतीत होने लगता है । जो जगत् आज जगद्रूप से भासमान हो रहा है, वह जब तक असत्य अथवा मिथ्या सिद्ध नहीं होता तब तक उसकी अनुभूति सच्चिदानंदरूप में प्राप्त नहीं हो सकती और इसीलिए परमानंद की प्राप्ति भी नहीं होगी ।

(451) भ्रम अनादि

अज्ञानी को ऐसा प्रतीत होता है कि भ्रम सत्य अर्थात् त्रिकालाबाधित है । इसीलिए वह भ्रम का आरंभ नहीं बता सकता । ज्ञानी की दृष्टि से भ्रम की निवृत्ति त्रैकालिक होती है अर्थात् उसे इस बात का ज्ञान होता है कि भ्रम कभी होता ही नहीं है । अतः वह भी भ्रम का आरंभ नहीं बता सकता । इस प्रकार अज्ञानी और ज्ञानी दोनों की ही दृष्टि से भ्रम का कोई आरंभ नहीं होता । इसीलिए वेदान्त में भ्रम को अनादि कहा गया है ।

मीमांसक पुनः कहते हैं कि श्रुतियों का कथन है कि चातुर्मास्य यज्ञ करने वाले को अक्षय सुख की प्राप्ति होती है और श्रुतिवचन कभी असत्य नहीं हो सकता । अतः वेदों के द्वारा प्रतिपादित द्वैत ही सत्य है ।

(452) वेदों का अर्थ किस प्रकार करें ?

श्रीधराचार्य कहते हैं कि प्रस्तुत श्लोक में श्रुतियाँ प्रतिपादित कर रही हैं कि कर्म पर होने वाली श्रद्धा के कारण जिनकी बुद्धि मंद हो गई है ऐसे लोगों के लिए हे ईश्वर, तुम्हारी माया ने इस भ्रम का निर्माण किया है । वेदों का अर्थ केवल अभिधावृत्ति से नहीं किया जा सकता । कुछ स्थानों पर अर्थ करते समय गौणी तथा लक्षणावृत्ति का भी आश्रय लेना पड़ता है । मीमांसकों के द्वारा उद्धृत श्रुती के विषय में विचार करने पर हमें क्या दिखाई देता है ? प्रस्तुत श्रुती में दो वाक्य हैं— एक वाक्य है— 'चातुर्मास्य याग करना चाहिए', और दूसरा वाक्य है— 'अक्षय सुख की प्राप्ति होती है ।, मीमांसकों के ही द्वारा स्वीकृत गौण मुख्य न्याय सिद्धान्त के अनुसार जिसमें कर्म का विधान हो वह मुख्य वाक्य है तथा जिसमें अन्य वर्णन हो उसे उस कर्म की स्तुति मात्र समझना चाहिए । उनके इस सिद्धान्त के अनुसार 'चातुर्मास्य याग करना चाहिए' — इस वाक्य में क्रिया का विधान होने के कारण वह मुख्य वाक्य है तथा उसकी प्रशस्ति परक यह वाक्य कि 'अक्षय सुख की प्राप्ति होती है' गौण वाक्य सिद्ध हो जाता है । अर्थात् उनके सिद्धान्त के अनुसार इस कथन का अभिप्राय यह नहीं है कि कर्म के द्वारा प्राप्त होने वाला सुख नित्य है बल्कि श्रुती से यह अर्थ ध्वनित होता है कि यहाँ के सुख की अपेक्षा

स्वर्गसुख अधिक शाश्वत होता है अतः इहलोक का सुख प्राप्त करने की प्रवृत्ति का त्याग करके उसे याग करने की ओर केंद्रित कर देना चाहिए ।

एक अन्य श्रुती में कहा गया है कि जिस प्रकार इस कर्मलोक का त्याग करना पड़ता है, उसी प्रकार स्वर्गसुख का भी त्याग करना पड़ता है । मीमांसक भी इस बात को स्वीकार करते हैं कि युक्तिसहित श्रुती युक्तिरहित श्रुती की अपेक्षा बलवान होती है । अतः जो अर्थ हमने प्रस्तुत किया है, वही उचित है ।

(453) कर्ममार्ग साधनरूप

कर्म पर होने वाली श्रद्धा के कारण जड़ बुद्धि बने लोग ही कहते हैं कि श्रुतियों ने कर्म का उपदेश दिया है । परंतु श्रुतियाँ ही इस स्थान पर कह रही हैं कि उन लोगों का कथन केवल भ्रम है । कर्ममार्ग स्वेच्छाचारी प्रवृत्ति को नियंत्रित करता है । आत्मप्राप्ति को उसका उपयोग साधन रूप से है, साक्षात् रूप में नहीं। उससे चित्त की शुद्धि होती है और ऐसा शुद्ध चित्त ही महावाक्य का उपदेश ग्रहण करने में समर्थ होता है । आत्यंतिक भगवत्प्रेम में अथवा ज्ञानमार्ग के तीव्र वैराग्य से कर्ममार्ग से मुक्ति मिल सकती है । 'परंतु यदि विषयासक्ति के यथावत् रहते हुए ही कर्ममार्ग छूट जाए तो फिर वेदाज्ञा का उल्लंघन करने के दोष से मुक्ति नहीं मिल सकती ।'

आत्मा से आकाश की उत्पत्ति हुई (आत्मनः आकाशः संभूतः) इत्यादि श्रुतियों का स्पष्टीकरण फिर कैसे किया जाए ? उपर्युक्त उल्लेखित श्रुति ने तो ब्रह्म से जगत् की उत्पत्ति प्रतिपादित की है । अतः उत्पत्तियों का प्रतिपादन करने वाली समस्त श्रुतियों का अर्थ अद्वैतबोधपरक रूप में ही करना चाहिए । यही कहना पड़ता है कि इस प्रकार की सभी श्रुतियाँ गौण हैं । अद्वैत-बोध कराने की दृष्टि से ही ब्रह्म और सृष्टि में कार्यकारण संबंध प्रस्थापित किया गया है । ब्र. सू. भाष्य (2. 1. 33) के 'लोकवत्तु लीला कैवल्यम्' सूत्र पर किए गए भाष्य में आचार्य ने इस बात को स्पष्ट किया है ।

> न चेयं परमार्थविषया श्रुतिः अविद्याकाल्पित नामरूप-व्यवहार गोचरत्वात्,
> ब्रह्मात्मभाव प्रतिपादन परत्वाचचे-तदपि नैव विस्मर्तव्यम् ।

(24)

न यदिदमग्र आस न भविष्यदतो निधनात्
अनुमितमन्तरा त्वयि विभाति मृषैकरसे ।

अत उपमीयते द्रविणजाति विकल्पपथैः
वितथमनोविलासमृतमित्य व यन्त्यबुधाः ।।37।।

अर्थ—जिस प्रकार सृष्टि के पूर्व यह जगत् नहीं था, और प्रलय के पश्चात् भी वह शेष नहीं रहेगा; अतः मध्यकाल में भी वह एकमात्र तुम्हारे ही स्थान पर मिथ्यारूप से भासमान होता है । इसीलिए मृत्तिकादि द्रव्यों से निर्मित भिन्न वस्तु के समान उसे उपमा दी जाती है । वह मिथ्या होकर मन की क्रीडा मात्र है, तथापि अज्ञानी लोग उसे सत्य मान लेते हैं ।

श्रीधराचार्य का श्लोक—

मुकुटकुण्डलकङ्कणकिङ्किणीपरिणतं कनकं परमार्थतः ।
महदहं कृतिस्वप्रमुखं तथा नरहरे न प्ररं परमार्थतः ।।24।।

अर्थ—सुवर्ण का मुकुट, कुंडल, कंकण, किंकणी आदि की ओर सत्य दृष्टि से देखा जाए तो वे सुवर्ण ही होते हैं । उसी प्रकार यथार्थ दृष्टि से विचार करने पर हे नरहरे महत्, अहंकार, आकाशादि सृष्टि ब्रह्म से भिन्न नहीं है ।

दीपिका—आत्मज्ञान उत्पन्न हो सकता है, परंतु विषयों के प्रति वैराग्य का उत्पन्न होना अत्यंत कठिन है। यदि यह तथ्य अंतःकरण में पूर्णतः दृढ़मूल हो जाए कि संसार मिथ्या है, तो हीं वैराग्य उत्पन्न हो सकता है । प्रस्तुत श्लोक में श्रुतियाँ तर्क के आधार पर स्पष्ट करती हैं कि जगत् किस प्रकार मिथ्या है ।

(454) जगन्मिथ्यात्व

जगत् को असत् अथवा मिथ्या मानने का अर्थ अज्ञानी और ज्ञानी व्यक्ति की दृष्टि में भिन्न-भिन्न है । प्रश्न यह है कि क्या असत् अथवा मिथ्या का अर्थ अत्यंत अभाव है । ख-पुष्प अथवा वंध्यापुत्र अत्यंत अभाव के उदाहरण हैं । अज्ञानी की दृष्टि से विचार करने पर उसे सृष्टि का आभास होता है, अतः उसे आकाश-पुष्प अथवा वंध्यापुत्र के समान नहीं कहा जा सकता । उसे वह क्यों भासित होती है यह बताने के लिए कहा जाता है कि उसे भ्रम के कारण सृष्टि का आभास होता है । इसलिए उसे सत्, असत्, सदसत् नहीं कहा जा सकता । अतः उसे अनिर्वचनीय कहा जाता है और भ्रम का लक्षण भी यही होता है । विचार न करने वाले को सृष्टि सत्य प्रतीत होती है विचार से भ्रम के निवृत्त हो जाने पर सृष्टि का आभास नहीं होता । अज्ञान की निवृत्ति त्रैकालिक होने के कारण ज्ञान के अनंतर ज्ञानी को यह अनुभव प्राप्त होता है कि सृष्टि का निर्माण कभी हुआ ही नहीं था। वस्तुत्व के दृष्टिकोण से उसे सृष्टि ख-पुष्प के समान ही प्रतीत होती है । जिस प्रकार ब्रह्म को सृष्टि का आभास नहीं होता, उसी प्रकार ब्रह्मस्वरूप बने हुए ज्ञानी को भी उसका आभास नहीं होता ।

(455) जो आदि और अंत में नहीं होता वह मध्यकाल में भासित होता है —

श्रुतियाँ कहती हैं कि सृष्टि पहले नहीं थी और सृष्टि का प्रलय होता है । वह मध्यकाल में भासित होती है, अतः यही कहना पड़ता है कि वह भ्रम के कारण भासित होती है । आदि और अंत में न रहते हुए भी केवल वही वस्तु मध्यकाल में भासित हो सकती है जो भ्रम के कारण भासित होती हो । अतः जिस समय वह भासमान होती है उस समय भी वह तत्त्वतः होती ही नहीं है । रज्जु के स्थान पर भासमान होने वाला सर्प पहले भी नहीं होता है और ज्ञान के पश्चात् भी नहीं। अतः जब वह भासमान होता है तब भी नहीं होता है । भ्रमकाल में भी सर्प नहीं, रज्जु ही सत्य होता है ।

(456) कार्य का अर्थ है कारण का दूसरा नाम अजातवाद

जिस द्रव्य से जिस वस्तु का निर्माण होता है, अर्थात् कार्य होता, उस कार्य में मूल द्रव्य ही व्याप्त होता है । मिट्टी के सिवा यद्यपि हम उसे घटादि कार्य कहते हैं। तथापि हम कारण को ही दूसरा नाम प्रदान करते हैं । ऐसा प्रतीत होना कि कारण से वस्तु भिन्न है, भ्रम ही है । अनुमान के आधार पर भी यही सिद्ध होता है कि सृष्टि नामक वस्तु ब्रह्म से भिन्न कोई स्वतंत्र उत्पन्न वस्तु नहीं है । ब्रह्म ही अज्ञान के कारण सृष्टिरूप में भासित होता है । दोनों के स्वरूप-लक्षण परस्पर-विरोधी होते हैं। जब तक ये स्वरूप-लक्षण विरोधी रूप में भासमान होते हैं तब तक यह नहीं कहा जा सकता कि सृष्टि ब्रह्मरूप हो गई है । अतः यही कहना पड़ता है कि समस्त प्रपंच अज्ञानी के मन की कल्पना मात्र है ।

ब्रह्म तीनों ही कालों में रहने वाली अविनाशी एवं निरवयव वस्तु है तो जगत् विनाशी, सावयव तथा तीनों कालों में रहने वाली वस्तु है । यदि जगत् ब्रह्म के धर्मों से भासमान होने लगे, तो फिर वह ब्रह्म का बिलास सिद्ध होगा । और इसी भूमिका से अचार्य कहते हैं कि महद् अहंकारादि समस्त बातें चिदेकरूप हैं ।

चिदेवदेहाद्यहमंतमेतत्सर्वंचिदेवैकरसंविशुद्धम् । (विवेक चूड़ामणि 391)

(25)

स यदजया त्वजामनुशयीत गुणांश्च जुषन्
भजति सरूपतां तदनु मृत्युमपेतभगः ।
त्वमुत जहासि तामहिरिव त्वचमात्तभगो
महसि महीयसेऽष्टगुणितेऽपरिमेयभगः ।।38।।

अर्थ—माया के कारण जिस समय जीव माया को आलिंगन देता है उस समय वह उसके गुणों का सहभागी होकर मायारूप ही हो जाता है । इससे उसका मूल ऐश्वर्य नष्ट होकर वह जन्ममृत्युरूप संसार में उलझ जाता है । परंतु जिस प्रकार सर्प अपनी केंचुल छोड़ जाता है, उसी प्रकार हे भगवान, तुम केवल उस माया का त्याग कर देते हो, अतः तुम्हारा ऐश्वर्य तुम्हारे ही पास रहता है । तुम्हारा अणिमादि अष्ट ऐश्वर्य अमर्यादित होने के कारण तुम सबके लिए पूजनीय बन गए हो ।

श्रीधराचार्य का श्लोक—

नृत्यन्ती तव वीक्षणाङ्गणगता कालस्वभावादिभि-
र्भावान्सत्त्वरजस्तमोगुणमयानुन्मीलयन्ती बहून् ।
मामाक्रम्य पदा शिरस्तितिभरं संमर्दयन्त्यातुरम्
माया ते शरणं गतोऽस्मि नृहरे त्वामेव तां वारय ।।25।।

अर्थ—हे ईश्वर, तुम्हारे संकल्प करते ही यह माया तुम्हारे ईश्वररूपी प्रांगण में नृत्य करने लगती है और नृत्य करते समय वह काल, स्वभाव आदि भावों को तथा सत्व, रज और तम गुणों से युक्त अनेक भूतों को उत्पन्न करती है । वह मेरे माथे पर बोझ बनकर नृत्य कर रही है उसके कारण दुखी बना मैं हे नरहर, तुम्हारी शरण में आ गया हूँ । तुम मेरा उद्धार करो ।

दीपिका—श्रुती तथा तर्क के आधार पर भी प्रपंच सत्य नहीं सिद्ध होता । यह भी सिद्ध नहीं होता कि प्रपंच नामक ब्रह्म से भिन्न कोई स्वतंत्र वस्तु भी है । इसी को ब्रह्मज्ञान कहा जाता है । जीव तथा ईश्वर दोनों ब्रह्म के ही आभास हैं। अतः यह प्रश्न उपस्थित होने की संभावना है कि फिर जीव ही ईश्वर की भक्ति क्यों करे ?

(457) बिंबरूप ईश्वर से प्रेम ही भक्ति है

परंतु इन दो आभासों में अंतर है । जीव स्फुरण रूप है तो ईश्वर उसका आधार मात्र होकर मर्यादित इव बना हुआ आभास है । बिंब-प्रतिबिंब की दृष्टि से देखा जाए तो जीव प्रतिबिंबरूप है और ईश्वर उसकी अपेक्षा में अधिष्ठानरूप बिंब है । बिंब तो प्रतिबिंब की आत्मा ही होती है अतः वह आत्मप्रतीतिरूप होती है। ज्ञान के पश्चात् भी ज्ञानी का आत्मप्रेम खंडित नहीं होता, वह यथावत् रहता है । अतः ज्ञान के अनंतर भी आत्मप्रीतिरूप ईश्वर के स्थान पर उसका प्रेम यथावत् रहना स्वाभाविक ही है । इसी को भक्ति कहते हैं ।

ईश्वर का परोक्ष ज्ञान प्राप्त होने पर भी जब तक वह ज्ञान अपरोक्ष ज्ञान में परिणत होकर उसके स्वभाव रूप से दृढ़ नहीं हो जाता, तब तक ईश्वर का भजन

करना ज्ञानी के लिए आवश्यक हो जाता है ।

(458) ऐक्य का अनुसंधान ही ज्ञान है

अपने आपको परमेश्वर मानकर ज्ञानवृत्ति से जो ऐक्य का चिंतन किया जाता है उसे ज्ञानानुसंधान कहा जाता है । संक्षेप में इस अनुसंधान को ही ज्ञान कहते हैं । इस प्रकार ऐक्य का ज्ञान प्राप्त होने पर उस परमेश्वर के स्थान पर बिना किसी प्रयास के अनायास ही जो प्रेमपूर्वक ऐक्यानुसंधान हो जाता है, उसे भक्ति कहा जाता है । श्रुतियाँ प्रस्तुत श्लोक में प्रतिपादित कर रही हैं कि इस भक्ति की सहायता से ही पूर्णत्व की स्थिति प्राप्त हो जाती है ।

ब्रह्मस्वरूप होते हुए भी अज्ञान के कारण जीव कहता है कि मैं ब्रह्मस्वरूप नहीं हूँ । यही माया है । माया से मोहित होकर यह जीव उसके साथ ऐक्य स्थापित कर लेता है और वस्तुतः देहादि से भिन्न होते हुए भी आत्मस्वरूप को विस्मृत कर देने के कारण उसके साथ भी ऐक्य स्थापित करता है । देहयोगाद्वा सोऽपि (ब्र. सू. 3.26) ब्रह्मसूत्र पर भाष्य करते समय भस्माच्छादित अग्नि का उदाहरण प्रस्तुत किया है । जलाना तथा प्रकाशमान होना अग्नि का स्वाभाविक धर्म है । परंतु भस्म से आच्छादित हो जाने पर अग्नि के ये धर्म भासमान नहीं होते ।

अस्ति चात्रोपमा यथाग्रेर्दहन प्रकाश न संपन्नस्याप्य-
रणिगतस्य दहन प्रकाशने तिरोहिते भवतो यथा वा भस्मच्छन्नस्य ।
एवमविद्याप्रत्युपस्थापितनामरूपकृत-
देहाद्युपाधियोगात्तदविवेकभ्रमकृतो जीवस्य ज्ञानैश्वर्यतिरोभावः ।।

इसके कारण जीव की मूल ऐश्वर्यस्थिति नष्ट हो जाती है और वह जन्म-मृत्यु के चक्र में उलझ जाता है ।

(459) अहंता ममतारूप उपाधि से ईश्वर भिन्न

ईश्वर की स्थिति जीव की स्थिति से सर्वथा भिन्न होती है । ईश्वर समस्त सृष्टि में व्याप्त होता है । उसके बिना सृष्टि नामक कोई स्वतंत्र पदार्थ नहीं होता। केवल यही नहीं, बल्कि जिस उपाधि के कारण जीव बद्ध होता है वह उपाधि भी ईश्वर के स्थान पर ही भासित होती है । परंतु फिर भी वह उसमें बद्ध नहीं होता। सर्प अपनी केंचुल छोड़ देता है, क्योंकि उसके प्रति सर्प के मन में कोई अहंता अथवा ममता नहीं होती । ईश्वर भी उपाधि के विषय में अहंता अथवा ममता नहीं रखता । जीव कहता है कि माया ईश्वर की है, परंतु ईश्वर कभी उसे अपना नहीं कहता । भगवद्गीता में कृष्ण भगवान ने 'मम माया दुरत्यया' कहते समय

'मेरी माया' कहते हुए जो उल्लेख किया है, वह केवल जीव के कथन का अनुवाद है । अपने से भिन्न रूप में भासमान होने वाले पदार्थ के साथ ऐक्य दर्शाने वाली अहंता है । ईश्वर को स्वयं अपने अतिरिक्त किसी और बात का प्रत्यय नहीं रहता, अतः उसे अहंता अथवा ममता रखने की आवश्यकता ही नहीं होती । इसलिए ईश्वर किसी से भी संबंध नहीं रखता ।

(460) सगुण का ऐश्वर्य अमायिक

श्रुतियाँ प्रतिपादित कर रही हैं कि सगुण परमेश्वर का ऐश्वर्य सीमित अथवा माया के द्वारा कल्पित नहीं है । जो माया से कल्पित होता है वह सीमित होता है । अतः यदि जीव को ईश्वर के सदृश होना है; तो उसके लिए आवश्यक हो जाता है कि वह उसी के यथार्थ स्वरूप की अर्थात् ईश्वर की भक्ति करते हुए उसके प्रेम में तद्रूप हो जाए ।

श्रीधराचार्य अपनी टीका में कहते हैं कि असत्य अर्थात् अस्तित्वहीन वस्तु का संबंध कभी भी सत्य वस्तु के साथ स्थापित नहीं हो सकता । इसलिए असत्य प्रपंच का संबंध शुद्ध और सत्य चैतन्य के साथ कभी नहीं स्थापित हो सकता । ऐसी स्थिति में जीव और ईश्वर का भेद कैसे हुआ ? जीव के हाथों ऐसा कौन-सा अपराध हो गया कि उसे संसार की प्राप्ति हुई और ईश्वर ने ऐसा कौन-सा पुण्य किया कि जिससे वह नित्यमुक्त हो गया ? यदि प्रपंच ही नहीं है, तो आडंबर का विषय क्या हो सकता है ?

> ननु यदि नाम नास्त्येव तदाऽसता तेन न चैतन्यस्य
> संबन्धगन्धोऽपि ।
> तर्हि किमपराद्धं जीवेन यतोऽयं संसरति, किंवा बहुपुण्यमीश्वरस्य यतो नित्यमुक्तः, किं विषयंच तदा कर्मकाण्डम्.......।

(461) उपाधि को सत्य समझ लेना पाप है

जीव मूलतः ब्रह्मस्वरूप होकर भी कहता है कि मैं ब्रह्म नहीं हूँ और वह उपाधि को सत्य मान लेता है । यही उसका पाप है तथा वह इसी पाप से बद्ध हो जाता है । वह अपने आपको बद्ध और अल्पज्ञ मान लेता है और अपनी इसी अपेक्षा से ईश्वर को मुक्त और सर्वज्ञ कहता है । ज्ञान से जब अल्पज्ञतादि भाव निवृत्त हो जाते हैं तब यह कहने की कोई आवश्यकता नहीं रहती कि 'ईश्वर सर्वज्ञ है ।' परंतु इसका अर्थ यह नहीं है कि ईश्वर की सर्वज्ञता भी नष्ट हो जाती है । वह तो यथावत् ही रहती है परंतु केवल शब्दप्रवृत्ति समाप्त हो जाती है ।

जीव और ईश्वर दोनों का ही निवास इसी देह में होता है । परंतु जीव देह

के साथ ऐक्य स्थापित करके अपने आपको देह तक ही सीमित मानता है । परंतु ईश्वर ऐक्य नहीं करता । जीव कहता है कि 'मैं देह हूँ' और वह जन्म-मृत्यु के जाल में उलझ जाता है । जब तक उसकी स्थिति इस प्रकार होती है तब तक आत्मप्राप्ति के लिए उसे कर्मकांड अथवा आडंबर की अपेक्षा रहती है ।

श्रीधराचार्य कहते हैं कि अणिमादि सिद्धि आदि ईश्वरीय ऐश्वर्य स्वरूपभूत एवं नित्य होता है । वह ऐश्वर्य असीम है तथा वह परिपूर्ण स्वरूप के अनुसार होने के कारण उसे भासिक अथवा भ्रमजन्य नहीं कहा जा सकता ।

नहि अन्येषामिव देशकालापरिच्छिन्नं तवाष्टगुणमैश्वर्यम् ।
अपितु परिपूर्णस्वरूपानुबन्धित्वादपरिमितमित्यर्थः ।।

(26)

यदि न समुद्धरन्ति यतयो हृदि कामजटा
दुरधिगमोऽसतां हृदि गतोऽस्मृतकण्ठमणिः ।
असुतृपयोगिनामुभयतोऽप्यसुखं भगवन्
अनपगतान्तकादनधिरूढ़पदाद्भवतः ।।39।।

अर्थ—इंद्रियदमन करने वाले योगी अंतःकरण की वासनाओं का समूल नाश नहीं करते । जिस प्रकार किसी मनुष्य के गले में मणि होते हुए भी उसे उसका स्मरण नहीं रहता, उसी प्रकार तुम्हारा निवास हृदय में होते हुए भी तुम उन पाखंडियों के लिए अप्राप्य हो जाते हो । हे ईश्वर, इंद्रियों की तृप्ति के लिए योगसाधना करने वाले पुरुषों को जन्ममृत्युरूप संसार से मुक्ति नहीं मिलती, अतः उन्हें दुख प्राप्त होता है और तुम्हारा पद प्राप्त न होने के कारण उन्हें तुमसे प्राप्त होने वाले दंड का भय भी रहता है ।

श्रीधराचार्य का श्लोक—

दंभन्यासमिषेण वञ्चितजनं भोगैकचिंतातुरं
संमुह्यन्तमहर्निशं विरचितोद्योग क्लमैराकुलम् ।
अज्ञालंधिनमज्ञमज्ञ जनतासंमाननासन्मदं
दीनानाथ दयानिधान परमानन्दप्रभो त्राहि माम् ।।26।।

अर्थ—हे दीनानाथ दयानिधान परमानन्दप्रभो, यह दंभ है कि 'मैंने संन्यास ग्रहण किया है ।' इसी दंभ के कारण मैंने लोगों को धोखा दिया । मैं भोगों के

ही विषय में चिंतन करता रहता हूँ । मैं मोहजाल में उलझ गया हूँ । दिन-रात लोगों को अपनी ओर आकर्षित करने के लिए विभिन्न युक्तियों को सोचने में ही मैं समय गँवाता हूँ । मैंने तुम्हारी वेदरूपी आज्ञा का उल्लंघन किया है और मैं अज्ञानी हूँ । परंतु जब अज्ञ लोग मेरा सम्मान करते हैं तब मैं फूला नहीं समाता। हे ईश्वर, मुझ जैसे गरीब की तू रक्षा करना ।

दीपिका—पूर्ववर्ती श्लोक में प्रतिपादित किया था कि जीव और ईश्वर का भेद अविद्या के कारण हुआ है । जब इस बात का ज्ञान हो जाता है कि अविद्या वास्तविक न होकर कल्पित है, तब जीव ईश्वरस्वरूप बन जाता है । यह प्रतिपादित किया गया है कि वासनाओं के नष्ट होने तथा मन के उन्मन होने से ब्रह्मस्थिति दृढ़ हो जाती है और जीव को अपने पूर्ण स्वरूप की प्राप्ति होती है । यही ज्ञान की परिसीमा है । परंतु जब तक विषयवासना से मुक्ति नहीं मिलती तब तक यह कहना व्यर्थ है कि ब्रह्मज्ञान की प्राप्ति हो गई अथवा मुक्ति प्राप्त हो गई । जब तक विषयों के प्रति रुचि है, ब्रह्मज्ञान स्थिर नहीं हो सकता ।

(462) वृत्तियों का घुल जाना ही निर्विकल्पदशा है

परमेश्वर-प्राप्ति के दो मार्ग हैं— भक्तिमार्ग और ज्ञानमार्ग । गृहस्थाश्रम में रहते हुए ही भक्तिमार्ग से परमेश्वर को प्राप्त किया जा सकता है । प्रपंच का त्याग करके संन्यास ग्रहण करने वालों के लिए ज्ञानमार्ग का उपदेश दिया गया है । भगवद्गीता में भक्तिमार्ग को ही कर्ममार्ग कहा गया है । यदि वृत्ति पूर्ण रूप से घुलकर व्यक्ति केवल ज्ञानस्वरूप बन जाए, तो फिर ज्ञान और भक्ति में कोई अंतर नहीं रहेगा । यही निर्विकल्प स्थिति है । ज्ञान से इसे प्राप्त करना ही ज्ञानमार्ग है तथा प्रेम से इसे प्राप्त करना भक्तिमार्ग है ।

(463) वासनानिवृत्ति ही मुक्ति है

यह बात नहीं है कि संन्यास ग्रहण करते ही व्यक्ति मुक्त हो जाता है । विषय-वासनाओं की निवृत्ति ही वस्तुतः मुक्ति है । राजा जनक ने संन्यास ग्रहण नहीं किया था, परंतु वह फिर भी मुक्त था । संन्यास दो प्रकार का होता है । बाह्य संन्यास को विविदिशा संन्यास कहा जाता है, तो आंतर संन्यास को 'विद्वत्संन्यास' कहा जाता है । जब तक विषय-वासना यथावत् है, तब तक बाह्य संन्यास व्यर्थ ही होता है क्योंकि उस समय संसार यथावत् ही रहता है । केवल भक्त और ज्ञानी ही आंतर-संन्यास को साध्य कर सकते हैं ।

गुरु के उपदेश से आत्मस्मृति होती है । परंतु उसके पश्चात् भी यदि विषय-वासना निःशेष रूप में नष्ट न हुई, तो पुनः विस्मृति की संभावना रहती है। जब तक इंद्रिय प्रवृत्ति है, तब तक दुख निवृत्ति कैसे हो सकती है ? मृत्यु का

मार्ग तो यथावत् ही रहता है । साधु बनने का ढोंग रचने से अथवा अनिच्छा से संन्यास ग्रहण करने से व्यक्ति संसार तथा परमार्थ दोनों से ही भ्रष्ट हो जाता है । उसी प्रकार कर्म का अधिकारी होते हुए भी यदि वह संन्यास ग्रहण करे तो उसे कर्मत्याग का पातक लग जाता है ।

यह तो प्रतिपादित किया ही गया है कि संन्यासी का ढोंग रचने वाले को इहलोक में दुख ही भोगना पड़ता है । परंतु यदि कोई भक्त का स्वांग ओढ़कर नामस्मरण करने लगे, तो क्या उसे पातक लगता है ? लोगों को धोखा देने के कारण उसे अवश्य पातक लगता है, परंतु नामस्मरण के कारण उसके पाप धीरे-धीरे जल जाते हैं और फिर उसका पतन नहीं होता ।

(27)

त्वदवगमी न वेत्ति भवदुत्थशुभाशुभयोर्गुण-
विगुणान्वयांस्तर्हि देहभृतां च गिरः ।
अनुयुगमन्वहं सगुण गीत परंपरया
श्रवणभृतो यतस्त्वमपवर्गगतिर्मनुजैः ।।40।।

अर्थ– (हे षड्गुणैश्वर्यसम्पन्न ईश्वर), जिस पुरुष को तुम्हारा ज्ञान होता है, वह पुरुष तुमसे निर्मित पुण्यपापात्मक फलों से मुक्त होता है । देहाभिमानी जीवों के लिए होने वाले विधिनिषेधों का ज्ञान उसे नहीं होता, क्योंकि कई युगों से तुमने जीव को जो उपदेश दिया है उसके श्रवण के प्रभाव से जब मनुष्य तुम्हें अपने हृदय में सँजोता है तब तुम उन्हें मोक्ष प्रदान करते हो ।

श्रीधराचार्य का श्लोक–

अवगमे तव मे दिश माधव स्फुरति यन्न सुखासुख-संगमः ।
श्रवणवर्णनभावमथापि वा नहि भवामि यथा विधिकिंकरः ।।27।।

अर्थ—हे ईश्वर, तुम्हारी स्वरूपस्थिति के स्थान पर सुख-दुख का कोई संबंध नहीं रहता । तू मेरे स्थान पर उस स्वरूप के ज्ञान की स्फूर्ति उत्पन्न कर दे । फिर तू मेरे मन में तुम्हारे गुणश्रवण की रुचि उत्पन्न कर दे । फिर मेरे स्थान पर सुखदुखात्मक स्वभाव नहीं रहेगा । या फिर तू मेरे मन में तुम्हारे गुणश्रवण की रुचि उत्पन्न कर दे । मुझे विधिकिंकर मत बनाना । मेरा उससे उद्धार कर दे ।

दीपिका—जीव प्रथमतः कर्ममार्ग का अधिकारी होता है । प्रस्तुत श्लोक में बताया गया है कि जीव को उससे मुक्ति कब मिलती है ।

मोक्षरूप प्रमुख पुरुषार्थ के दो अंग होते हैं— पहला दुख का नाश अथवा आत्यंतिक दुख निवृत्ति, और दूसरा है अखंडित सुख-प्राप्ति ।

वेदान्त के अतिरिक्त अन्य समस्त दर्शनशास्त्र आत्यंतिक दुखनिवृत्ति को ही पुरुषार्थ का अंग मानते हैं । परंतु वेदान्त को दो अंग स्वीकार्य होते हैं । पुरुषार्थ के प्रथम अंग की प्राप्ति ज्ञान से होती है तो दूसरे अंग की प्राप्ति भक्ति से होती है ।

(464) विषय-प्रवृत्ति के कारण दुख

पाप का मुख्य कारण है मनुष्यों की विषय के प्रति होने वाली प्रवृत्ति । अतः यदि पाप का नाश करना है, तो विषयों के प्रति होने वाली प्रवृत्ति से मुक्त होना आवश्यक है । पाप का फल दुख है । यदि आत्यंतिक दुखनिवृत्ति की इच्छा हो, तो दुख के मूल कारण—अर्थात् विषयप्रवृत्ति—का नाश कर देना चाहिए । 'मैं कर्ता हूँ' अथवा 'मैं भोक्ता हूँ' आदि वृत्तियों से मुक्त होना चाहिए । स्वरूप की दृष्टि से विचार करने पर यह कहना पड़ता है कि इन वृत्तियों का निर्माण भ्रम के कारण हुआ है, क्योंकि स्वरूप के स्थान पर वृत्तियाँ नहीं होतीं । ज्ञान से भ्रम की निवृत्ति हो जाने पर ये वृत्तियाँ भी नष्ट हो जाती हैं और दुख की निवृत्ति हो जाती है ।

जीव जो कर्म करता है उसका उसे विस्मरण हो जाता है । परंतु ईश्वर को उन कर्मों का ज्ञान रहता है इसलिए चाहे वे कर्म शुभ हों अथवा अशुभ— उन कर्मों के अनुसार सुखभोग अथवा दुखभोग ईश्वर के संकल्प से प्राप्त होता रहता है। यही कर्मप्रवाह जन्ममृत्यु की परंपरा का कारण बनता है ।

(465) दुख का स्वरूप काल्पनिक

सांख्यों का कहना है कि दुख से संबंध समाप्त कर देने से दुख की निवृत्ति हो सकती है । परंतु यदि आत्मा व्यापक है तो उसका और दुख का संबंध अभिन्न है । उससे मुक्ति संभव नहीं है । दुख का ज्ञान ही दुख है । दुख की आत्यंतिक निवृत्ति तभी संभव है, यदि दुख असत्य एवं काल्पनिक सिद्ध हो सके । इस प्रकार जीव को यह जान लेना चाहिए कि आत्मा अकर्ता और अभोक्ता है । जब तक पूर्ण आत्मज्ञान नहीं हो जाता तब तक दुख से मुक्ति नहीं मिल सकती ।

जब तक यह आत्मज्ञान प्राप्त नहीं हो जाता तब तक ईश्वर की आज्ञा समझ कर अधिकारानुरूप निर्देशित कर्मों का आचरण करना चाहिए क्योंकि उसी से मन की निरंकुश प्रवृत्ति को नियंत्रित किया जा सकता है । इस प्रकार आचरण करने से कर्ममार्ग के द्वारा चित्त की शुद्धि होकर ज्ञान प्राप्त होता है और पुरुषार्थ के एक

अंग—दुखनिवृत्ति—की भी प्राप्ति हो जाती है ।

(466)अखंडानंद ही मोक्ष है

पुरुषार्थ का दूसरा महत्त्वपूर्ण अंग है— 'अखंड सुख प्राप्ति' । उसकी प्राप्ति के लिए तथा प्राप्त ज्ञानस्थिति को यथावत् रखने के लिए सगुण ईश्वर के प्रेम का आश्रय करना चाहिए । उसी को ज्ञानोत्तर भक्ति कहते हैं । इस भक्ति के स्वरूप का वर्णन करते हुए श्रुतियाँ कहती हैं कि जो पुरुष युग-युगों में होने वाले अवतारों की परंपरा का अखंड रूप से श्रवण करते हैं तथा कर्तृत्व और भोक्तृत्व वृत्तियों से निवृत्त हो जाते हैं उन्हें ईश्वर के अखंड प्रेम का लाभ होता है । इन ज्ञानी भक्तों की जीवन्मुक्त स्थिति ज्ञानी जनों की विदेहमुक्ति के समान ही निर्विकल्प होती है ।

(467) आंतर ब्रह्मणों का स्वरूप

श्रीधराचार्य ने अपनी टीका में ब्राह्मण-माहात्म्य का वर्णन करते हुए कहा है—'एषनित्यो महिमा ब्राह्मणस्य न कर्मणा वर्धते नो कनीयान्' । ये ब्राह्मण कौन हैं ? यह तो निश्चित है कि ये जातिवाचक ब्राह्मण नहीं थे । कुछ उपनिषदों में इस प्रकार के ब्राह्मण माहात्म्य का वर्णन पाया जाता है । निवृत्तिमार्ग के इसी ब्रह्मण का ही दूसरा नाम आंतर ब्राह्मण है । 'ब्रह्म जनातीति ब्राह्मणः ।' यह निवृत्तिमार्ग के ब्राह्मण का स्वरूप है । ये ब्राह्मण किसी एक विशिष्ट जाति के नहीं होते । वे किसी भी वर्म के हो सकते हैं । जो जाति से ब्राह्मण हैं, उनका— अर्थात् प्रवृत्तिमार्ग के ब्रह्मणों के आचरण का अनुकरण करने की इच्छा आंतर-ब्राह्मणों के मन में कभी नहीं होती । क्योंकि प्रवृत्तिमार्ग के ब्राह्मण सदैव इस अभिमान में विचरण करते रहते हैं कि 'मैं देह हूँ तथा जाति से ब्राह्मण हूँ।' आंतर ब्राह्मण अहंता और ममता से विरहित होने के कारण पुण्यकर्म से उनकी उन्नति अथवा पापकर्म से उनकी अधोगति होने का प्रश्न ही नहीं उपस्थित होता।

ब्राह्मणस्य ब्रह्मविदः महिमा माहात्म्यं नित्य एकरूपः य
यतः पुण्यकर्मणा न वर्धते पापकर्मणा च नो कनीयान् क्षीणो न भवतीति

(बाबा पाध्ये)

(468) सगुण स्वरूप को जानना ही निर्गुण ज्ञान है

सगुण ईश्वर के स्वरूप को जानना ही निर्गुण ज्ञान है । अज्ञानी लोग ज्ञानी पुरुषों के स्थान पर अपने ही समान देहादि के व्यवहार को देखकर आशंकित हो जाते हैं कि ज्ञान के पश्चात् भी ये व्यवहार कैसे रह सकते हैं ? उनकी आशंका का समाधान करने के लिए कहा जाता है कि प्रारब्ध के कारण ज्ञानी के स्थान पर व्यवहार दिखाई देता है । वस्तुतः ज्ञानी को देह का आभास ही नहीं होता, तो

फिर देह पर आधारित प्रारब्ध शब्द का व्यवहार उनके स्थान पर कैसे संभव हो सकता है ? अतः आचार्य कहते हैं कि ज्ञानी के स्थान पर होने वाला प्रारब्ध शब्द का व्यवहार केवल अज्ञानी लोगों के संदेह-निराकरण के लिए हैं ।

देहस्यापि प्रपञ्चत्वात्प्रारब्धावस्थितिः कुतः ।
अज्ञानिजनबोधार्थं प्रारब्धं वक्ति वै श्रुतिः ।। (अपरोक्षा-श्लो.97)

(28)

द्युपतय एव ते न ययुरन्तमनन्ततया
त्वमपि यदन्तराऽडनिचया ननु सावरणाः ।
स्व इव रजांसि वान्ति वयसा सह यच्छृतय
स्त्वयि हि फलन्त्यतन्निरसनेन भवन्निधनाः ।।41।।

अर्थ—हे ईश्वर, यह बात नहीं है कि केवल स्वर्गादि लोकों के स्वामी तुम्हारा अंत नहीं जानते, तुम्हारा स्वरूप अंतहीन होने के कारण तुम भी उसका अंत नहीं जानते । क्योंकि तुम्हारे स्वरूप में सात आवरणों से आवृत्त ब्राह्मडों के समूह एक-दूसरे के साथ कालचक्र के साथ-साथ घूमते रहते हैं जैसे आकाश में धूलिकण घूमते रहते हैं । अत: तुममें ही लय होने वाली श्रुतियाँ यह निश्चय करती हैं कि तुम्हारे सिवा कुछ भी नहीं है । इस प्रकार वे अप्रत्यक्ष रूप से तुम्हारा ही बोध कराती है ।

श्रीधराचार्य का श्लोक—

द्युपतयोविदुरन्तमनन्त ते न च भवान्नगिरः श्रुतिमौलयः ।
त्वयि फलन्ति यतो नम इत्यतो जयजयेति भजे तव तत्पदम् ।।28।।

अर्थ—हे अन्तरहित ईश्वर, स्वर्गाधिपति इंद्रादि को भी तुम्हारे अन्त का आकलन नहीं होता । उसी प्रकार स्वयं तुम्हें भी उसका आकलन नहीं होता । फिर भी वेदों के शब्दों का परिणाम तुम्हारे ही स्थान पर होता है । अतः तुम्हारी जयकार करते हुए मैं तुम्हारे उस मोक्षदायी पद की ही सेवा करता हूँ ।

दीपिका—प्रस्तुत श्लोक में श्रुतियाँ प्रतिपादित कर रही हैं कि सगुण और निर्गुण दोनों ही रूप अनंत हैं । श्रीधराचार्य कहते हैं कि निर्गुण अगोचर होने के कारण तथा सगुण ईश्वर के गुण अनंत होने के कारण दोनों ही अनंत सिद्ध होते हैं ।

सगुणस्य गुणानन्त्यात् निर्गुणस्य चागोचरत्वात् ।

श्रुतियों ने यह वर्णन साक्षात् रूप से नहीं किया है, तो ईश्वर के वर्णन में उसका तात्पर्य प्राप्त होता है ।

'विवक्षा' का अर्थ है— शब्द का कल्पित अर्थ । ब्रह्मज्ञान के कारण शब्दों के सहित समस्त कल्पित वस्तुओं का नाश होता है, इसलिए विवक्षा भी नष्ट होती है। लौकिक, अलौकिक तथा पारकीय— तीनों के ही शब्द ब्रह्म के वाचक बन जाते हैं । इस प्रकार समस्त भेद तत्त्वतः ब्रह्म का ही वर्णन करते हैं । 'अथात् आदेशी नेति नेति' श्रुती से सबका विवेक करने के बाद यह संदेह उत्पन्न होता है कि क्या उसका परिणाम शून्य में नहीं हो जाता ? श्रीधराचार्य का कथन है कि 'निषेध शून्य में परिणत नहीं होता, अपितु उसकी परिसमाप्ति अधिष्ठानरूप सगुण ईश्वर में ही होती है ।' उस समस्त निषेध का परिणाम सगुण ईश्वर ही होता है।

न च वाच्यं निषेधैः शून्यमेव ज्ञाप्यति इति।
यतो भवन्निधिना भवति त्वयि निधनं समाप्तिर्यासां तास्तथा ।
न हि निरवधिर्निषेधः संभवति अतोऽवधिभूते त्वयि फलन्तीत्यर्थः ।।

(469) समस्त संतमहात्मा अद्वैत ज्ञानोत्तर भक्तिवादी

'प्रच्छन्न बौद्ध' कहकर श्रीशंकराचार्य के अद्वैत वेदान्त का उपहास करने वाले पंडितों को श्रीधराचार्य के द्वारा प्रस्तुत वेदस्तुति-विवेचन से, आचार्य की द्वैत-अद्वैत, अज्ञान-ज्ञान, सगुण-निर्गुण ज्ञान-भक्ति, उपासना-भक्ति, साकार-निराकार आदि संकल्पनाओं का यथार्थ ज्ञान प्राप्त करने में महत्त्वपूर्ण सहायता प्राप्त हो सकेगी । महाराष्ट्र के केवल वारकरी ही नहीं, अपितु रामदासी और दत्त-संप्रदायी समस्त संतमंडली ने श्रीशंकराचार्य के मायावाद को पूर्णतः स्वीकार किया है । फिर भी निर्गुण के साथ-साथ सगुण का भी प्रतिपादन करके उन्होंने अपने समग्र साहित्य में दर्शाया है कि अद्वैतज्ञान से प्राप्त होने वाली ब्रहमरूपता सगुण ईश्वर के परमप्रेम के बिना किस प्रकार अपूर्ण होती है । श्रीधराचार्य तथा उनके समीक्षक बाबा पाध्ये जी के विवेचन से स्पष्ट होता है कि ये सभी संतमहात्मा अद्वैत ज्ञानोत्तर भक्तिवादी क्यों थे और उनके दर्शन का मूलाधार वस्तुतः शांकर-दर्शन ही किस प्रकार है ।

स्वर्गीय बाबाजी महाराज के ये प्रवचन विद्वानों की शांकर दर्शन विषयक अनुचित धारणाओं का त्याग करने तथा यथार्थ ज्ञान के प्रकाश को उजागर करने में सहायक सिद्ध होते हैं । इसी आशा से मैंने यह समस्त विवेचन करने का प्रयास किया है कि वे प्रवचन परमार्थ में रुचि रखने वाले सुरुचिसंपन्न मुमुक्षु जनों को रोचक प्रतीत होंगे ।

□□